문화복지

개념화 및 실천사례 연구

-서울시 부모커뮤니티를 중심으로-

박관후 저

백산출판사

들어가며

문화복지와 만남은 삶의 변곡점으로 동행의 서곡이었다. 문화복지 기치를 들고 한국문화복지교육협회를 창립하여 5년이 지났고 4천 5백여 명의 회원으로 성장하였다. 저자가 대학에서 사회복지학을, 대학원에서는 문화와 문화복지 분야 교수로 재직하면서 문화복지 전문인력 양성 강의로 전국을 누볐다. 이때마다 문화복지 개념과 실천분야에 대한 이론이 학문적으로 미흡함에 대한 아쉬움과 발전에 대한 갈망이 떠난 적이 없었다. 문화복지를 이해하고 설명할 수 있는 것은 그리 녹녹한 일이 아니다. 왜냐하면 최소한 문화와 사회복지분야 그리고 교육분야에 두루 섭렵한 전문가가 아니고서는 할 수 없기 때문이다.

본 저자는 대안교육학을 전공하고 문화복지 개념의 학문적인 완성을 시도한 제1호 박사로서 문화분야와 사회복지를 정규대학과 대학원에서 교수로 활동하면서 다년간 한국문화복지교육협회를 이끌면서 문화복지 연구와 저술활동을 하였다. 따라서 문화와 사회복지 그리고 교육을 아우르는 전공 학자로서 문화복지에 대한 발전을 사명감으로 생각하였다.

본서에 있는 문화복지에 관하여 기술된 내용들은 이를 발전시켜 왔던 연구들 중에 문화복지 개념을 이해하기 위한 핵심적인 것들이다. 이는 문화복지의 개념을 정립하고 적용된 실천사례를 분석한 것이다. 문화복지는「문화기본법」제정으로 그 법적 근거가 마련되었지만 이에 대한 이론적 근거나 분석은 전무하다. 따라서 본 연구는 문화복지의 개념 정립을 통해 서울시 부모커뮤니티의 실천사례를 분석함으로써 문화복지의 이론적 기반을 마련하고자 하였다. 나아가 결과를 토대로 문화복지를 효과적으로 확대할 수 있는 정책적 방안을 제시하는 데 중점을 두었다.

저자는 문화복지가 고유의 영역을 가지고 지역사회의 다양한 공동체에서 실천됨으로써 시민의 삶의 질을 향상시키는 풀뿌리 운동이자 그물망의 형성이라고 보았다. 따라서 본 연구가 문화복지의 가치를 인식하고 그 실천들을 발굴, 육성, 지원하는 체계적 정책수립의 밑거름이 되기를 희망한다.

개념을 연구한다는 것은 결코 혼자서는 할 수 없는 것으로 본서가 출판되기까지 어려움을 극복하고 지평을 열 수 있었던 것은 물심양면으로 도와주신 분들이 계셨기 때문이다. 먼저, 학문적 완성을 도와주신 하태욱 교수님을 비롯한 스승님들 그리고 동지적 입장을 뛰어넘어 헌신하고 격려해준 한국문화복지교육협회 대표로 배재대학원에서 문화복지 분야를 강의하시는 선우숙 박사님 등이다. 또한, 면접에 응하여 주신 공동체 대표자들께 한없는 감사의 마음을 전한다.

마지막으로, 백산출판사의 진욱상 사장님을 비롯한 편집부 임직원 여러분들의 노고에 깊이 감사드리는 바이다.

2016년 7월

박 관 후

내용 요약

본서는 문화복지 개념 정립을 위해서 적용된 실천사례를 연구한 것이다. 문화복지는 문화와 복지 그리고 교육이 융복합한 것으로, 연구에 필요한 기본 틀로 자발성, 주체성, 유희성, 상호부조성, 선순환성으로 조작하였다.

사례연구 대상은 서울시 부모커뮤니티 사업을 진행한 공동체 중 서울시의 추천으로 대상을 선별하여 심층면접하였다. 분석은 5가지 기본 틀에 의하여 문화복지가 고유영역이 있는가를 분석하고, 부모커뮤니티 공동체와 문화복지의 연관성을 확인하였다.

문화복지 개념 정립을 위한 연구조사방법은 질적연구의 해석학적 방법을 사용하였다. 연구의 참여자들은 부모커뮤니티의 경험자로 문화복지는 경험하지 않은 자들이다. 참여자들이 공동체 활동 속에서 오는 제반 문제들을 어떻게 적용하고 대처하는지를 확인하고 다음 제반 물음에 답하려고 하였다.

본서는 다음 세 가지 질문에 관하여 연구한 내용이다. 첫째, 문화복지란 무엇인가? 문화복지는 문화와 복지의 단순한 물리적 결합을 넘어 문화복지라는 고유의 영역으로 자리매김될 수 있는 가능성을 모색해 보았다. 문화와 복지에 대한 이론적 검증을 통해서 문화복지의 기본 틀로 자발성, 주체성, 유희성, 상호부조성, 선순환성을 도출하였다. 여기에 더해 문화복지의 교육적 의미에 대해 살펴보았다. 문화복지의 확산에는 교육이 필수적이며 문화복지 그 자체로서도 궁극적으로는 자기발견과 관계성을 통한 성장과 삶의 질 향상이라는 교육적 가치를 실현해야 하기 때문이다.

둘째, 도출된 다섯 가지 특징을 실천적으로 검증하기 위하여 사례연구를 진행했다. 연구 대상은 서울시 부모커뮤니티 지원사업을 진행한 공동체 중 서울시의 추천으로 대상을 선별하여 2015년 11월 1일부터 11월 30일까지 심층면접을 실시하였다. 사례분석은 질적연구의 방법 중 해석학적 접근법을 사용하여 문화복지의 특징을 갖고 있는지 5가지 기본 틀에 맞춰 분석하였다. 부모커뮤니티 지원사업의 대상 공동체들은 모두 자발성, 주체성, 유희성, 상호부조성, 선순환성의 요소들을 가지고 있었으나 공동체의 성격이나 지원의 양식에 따라 각 성격이 강하기도 하고 약화하기도 하였다. 따라서 어떤 지원방안을 가져야 하는지에 대한 정책적 고민이 필수적일 것으로 나타났다.

셋째로, 문화복지는 어떤 정책을 통하여 활성화할 수 있는가를 살펴보았다. 학문적 이론을 바탕으로 정향성 있는 정책을 유지하기 위해서는 교육적 접근이 매우 중요하다. 따라서 문화복지를 수행하는 주체들, 즉 실천가, 중간지원자, 행정가, 정책입안자들이 문화복지에 대해 학습하고 그 실천적 적용에 대해 연구할 필요가 있다.

본서의 결과를 종합하면, 문화복지는 「문화기본법」 제정으로 법적 근거가 마련되었다. 본서는 학문적 개념 정립이 시급한 이러한 시점에 문화복지 개념 정립을 위해서 서울시 부모커뮤니티 실천사례를 추적한 집합적인 연구이다. 문화복지는 고유의 영역을 가지고 지역사회의 마을, 협동조합, 공동체, 동아리 등 곳곳에서 실천되어 시민의 삶의 질을 향상시키고 나아가 지역에 새로운 성장 동력으로 작동되어야 할 것이다.

추후 이 도서를 활용하여 많은 후속 연구결과가 있기를 희망한다.

주요어 : 문화, 복지, 교육, 문화복지, 부모커뮤니티, 공동체
(자발성, 주체성, 유희성, 상호부조성, 선순환성)

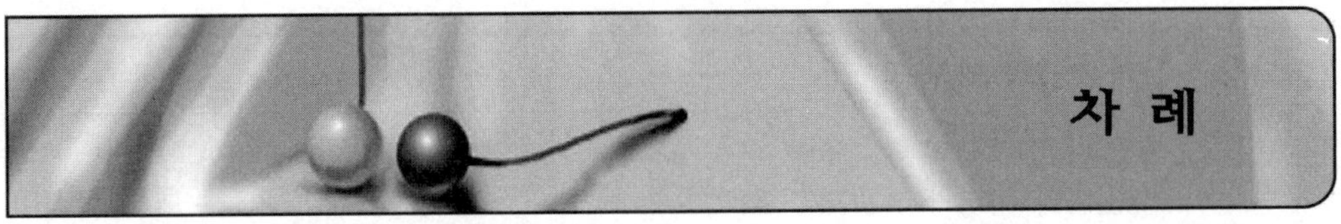
차 례

그림 목차

표 목차

chapter 01

서 론

1. 연구의 필요성

서구에서 복지제도가 발전하게 된 원인은 산업혁명기로 거슬러 올라간다. 자본주의 태동과 함께 빈부격차 등 제반 사회문제가 심각해지면서 이를 해결하기 위해서 국가적 차원의 대비책을 마련하는 과정에서 점차 복지국가의 개념이 등장한다. 이러한 과정은 많은 빈민이 인간다운 삶을 살 수 있도록 사회적 안전망을 구축하고자 하는 노력의 하나였다. 따라서 근본적으로 복지는 소득 재분배에 초점을 맞추어 발전하였다. 그러나 최근 복지비용의 과다지출과 도덕적 해이를 가져오는 등의 부작용이 발생하여 정책변화를 촉진하는 요인으로 작용하였다(장세길 · 신진옥, 2012).

우리나라도 삶의 질 향상을 위한 여건개선을 목적으로 복지개념이 도입되었다. 이러한 복지제도 도입은 경제적으로 삶의 안정성을 확보하여 주는 것으로 시민의 '삶의 질' 향상에 이바지한 측면을 결코 부인할 수는 없을 것이다. 그러나 복지제도 도입에도 불구하고 궁극적으로 국민이 얼마나 더 높은 삶의 질을 누리고 있는지는 의문이다. 'OECD BLI(Better Life Index) 2015년도 지표에 발표된 한국의 삶의 질' 보고서에 따르면, 한국인의 삶의 질은 물질적 지수에 비해 낮았다. 우리나라는 소득과 자산, 직업과 소득, 주거 등으로 평가하는 물질적 삶의 측정영역에서 36개(OECD 34개국 + 브라질 · 러시아) 국가 중 20위였다. 하지만 건강상태, 일과 삶의 조화, 교육과 기술, 사회적 관계 등에 관한 삶의 질 측정 영역에서는 29위에 그쳤다. 삶의 만족도나 사회적 지지감이 낮은 것으로 확인되었다(정해식 외, 2015).

이러한 현상을 극복하기 위해 현행 복지제도를 뛰어넘는 새로운 패러다임 즉, 지속할 수 있는 촘촘하고 안전한 사회적 그물망 구축이 요청되고 있다. 최근 행복 측정의 대표적 경제지표로 국내총생산(GDP)을 활용하는 것에 대해 많은 비판이 일고 있다. 지난 50년 동안 서양사회의 실질임금 성장에도 불구하고 임금노동자들의 행복도는 상승하지 않았다. 미국에서 시행된 연구에서도 1973~2004년 동안 실질임금은 2배로 증가했으나, 행복감은 전혀 증가하지 않은 것으로 나타났다(김윤태, 2009). 이는 단순한 수익증가 외에 문화적·정신적 충족도 병행되어야 비로소 '삶의 질'이 향상됨을 입증하는 것이다. 이렇듯 문화의 가치와 그 의미가 강조되면서 문화적 권리에 대한 관심이 커지자 우리나라도 관련 제도를 갖추게 되었다. 먼저, 문화의 확대를 위해 2013년 5월 22일 「문화기본법」이 김장실 국회의원을 대표로 하여 발의되었고 같은 해 12월 30일 법률 제12134호로 제정되었다. 이 법률 제2조 기본이념에는 문화의 가치가 복지를 포함한 여러 영역에서 확산되어야 할 것이 강조되어 있다. 제7조 문화정책 수립·시행상의 기본원칙 제4항에서는 "차별 없는 문화복지가 증진되도록 할 것"이라고 명시함으로써 문화권 국민의 기본권리로 구현되고 증진될 수 있는 기반을 마련하였다. 제9조의 문화진흥을 위한 분야별 문화정책의 추진 제6항에서는 '문화복지 증진'을 명시하여 국민의 문화 향수권 확립과 관련 정책 추진의 법률적 보장을 국가와 지자체의 책무로 명시하였다. 국민의 문화적 접근 기회를 확대하여 문화향유 및 참여를 보장하기 위해 문화복지를 제도화한 것이다. 문화복지 관련 법률 제정은 지금까지 개별 정권의 선거공약 차원으로 추진되었던 문화복지가 국민의 기본 권리로 구체화 되었다는 점에서 그 의미를 찾을 수 있다. 문화진흥을 위한 정책복표와 정책수단의 역할과 권리를 법적으로 보장받을 수 있게 된 것이다(김연진, 2013). 문화복지가 지속적으로 정향성 있는 정책을 추진하여 사회 전반에 걸친 발전은 물론 삶의 질까지 아우르는 개념으로 확장됨을 의미하는 것으로 그 중요성이 크다고 하겠다.

오늘날 복지개념을 논할 때 여전히 기존의 물질적·경제적 측면을 강조하는 경향이 있다. 이러한 일방적인 시혜 성격의 복지로는 '인간다운 삶을 지향'하는 진정한 의미의 복지 실현이 이루어질 수 없을 것이다. 따라서 복지의 대상자인 수혜자에게 주체성을 부여하여 정신적·문화적 욕구 충족이 조화되는 진정한 '삶의 질 향상'이라는 적극적 개념의 문화복지로 확장할 필요가 있다(변용찬, 2002).

사회적으로 문화적 수준 향상에 대한 기대는 문화복지에 대한 정책적 고려를 강력하게 요구하고 있다. 이러한 점에서 문화복지 연구는 주체적으로 '삶의 질' 문제를 해결하기 위해 복지 대상자(수혜자)에게 주체성을 부여함으로써 '시민성'을 지지한다는 의의를 지닌다.

그러나 지금까지 문화복지는 학문적으로 정립되기보다 정책적인 사업목적으로 추진되어 왔기에 풍성한 논의나 개념 설정 및 사례개발 등은 아직도 체계적으로 이루어지지 못하고 있다. 그런 이유로 본서에서는 이에 관한 충분한 논의를 통해 학문적 근거를 제공함으로써 문화복지의 실천적 확산에 기여하고자 한다.

2. 연구 범위와 제한점

본서는 문화복지에 관한 이론을 정립하여 그 고유한 가치와 사회적 확산 가능성을 입증하고자 하는 것이다. 사례는 서울시 부모커뮤니티 지원사업에 응모하여 운영한 공동체들을 분석함으로써 문화복지의 성격을 밝혀내고자 하였다. 아울러 이를 토대로 문화복지에 대한 제반 발전방안을 제시하고자 한다. 이를 위하여 다음의 질문을 선정하였다.

첫째, 문화복지란 무엇인가? 그 개념을 정립하기 위하여 문화와 사회복지의 개념에 관하여 알아봄으로써 기존의 문화이론 및 사회복지와의 차별성을 제시한다. 이를 통해 문화복지 고유의 특징을 증명하고자 한다. 특히 문화복지는 삶의 질 향상을 위한 문화적 역량을 강화라는 측면에서 볼 때 개인의 성장이 전제되지 않을 수 없다는 점을 증명하고자 한다. 따라서 문화복지는 그 자체로서 교육적 기능을 가지며 문화복지의 확산에는 교육이 필수적일 수밖에 없다는 점을 확인할 필요가 있다.

둘째, 실제 사례에서 문화복지의 특징은 어떻게 드러나는가? 이를 위해 문화복지에 가장 적합한 사례를 찾아내고 이를 문화복지 이론으로 분석함으로써 그 적용가능성과 확산가능성에 대해서 살펴보고자 한다.

셋째, 문화복지는 어떤 정책을 통하여 활성화될 수 있는가? 문화복지를 통해 마을공동체의 관계망을 형성하고 이를 통해 시민 전체의 삶의 질을 향상할 방안은 무엇인지를 제시하는 것이다.

이를 위해 본 연구에서는 서울시에서 진행되고 있는 부모커뮤니티 지원사업 대상 중 서울시 마을공동체종합지원센터의 추천을 받아 1년차, 2년차, 3년차 지원을 받는 공동체 3곳을 선정하였다. 각 공동체의 운영자를 대상으로 개별과 집단면접(Focus Group Interview) 방법으로 면접을 진행하여 그 결과를 분석하고 이를 통해 문화복지의 개념과 성격을 증명하고자 한다.

본서는 문화복지 개념에 대한 첫 연구로서 이론의 틀 마련과 사례적용 시도라는 의의가 있고 동시에 몇 가지 한계도 지니고 있다.

첫째, 그동안 문화복지의 실천 사례에 관한 연구가 없었으므로 참고할 만한 자료가 부족해 다양한 문화이론과 공동체이론들을 참고하였으나 여전히 보완되어야 할 부분들이 많다. 따라서 앞으로 계속된 연구를 통해 완성해 나가는 작업이 요구된다.

둘째, 서울시 부모커뮤니티 사업을 가장 적합한 사례로 선정하고 분석함으로써 문화복지 이론을 도출하고 검증하려 하였다. 그 결과를 다양한 지역사회에 적응하기에는 부족할 수 있으므로 앞으로 더욱 다양한 집단을 사례로 연구가 필요하다.

셋째, 서울시 마을공동체 종합지원센터의 추천을 받아 3곳의 공동체를 선정하였다. '문화복지 개념화'를 위한 검증에 일차적 목표를 두다보니 각각의 사례가 가진 이야기를 충분히 살피기가 어려웠다. 따라서 좀 더 다각적인 시각으로 여유 있게 사례에 집중하여 문화복지의 가치를 드러내는 후속 연구가 요청된다.

c·h·a·p·t·e·r 02

선행연구의 검토

1. 문화복지의 이론적 탐구

문화복지 용어는 1980년대부터 정책적 차원으로 행정기관에서 거론되기 시작하다가 1990년대부터 문화복지 정책이란 용어와 함께 관변 연구기관의 보고서에서 나타나기 시작했다(현택수, 2011). 당시 한국문화관광연구원의 대표적 보고서는 '21세기 우리나라 문화복지 증진방안에 관하여'(정갑영 · 장현섭, 1995), '국민문화복지 재원조성 방안에 관하여'(이흥재, 1996), '지역문화복지 정책 평가지표 및 모델에 관한 조사연구에 관한 보고서'(임학순, 1997) 등이 있다. 우리나라에서 문화복지라는 용어가 처음으로 국가기관에서 사용된 것은 문화체육부가 1996년 2월에 발표한 「'삶의 질' 세계화를 위한 문화복지 기본구상」을 구체화하기 위해서 작성된 보고서인 「문화복지 중장기 실천 계획(안)」(문화체육부, 1996)이다. 이 보고서에는 "아직 확정된 계획은 아니며, 특히 법령 제(개)정 및 제도개선 분야는 문화복지가 지향해야 할 방향을 제시한 것으로 관계부처 협의 등 충분한 연구가 필요하고…"라고 밝히고 있다. 이의 목차는 제1부 총괄 부분으로 계획의 배경, 여건의 변화와 전망, 정책방향과 추진전략, 부문별 정책과제와 추진기반 조성, 제2부 부문별 계획에서는 문화예술 및 복지일반, 체육, 청소년, 여가 및 관광, 제3부 투자규모로 작성되어 있다. 아울러 한국문화관광연구원을 비롯한 기관들은 계속해서 문화복지 분야에 대한 정책적 관심을 가지고 2000년대에는 주로 문화복지 제도화에 대한 보고서들을 펴냈다.

당시의 대표적인 보고서로는'노인 문화복지 활성화를 위한 정책방안 연구에 관하여'(조현성, 2004), '문화복지 법제화 방안 연구'(김세훈 · 조현성, 2008), '문화복지 중기계획 연구'(정갑영, 2007)가 있다. 그러나 문화정책적인 관심에서 출발한 보고서들은 사회복지적 관점이 부족하여 문화복지 개념이나 복지정책 주체 및 전달체계에 관해서는 사회복지와는 거리가 있는 것은 사실이다.

한편, 문화복지와 문화복지 정책을 연구한 본격적인 학술논문이 나오기 시작한 것 역시 2000년대부터이다. 그러나 과거 15년 동안의 문화복지와 관련된 학술활동은 그리 활발하지 못하여 연구논문의 수는 <표 1>에서 보는 것처럼 20여편 정도에 그치고 있다.

〈표 1〉 '문화복지' 주제의 학술지 논문

논 문 명 / 저 자 명	연도	학술지명
청소년 문화복지지표체계개발연구/이소희 · 김민정	2000	청소년복지연구
문화정책에 따른 문화복지시설의 활용방안 연구/정숙희	2002	무용예술학연구
문화복지의 일환으로서 문화복지 정립을 위한 가능성 타진/최은옥	2002	한국체육학회지
노인의 여가생활과 문화복지적 접근/곽효문	2002	노인복지연구
청소년 문화복지 실태 및 만족도와 요구분석연구: 가정의 사회경제적 지위에 따른 비교를 중심으로/김민정	2003	청소년학연구
문화복지 시범사업의 활성화와 장애요인 탐색: D시의 주민자치센터를 중심으로/김호식 · 김장기	2003	한국정책과학회보
지역사회의 문화복지 정책개발에 관한 연구/구혜영	2004	한국지역사회복지학
문화복지서비스에 대한 주민만족도 결정요인/강호진	2004	한국행정학보
문화 복지정책에 따른 사회운용의 과제와 전망/임혜자	2005	한국무용체육학회지
우리나라 문화복지 정책의 흐름과 전망/정갑영	2005	문화정책논총
문화복지와 문화복지정책의 개념에 관한 연구/현택수	2006	사회복지정책

문화복지의 법적 권리화에 대한 탐색적 연구/ 현택수 · 윤동은 · 김광병	2008	한국사회복지학
문화복지 개념 정립을 위한 질적연구: 휴먼서비스 실천가들의 인식을 중심으로/최종혁 · 이연 · 안태숙 · 유영주	2009	사회복지연구
사회적 취약계층의 사회적 배제에 대한 문화복지프로그램기능: 문화복지실천가 대상 질적연구/최종혁 · 이연 · 유영주 · 안태숙	2010	한국사회복지학
사회복지사의 문화적 인식 유형에 관한 연구/현택수	2011	한국학연구
문화복지정책 발달사 연구/서보람 · 장하림 · 현택수	2011	한국정책사학회지
문화 바우처 정책의 쟁점과 방향/용호성	2012	문화정책논총
문화복지 제도정착에 관한 실천가 인식/최종혁 · 유영주	2012	사회복지연구
문화복지 실천가의 역량강화 인식에 대한 연구/최종혁 · 유영주	2012	한국사회복지학
문화적 박탈감을 통해 살펴본 문화복지 대상연구/ 서우석 · 양효석	2013	문화정책논총

출처: 국회전자도서관 DB 자료

2000년대 중반까지의 대다수 논문은 문화복지 개념과 범위에 대한 직접적인 연구가 아니라, 주로 문화복지 시설 실태, 주민 만족도 등에 대한 지역문화 정책개발에 관한 논문들이다. 따라서 기존 보고서 및 논문에서는 문화복지 개념이나 문화복지 실천 주체와 프로그램 내용, 문화복지 행정체계 및 정책의 방향에 대한 심도 있는 문화복지적 연구가 매우 빈약한 편이다. 문화복지에 대한 사회복지학계의 논문은 2000년대 중반 이후부터 나오기 시작했으나 그 수는 매우 적어 한손으로 꼽을 정도이다. 이 가운데 문화복지 개념과 문화복지 정책 개념을 본격적으로 다룬 최초의 학술논문은 '문화복지와 문화복지 정책 개념에 관한 연구'(현택수, 2006)이다.

한편 임원선 · 이현수(2006)는 지역사회의 문화복지 프로그램 발전을 위해 지역사회네트워크를 이용하는 방안을 연구하였다. 오혜경(2006)은 문화복지란 문화적 삶을 가능하게 하려고 제도적 여건을 제공하는 것이며 그 대상은 국민 전체가 되어야 하나 현실적으로는 사회적 소수자로 한정된다고 분석하였다. 최옥채(2007)는 문화복지를 하나의 사회복지프로그램으로 보고, 실천적 측면에서 우리의 정신적 전통이 스며든 문화적 용례와 속성을 분석하면서 문화복지에 대해 협소한 개념 정의를 내린다.

한편, 기존의 문화복지에 대한 논의를 정리하면서 문화복지 개념 정립을 위해 구체적으로 진전된 연구가 등장하기 시작했고(최종혁 외, 2009) 문화영역과 사회복지영역 실천가들의 문화복지에 관한 인식도 연구되었다.

문화복지 관련 실천가들이 문화복지의 독자성을 인정하지 않고 문화나 사회복지의 하위영역으로 한정하는 것은 문화복지를 문화와 사회복지의 단순한 물리적인 결합으로 보기 때문이며, 현장에서 문화나 복지가 실천할 수 없는 고유의 분야를 인식하지 못하기 때문이라 여겨진다. 문화복지는 문화 민주주의와 복지사회가 구현되어야 실현 가능한 개념으로, 시민의 삶의 질 향상에 필요한 요소이다. 따라서 문화복지를 학문적으로 고유한 영역을 가진 독립적 용어로서 인정해야 하는 이유를 증명하려고 한다.

문화복지의 개념은 문화와 복지의 단순한 결합이 아니라 문화를 복지 측면에서 배려하고 융복합하는 것이라고 할 수 있을 것이다. 서구에서도 이에 해당하는 사례가 존재하지만, 아직 정책이나 학문 영역에서 문화복지라는 용어를 본격적으로 사용하는 예는 찾기가 어렵다. 문화복지는 우리나라에서 생성되어 이미 20여 년 전부터 사용됐는데, 특이한 점은 학문적 연구를 통해 등장한 학술용어라기보다 정부의 정책사업 현장에서 등장한 정책용어 또는 행정용어라는 것이다(정갑영, 2005). 따라서 문화복지 개념 역시 심도 있고 체계적으로 논의되어 발전한 것이 아니라 대체로 정부의 정책방향이나 사업현장의 필요에 따라 자의적 혹은 편의적으로 논의되었다. 학술적으로는 용어의 개념과 정의조차 합의하지 못하고 사회적인 동의도 얻지 못한 실정에 있다.

학문적 개념이나 정의는 그 뿌리가 중요하다. 뿌리가 튼튼해야 정권이나 환경의 변화와 상관없이 정향성 있게 문화복지 정책을 추진할 수 있기 때문이다. 그러나 이러한 토양이나 뿌리에 대한 연구나 깊이 있는 논의는 찾아보기 어려운 실정이다. 단지 한국민족예술인총연합 전북지회가 창립 10주년을 맞아 개최한

‘2013 제10회 문화정책 대토론회’에서 “사회복지가 더는 의식주 해결을 위한 선별적 복지가 아닌 보편적 복지를 지향해 가며 더 나아가 문화복지가 생겨났습니다. 사회복지서비스 가운데 문화복지가 있어야 하는 경우가 많습니다.”라는 내용으로 관련 의제가 제기된 적은 있다. 그러나 사회복지가 보편적 복지를 지향하면서 문화복지가 생겨났다는 것은 문화복지의 토양이나 뿌리를 설명하기엔 충분하지 않다. 좀 더 구체적인 연구를 통해 문화복지 생성의 환경적 요인이 밝혀져야 하는 것이다. 이처럼 체계적 연구가 부재한 가운데 선언적으로 문화복지를 이야기해 왔으며 아직 문화복지 개념에 관한 명확한 개념이 뿌리를 내리지 못하고 있다. 이런 이유로 실천 방안에 대한 연구가 없는 실정이다. 지금부터라도 문화복지가 어떤 환경에서 생성되었는지를 추적하고 우리 실정과 부합하는 새로운 개념 정립을 만들어야 할 것이다.

지금까지 문화복지 개념은 정부나 지방자치단체에서 시행하는 대규모 정책에 익숙할 뿐이다. 당연히 연구방법론도 대규모 대상을 위주로 발달해 왔다. 정부정책 개발을 위한 연구는 급증했지만 실제 문화복지가 자리매김할 작은 마을이나 각 공동체 그리고 산재한 동아리 등에 관해서는 상대적으로 연구가 부족했다. 이런 현실에서 소규모는 연구대상에 대한 접근방식도 체계화되지 못했다. 혹 필요한 소규모 단위에 관한 연구를 진행하였어도 국가단위의 정책입안을 목적으로 한 탓에 대상을 이해하는 수준도 낮았다. 이러한 접근으로는 문화복지가 지역사회를 재구성하고 구석구석까지 문화와 복지를 결합하고 교육을 연계해 삶의 질을 향상할 대안을 찾기 어려울 수밖에 없다. 따라서 마을, 협동조합, 공동체, 동아리와 같은 소규모 공동체에 적용하기 위해 다양한 각도에서 연구방향을 만들고 실천해가야 할 필요가 있다(김기홍, 2014).

실제 몇몇 대표적인 마을이나 공동체를 선정해 연구한 결과를 전체의 특성으로 일반화하는 것은 위험할 수 있다. 모든 각각의 대상을 이해한 후 각 마을이나 공동체에 적용할 문화복지 방안을 구축해가야 한다. 그렇다면 문화복지를 적용하기 위해 공동체를 파악하는 방법에는 무엇이 있을까.

문화체육부(1966)는 문화복지의 배경에 대하여 “복지정책을 뒤늦게 시작한 우리로서는 복지국가의 모델을 발전시킨 서구의 국가들이 오늘날 직면한 어려움을 타산지석으로 삼아 문화복지는 사회복지와 함께 진정한 국민복지 실현을 위한 핵심 축 중의 하나이다. 복지정책에 있어 사회복지와 함께 문화복지를 균형 있게 발전시켜나가는 한국형 문화복지 모델을 추구하게 되었다. 문화복지는 '삶의 질'의 선진화를 위해 우리 사회가 반드시 해결해야 할 문제, 곧 경제적인 안전망뿐만 아니라 문화적인 안전망을 우리 사회에 구축하는 것과 관련된 것이다."라고 설명하였다.

문화복지(Cultural Welfare)는 복지선진국에서조차 극히 일부에서만 사용하고 있는 용어다. 노르웨이 Bakke Marit(2004)가 "노르웨이 복지사회 형성 시기의 문화에 대한 의회 논쟁"에서 이를 언급한 것을 찾아볼 수 있는 정도다. 이에 비해 국내에서는 문민정부 출범과 함께 세계화 정책이라는 정치적 의도와 목적으로 문화복지 개념이 만들어져 사용되기 시작했다. 김세훈(2010)도 이런 탄생배경을 근거로 제도의 정착과 발전을 위해서 문화복지에 대한 학문적인 개념 연구가 필요하다고 주장했다. 한편으로는 정치적 측면에서 문화복지에 대한 학문적 연구 부족의 필연성을 지적하는 학자도 있다. 최종혁 외(2009)는 문화복지라는 용어의 바탕을 이루는 '문화'나 '복지' 같은 어휘가 대단히 포괄적인 의미가 있을 뿐 아니라 학자마다 이론을 자의적으로 해석하고 사용하고 있으므로 현실적으로 이러한 개념의 분명한 정의는 매우 어렵다고 지적한다. 그는 이 용어의 개념은 지금까지 정책적으로나 학술적으로도 명확히 규정되지 않은 채 사용되고 있어 용어 사용에 혼란을 주고 있다고 비판한다. 문화복지를 문화와 복지가 복합된 신조어라고 본 것이다. 문화복지는 우리나라 신조어이지만 문화와 복지 각각의 영역에서는 이 새로운 개념을 이해할 정의를 제시하지 못하고 있다는 지적이다. 그러므로 문화복지의 개념을 알아보기 위해서는 먼저 문화와 복지의 개념을 확인하면서 이를 변증법적으로 통합할 가능성을 찾아볼 필요가 있다. 이를 통해 문화복지에 대한 필요성과 가치는 물론, 실천적 영역에서 문화와 복지가 새로운 통합과 창조를 형성할 가능성을 모색할 수 있을 것이다.

2. 문화의 개념

문화복지에서 문화의 개념을 중요하게 생각하는 이유는 문화는 인간의 삶에 작용하여 사회적 변화를 가져오는 방식이기 때문이다. 모든 사람이 문화를 보편적으로 누려야 할 당위성을 이해해야 비로소 문화복지가 어떻게 인간의 삶과 사회 발전에 작동하게 되는지를 알 수 있게 된다.

정철현(2005)에 의하면, 문화연구의 학문성에서 "문화의 개념이 광범위하여 특정분야를 연구대상으로 한정할 수 없으며, 문화의 정의가 다양하여 고유의 주제를 정하기 어렵고, 학자들의 다양한 의견으로 일반이론이 존재하기 어렵다. 그렇다면 문화연구는 학문이 아닌가? 이러한 질문에 대하여는 문화연구는 그만의 독특한 성격을 갖고 있으며, 비록 문화연구가 제도화된 학문에 구속받지 않고 다양한 주제를 대상으로 자유로운 연구방법론을 사용하지만 나름대로의 특징을 갖고 있다."라고 주장한다. 이어서 그는 문화연구의 주제에 관하여 여러 이론 중에서 이러한 문화연구는 문화의 이론과 실제를 겸비할 것이 요구된다. 문화현상 자체를 연구대상으로 하면서도 정치적 비판과 행동을 함께 연구하는 것이라고 한다. 이는 문화복지와 연계성을 잇는 이론적 토대가 가능할 것으로 판단된다.

1) 문화의 발생과 변천

문화의 개념은 어원적으로나 역사적으로 다양한 변천을 겪어 왔다. 인류 역사에 문화의 개념이 탄생한 이후 지금까지 시대적, 지역적, 사회적 전통에 따라 다르게 정의되어 왔다. 따라서 오늘날 우리가 일반적으로 생각하는 의미만으로는 문화의 풍부한 의미를 간과하기 쉬우므로 우리는 역사적 고찰을 통해 더욱 다양한 관점을 고려해야 한다.

최갑수(2001)는 과거에는 문화와 문명의 의미를 명확하게 구분하여 사용하지 않았다. 물론 문화와 문명의 의미가 모두 자연 상태에서 벗어나 향상되어간다는 점에서 서로 비슷한 측면도 있지만, 문화는 포괄적인 인간의 모든 활동과 그 성과 특히 그중에서도 정신적인 활동이나 그 소산을 말하고, 문명은 기술적·물질적인 측면을 중시하고 있다고 문명과 문화를 구분하여 설명하고 있다.

박이문(2007)은 문화와 문명의 다른 점은 가장 포괄적 의미로서의 문화가 한 사회집단의 신념, 행동, 태도에서 볼 수 있는 삶의 양식(modality/form)을 지칭한다면, 문명은 한 사회가 이룩한 삶의 전략적 능력과 기술의 수준(level/stage)을 가리킨다고 주장한다.

원승룡(2008)에 의하면, 문화와 문명의 개념은 정체되고 일관된 개념이 아니라 시대와 상황별로 또는 공동체의 요구와 처지에 따라 그 문맥을 달리 사용됐다. 고전적 문화의 개념은 인류가 오랜 유목생활을 끝내고 농경 생활에 접어들었을 때 형성되기 시작했다고 볼 수 있다. 천연환경에 만족하지 않고 각종 도구를 사용하여 자연을 변형하고 개량하며 만들어진 '인간적' 세계가 문화인 것이다. 문화는 세대에서 세대로 지속하고 보존되어야 하므로 일정한 문화적 공간, 이를테면 땅이 확보되어야만 수립될 수 있다. 문화의 기본 뜻은 인간이 거주할 수 있는 공간과 그 산물이라고 할 수 있다. 어문적으로 문화는 '농장' 또는 '식민지'라는 뜻을 가진 colonia와 연관이 있다. 이렇게 자연으로부터 정의된 문화는 점차 새로운 가치들을 경작하게 된다. 인간은 공동체 속에서 점차 여러 가지 더 좋은 제도와 관습, 의식, 작품 등을 가꾸고 유지하기 시작했다. 이 과정에서 창작 주체인 인간 자신이 경작되어야 할 필요가 생긴다. 이렇게 본래 물질적인 의미에서 사용되던 colo는 이제 가치적·정신적 의미에서 '도야'나 '교양'의 의미로 사용되기 시작했다. 로마의 철학자 키케로는 본래의 직접적인 의미에서 변용된 은유적·철학적 의미로 영혼의 도야(cultura animi)를 말하는데 여기서 '도야'는 성취된 상태라기보다는 도야를 성취해 가는 과정으로 생각되었다.

근대 전 문화·문명의 개념 형성을 보면 고대에서부터 문화·문명은 야만(미개)을 벗어나 인간성을 특징짓는 개념이라는 점은 변함없다고 할 수 있으나 근대 전의 역사에서는 그 사회적, 시대적 배경에 따라 새로운 의미들이 덧붙여지고 다양화되었다고 할 수 있다. 궁정·귀족 문화에서 연유한 예절 바름, '도시민적 세련됨'을 의미하고, 비이성적, 야만적 제도에 대항하여 합리적 이성과 지식을 기반으로 하는 보편적 인류의 문화를 의미하며, 인간의 내적 완성으로서의 정신적, 도덕적 도야(교화, Bildung)를 의미하고, 민족의 고유한 자기의식과 정체성을 의미하고 있다.

서구의 근대적 의미의 문화·문명 개념은 대략 18세기 후반에서 19세기 후반 사이에 형성된다. 문화·문명의 근대적 의미는 18세기 말 프랑스 시민혁명을 전후로 확대되었다. 프랑스 혁명의 영향은 근대의 문을 여는 계기가 되었다. 19세기 세계 경제는 주로 영국 산업혁명의 영향을 받았다면 그 정치와 사상은 주로 프랑스 혁명의 영향을 받았다. 프랑스는 1789년 인권선언, 1793년, 1795년 헌법에 나타난 주권재민 원칙에서 "인간은 태어나면서부터 자유롭고 권리에 의해 평등하다."라는 대명제를 확인시켜 주었다. 혁명 초기 부르주아 외에 농민과 민중이 혁명에 동참하는 경험을 함으로써 봉건주의에서 자본주의로 이행하게 하는 계기가 되었다.

문화적인 영향도 커서, 사회적인 면에서 앙시앵레짐 하에서 신분제적이고 법적인 불평등과 특권적인 신분제도를 포함한 악습을 제거하고 귀족계급에 대하여 시민계급이 승리함으로써 자유롭고 평등한 시민이 주체가 되는 근대사회의 길을 열었다. 그리고 사상적인 면에서는 고착된 종교적 이념을 배제하고 종교적이고 구습에 젖은 낡은 사고방식에 대한 계몽사상의 전면적인 승리로 자유, 평등, 박애라는 자유주의 이념이 제창되었다.

18세기는 서구사회가 영국을 필두로 근대 시민사회로 접어드는 시기이다. 정치적으로는 중산층·시민계급이 형성되면서 봉건적 절대왕정에 도전하게 되고, 산업혁명으로 기술, 산업, 경제가 발달하고 급격한 인구 증가, 도시화가 이루어짐으로써 전통적인 사회질서는 붕괴하기 시작하였다. 이러한 이유로 문화의 주도권은 궁정족, 봉건족 문화에서 중산층·시민·지식인의 문화로 넘어가게 된다. 이들이 진보를 위한 개혁을 부르짖는 데 있어 문명은 중요 슬로건이었다. 그리고 또 하나의 요인은 대외적으로 서구 열강의 식민지 확보가 경쟁적으로 이루어지면서 그들의 우월한 문명을 미개한 나라들에 심어주면서 자신들의 문명의 정체성을 더욱 공고히 하게 되었다.

서구 근대문화는 그리스, 로마의 고대 문화나 기독교 문화의 뿌리에서 자라난 것으로 기본적으로 인식범주로서 문화는 인간 정신의 일반적인 상태로 이해하기 때문에 문화를 인문주의적 측면에서 보고 있다. 즉 문화란 집단을 형성하는 인간이 역사적으로 창출한 모든 산물 중에서도 인간만이 창출할 수 있는 것, 즉 인간과 동물을 구분시켜줄 수 있는 행위와 산물의 총체를 가리킨다.

R. Williams(1985)에 의하면, 오늘날 우리가 일반적으로 사용하는 문화의 개념은 문화 개념의 뿌리를 무시하지 않으면서도 다른 한편으로는 현대에서 중시되는 문화 개념의 여러 측면과 함축적 의미를 통해 다음과 같이 정리될 수 있다: 인간적 완성의 이념과 관련한 정신의 일반적 상태, 사회 전체에서의 지적, 도덕적 발전의 일반적 상태로 문명의 이념, 한 사회의 물질적, 정신적이든 전 삶의 양식, 창조적 작업의 구현체, 대중문화라고 한다.

이를 구체적으로 설명하면 다음과 같다. 첫째, 인간적 완성의 이념과 관련한 정신의 일반적 상태, 관습으로 도야의 이념으로, 영국의 인류학자 에드워드버넷 타일러는 저서 '원시문화 Primitive Culture'(1871)의 서두에서 문화에 대해 다음과 같이 정의했다. "문화는 지식 · 신앙 · 예술 · 도덕 · 법률 · 관습 등 인간이 사회의 구성원으로서 획득한 능력 또는 습관의 총체이다. 그러므로 '문화' 개념은 인간과 세계에 대한 유의미한 틀로서 오늘날 일반적으로 통용되고 있다. 정신의 도야와 도덕적 완성이라는 규범적 의미가 강했던 문화 개념은, 인간 활동의 객관적 산물 일반을 기술하는 용어로서 중립적이면서도 매우 포괄적인 의미를 지니게 되었다. 둘째, 사회 전체에서의 지적, 도덕적 발전의 일반적 상태로 문명의 이념으로, 오늘날 서구의 전통적 개념이 약화화 것은 무엇보다도 인류 문화의 기원과 양태를 연구하는 사회과학, 특히 문화인류학의 연구 성과에 기인한다. 보편적이고 절대적인 개념으로 형성되어 온 문화 개념은 문화 인류학자들의 연구 성과물에 의해서 깨지기 시작한다. 이들은 각 민족이 지닌 독창적이고 다양한 문화적 양식을 분석함으로써, 이제까지 주장한 문화에 관한 보편적 개념들이 서구중심적 사고방식이라는 반성이 일어나도록 하였다. 일반적으로 인간의 보편적 가치에 대한 믿음을 바탕으로 하므로 단순히 생존의 필요성에서 나온 삶의 양식이나 가치적으로 상대적인 개별 문화들은 여기에 포함될 수 없다. 셋째, 한 사회의 물질적·정신적 전 삶의 양식으로, 문화를 모든 인간적 삶의 활동의 산물 혹은 그 양식을 가리키는 말로 확대한다. 다시 말해 사회과학적·인류학적 의미에서 문화란 삶의 양식(forms of life) 자체이거나 그것을 구성하는 모든 요소 혹은 영역, 가령 언어, 가치, 사회제도, 기술을 포괄하는 총체적 개념이 된다. 이러한 인류학적 문화 개념은 '문화'를 구체적인 삶의 양식으로 본다는 점에서 전통적인 '정신주의'를 뛰어넘는다고 볼 수 있다. 넷째, 창조적 작업의 구현체로, 우리는 창의성이 무엇인지에 대해 합의된 정교한 정의를 찾아보기는 어렵다. 그러나 창의성에 대한 전통적인 세 가지 정의를 다음과 같이 개략적으로 정리해 볼 수 있을 것이다. 협의의 창의성으로의 '발산적 사고'(확산적 사고)이다(Guilford, 1956). 광의의 창의성으로 새롭고 유용한 어떤 것을 생산해 내는 행동 또는 정신과정을 창의성이라고 부른다. 따라서 창의성에는 새로움과 유용성이라는 두 가지 핵심적인 준거가 적용된다. 과정으로서의 창의성으로 기존의 정보들을 특정한 요구 조건에 맞거나 유용하도록 새롭게 변형하거나 조합하는 것을 말한다(김영정, 2005).

원승룡(2007)에 의하면, 오늘날의 문화는 과거에 종교나 철학이 담당했던 인간의 고급스런 정신 활동영역만이 아니라 예술분야를 중심으로 성취되고 있다고 한다. 이제 문화를 복합 개념으로 묶어 사용하는 것이 전혀 어색하지 않게 되었으며 문화생활은 고급이든 저급이든 일정한 예술적 취향을 내포하게 되었다. 문화생활은 인간이 자신의 주위세계와 자신의 삶을 아름답고 쾌적하게 만들려는 욕구에서 나오는 것이며 그것이 가능할 때에 비로소 자신을 '문화인'으로 여기게 되었다는 것이다.

다섯째, 대중문화이다. 대중문화는 문화가 인간과 자연이 함께하는 것과 생활 속의 모든 것이 문화가 될 수 있다는 광범위한 정의로의 확장은 우리 생활의 전반적인 것을 문화와 관련짓게 함으로써 연구 대상의 확장과 그 소재의 다양성을 가져왔다. 즉 문화를 새롭게 정의하면서 여러 이론들의 발전으로 대중문화에 대한 관심이 증대되었다.

문화라는 개념과 마찬가지로 대중문화의 개념 또한 사용하는 맥락에 따라 채워질 수 있는 사실상 비어있는 개념적 범주이다. 대중문화에 대한 여러 가지 정의가 존재하는데 일반적으로 대중문화는 한 인간이나 시대 또는 축제, 청소년문화 하위문화 등 집단의 특정 생활양식과 만화, 웹툰, 팝뮤직, 일일연속극 등과 같은 정신적 지적인 작품이나 실천행위를 의미한다. 대중문화의 개념에 대하여 서로 다른 여섯 가지의 정의를 살펴보기로 하겠다. 우선 레이먼드 윌리엄스(Raymond Williams)의 몇 가지 의미를 살펴보면 다음과 같다. 많은 사람이 좋아하는 문화이다. 고급문화의 이외의 것이 대중문화이다. 대량 소비를 위해 대량 생산된 상업문화이다. 민중계층으로부터 스스로 발생한 문화이다. 문화적 주도권(안토니오 그람시 헤게모니 개념)을 쟁취하기 위한 사회 지배계급과 피지배계급의 경쟁 결과가 대중문화다. 「시네마 그라피티: 대중문화와 영화비평」에서 대중문화는 경계란 없다고 보는 포스트모던 개념으로 설명한다. 이러한 대중문화가 우리 주위에 넘친다는 사실은 대중문화 연구 붐을 조성하게 하는 가장 중요한 요인이라고 한다(장일 · 조진희, 2007).

원승룡(2007)은 대중문화의 여러 가지 정의를 가진 대중문화의 시대적인 논의에 대하여 알아보면, 대중문화는 1960년대 초부터 논의가 시작되었고, 대중문화의 존재 여부를 따지던 연구는 1970년대에서는 그것의 효과에 대한 논의를 체계적으로 정리하는 방향으로 자리를 잡았다. 이 과정에서 대체로 대중매체는 부정적인 존재, 부정적인 대중문화의 생산자로 비치고 이데올로기 생산자, 저급문화의 생산자, 더불어 외래문화의 브로커라는 평을 들었다. 그뿐 아니라 대중문화는 건전한 문화를 침해하는 동시에 민족문화라고 불리는 우리 고유의 문화에 나쁜 영향을 주는 것으로 인식되었다.

대중문화란 대중매체와 관련이 있고, 그가 속해 있는 경제적, 정치적인 제도들과도 관계를 맺고 있다. 오늘날 대중매체의 엄청난 발전으로 문화는 어느 특정 산물에서 거의 탈피해 버렸다. 대중매체를 통해 대량으로 확산되는 문화는 탈 계급적, 익명에 의한, 소비적이다. 대중(mass)은 어떤 계층도 지시하는 말이 아니며 대중문화(mass-culture)는 어떤 특정 문화도 지시하는 말이 아니다. 누구나 대중이 될 수 있고 어떤 것도 대중문화가 될 수 있다. 즉 대중문화는 하위문화(subculture)이지만 기층문화로서 문화의 주도층이 되는 것이다. 특히 전통적으로 고급문화의 한 영역이었던 예술의 영역에서 우리는 대중문화의 대표적인 영역을 체험하고 있다. 그것을 가능하게 한 것은 무엇보다 문화의 상업화이다. 문화는 상품화되기 위해 대중의 기호와 취향에 맞춰지며 대중의 기호는 무엇보다 오락성(entertainment)이라고 할 수 있다. 이제 예술이 상업화된 것처럼 어떤 다른 문화의 영역도 상업화될 수 있는 한 언제든지 대중문화로 취급될 수 있다. 우리가 오늘날 아직도 고급문화와 대중문화를 구분할 수 있다면, 고급문화는 인간의 삶의 의미와 가치를 진지하게 표현하는 문화로, 대중문화는 소비적, 공리적, 쾌락적 오락문화로 생각할 수 있을 것이다. 과연 대중문화를 본래부터 하나의 문화로, 하나의 문화영역으로 보아야 하는가? 대중문화는 일종의 기층적인 '삶의 양식'이라는 점에서 인류학적 문화 개념과 유사하다고 할 수 있으나 대중매체의 기술적 발달, 산업화와 더불어 나타난 현대적 문화에 속하는 것이다.

문화는 그 개념에 대하여 엄청난 변천과 의미를 새롭게 정의하고 있다. 그러나 일관되게 문화는 본질적으로 삶이 질을 관련이 있다는 것이다. 따라서 문화의 성격을 규명함에 있어서도 삶이 질과의 연관성을 염두에 두고 분석이 필요한 것이다.

2) 문화의 성격

문화와 복지의 관련성을 규명하려면, 먼저 각각의 성격을 이해하는 것이 필요할 것이다. 이런 과정이 있어야만 문화복지에 관한 전반적인 조망이 가능해져 문화복지 개념을 정립할 수 있기 때문이다. 문화복지는 문화와 복지의 단순한 물리적 결합 형식으로 문화가 복지에서 배분되는 것이 아니다. 실천현장에서 문화가 제대로 구현되고 오롯이 실현되어야 할 것이다. 즉, 문화복지의 개념화를 위한 전제 조건은 문화 성격이 구체적으로 나타나 이해되어야 할 것이다.

하인리히 리케르트(2007)는 “기존의 관점에서 볼 때, 모든 과학적 개념 구성이나 서술의 본질은 우선 각각의 개별적 현상이 ‘사례’로 종속되는 보편적 개념을 구성하려는 데 있다. 이 경우, 사물이나 현상에서 본질적인 것은 사물과 현상이 동일한 개념에 속하는 객체와 공통으로 갖는 어떤 것이고, 순수하게 개성적인 모든 것은 ‘비본질적인 것’으로서 과학에 포함되지 않는다. 우리가 쓰고 있는 전(前) 과학적인 언어의 의미는 고유명사를 제외하고는 대체로 보편적이다. 말하자면 과학이란 우리의 관여 없이 시작된 이른바 현실에 대해 개념화를 계속 수행하는 것이며 의식적으로 완성하는 것으로 간주할 수 있다.

이때 개념은 경험적으로 주어진 객체들을 비교함으로써 얻어지는 것이거나, 아니면 직접 경험이 가능한 것을 넘어서는 포괄적인 보편성까지 이를 수 있다. 여기서 그런 일이 어떻게 가능한지의 문제는 우리의 관심사가 아니다.”라고 개념의 구성에 관하여 설명하고 있다.

주형일(2015)에 의하면, “문화연구는 이를 연구하는 사람들이 자신과 세상을 어떻게 재현하는지를 재현하기 때문에 문화연구에서는 특수한 재현의 형태, 즉 구체적인 주관적 구성물과 만나는 것이 연구의 출발점이 된다. 모든 주관적 구성물은 개별적 특성이 있으며 문화연구는 바로 그 개별적 특성을 이해하여야 한다. 저자는 자신이 만날 주관적 구성물이 어떤 형태를 보일지 미리 알 수 없다. 단지 저자는 일정한 선입견을 품고 있을 뿐이다. 연구는 연구자가 구체적 대상과 만나면서 자신의 선입견을 발전해 가는 과정이라고 할 수 있다. 연구자는 오직 연구가 끝나고 연구대상이란 주관적 구성물을 주관적으로 (재)구성하는 데 성공했을 때 비로소 그 형태를 이해할 수 있게 된다. 연구자가 알고 있는 기존의 이론은 연구자의 선입견을 구성하는 재료일 뿐이지 연구의 출발점으로 연구에서 의미를 알려주는 근거가 아니다. 귀납적인 방식으로 진행되는 문화연구에서 연구의 시작과 끝을 관통해 존재해야 할 이론을 다루는 부분이 저서의 초반부터 굳이 큰 자리를 차지하고 있을 필요가 없다. 이론이 등장해야 한다면 그것은 아마도 대상에 대한 해석 부분에서 연구가 주관적인 설득력을 증가시키고 그 이해를 사회적으로 공유하기 위해 기존의 이론을 수정, 재해석하거나, 또는 연구의 결과로서 현상 안의 여러 관계를 추상화시켜 새로운 이론을 제시하는 과정에서일 것이다."라고 주장하고 있다.

본서에서는 하인리히 리케르트와 주형일의 이론을 참고하여 문화의 성격을 구조화하여 기본 틀을 고정하려고 시도하였다. 문화에 대한 성격 이론을 구체화하는 작업을 한 것이다. 문화의 기본 분석(틀)을 구성하면서 저자의 선입견 변화로 재구성하는 여러 과정을 거쳤다. 이러한 재구성 과정은 여러 단계를 거쳤다.

처음 문화의 특징의 구성은, 저자가 구체적인 성격으로 만나는 출발점은 유태용(1999)의 저서에서 찾았다. 그러나 이는 기본 틀에 합당하지 않다고 판단하였다. 따라서 정갑영 외(2005)의 연구에서 제시하고 있는 여러 성격 중에서 선별하여 기본 틀을 구성하였다. 여기에서 문화 성격을 문화 개념에 대한 단순한 텍스트로서의 틀이 아니라 문화의 실천 의미로 기본 틀을 확장하여 적용하였다. 그러나 이 구성 틀의 연구 결과로 중첩 등의 제반 문제가 확인되어, 이를 단순화하는 과정을 거쳤다. 이 과정에서 안정식(2015)이 제시하고 있는 문화의 영역을 저자가 구성한 기본 틀에 적용할 수 있는지를 함께 검토하였다. 아울러 문화복지와의 연계성도 고려하였다. 이러한 과정을 통하여 6가지 기본 틀을 완성할 수 있었다. 이러한 과정에 관하여 세부적으로 설명하겠다.

최초의 문화 분석모델(틀)은 유태용(1999)의 저서인 '문화란 무엇인가'에서 찾았다: "문화 모델에는 관습모델과 분석모델이 있다. 관습모델은 가능한 한 어떤 공식을 넓게 사용하고 정보를 적게 사용하기 위해 이용하는 편견적 · 특징적 · 복합적이며, 대체로 초개인적이고 규범적이다. 관습모델은 인간이 사회적으로 적합한 행동을 할 수 있도록 길을 안내하는 것이다. 주로 다른 사람들보다 그 사회 내부 구성원들의 행동을 안내하기 위한 메커니즘으로 작용한다. 반면에 분석모델은 가능한 한 많은 정보를 사용하는 전문적 · 일반적 · 단순성 · 개인의 독창적 설명을 한다." 그는 문화의 좋은 분석모델(틀)은 여러 특징을 가지고 있다고 말하면서 이러한 특징들로 포괄성, 보편성, 논리성, 단순성, 유동성, 개방성, 예측성을 제시하였다. 좋은 분석모델이란 내적으로 일관성이 있고, 외적으로는 합리성을 가진다. 모델의 유용성에 관한 중요한 평가 기준은 모델(들)들은 새로운 자료와 해석들이 새로운 설명을 요구함으로써 변동과 조절에 적응할 수 있어야 한다는 것이다.

본서에서는 이것을 기본 틀로 하여 진행한 것이다. 각각의 분석모델의 특징에 관한 세부 설명은 최종적으로 완성된 기본 틀을 가지고 설명하기로 한다. 그러나 연구 과정에서 유념한 것은 '문화의 개념은 관습모델과 비슷한 정의를 내릴 수 있다'라고 설명한 대목이다. 그리고 이어진 설명은, '관습모델은 비록 그것이 예측적이라고 해도 포괄성, 논리성, 단순성, 유동성, 개방성 측면이 떨어진다는 것을 주목해야 한다'(유태용, 1999)라는 내용이었다. 관습모델이란 개개인이 다른 사람의 행동과 신념의 공유를 통해서 성취되는 것이다. 본서도 공동체의 각 구성원이 어떤 행동과 신념을 지니고 일상에서 생활하고 행동하고 있는가를 분석하여 적용하는 것이다. 그런데 "포괄성, 논리성, 유동성, 개방성 측면에서 적절하지 않다는 것을 확인하고서는 이것을 분석모델로 사용하기에는 부적합한 것으로 판단하게 되었다.

이러한 이유로 다른 적합한 문화의 분석모델(틀)을 찾던 중, 한국문화관광정책연구원의 연구진인 정갑영 · 조현성 · 김영범(2005)의 공동연구서인 '문화와 사회발전의 관련성 연구'의 논지에서 비교적 적합한 특성을 찾을 수가 있었다. 이 논지에서 제시된 성격 중에서 주체성, 창조성, 학습성, 계급성, 여유와 편안함, 상대성, 가치성, 정체성을 선별하여 문화의 분석 틀로 구성하였다. 그러나 이 연구를 진행하면서 확인된 것은 구성의 기본 틀로서는 중첩되는 분야가 많아 산만하다는 것이었다. 따라서 이것의 효율성을 극대화하기 위해서 분석 틀의 중첩되는 내용을 결합하여 단순화하였다.

기본 틀을 단순화하는 과정에서 고려한 것은, 문화 개념을 문화의 실천 의미로 기본 틀을 확장한다는 것은 문화의 전 영역에까지 기본 틀이 적용될 수 있다는 것이다. 기본 틀을 단순화한 방법은 학습성은 그대로 두고 창조성과 개방성은 자발성으로부터 생성되는 것이므로 자발성으로 통합하였다. 주체성과 정체성은 성격이 비슷한 특징이 있고 계급성도 주체성과 관련이 깊은 이유로 주체성 분석 틀에 통합하였다. 여유와 편안함은 유희성으로, 상대성은 상호부조성으로 조정하였다. 가치성은 모든 분석 틀과 연관이 되는 것이므로 지속할 수 있는 선순환성 분석 틀로 조정하여 6가지 기본 틀로 고정하였다.

이러한 과정을 거쳐 학습성, 자발성, 주체성, 유희성, 상호부조성, 선순환성의 6가지 분석 틀로 완성되었다. 이러한 기본 틀 구성은 사회복지와 문화복지의 연관성을 고려해 내린 판단이기도 하다. 아울러 다른 이론적 근거로 인용한 것은 안점식(2015)의 문화영역에 대한 이론이다. 그에 따르면, 문화는 세계관, 가치관, 행동양식 세 가지 영역으로 이루어져 있다. 이 중에서 가장 심층부에 있는 것이 '세계관'이다. 세계관으로부터 '가치체계'가 나오고 이 가치체계에 따라서 '행동양식'이 나타난다는 것이다. 이는 문화가 어떻게 사회에서 구체화하여 발현되는지를 설명하는 것이다.

문화의 6가지 기본 틀을 문화영역에 구체화하여 적용되어 발현할 수 있는지 확인하였다. 문화의 6가지 기본 틀을 세계관, 가치체계, 행동양식인 문화 영역에 대입하였다. 세계관의 범주에 자발성과 주체성을, 가치체계에 학습성과 유희성을, 행동양식에 상호부조성과 선순환성을 적용하는 것이 가능하였다. 이렇듯 6가지 기본 틀이 문화영역에 적용 가능하다는 것은 곧 문화복지 실천현장에서 구현이 가능한 것으로 볼 수 있을 것이다.

그러나 문화복지는 교육을 중요한 가치로 하고 있으며 교육과 맞닿아 있다. 따라서 본 연구에서는 학습성을 문화복지의 교육부문에서 연구하기로 결론지었다. 이런 과정을 거쳐 문화연구의 기본 틀을 자발성, 주체성, 유희성, 상호부조성, 선순환성 5가지 기본 틀로 구성하게 된 것이다.

사회복지는 대상화 사업이다. 대상화가 된다는 것은 강제 또는 인위적인 것이며, 수혜자는 주도적이지 못하고 의존적이 되는 것이다. 그리고 낙인효과를 우려할 수밖에 없는 특징이 있다. 그뿐만 아니라 일방적인 시혜성의 지원으로 인하여 의존성이 커지고 주체성이 약해져 선순환 구조가 형성되기 어려운 특징도 있다. 반면 문화복지는 대상화 사업이 아니다. 모든 시민이 자발적으로 공동체에 가입할 수 있으며, 그 운영에서도 민주적인 방식으로 주체성이 발휘된다. 그리고 각 구성원이 자유의사에 따라 성향에 맞는 공동체를 선별하여 가입하므로 만족은 더욱 커진다. 또한 공동체 구성원 모두가 십시일반으로 상호부조로 하는 운영구조를 갖춘 만큼 지속 가능한 선순환성을 갖게 된다. 이러한 이유로 문화의 성격 5가지를 새롭게 구성하였다.

이러한 문화의 5가지 기본 틀이 문화복지 실천현장에서 실현될 수 있는지를 검증하기 위하여 사례연구로서 서울시 부모커뮤니티를 적용하였다.

(1) 자발성

시카베에구미(2009)에 의하면, 자발성(Spontaneität)은 자기활동성(Selbsttätigkeit)과 같은 뜻이다. 즉, 직접 자기 안에서 자기 힘으로 자신을 활동시키는 능력이다. 따라서 자기 존재의 원인과 근거를 자기 자신 속에 지니는 것만이 자발적(spontan)인 것이다. 칸트사전(2009)에는 "자발성(Spontaneität)이란 자기활동성(Selbsttätig keit)과 같은 뜻이며, 직접적으로 자기 자신 안에서 자기 힘으로 능동적으로 스스로를 활동시키는 능력이다. 따라서 자기 존재의 원인과 근거를 자기 자신 속에 지니는 것만이 자발적(spontan)인 것인바, 칸트에서 자발성을 지니는 것은 어디까지나 경험적 · 감각적 · 감성적인 것이 아니라 순수하고 지성적 · 예지적인 것에 대응하며, 객관(존재)이 아니라 오히려 주관(활동)과의 연관에서 생각되고 있다. 나아가 이 두 가지 이질적인 요소들과 계기들의 종합적 통일이 칸트의 이론철학만이 아니라 실천철학에서도 근간을 이루고 있다."라고 정의되어 있다.

국어사전에는 "남의 교시나 영향에 의하지 아니하고 자기 내부의 원인과 힘에 의하여 사고나 행위가 이루어지는 특성이다."라고 정의되어 있다. 즉, 자발성이란 타인에게서의 명령이나 구속으로 마지못해 행하는 것이 아니라 자신이 보고 자신이 생각해서 자신이 결정하여 자기의지에 의하여 행동하는 것이다. 우리나라 「지역문화진흥법」에서는 '생활문화'에 대한 정의를, "지역의 주민이 문화적 욕구 충족을 위하여 자발적이거나 일상적으로 참여하여 행하는 유형 · 무형의 문화적 활동을 말한다."라고 설명하고 있다. 이에 따르면 '생활문화'에서 중요한 키워드는 지역, 주민, 문화적 욕구, 자발적, 일상적, 예술 등이라고 할 수 있을 것이다. 더 나아가 생각하면 생활문화를 통해서 시민들은 자발적으로 개인의 도전과 개척정신을 실현하고, 개인의 목소리를 표현하고, 이웃 및 공동체와 연결되는 활동의 무대를 제공받고, 사회의 문화적 활기를 진작시키는 역할을 하게 된다.

도정일(2014)은 자발성 문화의 중요성을 다음과 같이 강조하고 있다: "자발성의 문화는 희망의 문화가 될 수 있으며, 행복과 위엄을 결정하는 핵심 조건의 하나가 자발성이다. 사람들은 자발적으로 움직일 때 가장 행복해하고 활력이 넘친다. 축제도 자발성이 빠지면 축제가 아니고 공부도 아니다. 우리의 수많은 지역 축제들이 김빠진 소비성 행사에 그치는 것은 지역 주민들의 자발적 기획과 참여가 거기서 빠져 있기 때문이다. 우리 아이들이 학교에 가기 싫어하는 가장 큰 이유는 배움으로부터 자발성이 철저하게 배제되어 있기 때문이다. 일이든 축제든 공부이든지 간에 자발성이 빠지면 도무지 신명이 나지 않는다. 그러나 우리가 자발성의 문화에 기대를 거는 더 본질적인 이유는 그것이 민주주의 문화의 핵심이고 시민문화의 생명이기 때문이다. 자발성의 문화가 확산하고 있다는 것은 우리 사회의 민주적 기반과 역량이 성숙하고 있다는 증거"라는 것이다.

그의 주장은, 자발성이란 희망과 행복의 핵심 조건 중의 하나이며 축제나 공부도 자발성이 필요한 것으로 자발성의 문화가 확산하면 민주적 역량이 성숙한다고 보고 있다.

전국 마을만들기 활동가 교육 자료집(2012)에 의하면, 마을 만들기에 있어 가장 중요한 것은 만들어야 할 대상으로서의 마을이 아니라, 마을을 만드는 주체를 형성하는 일이다. 왜냐하면 만들어야 할 마을의 가장 중요한 요소가 그 주체들 간의 공동체적 관계이기 때문이다. 따라서 지역사회에서 주민들의 참여를 활성화하고, 참여하는 주민들의 공동체 및 자치의식을 고양시키는 것은 마을만들기의 가장 중요한 핵심적 내용이다. 마을의 문화나 역사를 주민들이 스스로 만들고 복원하는 것도 공동의 유대감을 형성하는 데에 기여할 수 있는 좋은 마을만들기 기제라 할 수 있다.

마을만들기는 누군가 다른 사람들이 주민들을 위한 생활환경을 만들어 주는 것과는 다른 개념이다. 마을만들기는 그 마을을 이루고 살아가는 주민들이 스스로 자신들의 마을을 만들어 나가는 과정을 의미한다. 마을만들기는 주민들이 자신들의 '마을'을 주체적으로 만들어 대안을 창출하고자 하는 사업이다. 즉, 공동체를 형성하고 그 힘으로 강화하여 자신들의 마을을 자신들이 살고 싶어 하는 곳으로 총체적으로 변화시키는 일련의 과정을 지칭한다.

결국, 마을만들기는 주민들이 자신들의 생활환경을 바꾸어 나가고 자신들의 고유한 문화와 역사 등을 찾아내고 공유하는 과정을 통해 상호간의 끈끈한 공동체적 관계를 만들어 나가려는 방법을 설명해 준다. 즉, 마을만들기는 주민들의 자발적인 참여를 통해서 지속적으로 이루어지는 실천과정을 중시한다는 것이다.

이성록(2007)은 사회적 인간의 본성에서 자율성과 자발성에 관하여 설명하기를, 자발적 행동은 전적으로 자발적인가? 이 질문은 어떻게 자발성의 구동을 가능하게 할 것인가와 관련된 문제라고 한다. 행위자의 자발성은 주관적으로 의도된 동기에 따라 구동되고, 의도된 동기는 행위자의 지향성에 따라 결정되는 자율성에 의해 통제된다. 자발성은 타자의 강제력이 아닌 행위자의 자유의지에 의하여 구동됨과 동시에 개인이 연속적 자아영상에 대해 반응하는 연쇄적 과정이다. 따라서 자발적 행동의 구동은 다른 사람의 입장에서 형성된 자아영상에 달려 있다. 한편 자율성과 자발성의 의미관계는, 자발성은 자율성의 필요조건이며 자율성은 자발성의 범위를 결정해 준다는 측면에서 근본적 자발성의 관계로 파악된다. 즉 행위자의 자발성은 주관적으로 의도된 동기에 따라 구동되고, 의도된 동기는 행위자의 지향성에 따라 결정되는 자율성에 의해 통제된다. 예를 든다면, 그림 그리는 것을 좋아하는 의사가 안정된 직업을 포기하고 화가가 되기로 결심하는 것과 폭우가 쏟아지는 한밤중에 단잠을 자다 진흙탕에 차가 빠졌으니 도와 달라는 친구의 부탁을 받고 나가는 경우의 두 가지 사례를 비교해보자. 두 사람 다 예측되는 손해를 감수했지만 의사는 자신이 선호하는 것을 만족하려고 한 반면, 친구는 타자의 기대에 부응하고 있다는 점에서 차이를 보인다. 친구가 왜 한밤중에 친구를 도와주러 외출해야 했는지 그 동기는 불분명하다.

다만 그 행위는 자신의 선호에 따라 '하고 싶은 행동'을 한 것이 아니라 타자로부터 '요구되는 행동'을 한 것이다. 즉, 단잠을 더 자고 싶다거나 폭우가 쏟아지는 날씨에 나가고 싶지 않다는 자신의 강력한 욕구에 어긋났지만, 요구되는 행동에 부응한 것이다. 이처럼 자율성과는 달리 본인이 욕구를 억제하고 타자의 기대에 부응하는 것이다. 공동체에서의 자발성이란 필요한 성격이라 할 수 있을 것이다. 위에서 살펴본 바와 같이 자율성이란 문화의 가장 핵심적인 가치이자, 가장 기본이 되는 핵심역량이라고 할 수 있다.

(2) 주체성

주체성을 표준 국어대사전에서는 "인간이 어떤 일을 실천할 때 나타내는 자유롭고 자주적인 성질, 또는 현대 철학에서, 의식과 신체를 가지는 존재가 자기의 의사로 행동하면서 주위 상황에 적응하여 나가는 특성으로 자발적 능동성과 비슷한 의미를 가진다."라고 설명하고 있다.

그 외의 기존연구를 살펴보면, 탁석산(2000)은 그의 저서 '한국의 주체성'에서 우리가 '어떻게 살아야 하는가?' 그리고 '어떻게 살아야 사람답게 제대로 사는 것인가?'는 끊임없이 고민하고 있는 문제 중의 하나라고 제기하면서, 주체성이란 바로 주인이 된다는 '주인 됨'이라고 말하고 있다. 주인은 스스로 결정하고(자결), 주인은 손님에게 예의를 지키며(공존), 주인은 스스로를 지킬 힘이 있어야 한다(자력)는 원칙이 필요하다고 한다. 자결, 공존, 자력이 가능하려면, 안으로는 주체성의 내면화가 필요하고, 밖으로는 물리적인 힘이 있어야 한다고 말한다. 그는 주체성이란 무엇보다도 주인의식이 중요하다고 보고 있으며, 주인이 된다는 것은 예의와 범절을 지키는 도덕적 능력과 나를 지키는 힘이 필요하다는 것이다. 주체성은 환경의 영향 없이 자기 반응과 행동을 선택하고 책임지는 것이다. 따라서 주체적인 사람은 주위 환경에 의해 어쩔 수 없이 이끌림을 당하지 않기 때문에 자신이 선택에 따를 결과를 기꺼이 책임지려 한다. 이어서 주체성의 성장단계를 첫째, 의존적 단계로 상대방에 의해 나의 생명과 감정, 안전이 보장되는 상태이고, 둘째, 독립적 단계로 상대방에 관계없이 나의 행동을 선택하고, 표현하며, 책임지는 상태이며, 셋째, 상호의존적(독립적) 단계로 독립성을 바탕으로 상대방과 협조하는 상태, 나를 표현하면서도 상대를 이해하고 배려하는 상태를 말한다고 한다. 그리고 이 단계는 순차적으로 이어진다고 하였다(김원영, 2009). 이는 마치 매슬로의 욕구단계설의 설명처럼 각 단계를 거쳐 성장한다고 하며, 인간 문제의 원인은 나에게 있으며 나를 변화시킴으로써 세상을 변화시킬 수 있다는 것이다.

이찬훈(2000)은 현대의 소비문화는 기껏해야 어느 정도의 물질적 풍요를 제공하는 대신에 진정한 인간적 의미나 가치와 같은 것들은 전혀 제공해 주지 못하고 오히려 그러한 것들을 상실하게 만들고 있다고 말한다. 그렇기 때문에 오늘날 많은 사람들은 주체성과 삶의 양식에서 근원적인 변화의 필요성을 절감하고 있다. 그러한 근원적인 변화를 위해서는 소비문화를 통한 소비주의적 주체성으로부터 벗어나고, 소비에서의 경쟁을 부추기는 술책으로 착취구조를 은폐하는 지배전략으로부터 벗어나, 사회의 착취구조를 타파하고, 소비가 아닌 생산적 활동을 통해서 삶의 보람을 찾고, 경쟁이 아닌 상생으로 나아가는 사회적 실천이 필요하다. 진정으로 저항적이고 해방적인 실천은 소비적인 삶의 양식 자체에 저항하여, 상품의 소비가 아니라 무언가를 창조하고 생산해 내는 데서 기쁨과 의미를 찾는 일, 그리고 이와 아울러 이용 가능한 자원들을 이용해 대안적인 문화 형식들을 생산하고 교환하는 일이 될 것이다. 즉, 현대의 주체성의 자본주의로부터 비롯한 소비주의적 문화에서 벗어나 생산적 활동으로 보람을 찾고 상생하는 사회적 실천이 필요하다고 한다. 이런 실천은 창조적이고 생산적이며, 기쁨과 의미 있는 삶으로 보고 있다.

신승환(2014)은 공동체는 우리가 살아가는 터전을 넘어 인간의 모습이 반영되는 나를 투영하는 거울이라고 한다. 사람에게는 모두 각자의 공동체가 있다. 사람은 공동체를 통해 자신의 이익과 관심사를 관철 시키는가 하면 나의 필요한 부분을 메우기도 하고, 미처 보지 못했지만 내가 찾는 어떤 것을 위해 이 모임 저 모임을 헤매기도 한다. 그렇게 나의 필요와 나의 존재를 비춰주는 공동체는 나의 또 다른 얼굴이다. 인간은 공동체를 통해 자신을 드러낸다. 그런 점에서 볼 때 공동체에서의 모습이 곧 나의 모습이며, 그 아름다움과 추함은 곧 나의 아름다움과 추함이다. 공동체가 하는 일은 나의 것이며, 공동체가 지향하는 것은 내가 하고 싶은 일이다. 공동체가 만든 타자는 나의 타자이며, 공동체에 속한 사람은 또 다른 나의 모습이다. 공동체의 크기는 나의 크기이기도 하고, 나의 공동체에서 배제시킨 그 누군가는 내가 배제시킨 타자다. 즉, 공동체는 곧 나라는 것으로 주체성을 가리키고 있다. 사람은 내가 만난 사람만큼 자라는 것으로 공동체는 나의 만남의 장이기 때문에 나를 알 수 있는 바로미터가 된다는 것이다.

만약 문화가 고정되어 있거나 한 사회와 시대에만 영향을 미치는 것이라면 우리는 굳이 우리나라의 문화를 다른 나라에 알릴 필요도 없고, 다른 나라의 문화를 받아들일 필요도 없을 것이다. 나아가 문화 침략이라는 것도 없을 것이다. 하지만 어느 나라나 사회의 문화든지 여러 다른 문화와 서로 영향을 주고받으며 발전할 수밖에 없으며, 또한 전통으로 남아 다음 세대의 문화에도 큰 영향을 미치게 된다. 그래서 어떤 사회든 그 사회의 고유문화와 외래문화의 갈등이 나타나며, 변화된 사회 조건과 전통문화 사이의 갈등도 세대 사이의 문화 갈등이라는 형태로 드러나게 마련이다. 더구나 근대 이전에는 교통과 통신 수단이 발달하지 않아 주로 가까운 민족이나 나라 사이에서 교류가 이루어졌으며 그 속도도 느렸지만, 근대사회에서는 국가 사이의 교류가 전 세계로 확대되었고, 엄청난 분량의 문화가 매우 빠른 속도로 교류되고 있다. 그리고 현대사회는 '지구촌'이라는 말이 실감이 날 정도로 정보통신 기술의 발달에 힘입어 예전에는 상상도 못할 정도의 빠른 속도로 문화 교류가 이루어지고 있다. 그래서 전통문화와 외래문화 사이의 갈등도 더욱 커지고 있으며, 외래문화를 바르게 수용하는 문제가 더욱 중요하게 떠오르고 있다.

전통문화란 한 나라나 민족이 역사 속에서 형성해 온 언어나 관습, 학문, 과학·기술, 사상, 예술 따위를 모두 일컬어 가리키는 말이다. 이에 견주어 외래문화란 다른 민족이나 나라에서 들어온 문화로 아직 전통문화로 완전히 흡수되지 못한 문화를 말한다.

신영복(2006)은 "나라 사이의 문화 교류가 반드시 좋은 결과만을 가져오지는 않으며, 여러 가지 문제를 일으키기도 한다. 따라서 우리가 외래문화를 좀 더 잘 받아들이려면 먼저 문화의 주체성을 분명히 세워야만 한다. 문화의 주체성이란 자기 문화의 가치를 제대로 인식하고, 이러한 바탕 위에서 외래문화에 흡수되는 것이 아니라, 그것을 자기 처지와 조건에 맞추어 소화하려는 자세를 말한다. 그리고 이러한 문화의 주체성을 바르게 지키려면 문화에 대한 사대주의와 배타주의의 태도를 경계해야만 한다."라고 설명한다.

김창남(2010)은 '좋은 문화'란 자신의 판단이 정말로 나 스스로 주체적인 입장에서 이루어진 것인가 하는 점에서 출발한다고 정의한다. '좋은 문화'란 더불어 사는 우리의 삶과 사회를 더 나은 방향으로 고양할 수 있는 문화여야 한다. 결국, 그것은 단지 문화적 차원의 문제로 그치는 것이 아니라 다른 사람을 대하고 사회를 생각하며 살아가는 우리 삶의 기본자세와 관련되는 문제인 것이다. 가장 기본적이고 중요한 것은 늘 좋은 사회와 좋은 문화를 생각하고 추구하고자 하는 우리의 태도와 자세이다. 그리고 그러한 태도는 바로 우리 스스로 문화적 주체로서 자신을 세우는 일과 같은 것이다. 문화적 주체로서 가장 중요하고 필요한 일은 자신의 취향과 선택에 대해 스스로 객관적으로 바라볼 수 있는 능력을 키우는 것이다라고 강조한다. 주변의 문화 환경 속에서 자신의 판단에 따라 적극적으로 선택하고 또 그 선택에 대해 스스로 마땅한 이유를 가져야 한다는 것이다라고 서술하고 있다.

문화는 그 논의에 있어, 문화의 진행에 대한 주체성의 문제가 중요하다. 주체성이란 인간이 어떤 일을 실행할 때 보여주는 자유롭고 자주적이며 고유한 성질이나 특성이다. 주체성이 중요한 이유는 인간은 그 존엄성에 있어 갖고 있는 가치관에 따라서 그의 행동양식을 발전시키고 있기 때문이다. 구범모(1996)의 문화 주체성에 관한 주장을 들어보면, "시장 개방의 물결을 따라 서구의 소비 대중문화가 문화의 저변에 깊숙히 파고 들며, 전자통신 기술 의 비약적인 발전… 이러한 변화의 상황에 보다 적극적이고 발전적으로 대응하는 방법은 한국문화 자체의 주체적 역량을 강화 하는 것이다. 또한 한국문화의 발달사를 보아도 국제적 교류와 이질적 문화와의 접촉이 가 지는 중요성을 알 수 있다. 이러한 점을 고려하면 한국 민족 문화의 강점과 특성은 외래문화를 도입하되 주체성을 지키면서 자체의 문화를 창조, 유지해 왔다"라고 설명하면서 문화에 있어서 주체성의 중요성을 일깨우고 있다.

기독교 신학을 통해서도 문화에 대한 세계관을 정리할 수 있다. 창세기 1장 28절에 문화는 하나님이 인간을 창조하시면서 인간에게 명하신 것으로 표현된다. "땅을 정복하고 바다의 물고기와 하늘의 새와 땅에 움직이는 모든 생물을 다스리라"는 명령은 하나님께서 주신 '문화 제1 명령'이며 인간이 문화의 주체자라는 선언이기도 하다.

박근혜 정부는 문화정책을 '나를 찾는 문화와 모두 누리는 문화의 구현'이라는 국정 문화과제를 제시하여 추진하고 있다. 즉 문화에 대한 주체성 확립이 우선되어야 한다는 것으로 해석되고 나아가 모든 사람이 누리는 문화로 이는 복지와 연계된 문화복지 정책이 포함되는 것을 뜻하는 것으로 이해할 수 있을 것이다. 문화에 있어 주체성이 보존되고 이러한 주체성이 바탕이 될 때 비로소 온전한 문화복지를 달성할 수 있다고 문화복지 정책에서 밝히고 있다.

문화적 삶이란 주체적인 삶이 되는 것이 필요하다. 특히 문화와 복지가 만나 문화복지가 될 때 더욱 주체적인 행동양식이 필요하다. 그 이유는 문화복지는 생산적 복지와 예방적 복지와 관련이 깊은 것으로 이는 능동적으로 문화의 주체가 되어 시혜적인 문화나 복지가 아니라 스스로 주체가 되어야 문화를 생산하고 발전하는 것이기 때문이다.

(3) 유희성

Johan Huizinga(1981)는 문화에서 유희에 관한 설명으로, 문화는 유희에서 말미암는다. 문화가 가지고 있는 유희성이란 얼마나 즐거운가의 문제이다. 이때 즐거움의 방식은 유쾌한 쾌감일 수도 있다. 유희는 문화의 즐거움으로 가는 안내자의 역할을 하고 있으며 이는 문화가 지속할 수 있는 것도 공동체가 유지될 수 있는 것도 유희성이 충만할 때 가능하게 되는 것이다. 그 이유는, 인간은 호모 루덴스(Homo Ludens)로 유희는 인간본질이기 때문이다. 유희라는 말은 단순히 논다는 말이 아니라 정신적인 창조활동을 가리킨다. 풍부한 상상의 세계에서 다양한 창조활동을 전개하는 학문, 예술 등 인간의 전체적인 발전에 기여한다고 보는 모든 것을 의미하는 것이다. “인간은 놀다가 갈 수밖에 없는 존재임을 역설하고 있다. 인간은 근본적으로 ‘사유하는 인간’으로서의 호모 사피엔스(Homo Sapiens)도 ‘노동하는 인간’으로서의 호모 파베르스(Homo Fabers)도 아니라 ‘놀이하는 인간’으로서의 호모 루덴스(Homo Ludens)라는 것이다.” 하위징아의 주장에 이어서 역자인 김윤수는 놀이는 문화의 한 요소가 아니라 문화 그 자체가 놀이의 성격을 갖고 있다는 것이다. 모든 형태의 문화는 그 기원에서 놀이 요소가 발견되며, 인간의 공동생활 자체가 놀이 형식을 가지고 있다. 사냥은 물론 전쟁조차도 놀이의 성격이 있다. 따라서 우리는 문명이 애초에는 ‘놀이 되어 진 것’이라는 결론에 이른다. 하위징아는 “놀이 정신이 없을 때 문명은 존재할 수 없다는 결론을 내렸다.”

유희성의 정의는, 유희가 미학적으로나 심리학적으로 매개와 통합의 기능을 수행하는 것으로 이해되었던 것과 달리, 인간 사회에서 원형적인 행위로 간주하고 세분화되면서 유희는 곧 문화적 현상으로 이해되었다. 우선 유희를 사회의 원형적 행위로 이해했던 하위징아는 현대적인 시각에서 문화의 개념과 밀접한 유희의 본질을 심도 있게 고찰하였다. 이전의 학자들이 심오한 형이상학과 인간학에 깊이 관여했다면, 그는 개인적으로나 사회적으로 행해진 인간의 행위 자체에서 읽히는 유희를 고찰하였다. 그는 유희를 통해 인간 존재와 행위 양식을 새로이 규명하고자 했으며, 문화의 근본적인 현상으로서 ‘유희 개념을 문화 개념과 통합’시키고자 했다. 유희는 단순한 쾌락을 넘어서 인간생활 자체이고, 현대적 의미에서 볼 때 ‘하나의 총체적 현상’이기 때문이다. 따라서 사유 존재로 규정되었던 인간은 이제 유희하는 인간, ‘호모 루덴스(Homo Ludens)’로 새롭게 규정되었다. 유희는 인간의 원형적 행위이자 문화적 현상이다. 이러한 이해를 통해 하위징아는 유희의 고유한 특징으로서 자발성, 무목적성, 탈일상성, 시공간적 제약성 및 규칙성 등을 제시했다. 유희는 특정 시간과 공간에서 벌어지는 자발적 행동이나 몰입된 행위로서, 자유롭게 받아들여진 규칙을 따르되 그 규칙의 적용은 아주 엄격하며, 놀이 자체에 목적이 있고 '일상생활'과는 다른 긴장, 즐거움, 의식(意識)을 수반하기 때문이다. 이러한 특징은 유희를 문화를 '창조하는' 기능으로서 인식시키기에 충분했다.

호모 쿨투랄리스(homo culturalis)는 문화적 인간, 제도적 인간으로 인간이 동물과 다른 본질적 특성을 이성과 합리성에서 찾는 전통적인 인간관에 반기를 들고, 인간이 다른 동물과 구별되는 본질적 특성을 비이성·불합리·광기에서 찾으려는 인간관이다. 이 개념을 주창한 학자는 프랑스 사회학자 애드거 모랭이며, 미셸 푸코의 <광기의 역사> 역시 이러한 인간관을 지지하고 있다.

정순복(2007)에 의하면, 독일의 관념주의 미학자 프리드리히 쉴러(F. Schiller)는 인간이 가장 인간다운 때는 유희할 때라고 말했다고 한다. 물질을 소유하고자 하는 본능적인 욕심들에 사로잡히지 않고 오로지 유희할 때가 가장 인간답다는 것이다. 유희할 때 인간은 먹고 마시며 익히고 배우는 세상만사로부터 비로소 벗어나서 진정 자유로운 영혼이 될 수 있다는 것이다. 무한한 상상력을 동원하여 꿀벌과도 이야기하고 별나라에도 다녀오는 거침없는 자유로움과 무한정의 쾌감들로 충만 되어 있는 유희의 장으로, 쉴러는 예술의 진정한 모습이 유희이고 유희를 통하여 이상향 미적 국가를 실현시킬 수 있다고 하였다. 이러한 유희가 있을 때 인간은 창의성이 발휘되고 사람과 사람 사이에 온전한 교류가 가능할 것이다.

김정운(2011)에 의하면, '잘 노는 사람이 행복하고 그들은 일하는 것도 행복하다'고 한다. 여가문화에 대하여 부연하면, 우리 사회는 역사상 유례없는 물질적 풍요를 누리고 있다. 산업화는 현대인들에게 반복적이고 기계적인 생활을 강요하였는바 이에 염증을 느낀 현대인들은 삶의 질 향상을 위한 여가생활을 갈구하고 있다. 고대 그리스 철학자 아리스토텔레스는 공동사회생활의 목적은 여가 그 자체라고 하면서, 가장 숭고한 진실을 심사숙고하기 위해 가장 높은 재능과 이성을 사용하는 여가 향수자만이 진실로 행복한 사람이라고 주장했다. 여가의 사회적 기능을 머피(Murphy)의 주장에 따르면 여가는 구성원들에게 사회적 역할을 습득하게 하고, 사회집단의 목표수행과 사회집단의 결속을 도와주는 기능이 있다고 했다. 그는 이어서 '재미가 자장 중요한 가치이다.'라고 하면서 "지식정보화 사회는 이제까지의 물질과 에너지 중심의 사회와는 질적으로 다르다. 지식정보화 사회에서는 '우주의 에너지 총량이 항상 보존 된다'는 에너지 보존법칙 등 현실의 법칙과는 전혀 다른 법칙에 의해 규정되는 것이라고 한다. 인간의 지적 창의력이 21세기 사회발전의 근본 동력이 된다. 토지나 자본이 가치를 만들어 내는 것이 아니라 지식이 가치를 창출한다. 새로운 지식을 창출하는 창의력은 '재미'를 적극적으로 추구할 때 개발된다. 이 '재미'가 근면 성실을 뛰어넘는 가장 중요한 가치가 된다. 과거 노동과 지본이 없는 나라가 망했듯이 21세기에는 새로운 지식이 지속해서 창출되지 않는 나라는 망한다."라고 하면서 유희의 중요성을 말하고 있다. 즉, 유희가 없다면 결국은 나라가 망할 수밖에 없다는 것이다.

삶의 질의 언급에서 행복지수의 중요성이 확대되면서 개인차원은 물론 국가차원에서도 여가 활동은 중요하다. 우리의 여가활동을 어떻게 활용하는가에 따라서 개인과 한국인의 행복지수가 달라질 수 있으며, 일과 여가의 균형을 통해 사회가 건강해지고 성숙해질 수 있다. 즉 여가는 시간을 잘 보내어서 편안함을 추구하는 정도에서 벗어나 사회 구성원 모두가 행복한 삶을 위한 기본적인 권리이자 건강한 사회의 척도이다. 특히 지속할 수 있는 공동체문화를 위해선 유희의 재창조로서의 여가문화가 지역 단위에서 속속들이 만들어질 때라야 개인의 동기와 공공의 동기가 맞닿는 선에서 공동체문화를 꿈꿔 볼 수 있다고 한다.

이를 위한 정책기획이 필요하다면 '여가'를 바라보는 태도가 서서히 바뀌어야 할 것이다. 즉, 문화복지란 공동체 내에서 주로 활동하는 것으로, 공동체가 만들어지기 위해서는 유희성이 절대적인 영향을 발휘하게 되는 것이다.

오순환(2010)은 사람들은 일만 하면서 살 수 없듯이 여가만 즐기면서 살 수도 없다. 일과 여가는 모두 인간의 생활을 구성하는 필수적인 요소들이기 때문이다. 일만 강요할 경우에는 옛 소련이나 동유럽 국가처럼 몰락의 길을 걸을 것이며, 여가만 추구할 경우 그 옛날 로마처럼 멸망의 길을 갈 것이다. 역사의 교훈을 되새긴다면 21세기는 일과 여가가 겸비된 이상적인 사회가 될 것으로 전망하였다.

리처드 세넷(2013)의 투게더에서 오늘날 사회에서'이제 우리는 무엇이 해야 하는가'에 대하여 공동체를 하나의 소명으로 받아들이자고 제안한다. 물론 그것이 어떤 결과를 야기할 것인지 예단할 수는 없다. 그러나 함께 모여 지지고 볶다보면 무언가가 만들어지지 않겠는가, 최소한 서로 즐겁게 지낼 수는 있지 않겠는가라는 것이다. 세넷은 이러한 대화적 대화의 복원, 사회적인 것의 복원, 공동체의 복원에 대해 말하고 있다. 그가 지적하는 현대사회의 문제에 깊이 공감한다면 그의 대안인 진지한 즐거움이 필요한 것이다.

(4) 상호부조성

한동우(2014)에 따르면, 한국인들의 상호부조 행동은 비공식적 인간관계를 중심으로 협력과 이타심을 경제적 방식으로 표현하는 문화적 행동으로 이해할 수 있다. 한국인들은 각종 경조사에 축의금, 조의금 등의 명목으로 현금을 주고받는 전통을 지키고 있으며, 이러한 전통은 이웃의 기쁨과 슬픔을 정서적으로 공유하는 상징적 의미를 넘어서 실질적인 경제적 도움으로 작동하기도 한다. 최근 민주주의와 경제발전 등을 연구하는 학자들이 주목하는 현상 중 하나는 한 사회 내에서 사회자본이 어떻게 축적되는가 하는 것이다. 이러한 학자들이 공통적으로 이해하는 바는, 사회자본은 시민사회 내의 상호부조 행동의 결과이자 원인이라는 점이다.

상호부조 행동은 기본적으로 협력과 이타심을 기반으로 하는 것이지만, 미래의 사회적 및 경제적 회수(social and economic return)를 염두에 둔 사적 투자로 이해될 수도 있다. 이러한 관점에서 보면, 사회 내에서 개인의 지위에 따라 상호부조 행동을 통해 교환되는 자원의 양이 다를 것으로 추정되며, 이에 따라 개인과 가족에게 축적되는 사회자본의 양이 다를 것으로 추정할 수 있다.

다시 말해서, 한 사회 내에 축적된 사회자본에 대한 접근성이 취약한 개인은 상호부조 행동을 통해 더 많은 투자를 할 가능성이 있고, 이미 사회자본에 대한 접근성이 높은 개인은 상호부조 행동에 덜 투자할 가능성이 있다는 것이다. 즉, 복지국가의 사회보장 시스템은 시민사회 내에 이미 존재하고 있던 공제활동에 국가가 개입함으로써 구축되었다는 점에서, 이러한 비공식적 상호부조 행동을 제도적으로 확장한 것으로 이해할 수도 있다는 것이다. 이러한 예들이 우리의 전통적 미풍양속인 계, 두레, 향약 등에 면밀히 흐르고 있다.

토마스 홉스(2008)가 말하는 '만인의 만인에 대한 투쟁'이란 자연 상태에서의 인간을 표현한 개념이다. 그는 인간은 결코 혼자 살고 있지 않다는 것이다. 타인(들)은 자신과 똑같이 이성과 정념을 지닌 존재들이며, 능력에도 큰 차이가 없다. 그런데 그(들)도 인간이기 때문에 선호하는 것, 즉 소유하려는 것이 자신과 겹칠 수밖에 없고, 그것을 소유하기 위해 분쟁을 벌여야 한다. 또한 하고 싶은 모든 것을 할 수 있으므로 그것이 어떤 형태로 자신에게 피해를 입힐지 알 수 없으므로 항상 경계하거나 상대의 존재를 먼저 제거해버려야 한다. 이런 분쟁을 벌여야 하는 대상은 인간 전체이며, 모든 인간이 이런 행동방식을 취해야 한다. 이것이 바로 홉스의 논의에서 논리적 기초가 되는 '만인에 대한 만인의 투쟁'으로 자연 상태인 것이다. 다윈의 진화론을 발전시킨 헉슬리는 생존투쟁(The Struggle for Existence)에서 "삶은 경쟁의 연속"이라며 투쟁과 경쟁을 통해서 진화한다고 주장하였다(헉슬리, 1888). 그러나 크로포트킨은 이러한 분쟁과 투쟁보다는 서로 상호부조로 상생 발전한다고 반박하였다.

P. A. 크로포트킨(2005)은 '생존경쟁 이론'을 반박하면서 인간을 포함한 생물은 협력과 협동을 통해서 진화한다고 주장했다. 즉, 크로포트킨은 생존경쟁이 생물의 진화 핵심 요인 중 하나인 것을 인정하지만, 다윈의 추종자들이 다윈이 주장한 '생존경쟁'의 의미를 굉장히 협소하게 만들었고, 극단적인 방향으로 곡해했다고 비판한다. 그뿐만 아니라 "인간도 상호부조로 성장"했다고 주장한다. 이러한 상호부조를 증명하였는데, 구석기시대 유물인 석기는 따로 떨어져 발견되는 경우가 거의 없으며, 대부분의 경우 어디서든 석기가 발견되면 다른 석기들도 주변에서 대량으로 발견된다는 점을 말한다.

마이클 토마셀로(2011)는 근대에서도 상호부조는 노동조합 · 협동조합 등으로 이어지고 있다고 주장한다. 야만인에 이어 중세와 근대의 상호부조 사례로 길드와 길드 이후의 노동조합을 예로 든다. 그는 노동조합에 가혹하게 법이 집행되었어도 노동조합 생성을 막을 수 없었다고 말한다. 당시 노동조합은 음모단체라는 이유로 기소당했다. 이런 상황에서도 노동조합은 비밀결사의 형태를 취하는 등 여러 방법을 동원해 여기저기에 산재해 있었다. 타인을 돕고 타인과 협력하는 현상은 비단 인간에만 국한된 문제가 아니므로 생물학적으로도 매우 중요하게 다루어지고 있는 주제이다. 마이클 토마셀로는 이러한 주제에 대한 답으로 상호부조적 협동이야말로 인간을 다른 유인원들 및 영장류로부터 분기시켜주는 것이라고 말한다. 다시 말해 상호부조적 협동에 참여함으로써 얻을 수 있었던 이득이 이타성 및 사회성이라는 인간 독특함의 진화적 원천이라고 주장하고 있다.

문화복지에서의 상호부조는 사회복지에서처럼 일방적인 시혜적인 지원이 아니라 서로가 그들이 지닌 물질, 기술, 노하우, 노동, 지식 등의 재능기부를 통하여 상호 호혜적인 도움을 주고받는 것이라고 할 수 있다.

(5) 선순환성

김기홍(2014)은 "마을만들기가 계속해서 성공적으로 추진되기 위해서는 끊임없는 성찰과 평가가 필요하다. 드러난 성과뿐만 아니라 사회자본과 한경의 변화 등을 확인하고 반영하는 입체적이고 다면적인 평가가 이루어져야 한다. 이렇게 사회자본과 마을만들기를 교차해서 분석하고 평가해보면 마을이 지속가능성을 점검할 수 있을 뿐만 아니라 이웃마을, 로컬, 지역, 국가 등의 단위로 확장해서 마을만들기를 전개할 수 있는 기회를 발견하게 된다. 마을 주민들이 중심이 되어 자율적으로 추진하는 마을만들기라고 해서 그것이 분파적이나 독단적이어서는 안 된다. 주변 환경과의 연계성 속에서 검토하고 평가되고 보완되어야 한다. 그래야 마을만들기를 통한 지속가능성이 한층 커지게 된다."라고 하였다. 즉, 마을이 지속가능한 선순환 구조를 가지려면 분파적이거나 독단적이어서는 안 되며 주변과 연계성을 가져야 한다는 것이다. 끊임없는 노력을 통하여 결국 마을은 네트워크화되어야 한다고 지적하고 있다.

김재경(2010)은 “공동체 활동에 있어서 주민들이 자발적으로 공간을 만들고 그것을 바탕으로 새로운 자발성의 역동성을 획득하는 선순환구조를 만드는 것이 공동체 활동의 핵심이라고 볼 수 있다. 이러한 자발성의 지속적 동기화를 위해서는 ‘개인의 필요의 발굴과 집단적 협동’ 경험이 매우 중요하며, 이 두 변수의 선순환고리가 만들어져야 하는데, 순환의 지속적 작동이 이루어지려면 최초의 ‘시원적’ 협동의 실행이 필요하다.”고 한다. 즉, 공동체가 선순환구조가 되려면 지속성의 동기가 필요한데, 개인의 필요의 발굴과 집단적 협동이 필요하며 이는 시원적 협동이 필요하다고 역설하였다. 개인의 욕구가 사회적 욕구가 되기까지는 여러 요소가 융복합되는 과정 없이는 불가능한 것으로 이러한 현상이 지속할 수 있는 선순환구조를 갖는 것이 필요하다.

라도삼(2013)은 문화를 통한 지역만들기와 지역혁신은 매우 다양한 방식으로 이루어질 수 있다고 한다. 그것은 교과서적 전형, 쉽게 말해 이전 사례를 따라하거나 어떤 학자가 얘기한 방식을 따르는 것이 아니다. 그 지역에 현재 놓인 상황을 ‘역설적으로’ 이용하는 전략인 동시에 남들이 하지 않는 창의성을 제고하는 방식이다. 그렇기에 여기에는 답이 없다. 그렇다 해도 기본적인 틀은 존재한다. 그것은 첫째, 현대사회에서 지역이 요구하는 대화성과 창의성을 제고하는 방식이다. 즉, 보다 많은 사람들이 쉽게 접근할 수 있고, 여러 가지 행위를 할 수 있는 개방성을 제고하는 것이 가장 적절하고 주요한 전략이라는 것이다. 이를 위해 예술이 필요한 것이고, 과거의 역사와 시간의 흔적이 필요한 것이다. 다만, 이것을 지역의 개방성과 독창성, 진정성과 연관 지으면서 여러 사람들을 받아들이고 호흡할 수 있는 요소로 어떻게 쓸 것인가가 문제가 된다. 둘째, 외부적 요소보다 내부적 자원인 지역의 산업과 사람(주민)들의 창의성 등을 제고하는 것이다. 외부는 일시적으로 만들어지는 모래성과 다름없다. 중요한 것은 내부적 자원을 축적하고, 그것을 정체화(停滯化)하여 지역의 정체(正體)로 활용하는 것이다. 지역의 자원성, 가치, 사람들의 능력을 극대화하고 자신의 것으로 만드는 것이 바로 지속가능한 지역 도시를 만드는 길이다. 현대 도시지역의 힘은 바로 이런 내부성과 외부의 결합으로 나타난다. 내부적 자원으로 자신을 정체화하고, 외부와의 커뮤니케이션을 통해 새로운 생산성을 끌어내는 것의 과정에는 예술도 필요하고, 역사도 필요하며, 일상의 관계, 마을, 공동체 등도 필요하다. 선진사례가 아닌, 우리 내부 속에 답이 있다는 것이다.

세계에서 유례없는 급속한 경제성장을 이룩하였음에도 우리 국민의 행복 체감도는 낮은 상태로, 성장동력은 둔화하고 고용률은 정체되어 있으며 양질의 일자리는 부족한 현실이고, 끊임없이 경쟁해야 살아남는다는 절박감 때문에 공동체생활에서의 행복도 OECD 국가 중 최하위 수준이다. 또한 북한 핵무장 위협 등으로 인한 안보위기, 세계 금융위기 등에도 직면해 있는 것이 우리의 현실이다. 이러한 현실을 타개해 국민 행복과 국가발전이 선순환하는 사회, 국민이 행복한 시대를 열어가는 하나의 열쇠가 문화융성이다. '문화의 융성'이란 예술·문화산업·관광·체육 등 문화 분야 역량이 향상되고 문화 창작의 자유, 문화를 누리는 권리가 확대되며 문화콘텐츠의 성장 여건을 조성하는 개념들을 포함하고 있다. '문화를 통한 융성'은 문화의 융성이 다른 사회 분야에 확산되고 발전에 기여하며, 문화의 인적·물적 자원이 창조적 국가성장의 중요한 동력으로 활용되는 것을 의미한다. 이러한 문화융성의 가치에 주목한 박근혜 정부는 창의교육을 통해 문화 창의성을 북돋고, 모든 국민이 문화를 누리는 문화복지를 달성하며 각종 사회 갈등을 문화로 치유하여 경제·사회·일상의 가치 곳곳에 문화융성을 확산시키기 위한 정책들을 펼치기 위해서 여러 정책을 펴고 있다.

국민이 중심이 된 경제부흥과 국민 행복을 이끌어 나가기 위해서는 무엇보다 문화, 그리고 문화융성이 필요하다. 이러한 것들을 달성하기 위해서는 문화복지가 선순환 구조를 이루는 정책이 펼쳐져야 한다. 즉 문화복지가 선순환 구조를 이룰 수 있도록 모든 국민이 자발적으로 주체성을 발휘하여 재미있는 유희성을 통하여 상호부조하는 기풍을 길러 이러한 단계들이 또다시 새로운 문화복지에 재투입되는 선순환 구조를 갖추는 것이 필요하다.

본 장에서 저자는 문화의 개념을 이해하는 데 필요한 중요한 구조에 대한 논의를 통하여 문화 분야에서 문화복지의 고유영역을 찾는 안내자의 역할을 기대할 수 있게 되었다. 문화개념을 통한 문화복지의 고유영역을 찾는다면 문화개념을 위에서 논의된 것 중 문화란 흔히 말하는 음악이나 미술, 연극, 스포츠 등을 말하는 것이 아니라, 웹스터(Webster)나 옥스퍼드(Oxford) 영어사전이 정의하듯이 주로 교육과 연수를 통해, 국민의 행동과 사고 등의 지적(intellectual), 도의적(moral) 수준이 고도화되는 것을 말하는 것으로 이해하고자 한다. 왜냐하면 문화의 질이 향상됨으로써 삶의 질의 향상과 국격이 상승하기 때문이다.

문화복지가 무엇인가를 규정하는 것은 사회복지의 영역과 문화의 영역을 함께 연구한다는 것이 타당할 것이다. 사회복지는 현대 한국인의 삶의 질 향상을 위하여 시대적으로 요구되고 있는 과제이다. 따라서 먼저 사회복지를 이해하는 것이 문화복지의 개념을 정리하는 첫걸음이 될 것이다. 다음 장에서는 사회복지의 개념 속에서 문화와 어떤 연관성이 있는지 살펴보도록 하겠다.

3. 복지의 개념

행정학사전에서는 사회복지란 "사회구성원이 일정한 생활수준 및 보건상태를 확보하기 위한 사회정책 및 조직적인 체계이다"라고 정의하고 있다. 이러한 정의를 실천하기 위한 방법은 역사 · 사회학적으로 '분배'는 중요한 문제이자 국가 통치의 핵심이었다. 정태인(2012)에 따르면, 마르크스주의는 생산수단의 소유가 분배를 결정하는 기본이다. 따라서 평등하기를 원한다면 생산수단을 공유하면 된다고 한다. 자본주의에서는 시장의 불확실성과 공황의 필연성이 발생할 수밖에 없으며, 정부는 항상 지배계급을 우대한다고 보는 시각을 갖고 있다. 복지국가 역시 노동자 계급이 자본주의에 저항하지 않게 하려고 일정 정도 혜택을 분배해주는 역할을 할 뿐이라고 지적하고 있다 즉, 칼 마르크스의 유물적 사관에 의하면 복지는 경제구조와 연관되어 생산수단을 통해 분배한다는 것이다.

김동성(1999)은 근대와 현대는 자본주의 경제체제를 유지하고 발전시켜 왔으며, 자본주의의 특성은 근대와 현대사회에 반영되고 그 모습을 변형시켜왔다. 자본주의 체재 아래에서는 시장에 대한 정부의 역할에 따라 관점이 달라진다고 하였다. 그 이유는 경제학자들의 견해가 정부의 시장개입을 기능적인 관점과 갈등론적인 관점으로 보는 시각이 있기 때문이다. 그 대표적인 예로 케인즈학파와 시카고학파의 논쟁을 들 수 있다. 정부의 경기조절 정책과 관련하여 케인즈학파는 정부의 적극적인 시장개입을 주장하는 반면, 시카고학파는 정부의 시장개입을 최소화시켜야 한다고 주장한다. 이러한 정책 처방에 대한 두 학파 간의 근본적인 차이는 시장 가격이 가지는 기능에 대한 신뢰의 차이에서 기인한다. 그런데도 정도의 차이는 있으나 정부는 어떤 형태로든 시장에 개입하게 된다고 주장한다(오페르트벨트, 2011; 박종주, 2008).

강혜규 외(2007)는 정부의 시장개입 방법은 세금과 규제를 통해서 수행하므로 복지의 초점은 세금과 관련이 깊다. 즉, 정부는 세금을 통해서 시장에 개입하며, 세금의 양을 조절함으로써 시장 활동을 조율한다. 세금이 늘어나면 정부는 재정이 안정되고 이를 바탕으로 적극적인 복지를 실현할 수 있게 된다. 정부가 세금을 걷는 것은 부의 재분배 문제이므로 복지와 밀접한 관련을 갖게 되는 것이라고 지적한다.

재화의 분배 문제는 새롭게 등장한 문제가 아니다. 고대에서부터 분배의 문제는 인류의 가장 큰 고민이었다. 이러한 분배의 문제가 어떻게 고민이 되고 어떤 해결책을 찾아 왔는지에 관하여 역사적으로 고찰하여 보려고 한다. 왜냐하면 이러한 문제는 사회를 변화시키는 핵심적인 사항이었고 이것이 우리가 연구하려는 복지라는 실천으로 나타난 것이기 때문이다.

1) 복지의 발생과 역사적 변천

롤즈(1971)의 정의론에 의하면, 사회정의를 실현하기 위해서는 권력과 의무, 기회와 재화, 이익과 부담, 지위와 특권 등 여러 사회적·경제적 가치들의 절대량에 관심을 두기보다는 이들 가치가 사회구성원들 사이에 어떻게 배분되어 있는가에 관심을 두게 된다. 따라서 사회정의란 분배적 정의를 의미하며, 분배적 정의란 사회구성원 각자가 자신이 누려야 할 사회적·경제적 가치의 응분의 몫을 누리는 상태를 의미한다. 롤즈는 사회정의의 문제가 크게 두 가지 측면을 가지고 있는 것으로 보았다. 하나는 국민의 기본적 자유에 관한 문제요, 다른 하나는 사회적 및 경제적 가치들의 분배에 관한 문제이다. 첫째 원리는 인간이 기본적 자유에 대하여 모든 국민이 동등한 권리를 누려야 한다는 것을 규정하고 있다. 둘째 원리는 사회적 및 경제적 가치의 분배에 관한 원리로서 정당성을 인정받을 수 있는 불평등의 기준을 밝히기 위한 원칙이라고 한다.

풀라톤(2013)은 「국가」에서 국가의 기원은 인간의 필요성에서 시작된다고 한다. 즉 인간은 아무도 자기 스스로 자족하지 못하고 많은 것을 필요로 하기 때문에 서로의 필요한 것들을 위해서 도움과 협력을 요구한다. 이러한 필요의 충족을 위해서 요구하는 첫 번째의 것은 육체에 필요한 의 · 식 · 주이다. 플라톤은 분업과 교환의 원칙에 입각하여 동반자와 협력자들이 일정한 주거지에 모여 경제적 사회를 형성하였을 때 그 주민들의 조직체를 국가라고 부른다.

그러나 때로는 이 국가가 거대해질 때 국민들의 물질적 욕구와 충족이 비례해짐으로써 내적 불안과 외적 전쟁 등의 위협 때문에 국가는 건강과 균형을 잃고 해체될 위기에 놓이게 되며 부정국가가 되고 만다는 것이다. 즉, 플라톤이 주장하는 것도 결국은 국가가 부를 어떻게 나눌 것인가의 문제이며, 권력구조와 불평등 발생으로 분배가 더욱 큰 어려운 문제로 대두된다는 것이다.

고대 이집트 역사에서 파라오는 신성한 통치자로서 신이 주신 질서(ma'at)의 수호자였다. 그는 이집트 땅의 대부분을 소유하고 그 사용법을 지시했으며, 백성의 경제적 복지와 정신적 행복을 책임졌다. 고대 이집트 왕의 무덤에서 발견된 파피루스의 기록은 왕국 경영에 필요한 지식이 수학이었음을 보여준다. 피라미드의 높이를 정하는 법이나, 나일강 범람 뒤에 경계선이 사라진 땅을 토지 측량을 통해 원주인들에게 분란 없이 배분하여 공평하게 땅을 나눠주고 세금을 거두는 것, 그리고 피라미드 건축에 동원된 인부의 급료를 '분수'를 이용해 절묘한 균형 있게 분배의 문제를 해결하는 능력 등은 왕이 갖추어야 할 필수 덕목이었기 때문이다(김형준 외, 2014).

중국의 <논어 계씨 편>에서도 '不患寡而患不均 不患貧而患不安(불환과이환불균 불환빈이환불안)' 즉, 가난을 걱정하지 말고 불평등함을 걱정하라고 지적한

바 있다. 이처럼 동서고금을 통하여 분배의 문제는 국가적, 사회적 문제였다.

분배는 필연적으로 '불평등' 혹은 '격차(빈곤)'의 문제를 낳았으며, 이 문제를 보완하는 장치로 '복지'가 등장하게 된다.

마르크스의 유물사관에 따르면, 최초의 문명사회는 고대 노예사회로 노예인 인민을 착취함으로써 지탱되었다고 한다. 상업의 발달로 가내노예에서 노동노예로 변화해갔음에도 불구하고 노동노예의 인간성은 거의 부정되었다. 그리스・로마의 도시국가에서는 인간에 의한 궁핍이 사회문제가 되어 공동체의 생활에서 독립한 사회적 구제제도가 등장하였다. 이러한 구제제도는 무산 시민을 대상으로 삼아 행해졌고, 지배계급의 피지배계급에 대한 지배의 동기로 나타났다는 것이다.

플래너리・조이스 마커스(2015)는 인간 불평등 기원과 진화를 문명사적 관점에서 분석해낸 「불평등의 창조」에서 인류가 처음부터 불평등했던 것은 아니라고 지적한다. 인류의 초기 조상은 작은 집단을 이루어 살았고 그 안에서 사회적 평등을 유지하려고 적극적으로 노력했다. 태초에는 식량이 부족해 나눔을 생활화하였다. 하지만 사회 규모가 커지고 기술발전으로 생산량이 늘어 무한경쟁이 시작되면서 불평등이 생겨났다고 설명한다.

토마 피케티(2014)는 그의 저서 '21세기 자본론'에서, 자본주의가 전반적으로 불평등이 심화하는 법칙성을 가지고 있다고 지적하였다. 1910년대 이후 두 차례의 세계대전과 대공황 등을 거치면서 누진세제 등의 도입으로 1970년대까지는 일시적으로 불평등이 완화되었으나 1980년 이후 자본의 쏠림현상은 다시 심해져서 현재 세계 주요국은 사상 최고 수준의 부의 불평등 상태에 처해 있다고 분석하였다. 한 경제의 국민소득은 노동소득과 자본소득으로 나뉘는데, 이 중 자본소득의 비중이 높을수록 불평등은 더욱 커지게 되며, 부자가 더 많이 저축하면서 자본은 더 많이 늘어나게 되고 불평등이 세습되는 현상이 벌어지게 된다는 것이다. 피케티는 이러한 '세습자본주의'가 자본주의의 장점인 능력주의를 파괴하는 것을 막기 위해서는 국가 간 자본이동이 자유로운 현실을 고려할 때 글로벌 공조하의 자본세와 누진세제 등을 도입해야 한다고 제안하였다.

고대 그리스에서, BC 4세기 플라톤은 국가론에서 “국가의 통치자는 국가 구성원 모두에게 봉사하여야 함”을 주장하면서 국가정책의 궁극적 목적은 통치자가 국민을 복리상태에 머물게 하는 행위로 규정하고 있다. BC 3세기 아리스토텔레스는 정치론에서 “국가 존재의 목적은 물질적인 면과 윤리적인 면에서 국민의 행복을 실현하는 데 있음”을 강조하고 있다. 즉 양자는 국가의 목적은 국민 전체의 복지실현에 있다고 보고 있는 것이다.

로마에서, BC 2~1세기 복지정책은 빈민에 대한 곡물무료배급제 및 식량 부조제를 실시하였고, 자녀양육보조비 제공 등의 정책도 가지고 있었다. 그리고 고대 희랍은 정치적 측면에서의 자선사상을 강조하였고, 고대 이스라엘은 종교적인 신앙심에 바탕을 둔 자선사상을 기초로 종교적인 인과응보 사상으로 인간에게 자선할 것과 강자보다는 약자・빈자 등에 대한 자선을 강조하였다. 고대 이스라엘의 종교적 자선사상은 기독교의 생성과 발달에 따라 중세의 자선사업으로 이어지게 된다.

최재현(2011)에 따르면, 중세의 봉건제도에 있어 영주는 혼란하고 불안한 상태에서 자신의 영토를 보존하기 위하여 강력한 무기의 소유자인 가신이 필요했고, 가신은 영주를 보호하기 위한 생활근거지로서의 봉토가 필요했다. 이런 필요에 따라서 가신제도가 탄생하였다. 이는 무력봉사와 생활자료 및 보호의 우산을 상호 교환하는 자유로운 계약관계가 성립한 제도이다. 가신제도에 의한 계약은 호혜적인 것이었기 때문에 계약 쌍방 당사자 모두가 일정한 의무를 이행하여야 한다. 중세시대에 기근, 전쟁, 흉작, 전염병과 봉건제도의 붕괴로 인해 도움이 필요한 빈민과 걸인이 폭증하게 되었다고 설명한다.

봉건제도 몰락으로 일자리를 구하기 위하여 정처 없이 방황하는 수많은 노동자의 발생과 수도원의 해체로 인하여 교회로부터 구제를 받지 못하는 다수 빈민의 빈곤문제가 더욱 심각하게 되었다. 중세의 사회복지는 기독교의 자선사업, Manor(장원제도)와 Guild(동업조합)의 복지사업, Poor Law(구빈법)가 대표적인 것이다.

근대사회는 Macarov의 사회복지 발달 동기 중 경제적 동기와 정치적 배려가 크게 작동된 시대이다. 이 시대는 산업혁명(1750~1850년)의 시작과 더불어 근대 자본주의제도가 생겨나기 시작한 시기였다. 특히 18세기 말에 나타난 자유방임주의적 자본주의의 운명은 구시대의 사회질서가 갖고 있던 전통적 보호주의를 거부했다. 자유방임주의적 산업국가에서는 모든 인간은 자유로우므로 자신의 운명을 스스로 개척해 나갈 수 있고 또 자신의 성공과 실패에 대하여 스스로 책임을 져야 한다는 것이다. 이러한 자유방임주의는 계속 그 힘이 강화되었는데, 특히 19세기 후반에 다윈의 적자생존이론을 사회질서에 적용한 사회진화론에 의해서 더욱 강화되었다. 대표적인 인물로 Spencer와 Sumner를 들 수 있는데, 이들은 빈곤을 개인의 문제로 간주하고 정부가 빈곤의 문제에 관여할 수 없음을 주장하였다.

사회복지의 본격적인 등장과 변화 그리고 발전은 자본주의의 생성과 함께 진행되었다. 오늘날 많은 국가의 복지제도들은 자본주의 발전과정에서 사회적 위험으로 등장한 문제들과 그 사회구성원들의 욕구에 대한 대응이라고 할 수 있다. 국민의 기본권과 국가의 의무 차원에서 제공되는 현대의 사회복지제도는 자본주의 변화를 고려하면서 함께 이해되어야 한다.

리버 휴버번(2000)은 그의 저서인 '자본주의 역사 바로 알기'에서 자본주의는 종교개혁(16세기), 영국혁명(1689년), 프랑스혁명(1789년)을 거쳐 18세기 말 낡은 봉건질서를 파괴할 수 있을 만큼 충분히 강력해진 부르주아지는 봉건제 대신 이윤창출을 제1의 목적으로 하는 상품의 자유교환에 기초한 전혀 다른 사회체제가 등장했고 이러한 체제를 자본주의라고 부른다고 하였다.

산업화를 통해 모든 국민이 어느 정도 혜택을 받은 것은 확실하다. 그러나 동시에 사회구성원 간의 불평등도 증가하였다. 산업자본주의 성공이 불평등의 증가를 동반한다는 사실은 산업화의 초기 단계에서부터 오늘날에 이르기까지 자본주의의 도덕적 논란을 불러일으키기에 충분한 것이다.

한스 페터 마르틴(2003)은 최근에 이르러 더욱 현실화되고 있는 '20 대 80 사회'가 그 증거라고 할 수 있다고 한다. 국가 간 빈부의 차이, 국민 간 소득 격차는 점점 벌어져 상위 20%가 80%의 자원과 부를 차지하고, 하위 80%가 남은

20%를 놓고 경쟁해야 하는 사회가 되었다고 한다.

자본주의 사회에서 어떤 문제에 직면하게 될 것인가를 유추하면, 사회복지가 왜 본격적으로 등장하게 되었는가를 설명할 수 있다. 유일한 밑천이라고 할 수 있는 노동력을 질병 혹은 사고 등으로 잃게 된 경우, 노동 능력과 의지는 있으나 일자리가 없는 경우, 일해도 임금이 너무 낮은 경우, 전통적 가족관계의 해체, 불평등한 분배 현실에서 살아남기 위해 온 가족이 노동시장에 참여하는 다(多)노동, 빈곤의 대물림 등 개인이 스스로 예방하고 대처할 수 없는 문제의 확산에 직면하게 된다. 이것이 개인문제가 아닌 사회문제라는 인식이 확대되거나 사회적 차원에서 대응이 필요하다는 사회적 합의가 이루어지는 곳에서 사회복지적 개입이 이루어지게 된다. 그 이유는, 가난은 개인의 노력 부족으로 생각했지만, 사회의 구조적인 문제로 인하여 많은 사람이 가난에 내몰리는 '대공황' 같은 사회 구조적인 현상이나, 사회 환경이 '의자 앉기 놀이'처럼 구조적으로 필요로 하는 소요보다 필요한 재화가 부족하기 때문이기도 하다. 이러한 사회구조는 지속되므로 가난한 사람들을 양산할 수밖에 없다. 따라서 빈곤은 개인의 문제도 있을 수 있지만, 국가나 사회도 책임이 있다. 이러한 사유로, 사회복지는 수혜 대상자들에게 권리로 받아들여지고 있는 것이다.

사회적으로 문제가 발생하면 이를 어떤 사회문제로 받아들일 것인가에 따라 사회복지 개입의 정도와 내용이 달라질 수 있으며, 정치·경제·문화적 배경의 차이에 따라 그 합의 내용이 변경될 수 있다. 이러한 측면에서 사회복지의 역사는 국가별로 그리고 시대적으로 역동적으로 변화되고 발전하게 된다.

2) 복지를 이해하는 관점과 사회적 변천

사회복지를 이해하기 위해서 어떠한 관점을 가지고 제도가 발전되었는가를 고찰하고, 사회의 변화에 따른 사회복지 모델의 변천 과정을 살펴보고자 한다.

Wilensky와 Lebeaux(1958)는 사회복지 관점은 역사적으로 산업화가 되면서 잔여적 사회복지에서 제도적 사회복지로 발전한다고 하였다. 잔여적(보충적) 관점은 협의의 사회복지로 개인의 욕구가 일차적으로 가족과 시장에서 충족되고, 그렇지 못할 경우 잠정적, 일시적으로 사회가 나서서 돕는 것이다. 즉 정상적인 생활을 영위하지 못하는 개개인을 대상으로 경제적·정신적으로 도와주는 사회적 노력을 말하며, 일시적으로 가족과 시장체계를 대신하는 것으로 긴급사태가 발생한 경우에 활성화되고, 가족과 시장의 기능이 다시 회복되는 경우에는 축소되어 후퇴된다. 반면 제도적 관점은 광의의 사회복지로 국민 전체를 대상으로 하는 사회복지의 확대된 개념으로 협의의 사회복지 이외에 사회정책, 사회보장, 보건, 의료, 주택, 고용, 교육 등을 포함하는 것으로 생활의 각 측면에서의 비복지(diswelfare)를 해결하기 위한 사회적 서비스를 총칭한다. 현대사회에 있어 개인이나 집단이 만족할 만한 수준의 삶과 건강을 누릴 수 있도록 돕기 위한 사회적 서비스와 제도의 조직화한 체계를 말하며 영국에서는 사회복지란 용어 대신 사회적 서비스(social service)라는 말로 일반적으로 사용하며, 사회적 서비스는 '전 국민의 물질적·정신적·사회적 최저생활의 확보를 위한 공사의 사회적 제반 서비스의 총칭'이라고 정의하고 있다. 이는 광의의 개념이다.

Romanyshyn(1971)은 사회복지가 처음에는 소수 약자의 생활상의 곤란과 문제를 해결하는 데서 출발하여 점차 전 국민의 인간다운 생활의 확보라는 차원으로 확대되어왔다고 하면서 잔여적 복지 개념에서 제도적 복지개념으로, 자선의 사상으로부터 시민의 권리로, 빈민에 대한 특별한 프로그램으로부터 전체 인구의 보편적 욕구에 대한 관심으로, 가능한 최저한의 급부와 서비스로부터 최대한의 적절한 급부와 서비스로, 개인의 치료로부터 사회의 개혁으로, 민간의 후원으로부터 정부의 후원으로, 빈민을 위한 복지라는 개념으로부터 복지사회라는 개념으로 점진적인 진화과정을 거쳐 왔다고 해석하고 있다.

사회복지의 이러한 변화과정에서 볼 때 사회복지는 빈민의 구제라는 협의적이고 잔여적 개념에서 출발하여 사회적·경제적 변화와 인권의식의 발달에 따라 모든 국민의 생활상의 모든 욕구의 충족이라는 제도적이고 광의적인 개념으로 변화되어 왔다. 사회복지의 초기 단계에서는 빈곤층의 소수의 사회적 약자들을 한정해서 사회복지서비스가 제공되었으나 현대사회로 접어들면서 국민 전체로 확대되어 왔다. 또한 빈곤이라고 하는 경제적 문제에 대한 대응에서 전반적인 생활상의 욕구 충족을 넘어 보다 고차원의 욕구 충족으로 확대되었다. 하지만 오늘날 사회복지의 대상층이 국민 전체로 하고는 있으나 모든 국민의 욕구 충족에는 제약이 따른다. 모든 국민의 욕구 충족을 위한 사회적 자원에는 한계가 존재하고 있다. 이로 인하여 사회복지의 일차적 대상은 사회적 약자가 될 수밖에 없다. 결국, 오늘날의 사회복지는 보편적인 복지를 지향하고 있으나 그 내용에서는 '한정적으로는 사회적 약자에 대한 재정적인 원조나 서비스를 의미하며 다른 한편으로는 모든 국민을 대상으로 그들의 보편적 욕구를 충족시키는 것'을 모두 포함한다. 즉 가족이나 시장기구로부터 탈락하여 스스로 노력으로는 도저히 물질적 자원이나 건강유지가 곤란하거나 불가능한 개인 또는 가족들을 일차적인 대상으로 하며 나아가 모든 국민을 대상으로 하여 생활상의 욕구를 충족시키고 건강하고 문화적인 삶을 보장함으로써 복리를 향상시키려는 혼합적인 접근이 이루어지고 있다.

채사장(2015)은 사회와 국가의 역할과 변화를 중심으로 사회복지 정책에 미친 영향을 다음과 같이 설명하고 있다. 사회복지란 복지 분야에서 사회적 변천의 과정 발달은 경제와 연계되어 있다. 마르크스는 경제를 하부구조로 두고, 역사, 정치, 사회, 문화, 의식 등 경제를 제외한 나머지 구조를 상부구조로 규정한 다음, 하부구조가 상부구조를 결정한다는 '하부구조 결정론'을 제시했다. 바꾸어 말하면 경제의 모습이 바뀌면 역사도, 사회도, 문화 등 모든 것이 바뀐다는 것이다. 오늘날 세계는 네 개의 경제체제로 구분한다. 초기 자본주의, 후기 자본주의, 신자유주의, 공산주의이다. 네 가지 경제체제의 구분 기준은 '정부와 시장 개입 정도'이다. 정부가 시장에 개입하는 방법은 세금과 규제이다. 복지는 세금과 연관성이 많다. 그러므로 여기에서 세금에 조점을 두고 논의하겠다. 정부는 세금을 통하여 시장에 개입하는 데 세금의 양을 조절함으로써 시장 활동을 조율하게 된다. 세금이 늘어나면 정부는 재정이 안정되어 이를 바탕으로 적극적인 복지를 실현할 수 있다. 반면 세금이 줄어들면 정부는 재정이 축소되고 복지 역시 축소된다. 이렇듯 세금과 복지는 반비례한다. 사회문제를 이해하는 데 가장 중요한 핵심 개념은 세금과 복지로 정부가 시장에 개입한다는 것은 세금을 어떻게 부과하는지의 문제이다. 정부는 세금을 늘리거나 줄이는 방식으로 시장에 개입하며 세금이 그 사회의 복지 수준을 결정한다. 이와 같은 세금과 복지의 확대와 축소로 시장의 활성화와 침체를 가져오게 되는 것이다. 그리고 내부적 갈등과 사회적 안정에 영향을 미친다.

세금과 복지를 기준으로 경제체제로는, 공산주의는 개인의 생산수단을 소유하는 것을 금지하고 모두 국가가 관리하는 체재를 말한다. 반면 자본주의는 개인이 사적으로 생산수단을 소유할 수 있는 체제를 말한다.

지금부터는 자본주의의 체재에 관해서 구체적으로 논의하도록 하겠다. 초기 자본주의는 자본주의가 태동한 산업혁명 시기인 근대에 시작되었다. 이 이론을 정립한 사람은 애덤 스미스로 그는 시장에서의 자유로운 경쟁이 사회 전체의 부를 증진한다고 보았다. 자유시장은 자율적인 조정능력이 있으며 이를 '보이지 않는 손'이라고 표현했다. 가격을 결정해주는 국가나 신과 같은 존재는 없으나 상품의 가격은 어떤 드러나지 않은 조정 능력에 의해 알아서 결정된다는 것이다. 이렇게 자율적으로 조정할 수 있을 뿐만 아니라 사회 전체에 이익이 되는 자유시장에 대해서 국가가 개입할 이유나 근거는 없다. 정부의 개입이 없는 자유시장에 대한 신뢰, 이것이 초기 자본주의의 특징이다.

그러나 초기 자본주의에 있어 문제점이 발견된다. 이미 자본력을 가진 사람들이 자본주의를 통해 막대한 부를 축적할 수가 있고 노력하는 사람일지라도 부를 소유하지 못했다면 초기 자본주의에서 성공하기 쉽지 않다. 다른 문제점은 노동 환경이 열악해진다는 것이다. 가격 결정의 모든 희생이 노동자에게 돌아가게 되고 이것은 임금으로 연결되어 임금이 적어지면 소비자의 소비력도 낮아질 수밖에 없다. 소비자의 소비가 줄어들면 결국 공급과잉의 문제가 생기고 이런 가격 경쟁을 빌미로 임금이 더 삭감되어 소비력은 더욱 열악해질 것이다. 이것이 반복되면 경제 공황이 발생하게 되는 것이다. 초기 자본주의는 과열 경쟁에 의한 소비위축과 공급과잉의 문제로 인해 경제 공황이라는 시장 실패 상황을 몰고 온다. 이러한 경제 공황을 극복하기 위한 각국의 국가 개입 정책을 알아보면, 미국은 뉴딜이라는 국가 개입 정책을 통해 문제를 해결했다. 반면 러시아는 자본주의를 폐기하여 공산주의 국가인 소련이 되었다. 독일은 자본주의를 유지하고 전쟁을 준비해서 제2차 세계대전을 일으켰다. 이제 초기 자본주의의 문제점인 공황을 해결하기 위해서 미국이 선택했던 자본주의 수정에 대하여 알아보겠다.

이는 초기 자본주의의 문제점을 수정하면서 등장했다는 의미에서 수정자본주의라고도 한다. 이는 영국의 경제학자 케인즈가 제시하였다. 그는 초기 자본주의가 자기 조절 능력이 있다고 믿는 것은 잘못된 생각임을 지적하고 정부가 적극적으로 개입해서 시장의 문제점을 해결할 것을 제안했다. 정부가 세금을 통해서 부를 재분배함으로써 자본에 의한 독점을 막고 소비가 활성화되도록 보완해야 한다는 것이다. 수정자본주의는 정부가 시장에 적극적으로 개입함으로써 문제점을 해결하는 것이다. 우선 공공사업을 통해 일자리를 창출해서 고용된 노동자들이 소비활동을 할 수 있도록 유도하고, 다음으로 세금을 적극적으로 징수해서 정부의 재정을 늘린다. 그리고 이 자금을 공공사업의 자금으로 재투자하여 경제의 선순환 구조를 만드는 것이다. 이 과정에서 부가 재분배되고, 사회적 빈부 격차가 줄어들며, 정부의 재정이 늘어난다. 시장의 실패로 발생했던 공황은 정부의 개입으로 호전되어간다. 이것이 바로 정부가 시장에 적극적으로 개입하는 수정자본주의의 모습이다. 정부는 세금을 높이고 다양한 규제를 시행함으로써 거대 자본이 산업을 독점하는 것을 견제하고 노동자의 임금을 올리고 노동환경을 개선했다. 발전과 성장만을 추구하는 것이 아니라 사회 전체의 삶의 질을 높이고 사회적 소외계층을 보살피는 '인간의 얼굴을 한 자본주의' 시대가 온 것이다.

그러나 수정자본주의도 여러 가지 문제점을 갖고 있다. 크게는 경기 침체와 장기불황으로 물가가 함께 올라가는 스태그플레이션이다. 수요는 없는데 물가가 오르는 상황으로 경기는 침체하는데 인플레이션이 발생하는 것이 스태그플레이션 이다. 이는 자본주의에서 발생했던 상황과는 정반대이다. 자본주의 특성은 공급이 수요보다 많은 것이다. 초기 자본주의를 비판하면서 등장한 인간의 얼굴을 한 수정자본주의는 정부의 과도한 개입으로 경직된 노동시장을 형성했고 이로 인해 불황과 경기침체를 가져왔다. 이제는 어떻게 해야 하는가? 초기 자본주의처럼 정부의 개입이 없어도 문제이고 수정자본주의처럼 정부의 개입이 있어도 문제이다. 공산주의는 국가에 의한 계획경제라는 정부의 강력한 개입을 주장하는 체제다. 이러한 체제의 붕괴를 보고 동시에 정부의 개입을 주장하는 수정자본주의의 문제점이 드러나기 시작하면서 세계는 차라리 정부의 개입이 없었던 초기 자본주의로 돌아가는 것이 좋겠다는 분위기가 형성되었다. 이렇게 정부의 개입을 비판하며 초기 자본주의로의 복귀를 주장하는 체제가 신자유주의다.

신자유주의는 시카고 학파가 주도했는데 이들은 1970년대 이후부터의 장기 불황의 원인을 수정자본주의가 추구한 과도한 정부 개입으로 보았다. 신자유주의는 정부의 시장 개입의 문제점을 비판하며 등장했다. 이렇게 정부의 과도한 시장 개입을 거부하는 모습은 초기 자본주의의 모습과 닮았다. 신자유주의는 오늘날 세계에서 가장 영향력 있는 경제 체제가 되었다.

세금과 규제가 줄어든 신자유주의 체제에서는 어쩔 수 없이 거대 자본력이 독점적으로 산업을 이끌게 된다. 자본은 자신보다 작은 자본을 종속시키는 속성을 가진다. 이것은 그다지 문제가 되어 보이지 않는다. 신자유주의가 최고의 경제체제일 수는 없지만, 그나마 인류가 찾아낸 최선의 경제체제일 것이라는 주장이 있다. 시장의 독점과 빈부의 격차가 발생하지만, 전체적으로는 경제가 성장하고 발전하기 때문이다.

신자유주의의 문제점은 정부개입이 없다는 점에서 초기 자본주의와 동일한 문제점을 가진다. 즉, 자본에 의한 독점 현상이 일어난다. 다음으로, 빈부의 격차가 심화하는 문제가 있다. 그리고 같은 맥락으로 누군가는 계속 승리하고 누군가는 계속 희생해야 한다는 문제가 발생한다.

지금까지 자본주의의 경제체제에 대하여 알아보았다. 신자유주의는 정부의 개입을 거부하고 시장의 자율을 신뢰하는 체제다. 여기서 정부가 개입하지 않는다는 말은 세금의 축소를 의미한다. 세금을 줄이면 국가의 재정이 나빠지고 당연히 복지의 수준도 낮아진다. 복지의 수준이 낮아지면 복지의 혜택을 받아야 하는 사회적 약자들에 대한 혜택도 그만큼 줄어든다. 하지만 세금이 줄어들면 부유한 개인이나 기업은 그만큼 기술 개발에 더 많은 투자를 할 수가 있다. 그리고 기술에 대한 투자는 기업과 국가의 경쟁력을 향상시킬 것이다. 이러한 경쟁력은 외국의 공격적인 다국적 기업들과 경쟁할 수 있는 토대가 된다. 이렇게 국가가 시장에 대한 간섭을 줄이기 위해 세금을 낮추고 규제를 완화하는 정책이 '성장중심정책'이다.

반대로, 후기 자본주의는 정부의 적극적인 개입을 추구한다. 정부가 시장에 개입하면 부유한 개인과 기업의 세금이 늘어나게 된다. 높은 세금은 부유한 개인이나 기업이 기술 투자비용을 줄이게 하고, 이로 인해 기업과 국가가 경쟁력을 갖추기 어려워진다. 그렇게 되면 외국의 다국적 기업들과 경쟁할 수 없고, 장기적으로는 다국적 기업에 시장을 잠식당하는 위험에 처할 수 있다. 하지만 세금이 증가하면 이를 통해 국가의 재정 상태가 좋아지고, 국가는 충분한 재정을 사용하여 사회적 소외계층을 도울 수 있다. 즉 복지 수준을 높이고 빈부의 격차를 줄이는 것이다. 이를 '분배중심정책'이라고 한다.

정리하면, 신자유주의와 후기 자본주의는 정부의 개입 정도에 따라 나뉜다. 신자유주의는 세금을 낮춰 기업과 국가가 우선 경쟁력을 갖추어야 한다고 주장한다. 국가 전체를 우선 '성장'하게 해야 한다는 의견이다. 이들의 주장에 따르면, 복지는 성장이 이루어진 후에 시행해도 늦지 않다. 하지만 복지가 줄어들면 그만큼 노동자나 농민, 서민, 장애인, 노인, 사회적 약자 등 소외계층들이 희생을 감수해야 한다.

반면 후기 자본주의는 세금을 높여 우선 사회적 소외계층들의 삶의 질을 향상해야 한다고 주장한다. 부유한 소수만을 위한 성장보다는 사회 전체의 고른 '분배'를 우선해야 한다는 의견이다. 하지만 복지를 위해 세금을 높이면 자본을 소유한 개인과 기업이 노동 의욕과 투자 의욕을 저하되어 기업이 기술 개발 및 시장에 투자하는 비율이 낮아진다.

이렇듯 성장과 분배는 기본적으로 반비례의 관계를 가진다. 성장을 추구하면 분배가 제대로 이루어지지 않고, 반대로 분배를 추구하면 성장에 문제가 발생한다. 물론 성장이나 분배를 주장하는 견해가 다른 견해를 절대로 거부하거나 부정하는 것은 아니다. 성장을 주장하는 입장은 우선 성장을 시키고 이후에 분배해야 한다고 주장하고, 분배를 주장하는 입장은 우선 분배가 이루어져야 이후에 성장도 가능하다고 주장한다. 이처럼 성장과 분배는 대립하고 모순되는 개념이 아니다. 문제는 시기이다. 언제 분배할 것인가? '우선' 분배하자는 입장과 '이후'에 분배하자는 입장으로, 당장 오늘의 삶이 궁핍한 이에게는 이후에 찾아올 미래 사회의 성장은 무의미하다. 또한 다국적 기업의 위협에 전력을 다해 저항하며 기술의 발전을 위해 힘쓰는 기업에 우선적인 분배를 위한 세금 인상은 기술투자 의욕을 저하시키게 된다.

사회복지 제도는 성장과 분배와 관련이 깊다. 성장과 분배는 옳고 그름의 문제가 아니라 각각의 장단점을 가진 개념이다. 어떤 가치를 중시해야 하는 것은 다각적인 차원에서 검토되어야 할 것이다. 자본주의가 발전할수록 성장과 분배의 충돌을 해소하고 각각의 단점을 보완하고 장점을 강화할 수 있는 대안이 요구된다. 저자는 그 대안을 문화복지에서 찾고자 하며, 다음 장에서 이에 대한 세부내용을 설명하려 한다.

3) 복지의 정의

사회복지란 한 사회에 사는 모든 사람의 생활향상과 행복을 목표로 하는 직·간접적인 방책을 통틀어 일컫는 것이다. 사회복지의 개념은 시대에 따라 그리고 각국의 경제적 발전 정도에 따라 학자마다 이에 대한 견해의 차이가 있으므로 아직 통일된 개념 정의가 이루어져 있지 않다. 그러므로 사회복지의 개념을 보다 정확하게 이해하기 위해서는 '사회복지'라는 용어에 내포된 뜻에 초점을 둔 어의적 관점과 학자들의 견해인 이론적 관점, 그리고 역사를 통해 사회복지의 활동이 전개해온 내용을 토대로 파악하려는 역사적 관점에서 두루 살펴볼 것이다.

복지는 만족스러운 삶을 누린다는 것을 의미하고, 사회복지는 인간의 사회적 욕구와 사회문제를 해결하기 위한 노력으로 사회문제 해결을 위한 통합적이며 제도적인 시책이다. 이러한 복지에 관한 학자들의 관점으로는, 박성호(2005)는 원래 복지란 어원의 역사 철학적 개념과 기원은 희랍어의 유다모니아(Eudamonia) 즉 행복, 안녕, 복을 누린다는 뜻이라고 한다. 로즈는 아리스토텔레스의 유다모니아를 대체로 행복(happiness)이라는 단어로 번역하면서도 웰빙(well-being)이라는 번역어를 제안하였다. 유다모니아를 아리스토텔레스는 최고선으로서 덕에 대한 평가 술어를 적용하지 않고 구별하려고 하였다. 왜냐하면 그에게 있어서 유다모니아는 도덕적으로 훌륭한 삶(euzôia)과 훌륭한 실천(eupraxis)을 통해 실현되는 목적가치이기 때문이다. 이러한 의미에서도 역시 유다모니아 개념은 주관적인 심리상태의 행복과는 구별된다. 아리스토텔레스는 진정한 행복은 단순히 기분이 좋은 것이 아니라 유다모니아를 말하는 것이라고 주장한다. eu는 좋다는 뜻이고 daimon은 영혼을 말한다. 즉, 정서적 건강에 이르는 길은 쾌락 사이로 난 길이 아니라 자기 자신에 대한 충실함 사이로 난 길이다. 사람들은 행복 그 너머에 있는 것까지 필요로 한다. 사람은 열심히 자기 삶을 살아야 하고, 주변 사람들과 인간관계를 맺어야 하고, 성장해야 하고, 자기 운명의 주인이 되어야 한다는 것이다.

박정윤(2012)은 아리스토텔레스는 최선의 삶은 일시적인 욕망 충족보다는 도덕적 완성이나 인격적 덕성을 구현하는 것이라고 믿었다. 그는 이러한 삶의 상태를 행복으로 번역되는 유다모니아(Eudaimonia)라 일컬었다. 권석만(2008)은 아리스토텔레스는 유다모니아로 이끌 수 있는 12가지 덕성으로 용기, 관용, 자존, 친밀, 재치, 정의, 절제, 희망, 온유, 정직, 양심, 고결을 제시하였다. 그는 사람은 자신이 가지고 있는 잠재적 덕성을 발견하여 계발함으로써 행복에 이를 수 있다고 주장했다. 이러한 주장을 행복의 덕성이론(virtue theory)이라고 부른다(Compton, 2005)고 한다. 유다모니아의 행복의 덕성은 경제적, 물질적 요소가 아니라 대부분 정신적, 문화적인 덕성을 포함하고 있다. 즉, 유대모니아적인 건강은 내가 얼마나 행복한가 하는 것이 아니라, 나에게 주어진 일들을 잘해내고 내 잠재력을 깨닫고 바람직한 인간관계를 맺으며 개인적으로도 성장하는 모습이 잘 나타나는가 하는 것으로 알 수 있다. 유다모니아는 말 그대로 자신이 최고 자아로 존재한다는 의미이다. 이러한 변천 과정의 제 의미가 함축된 표현이 오늘날의 복지라 할 수 있다. 이렇게 볼 때 인간의 존재가치와 생명, 삶의 목적은 곧 인간복지의 실현에 있다고 볼 수 있으며 인간의 모든 바람직스러운 노력과 활동, 외부의 영향과 제도, 국가존재 가치와 정책, 법과 도덕, 사회적 구원과 보호, 봉사와 자선, 사회복지활동 등은 이를 뒷받침해주고 있는 과정과 목적 그리고 수단이라고 할 수 있다.

다른 어의적 관점에서 사회복지의 개념을 살펴보면, 사회복지는 한 사회 안의 구성원(→조직구성원)들에 대한 복지를 가리키는 말이다. 여기서 얼핏 이해가 되지 않는 말은 '복지'라는 용어의 뜻일 것이다. 일반적으로 말하여 복지란 인간 생활의 만족스러운 상태를 뜻함과 동시에 그 이상 상태를 지향하는 구체적인 실천 활동까지 포함하는 개념이라 하겠다. 따라서 이러한 실천 활동을 그 사회 안의 구성원들을 대상으로 구체화하는 것을 사회복지라고 말할 수 있다.

신효진(2011)은 최근에는 웰빙에 관한 관심이 고조되고 있다고 하면서 웰빙에 대하여 다음과 같이 설명한다. 웰빙은 건강한(well; 안락한, 만족한) 인생(being)을 살자는 의미이고, 물질적인 가치보다 더 나은 삶을 위한 마음의 평안과 정신적인 풍요로움을 중시하는 태도와 삶의 방식을 총체적으로 가리키는 말이다. 사회복지적인 의미도 크게 다르지 않은데, 웰빙이나 웰페어(welfare)는 '불만이 없는 상태', '만족할 만한 상태'를 의미한다. 웰빙의 기본은 건강한 몸과 편안한 환경이다. 그러나 개인적인 행복을 추구하는 웰빙이 국가사회 전체의 뜻으로 확대될 때 웰페어(welfare)가 된다. 웰페어는 건강, 편안, 행복이라는 개인적인 뜻을 넘어 복지 후생의 집단적, 사회적 차원으로 승화된 것이다. 웹스터(Webster) 사전에 의하면 '안락하고 만족한 생활상태' 또는 '인간의 건강과 번영의 상태'라고 정의되어 있다. 원래 미국에서 시작된 웰빙은 반전운동과 인권운동 정신을 계승한 중산층 이상의 시민들이 고도화된 첨단문명에 대항해 자연주의, 뉴에이지 문화 등을 받아들이면서 파생된 생활방식으로 부각되기 시작했다. 웰빙은 건강과 생식이 화두로 등장하면서부터 정신과 육체의 건강을 동시에 추구하는 메시지를 담은 일종의 삶의 방식처럼 받아들여진다. 웰빙은 무엇을 먹고, 무엇을 입고, 무엇을 쓰느냐에 관한 것이 아니다. 웰빙은 어떻게 사느냐에 관한 철학적인 코드다. 웰빙은 말 그대로 존재(being)의 안녕이자 완성이다. 자기 스스로 만족스러운 삶이고 몸과 마음이 행복한 삶을 지칭하는 것이다. 웰빙이 시작된 서구에서도 웰빙 문화가 상업적으로 이용되기는 하지만 이들에게는 왜곡을 막아주는 최소한의 장치로 '정신문화'가 존재하고 있다. 국내의 웰빙 문화가 웰빙 산업의 형국에 갇혀버리지 않기 위해서는 웰빙을 단순히 '잘 먹고 잘 사는' 것으로만 받아들이지 않고 정신적으로 풍요롭고 육체적으로 건전한 문화적인 삶이라는 점을 깨달아 정신을 가꾸는 문화현상으로 바꿔나가야 한다. 한발 더 나아가, 진정한 의미의 웰빙에는 나만의 육체적, 정신적 건강을 넘어서 현재 '보호를 필요로 하는 사람'들을 돌보고, '사회적 약자'들이 사회적 부적응 상태에 함몰되지 않도록 예방하며 '사회 공동의 웰빙'을 증진시키는 '사회적 건강'이 포함되어 있음을 기억해야할 것이다라고 이야기하고 있다. 즉, 웰빙은 사회적 약자에 대한 돌봄이 포함되는 것이고, 웰빙은 개인의 차원이지만 웰페어는 사회적 공동의 건강을 이야기하고 있다는 것이다.

이론적 관점에서 사회복지의 개념은 사회복지의 수혜 대상자를 좁게 잡느냐 아니면 넓게 잡느냐에 따라 한정적·협의적 개념과 광의적 개념의 두 입장으로 크게 나누어 볼 수 있다. 이와 같은 구별은 로마니쉰(John M. Romanyshyn)의 견해처럼 소극적 사회복지와 적극적 사회복지라는 용어로 표현할 수도 있다.

한정적·협의적 개념으로서의 사회복지는 극빈자·사회적 낙오자 등과 같이 스스로 생활을 영위하지 못하는 불우계층의 사람들을 대상으로 국가 또는 지방자치단체 등의 공공기관(→공공단체)이 그들을 구제하고 보호하는 활동이다. 그리고 광의적 개념으로서의 사회복지는 불우계층과 같은 국민 일부만을 대상으로 하지 않고 국민 전체를 수혜대상으로 하는 사회복지이다. 오늘날의 사회복지의 개념은 바로 이러한 광의적 개념으로 파악되고 있다.

역사적 관점에서 사회복지의 개념은 역사의 흐름에 따라 그 내용과 수혜대상의 범위가 어떻게 변해왔는지 시대적 비교를 통해 사회복지를 파악한 것이다. 로마니쉬(Romanyshyn)에 의하면, 사회복지의 개념은 보완적인 것에서 제도적인 것으로, 자선을 베푼다는 입장에서 시민의 당연한 권리로, 특수한 봉사 활동이라는 성격에서 보편적인 활동으로, 최저 조건의 조성에서 최적 조건의 조성으로, 개인적 차원에서 사회적 차원으로, 자발적인 것에서 공공적인 것으로, 빈민구제에서 복지사회의 건설로 점차 변화해 왔다는 것이다. 여기서 보완적 사회복지란 일반적인 사람일지라도 한 때 불행이나 경제적 어려움을 당할 경우 그러한 사람에 대해서는 임시나마 도와주어야 한다는 관점이고, 제도적 사회복지란 빈곤이나 기타 장애요인이 사회적으로 구조화되어 있어서 제도적으로 국민 전체에 대한 복지체제를 이루어야 한다는 관점이다.

이상 몇 가지 관점에서 살펴본 사회복지의 개념에 내포된 공통점을 들어 사회복지의 개념을 정의해 본다면, 한 사회 안에 사는 모든 사회구성원이 일생 행복하고 안정된 바람직한 삶을 누릴 수 있도록 하는 인간의 사회적 노력이라 말할 수 있다. 복지의 개념이 이렇다면 문화의 사회적 맥락으로 볼 때 복지분야에서 어떤 기능과 역할을 하는지에 대하여 알아보자.

4. 문화의 사회적 맥락과 복지적 기능

1) 문화의 사회적 역할과 기능

사회과학자들은 '빈곤에 대한 문화적 접근'을 이야기하면서 가난한 사람들이 빈곤에서 탈출하지 못하는 이유는 '가난한 사람들의 문화' 때문이라고 한다. 이들이 아무리 복지혜택을 받더라도 빈곤에서 탈출하지 못하는 이유를 제공하는 빈곤의 정당화로 이어지고 있다고 한다. 이것은 곧바로 부자의 논리로 이어진다. 부자들은 부자가 될 만한 문화적 가치를 가졌고 그런 가치관의 차이가 능력의 차이로 나타나며, 그런 문화적 요인이 결국 부자를 만든다는 것이다. 이 논리는 구조적 요소를 무시하고 개인과 집단의 가치 차원으로 돌리는 문화적 접근은 결국 가난과 부는 쉽게 변하지 않는 문화적 가치의 차이이며 이 때문에 대물림할 수밖에 없다는 것이다(유승호 · 정의준, 2013). 브르디외는 사회계급 간의 불평등은 특정 계급에 경제적 자본의 소유가 편중되는 것에서 유발된다고 보는 견해가 지배적이었으나, 근래에는 경제적 자본 이외에 사회계급 간 '문화적 자본'의 불균등한 배분도 계급불평등의 중요한 원인이라는 점에서 많은 주목을 받고 있다.

부르디외(2006)는 현대사회에서 사회계층이 어떻게 유지되고 재생산되는지, 피지배계층이 어떻게 '자연스러운 것'으로 받아들이는지에 대한 설명을 문화에 관한 분석을 통해 제기하였다. 그는 문화적 취향이 계급의 지표이며 계급 간 문화적 차이는 여전히 존재한다고 보았다. 개인들이 무엇이 좋고 무엇이 아름답고 무엇이 정당한지에 대한 의견을 갖고 있다. 이러한 성향의 체계를 아비투스(habints)라 하는데, 여러 상황 속에서 행위자가 그 상황을 인지하고 어떠한 행동을 할 것인가를 결정하는 것은 이 아비투스에 따른 것으로, 일정한 방식의 행동과 인지·감지·판단의 성향체계라 할 수 있다. 인간 행동은 엄격한 합리성과 재산을 근거로 행해지기보다는 일정한 기억과 습관 그리고 사회적 전통의 영향을 받는다고 하였다. 음악과 미술 같은 고급문화예술에 대한 취향은 대체로 교육수준과 사회계급에 상응한다고 보고, 문화적 취향을 정당한 취향, 중류취향, 대중취향으로 구분하였다.

브르디외는 문화적 자본을 세 가지로 분류하였다. 첫째, 체화된 형태의 문화적 자본은 한 개인이 가진 품위, 몸짓과 외모, 자세와 표정, 식습관, 음주습관, 말투와 사용하는 어휘, 교양 등을 의미한다. 이는 사회학의 과정을 통해 전수되어 신체와 정신에 오래 지속하는 성향을 말하며, 이른바 '아비투스'의 형태로 나타난다. 둘째, 객체화된 형태의 문화적 자본의 문학작품(도서), 미술작품, 문화유적, 악기, 기계나 도구, 건물 등의 문화상품의 형태로 존재한다. 여기서 경제석 가치로서 소유권을 가실 수 있고 상속을 통해 다음 세대로 세습될 수 있으며, 소유물뿐만 아니라 이를 감식하고 누릴 수 있는 능력까지 포함한다. 셋째, 제도화된 형태의 문화적 자본은 상속받기보다는 개인이 교육과정을 통해 획득한 문화자본으로 교육의 제도적 인증서와 같은 학교의 졸업장이나 자격증 등을 의미하며 정규교육을 받은 햇수로 측정된다는 것이다. '아비투스를 객관적으로 분류 가능한 실천들의 발생 원리인 동시에, 이 실천들의 분류체계'라고 설명한다. 즉 이미 규정되어버린, 자신의 취향이 사회적 위치에 의해 정해진 이들에게 아비투스는 이제 원리가 아니라 이미 만들어진 구조 안에 자신의 삶을 끼워 맞춰야 하는 것이 된다. 사회에서 끊임없이 제기되는 빈곤층의 도덕성 논란과 그들에게 강요되는 문화는 그 속도가 너무 빨라 가늠할 수 없을 정도인 부의 양극화 현상을 은폐한다. 또한 복지는 국민의 혈세를 갉아먹는 것으로 받아들여지게 한다. 그리고 명확해진 최빈곤층의 경계는 '그 나머지' 사람들이 불안정한 삶의 질서를 승인하게 하고, 빈자라는 가시적인 적을 설정함으로써 위태로운 사회를 '그럼에도' 유지하게 하는 동력으로 작동한다고 한다.

유승호 · 정의준(2013)에 의하면, 빈곤국가 구제를 위한 소수집단 우대, 고용정책 등 경제 · 교육 · 정치적 제도화를 서구의 많은 국가에서 수행했지만, 그것이 장기간 효과가 의문시되면서 다시 문제가 경제 · 교육 · 정치적 수준보다는 문화적 수준이 더 밀접한 관련이 갖는다는 문제의식을 생겼다고 한다. 전통적으로 복지(빈곤) 연구는 경제적 지원과 원조가 중요했다. 그러나 이는 빈곤의 중요한 문제인 악순환, 즉 빈곤의 덫에 빠지는 논리를 설명하기 어렵다. 복지로 경제적 지원이 이루어지더라도 수혜자가 빈곤에서 벗어나는 것이 아니라, 도덕적 해이와 빈곤에 안주하는 경향도 생긴다. 이런 메커니즘을 찾아낼 필요가 있다. 즉, 단순한 무력감이 아니고 '학습된 무력감'이 생기는 메커니즘이 발생하는 것이다. 빈곤층이 경제적 지원에도 불구하고 빈곤의 덫에서 벗어나지 못하는 원인을 찾아내고 문화가 그런 빈곤의 덫에서 벗어나는 데 기여할 수 있는 바를 찾는 것이 필요하다. 물론 이것은 경제적 지원을 기본 전제로 한 논의이다.

유엔 경제적 사회적 및 문화적 권리위원회가 제시한 정의에 따르면, 빈곤은 '적절한 생활수준의 향유에 필요한 자원, 능력, 선택, 안전 권력, 기타 시민적 · 문화적 · 경제적 · 사회적 권리의 지속적인 박탈이나 만성적 박탈'이다. 여기서 인간이 빈곤에 대하여 가지는 인식은 빈곤을 경험하는 개개인이 처한 환경과 시각에 따라 달라질 수 있다. 예를 들면 돈이나 재화의 가치를 높게 평가하지 않는 문화에서는 서구 개념의 가난하다는 개념을 적용할 수 없다. 개인이 자신의 삶에 만족하고 있다면 아무리 타인이 그들의 삶을 동정하여도 그것은 그들에게 빈곤이 아니기 때문이다. 이처럼 문화는 사람들의 빈곤을 이해하고 경험하는 방식을 만들어 낸다. 즉, 역사적 배경, 생활양식, 신념체계가 빈곤을 느끼는 방식을 좌우하며 이에 따라서 빈곤에 맞서는 전략을 결정한다고 되어 있다(UNESO, 2009).

빈곤 극복에 대한 사회마케팅적 연구에서는 빈곤퇴치에서 유의해야 할 점을 5가지로 지적하고 있다. 첫째, 가난한 사람들은 서로 다른 특징과 종류로 구성된 이질적 집단이라는 것, 둘째, 각각의 시장분석을 기반으로 한 적절한 해결방안을 제시, 셋째, 여러 기관의 협력이 필요, 넷째, 빈곤의 악순환 원리를 이해, 마지막으로, 가난의 본 모습은 지역적 특성을 갖는다는 것이다(Kotler, 2006). 국가 차원의 빈곤 구제책으로는 변화를 끌어내기 어려우므로 각 지역의 문화적 특성에 맞는 프로그램만이 빈곤구제의 효과를 낼 수 있다(Gladwell, 2000). 이러한 빈곤퇴치의 유의점에서 도출해 낼 수 있는 의미는 가난한 사람들의 특성에 따라 세분된 지역적 특성의 프로그램이 '가난의 지속적 탈출'에 중요한 역할을 한다는 것이다. 이는 결국 장기적인 관점에 기반을 둔 문화적 수준의 시각이 반영된 구체화하고 세심한 프로그램이 빈곤을 퇴치할 수 있다는 것을 의미한다. 현재의 가난한 사람들을 일률적으로 같은 생각을 하는 사람으로 간주하고 생계비를 지급하는 선에서 국가가 정책적 의무를 다하고 있다고 생각하고 그곳에서 멈춘다면 빈곤은 재생산되고 악순환될 수밖에 없다. 그것을 뛰어넘는 새로운 지원과 대책이 있어야 한다. 물론 빈곤한 자들을 교육을 통해 구제하는 것이 가장 바람직하다. 그러나 교육도 결국은 '종속변수화'하고 있다. 가난한 이들에게 지속해서 교육을 받을 수 있는 환경에 놓을 수 있는 조건이 필요한 것이다. 결국, 문화적 관점과 전략의 필요성은 그 지역의 문화 다양성을 인정하면서 동시에 빈곤을 극복할 수 있는 실질적인 사고체계를 찾아내는 것이다. 즉 빈곤을 극복할 수 있는 새로운 문화, 창의적인 문화 요소를 찾아내는 것이다. 그렇다면 문화를 통하여 빈곤을 어떻게 바라볼 것인가에 대하여 고찰해 보기로 한다.

2) 문화와 복지의 상관관계

선우숙(2012)은 현대사회에서는 자본주의의 경제적 발전과 더불어 물질적 풍요가 인간의 삶의 질을 높이는 데 이바지한다고 하였다. 그러나 행복은 욕망을 채우는 것이지만 행복은 욕망을 충족시킴으로써 얻을 수 있다는 생각은 한계가 있다. 인간의 행위는 욕망과 가치관이 지식과 정보와 어떤 방식으로 결합하느냐에 따라서 행복이 결정된다. 21세기를 살아가는 지금에는 세계화에 따른 다문화와 경제복지와 문화복지가 연결되면서 인간의 행복, 삶의 질, 참살이를 원하는 새로운 행복의 의미를 추구하고 있다고 강조하였다. 이는, 오늘날의 행복은 각기 다른 관점에서 행복을 느끼고 있다는 것으로 문화복지의 중요성이 대두하고 있다는 것을 강조하고 있다.

정갑영(2002)은 삶의 질은 기본적으로 인간의 행복과 관련이 있다고 강조하면서 복지사회와 복지국가의 지향점과 그 안에서의 개인의 삶을 논하고 있다. 그에 따르면, 과거 복지국가가 주로 빈민을 대상으로 한 물질적 보장에 치중했다면, 복지사회는 모든 시민의 삶의 질과 생활의 즐거움을 적극적으로 추진한다. 복지국가는 산업사회의 진전의 결과 발생한 빈곤문제를 해결하기 위해 복지라는 제도를 통하여 인간의 존엄성을 지키기 위한 물질적 생활을 보장해왔으나 이러한 물질적인 보장만으로는 인간의 행복을 담보할 수 없다는 것이다. 행복을 위한 복지는 물질적 측면만이 아닌 정신적 · 문화적 측면에서 삶의 풍요로움까지 지향하여야 하며, 이렇게 될 때 전정한 삶의 질 향상을 이룰 수 있다는 점을 강조한다. 특히 산업사회의 진전과 더불어 삶의 질에 대한 관점이 단순히 물질적 풍요로움에서 정신적 풍요로움까지 변화해가고 있는 상황에서 복지국가는 개인의 삶의 질을 향상하는데 있어 한계를 노출하고 있다고 주장한다.

이에 반하여, 정갑영 · 장현섭(1995)은 복지사회는 최소한의 생활보장뿐 아니라 사회구성원 개개인의 잠재력과 창의성 계발의 극대화를 추구하는 사회로, 기회의 균등만이 아니라 지역사회의 인간적인 구현을 중시하는 사회이다. 그러므로 사회구성원 모두가 높은 도덕성을 바탕으로 서로의 개별성과 존엄성을 존중하게 하고, 나아가 가정과 지역사회에 우정과 사랑이 넘쳐나게 하는 것을 추구하는 것을 핵심가치로 삼고 있는 복지사회에 문화적 차원의 복지활동이 수반되지 않는다면 공허한 복지에 불과할 것이라고 단언하고 있다. 이런 차원에서 문화는 복지사회 구현을 위한 필수적인 요소라는 것이다.

사회복지의 개념을 단순히 재화의 재분배 문제인 물질적, 경제적 욕구에 대한 개입에서 나아가 무형적인 문화와 정신적인 면까지를 고려한 복지로의 확장된 욕구로 등장하게 되었다. 이러한 욕구에 대하여 복지선진국에서는 문화적인 측면에서 문화민주화에서 문화 민주주의로 사회적 변화를 가져왔다. 이것의 세부내용은 다음 장에서 다룰 것이다.

사회복지는 소외계층을 대상으로 하는 실천사업으로 일방적으로 수혜자에게 지원하는 시혜적인 성격을 가지고 있다. 이는 선순환적인 구조를 갖지 못하는 약점을 가지고 있다. 이러한 제도적 약점을 보완하고 발전시켜 사회복지 대상자가 자립할 수 있는 문화적 재화의 분배를 통한 선순환 구조를 갖는 복지로의 전환이 요구되고 있는 것이다.

이러한 요구에 부응하여 물질적 재화와 더불어 문화적 재화를 재분배함으로써 개인과 국민 전체의 삶의 질을 향상시키고 국가의 새로운 성장 동력을 가져올 수 있는 제도인 문화복지로의 전환이 국가적, 사회적으로 필요한 시기라고 판단된다. 따라서 문화적 재화의 재분배를 통한 자립이 어떤 의미이며, 과연 문화복지가 이러한 욕구를 충족시키고 독립된 영역에서 역할을 할 수 있는가를 이 책 전반에서 다룰 것이다.

chapter 03

문화복지의 개념화

제2장에서는 문화복지 연구에 필요한 문화와 복지의 개념을 알아보았다. 문화복지는 한국에서 발생한 신조어로 노르웨이 의회에서 복지영역에서의 문화에 대한 논쟁 이외에는 복지선진국에서도 찾아보기 어려운 용어였다. 문화가 인간의 삶에 작용하여 사회변화를 가져오고 어떻게 사회의 발전에 작동하게 되는지 알아보았다. 문화는 어원적으로나 역사적으로 다양한 변천을 겪었으며 이에 대해서도 상세하게 짚어 보았다. 그리고 문화복지에 대한 성격을 규명할 수 있는 단초라고 할 수 있는 문화의 성격인 자발성, 주체성, 유희성, 상호부조성, 선순환성 다섯 가지를 고찰함으로써 문화복지의 기본 틀을 조작하여 문화복지를 규명할 기초를 만들었다. 그리고 이어 복지분야 연구에서는 역사적, 사회적으로 분배가 중요한 문제였으며 분배는 필연적으로 불평등을 초래하므로 이 문제를 보완하는 장치로서 복지가 등장하였다. 이후 복지는 잔여적 복지에서 제도적 복지로, 소극적 복지에서 적극적 복지로 발전되어 왔다. 따라서 복지는 'Welfare' (Well + being)의 문제로 여기에는 필수적으로 문화의 문제가 뒤따르게 된다는 것을 알 수 있었다. 이러한 제반 문제를 해결하기 위해서 문화복지 필요한 것으로 문화복지에 관하여 세부적으로 고찰해 보기로 한다.

1. 문화와 복지와의 관계

남상문(2011)에 따르면, 사회복지는 문화에서 출발한다고 기술하고 있다. 사회복지의 실천 속에 문화적 방법론은 매우 제한적으로, 사회복지의 관점은 문화를 사회복지를 실천의 하나의 방법으로 접근하고 있다. 이는 사회복지의 영역의 인식과 태도가 문화를 제한적으로 이해하였기 때문이다. 문화를 정확히 알고 사회복지와의 연계성을 발견하면 사회복지 중심의 인식과 시각이 변화를 가져오게 된다고 한다. 문화의 본질은 사업이나 프로그램이 아니다. 문화는 모든 인간이 지니고 있는 것을 만들어가고 있는 삶의 방식을 의미하므로 일상생활의 모든 것이 문화로 존재한다. 다양한 문화가 존재하는 것은 인간의 생활이 다양성을 인정하는 것과 같으며 문화와 사회복지는 밀접한 관계를 맺고 있다. 문화의 형성과정에서 사회복지가 함께 형성되어 왔지만, 문명의 발달로 그 형식도 많은 변화를 가져오게 되었다. 문화는 인간의 삶에 있어서 사회복지의 상위개념이다. 사회복지를 고민하고 실천하기 위하여 우리는 사회복지 개념 안에서 생각을 하면 사회복지와 문화로 인식하게 된다. 그러나 문화와 사회복지로 범위를 크게 설정하면 사회복지와 관련한 방법이 다양하게 나타나게 된다. 사회복지의 새로운 접근은 참신한 프로그램의 아이디어를 창출하고 문화에 대한 본질적 인식을 찾게 한다. 이러한 과정들은 쌓이면 쌓일수록 더 깊고 넓은 사회복지의 실천이 이루어진다고 한다. 즉, 문화와 사회복지는 밀접한 연관성을 가지면서 문명의 발달로 사회복지와 문화를 새롭게 접근하게 되었다는 것이다. 그리고 문화나 사회복지의 범위를 어떻게 설정하는가에 따라 여러 다양한 방법이 나타난다는 것이다.

사회복지가 삶의 여건 개선이라면 문화복지는 삶의 질 향상으로 해석이 가능할 것이다. 박경일 외(2010)는 사회복지의 개념이 '자선에서 정의'로, '잔여적 개념에서 제도적 개념'으로 '선별적 원칙에서 보편적 원칙'으로의 발전과정이라고 밝히고 있다. 이것이 문화와 복지의 관계의 단초를 제공하고 있다. 즉, 사회복지 영역의 발전 혹은 확대의 연속선상에서 생각하는 경우 인간답게 살고자 하는 다변화와 정신적 욕구를 강조하는 사회 환경의 변화는 새로운 사회적 부조를 요구하는 영역을 발전시켰다. 이 분야의 하나가 바로 문화의 영역인 것이다. 고전적 의미의 복지는 최저 소득의 보장, 사회적 소외계층의 보호, 사회적 형평성의 제고 등으로 부의 재분배 등에 관심을 가진다. 이러한 관심은 다양한 사회보장제도, 의료보호, 사회보험 등의 발전을 가져왔다. 그러나 현대에 와서는 이러한 영역뿐만 아니라 인간의 존엄성이 보장되고 개인의 창의성을 발휘할 수 있는 여건의 조성 및 사회적 잠재력의 극대화가 사회복지의 근본이념이 되면서 문화적 생활, 문화적 삶의 중요성이 주목받게 되었다고 한다.

정갑영 · 장현섭(1995)은 우리 사회는 외형적으로 볼 때 선진 복지국가를 좇아간 듯 보인다. 그러나 양적으로나 질적으로 열거된 다양한 사회복지 중에서 어느 하나라도 자신 있게 내어 보일만큼 성숙된 복지분야는 거의 없는 실정이다. 실례로, 복지국가의 선진성의 바로미터가 되는 장애인이나 저소득계층에 대한 가장 기초적인 사회복지조차 아직 미비한 실정이다라고 주장하고 있다. 이러한 현실에서 복지국가의 개념과 복지사회의 개념에 대한 검토가 이루어지고 우리 사회에서의 문화복지 정책의 타당성에 대한 논의가 필요한 것이다.

복지사회 지향성과 관련하여 문화복지의 타당성을 논한 연구로는 정갑영 · 장현섭(1995)과 정갑영(2002)의 연구를 들 수 있다. 이들은 복지국가를 추구하는 사회에서 문화복지의 위상과 복지사회를 추구하는 상황에서의 문화복지의 자리매김은 각기 다를 수밖에 없다는 전제하에 복지국가에서의 문화복지의 의미와 복지사회에서의 문화복지의 의미를 논하고 복지국가에서는 문화복지가 존립하기 어렵다고 지적하였다. 정갑영(2002)은 삶의 질은 기본적으로 인간의 행복문제와 관련이 있다고 강조하면서 복지사회와 복지국가의 지향점과 그 안에서의 개인의 삶을 논하고 있다. 그에 의하면, 과거 복지국가는 주로 빈민을 대상으로 한 물질적 보장에 치중해 왔다면 복지사회는 모든 시민의 삶의 질과 생활의 즐거움을 적극적으로 추구한다는 것이다. 그러면 과연 복지국가와 복지사회에서의 문화복지 개념의 문제점이 무엇인지와 문화복지의 위상과 자리매김이 어떠한지를 알아보도록 하자.

1) 복지국가와 복지사회에서의 문화복지

정갑영 · 장현섭(1995)은 복지국가와 복지사회에 대하여, 복지국가란 일반적으로 사회보장을 비롯한 각종 복지와 완전고용을 정부가 책임지는 혼합경제체제를 말한다고 한다. 즉, 시장경제체제와 사유재산제도를 기초로 하는 자본주의와 민주주의를 유지하고 있지만 경제적인 면에서는 정부의 개입이 강하고 사회보장제도에 있어서 국민 부담이 큰 사회주의 요소를 담고 있다는 점에서 혼합경제이다. 구체적으로, 복지국가는 모든 국민에게 최소한의 생활수준을 보장하는 노력에 초점을 맞추고 있다. 복지국가에서의 사회복지는 특정집단 현상의 문제해결을 위하여 정부가 그 집단의 최소한의 생활수준을 경제적 측면에서 보장해 주는 선별적 노력을 말한다. 따라서 본질적으로 사회의 규범적, 제도적 차원에의 변동과 밀접한 관련을 맺고 있는 문화 활동이 복지국가 안에서 복지라는 이름으로 차지할 수 있는 자리는 지극히 한정되어 있는 셈이다. 더욱이 복지국가에서의 사회문제는 사회의 발전을 위한 기능적 필요이기 때문에 사회복지가 사회의 구조적인 측면의 개혁, 즉 문화적 차원의 변화까지 개입한다는 것은 논리적으로 불가능한 일이다. 따라서 문화복지의 역할은 극도로 축소될 수밖에 없다. 다시 말해서 문화복지를 예술 차원의 개념으로 축소 해석하고 그러한 예술을 최저한도로 향유할 수 있는 기회의 확대라는 의미 이상을 넘어서기 힘들다고 설명한다.

복지국가는 복지영역의 확대에 따른 재원 조달문제와 1973~1974년에 발생한 오일쇼크 등으로 국가책임주의에 대한 갖가지 회의가 짙어졌다. 그 결과 부모 같은 국가에서 복지사회를 위한 정치적 이념적 틀이 형성되었다.

복지사회란 정부가 국회의 의결을 거쳐 제도화한 복지만을 수행하는 것이 아니라 대중이 필요로 하는 모든 욕구를 느끼고 생각하고 실천하는 사회이다. 구체적으로 말해서 최소한의 생활수준의 보장뿐만 아니라 사회구성원 개개인의 잠재력과 창의성 개발의 극대화를 추구하는 것이다. 이런 차원에서 문화복지는 복지사회의 구현을 위하여 빠트릴 수 없는 요소이다. 사회구성원 모두가 높은 도덕성을 바탕으로 서로의 개별성과 존엄성을 존중하게 하고, 나아가 가정과 지역사회에 사랑과 우정이 넘치도록 추구하는 것을 핵심가치로 삼고 있는 복지사회에 문화적 차원의 복지활동이 수반되지 않는다면 공허한 복지에 불과할 것이다. 다시 말하면, 복지국가는 산업사회 진전의 결과 발생한 빈곤문제를 해결하기 위해 복지라는 제도를 통하여 인간으로서의 존엄성을 지키기 위한 물질적 생활을 보장해 왔으나, 이제는 이러한 물질적 보장만으로는 인간의 행복을 담보할 수 없다는 것이다. 인간의 행복을 위한 복지는 물질적 측면만이 아닌 정신적·문화적 측면에서 삶의 풍요로움까지 지향하여야 하며 이렇게 될 때 진정한 삶의 질 향상을 담보할 수 있다는 점을 강조한다. 특히 산업사회의 진전과 더불어 인간의 삶의 질에 대한 관점이 단순히 물질적 풍요로움에서 정신적 풍요로움으로 변해가고 있는 상황에서 복지국가는 개인의 삶의 질을 향상시키는데 있어 한계를 노출하고 있다는 것이다.

그렇다면 복지국가에서 복지사회로 가야 하는 근거는 무엇인가? 복지국가가 복지사회로 전환된 배경에 관하여 김세훈·조현성(2008)은 우리나라 사회복지 분야에서 사회복지 영역확대로 문화복지가 사회복지 하위영역으로 포함되어 사회복지 개념이 확장되어야 한다고 바라보는 배경을 다음 세 가지 논거로 설명하고 있다.

첫째, 사회적 위험의 유형이 변화됨에 따라 복지국가는 새로운 형태의 정책과 대응이 필요하다는 논리다. 실업, 노령 등의 요인에 의한 소득 중단이나 질병에 의한 예외적인 지출 위험을 의미하는 전통적인 사회적 위험이 여전히 존재하는 상황에서 서구 복지국가와 같은 새로운 사회적 위험이 강력하게 대두되고 있다는 것이다. 이 사회적 위험은 사회경제적 변화를 통해 설명할 수 있는데, 맞벌이 증가와 여성교육의 향상은 여성들의 노동시장 참여를 급증시키는데 이때 저숙련 여성층에서는 일과 가정을 양립시키기 어려운 문제가 발생한다는 점. 노인인구의 증가로 노인을 돌보는 부담이 급증하는데 이러한 부담은 상당 부분 여성에게 지워진다는 점이다. 이 때문에 여성이 일과 가족의 양립을 유지하기 어려워 일을 그만 두게 되면 소득 감소로 인한 빈곤 가능성이 높아진 다는 점, 최근 노동시장 구조의 변화로 인해 특히 교육수준이 낮은 사람들의 실업확률은 높아지고 장기빈곤에 빠질 위험성이 높아짐으로써 사회적으로 배제되는 위험을 발생시킨다는 점이다. 이러한 상황 속에서 복지국가의 역할 및 사회복지의 영역은 전통적 사회적 위험에 대처하기 위한 사회보험 및 공공부조 중심의 단순한 소득보장프로그램만으로는 한계에 직면하게 된다. 그리하여 개인과 사회의 새로운 사회적 위험에 대한 대처능력을 향상시킬 수 있는 사회복지서비스 확대 및 인적자본을 향상시키고 사회참여의 기회를 보장할 수 있는 다양한 삶의 영역으로 확장되어야 하는데, 문화복지가 이러한 새로운 복지정책의 영역이라는 것이다.

둘째, 사회변화에 대한 욕구의 다양화 및 욕구수준의 상향 이동으로 인한 사회복지 개념 및 정책영역 확장의 필요성이다. 구체적으로 복지국가에서 복지사회로의 발전이 대표적인 사례이다. 전통적인 복지국가의 사회복지제도는 정신적·문화적 영역까지 개입하지 않았지만, 복지사회는 개인의 욕구 다양화 및 '삶의 질' 강조에 따라 다양한 사회서비스 확대와 더불어 개인의 잠재력과 창의성 개발을 극대화하는 영역까지 개입하게 되었다. 즉, 전통적 복지국가는 '삶의 질'과 '행복'을 적극적으로 추구하는 것이 아니므로 중산층 이상의 계층에서 더 이상 매력적이지 못하기 때문에 사회적 욕구로서 기초적·필수적 욕구의 범주가 확장되어야 한다는 것이다.

셋째, 문화가 공공부문으로 인식되면서 발생하는 문화적·사회적 책임 역시 증가한다는 논리이다. 즉, 문화를 사회복지의 한 영역으로 인정하고 이에 대한 정책적 지원을 필요로 하는 것은 문화복지를 공공정책의 한 분야로 인식하는데서 비롯되며 이것은 문화복지 정책이 존재하는 전제조건이 된다는 것이다. 전통적인 사회복지정책의 최저생활보장 원리에 있어서도 문화적인 생활에 대한 인식은 이미 있었으나, 최근 들어 이러한 인식이 확산되는 추세에 따라 사회적 책임이 강조되고 있다. 하지만, 현행 최저생계비의 계측에 있어서 문화복지 영역을 포함(최저 교양오락비)하고 있으나, 그 비중이 약 2~3% 수준으로 매우 미미한 정도의 수준이므로 여전히 한계가 존재한다. 그러나 다른 한편에서는 계층간, 세대간, 지역간 문화격차 완화 및 문화에 대한 공적지원의 효과가 인식되기 시작하였다. 다시 말해서, 사회복지의 관점에서 문화소외계층에게 문화예술의 경험을 제공하고 이를 지원한다면 소득재분배와 문화정체성 형성 및 사회통합의 효과를 가져올 수 있다는 인식이다. 즉, 문화를 통한 재분배, 문화정체성 형성, 국민의 예술적 감수성 및 창의성 제고, 사회 연대성의 강화, 국가 위상 제고,

경제적 부가가치 창출 등이 강조된다는 것이다.

이상에서 살펴본 세 가지 논거를 바탕으로, 사회복지 분야에서 문화복지를 바라보는 시각을 다음과 같이 정리할 수 있다. 문화복지는 사회복지의 하위영역이라고 할 수 있다. 즉, 문화복지는 취약계층을 포함한 사회구성원 전체의 선택적, 심리적 욕구를 포함한 '삶의 질'의 향상이라는 목적을 가짐으로써 사회복지의 개념을 협의적이고 잔여적 의미의 전통적 사회복지 개념으로부터 광의적 의미에서 성립할 수 있는 제도적, 보편적 복지로 확장시키는 중요한 영역이라고 할 수 있다. 이처럼 사회복지 영역으로의 문화복지는 그 중요성과 타당성을 갖는다는 주장이다.

그러나 여기서 짚고 넘어갈 것은 문화복지를 사회복지의 하위영역으로 보는 것은 보다 논의가 필요하다는 것이다. 왜냐하면 사회복지를 광의로 해석한다면 사회 취약 층과 일반 국민에게 인간다운 문화생활을 보장하고자 하는 문화복지는 사회복지의 하위영역에 포함될 수 있을 것이다. 실제로 기존 사회복지관 및 복지시설에서도 다양한 문화프로그램을 사회복지프로그램과 함께 진행하고 있다. 그러나 사회복지관이나 복지시설에서 수행되는 대부분의 문화프로그램은 사회 취약계층을 대상으로 하는 협의의 문화복지프로그램에 해당한다는 것, 그리고 광의의 사회복지 개념을 적용할 경우 여기에 포함되지 않는 정책영역은 거의 없다는 것, 문화복지의 성공적 실행을 위해서는 문화예술과 관련된 고유한 전문적 교육과 지식, 역량이 필요하다는 것 등을 감안할 때 문화복지를 단순히 사회복지의 하위영역으로 치부하는 것에 대해서는 더 논의가 필요하다고 생각된다.

문화복지 개념에 대하여 우리나라 학자들은 어떻게 주장하고 있으며 어떠한 구조 안에서 논쟁이 있는지를 알아보자. 문화복지 개념에 관한 논의는 문화정책과 사회복지 분야에서 서로 각자의 영역을 주장하고 있다. 이 양자가 강조하는 문화복지 정의 역시 앞서 지적한 대로 명쾌하게 구분지어 설명하지는 못하고 있어, 문화복지 개념은 영역화 측면에서 불분명한 점이 없지 않다. 예컨대 문화복지를 규정한 것을 보면, 첫째, 사회전반의 가치관, 구성원들이 견지하고 있는 규범, 그들이 만들어 내는 물질적 재화 등을 창조, 변화, 유지시키기 위하여 그 사회의 문화체계를 구성하고 있는 하위단위 영역 속의 개인이나 집단이 상실하였거나 약화된 전체 사회 또는 하위체계의 사회적 기능을 회복하게 하거나, 둘째, 이런 체계에 닥칠 수 있는 미래의 사회적 기능장애를 예방하게 하거나 새로운 상황에 적절히 대응하는 창의력과 적응력을 계발하도록 갖가지 법, 프로그램, 급부 및 서비스 등을 제공하기 위한 민간과 정부의 광범위하고 조직적인 활동으로 보았다. 이와 같은 정의를 빌어 김민정·송주미(2004)도 문화복지를 모든 국민의 문화 환경을 개선 및 정비하고 개인이 직접 필요로 하는 문화서비스를 제공하여 문화생활을 향상시키는 사회문화적 서비스로 규정하였다.

현택수(2006)는 문화복지를 사회복지 하위영역의 하나로 간주하면서 사회 취약계층을 포함한 사회구성원 전체의 정신적 삶의 질을 향상시키려는 목적을 갖는 보편적 복지라고 강조하였다. 아울러 그는 문화복지를 문화 향수권을 갖지 못하는 문화 소외계층에 대한 지원이며 동시에 사회복지의 보편적 서비스 원리에 입각해 모든 국민의 문화 환경을 개선 및 향상시키는 사회문화적 서비스로 규정하였다. 이러한 정의는 문화복지가 사회복지의 이념을 구현하기 위한 사회복지의 한 분야이며 접근방법으로 간주하고 있는 것이다. 이는 앞서 여러 저자들이 문화정책 측면을 강조한 바와 크게 다르지 않다.

한편, 최종혁 외(2009)는 이런 정황을 정리하면서 오늘의 문화복지는 굳이 양자를 구분하지 않고 통합 관점에서 사회 취약계층에 대한 문화 향수권 보장, 일반 국민에 대한 문화적 공공서비스 제공, 문화적 다양성 확보를 위한 각종 문화프로그램 및 공공서비스를 모두 포함한 개념으로 받아들이고 있다. 즉 문화복지를 "인간다운 삶을 실현하기 위한 것으로 좁게는 경제적 취약계층을 대상으로, 넓게는 일반대중들에게까지 확대하여 개인들 속에 감추어져 있는 문화적 감수성, 창의적 사고, 잠재역량 등을 높이기 위한 직·간접적인 일체의 문화예술적 노력"이라고 강조하였다.

이는 사회복지 쪽으로 치우친 면이 없지 않음을 행간을 통해 감지할 수 있으나 '문화예술적 노력'이라는 표현을 통해 문화정책계와 사회복지계를 아우르는 매우 객관적인 것으로 받아 들여져 공정한 정의라고 이야기들을 하고 있다.

2) 문화복지와 사회복지의 구분

본래 사회복지란, 사회적이거나 경제적인 문제로 어려운 형편에 있는 사람들을 정부가 지원하는 제도이다. 물론 자선단체나 종교기관 등이 지원의 주체가 되는 경우도 있다. 복지를 이해함에 있어 중요한 핵심은 지원의 주체와 수혜의 주체가 구분된다는 것이다. 수혜자가 마땅히 누려야 할 기본적 권리를 스스로 이룰 수 없을 때, 타자(정부, 자선단체, 종교기관 등)의 도움으로 그 권리를 행사하게 되는 것이다.

김성주(2013)는 사회복지라는 용어는 현대 산업사회의 발전에 따라 파생된 사회문제와 관련하여 사용하게 되었으며, 사회체제의 구조적 모순에서 발생한 이러한 문제를 해결하는 사회적 시책의 체계이다. 즉, 인간복지를 실현하기 위한 사회제도 및 정책체계이며 전 생애에 걸쳐 행복하고 안정된 바람직한 삶을 추구하는 인간의 사회적 노력이라고 정의할 수 있다라고 했다. 임춘식 외(2007)는 21세기의 복지패러다임은 사람이 중심이 되는 체제하에서 인적자원을 확충하고 성장과정이 인적자원을 보호하는 복지의 기초가 되고 성장의 원동력을 복지를 통해 보호하는 것으로 전환되고 있다. 우리나라의 사회복지에 대한 평가는 우리의 경우 사회서비스는 그동안 주로 취약계층만을 대상으로 하는 소득지원 프로그램으로 제한되어 있었으며, 또한 산업으로서의 역할은 거의 다루어지지 않았기 때문에 최근 직면하고 있는 또 다른 사회적 변화는 이에 대한 위기감을 불러일으키고 있다. 즉, 민주화 및 세계화와 더불어 우리 사회가 직면한 또 다른 사회적 변화는 바로 저출산 및 고령화라는 인구구조의 변화에 따른 새로운 사회적 위험이 커지고 있어 한국 복지체제는 새로운 도전에 직면하고 있다고 말하고 있다. 이처럼 사회복지 분야는 아직은 취약계층을 대상으로 한 소득지원 위주로 제한되어 있으며, 문화와 정신적인 면에서의 지원은 미비한 상태에 있다.

복지는 인간과 사회문제를 다루는 학문으로 사회문제를 취급하는 기초로서 제기되는 것이 바로 욕구이다. 현외성(2012)은 욕구란 복지 전문분야에서 가장 널리 사용되는 핵심적인 용어로 사회복지 대상자인 클라이언트에게 서비스를 제공하는 전문적인 사회사업의 실무에서뿐만 아니라 사회복지 정책을 수립하는 데 있어서도 사용되는 중심개념이다. 복지학에서 특별히 관심을 가지는 이유는, 모든 생명체 중에서 인간이 가지는 욕구에 대한 것이다. 인간욕구란 인간이 그 존립을 위해 필수 불가결하게 충족되어야 하는 본질적인 현상을 말하는 것이다. 이러한 인간의 욕구를 Maslow는 5가지로 분류하였다.

욕구와 복지에 관한 이론들로는, 이소영(2014)은 지역사회가 중장기 복지계획을 세우기 전에 반드시 선행되어야 할 가장 중요한 것 중 하나는 지역주민이 무엇을 원하며 무엇을 필요로 하는지를 파악하는 것이다. 인간이 원하고 필요로 하는 것은 욕구라는 말로 표현할 수 있는데 지역사회복지계획 수립을 위해 파악하고자 하는 욕구의 의미는 인간이 삶을 살아감에 있어서 단순히 원하는 것(want)이라기보다는 필요한 것(need)에 가깝다고 볼 수 있다고 한다. 인간의 욕구와 관련해서 가장 널리 알려지고 큰 영향을 끼친 학자는 Maslow의 5단계욕구에 관한 이론으로 생리적 욕구, 안전의 욕구, 소속의 욕구, 존경의 욕구, 자아실현의 욕구이다. 이는 낮은 단계의 욕구가 충족되어야 다음 단계의 욕구가 나타난다는 계층화된 방식으로 표현된다고 하였다. 즉, 인간이 살아감에 있어서 충족되어야할 욕구도 그 필요와 내용과 정도에 따라서 우선순위가 있다는 것이다. 이러한 측면에서 지역사회에서 제한된 예산 범위 내에서 지역주민의 다양한 욕구를 충족시키고자 할 경우에도 우선순위를 정하는 것이 필요하다. 그러므로 지역사회복지계획 수립을 위한 복지욕구조사는 비교적 객관적인 관점에서 지역주민에게 필요한 것들이 무엇인지 그리고 주관적인 관점에서 지역주민이 필요하다고 느끼는 것들이 무엇인지 파악하는 것뿐만 아니라 이들의 복지욕구를 현실적으로 충족시키기 위해 우선순위를 정하는 일에 활용될 수 있는 중요한 근거자료라고 주장하였다.

김문환(1996)은 문화복지와 사회복지를 구별하기 위해 Maslow의 욕구계층이론을 원용하고 있는데, 그에 따르면 사회복지는 생리적 욕구, 안전 욕구, 소속

욕구와 밀접하게 관련되어 있는 반면 문화복지는 좀 더 고차원적인 욕구인 소속 욕구, 존경 욕구, 그리고 자아실현 욕구가 관련되어 있다고 보는데, 이를 도식화해 보면 <그림 1>과 같다(박관후 · 선우숙, 2014 재인용).

본 저자는 이러한 주장에서 한 걸음 더 나아가 Maslow의 욕구 5단계는 또 다른 측면에서 사회복지학에서 매우 중요한 시사점이 있다고 생각한다. 그 이유로는 첫째, 인간의 욕구가 위계적인 특성을 지니고 있는 만큼, 욕구충족을 위한 사회복지서비스는, 일반적으로 낮은 수준의 욕구충족에서부터 시작하여 높은 수준의 욕구충족을 위해 지향된다는 점이다. 따라서 이것은 제한된 사회적 차원으로써 가능한 한 복지 프로그램의 효율성을 제고시키기 위해서는, 낮은 수준의 욕구충족부터 높은 수준의 욕구해결을 위해 노력해야 한다는 점에서 <그림 1>처럼 사회복지의 밑바탕이 없이는 문화복지가 도입될 수 없다고 해석할 수 있다.

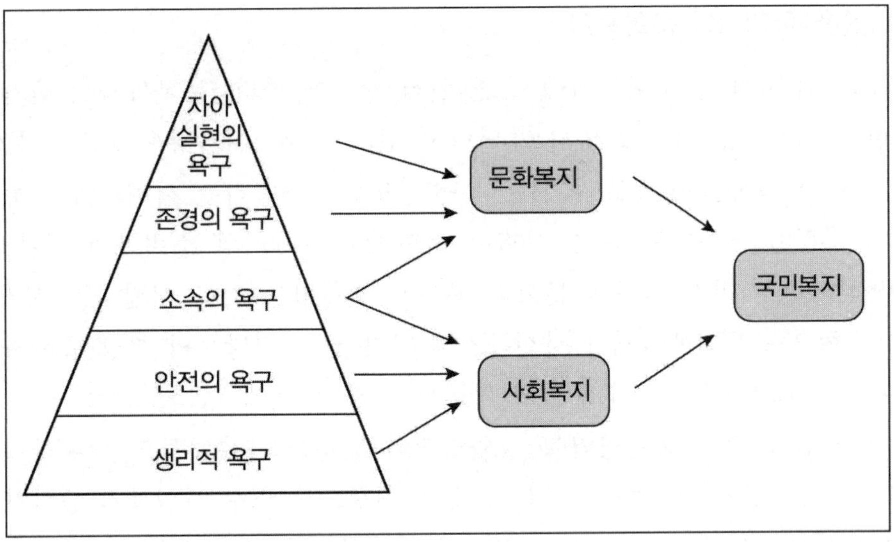

〈그림 1〉 Maslow의 욕구충족 단계설을 통해 본 문화복지의 의의(박관후 · 선우숙, 2014 인용)

둘째, 사회복지서비스 프로그램을 비교할 수 있는 비교연구의 기준이 될 수 있다는 점이다. 이는 각국의 사회복지서비스의 지향점이 어떤 욕구를 중심으로 하고 있는가를 분석함으로써, 복지 프로그램의 발달수준을 가늠할 수 있는 기준이 될 수 있다. 즉, 어떤 차원의 복지에 적용할 것인가를 취사선택할 수 있을 것으로 판단된다.

셋째, 인간의 욕구가 현실사회에서 완전하게 충족될 수 없어 끊임없이 보다 높은 수준의 욕구를 충족하기 위하여 저마다 일생 동안 노력하는 것이 삶이라는 점이다. 이런 욕구를 충족함에 있어 사회복지와 문화복지는 욕구에 따른 영역이 있어 이 둘이 제각기 역할을 잘 수행할 때 비로소 온전한 국민복지를 달성할 수 있다.

문화복지는 학술적으로 규명되지 않은 상태로 사용되어, 이를 바라보는 몇 가지 상이한 시각이 공존하고 있다. 그러면 다음은 문화예술계와 사회복지계에서 바라보는 문화복지와 사회복지를 비교하도록 하겠다.

3) 전문영역에서의 문화복지

최종혁 외(2009)는 문화복지에 대한 인식 정도에 따라, 문화복지 실천가들은 다양한 인식유형을 가지고 있다고 말하고 있다. 첫째, 이질형으로 문화복지 용어 자체를 부정하는 형으로, 복지는 특정서비스를 제공하는 시혜자와 수혜자의 구분이 뚜렷이 구분되는 반면, 문화는 문화창조 주체자와 소비자의 구분 없이 공동생산하는 것이기 때문에 문화와 복지가 결합하는 것이 어렵다는 시각, 둘째, 부재형으로 문화예술계나 사회복지계 구분 없이 상당수의 현장 종사자들이 문화복지에 대한 인식을 하고 않고 활동하는 시각, 셋째, 층화형으로 현장 종사자들이 자신이 속한 전문영역이 상위영역이고 문화복지는 사회적 취약계층을 대상으로 하위영역으로 보는 시각, 넷째, 일체형으로 소수 사회복지 종사자들에게 나타나는데 사회복지서비스를 전달하는 과정에서 문화(예술)적 요소가 빠지지 않고 밀착되어 나타나기 때문에 문화와 복지를 구분하지 않는다는 시각, 다섯째, 고유형으로 문화나 복지와 별도로 문화복지의 고유한 독립영역이 존재한다고 보는 시각으로 구분할 수 있다고 설명하고 있다. 이러한 연구의 시도는 실천가들을 대상으로 심층조사를 하여 문화복지의 개념을 정리해보고, 이를 바탕으로 실천적, 정책적 제안을 하였다는 점에서 연구의 의미와 성과가 있다고 하겠다.

최종혁 외(2009)는 문화복지 개념에 대한 인식을 다음 <표 2>처럼 구분하였다.

〈표 2〉 문화복지 개념에 대한 인식

카테고리	개념	변수의 주요내용
문화복지에 대한 인식유형	이질(異質)	문화영역과 복지영역의 상반된 관점
	부재(不在)	문화복지에 대한 무관심
	층화(層化)	-협의적 이해와 광의적 이해 -복지영역에서 복지상위-문화하위 개념으로 인식
	일체(一體)	문화와 복지의 통합
	고유(固有)	독립영역의 실재
전문영역에서의 문화복지	문화속의 복지	광의의 문화와 협의의 문화복지
	복지속의 문화	문화는 서비스 제공의 도구
	문화복지의 고유성	고유의 문화복지 영역의 발견

<표 2>에 관한 자료에 대한 설명에서, 문화와 복지 영역에서 활동하는 실천가들은 표와 같은 범주 속에서 문화복지에 대한 개념을 인식하고 있으며, 부분적으로는 고유의 문화복지 영역의 실재한다는 시각이 있음도 드러났다. 문화복지 영역을 독립적인 고유영역으로 보아야 하며 현장의 필요에 따라 문화복지 전문가가 배치되어야 한다는 것이다. 그러나 동일인이라고 하더라도 어느 한 가지 유형에 속하는 것이 아니라 중복적으로 속해 있다고 보고 있으므로 실제 현장

에서는 문화복지 개념을 고유영역으로 바라보지 않고 있다고 보는 것이 옳다고 하였다.

문화복지의 개념에 대한 문화실천가들의 많은 시각이 있으나 대체로 대별하면 3가지 정도로 분류되며 <그림 2>와 같이 설명할 수 있다. 그러나 본 저자의 견해는 이러한 문화복지에 대한 인식의 구분은 역사와 사회적인 변화를 담아내기에는 부족하다고 본다. 그 이유는 문화복지는 문화적 측면과 복지적 측면이 동시에 표출되어야 하며 대상화의 기준을 뛰어넘는 주체성을논할 수 있는 개념으로 정립되어야 하기 때문이다.

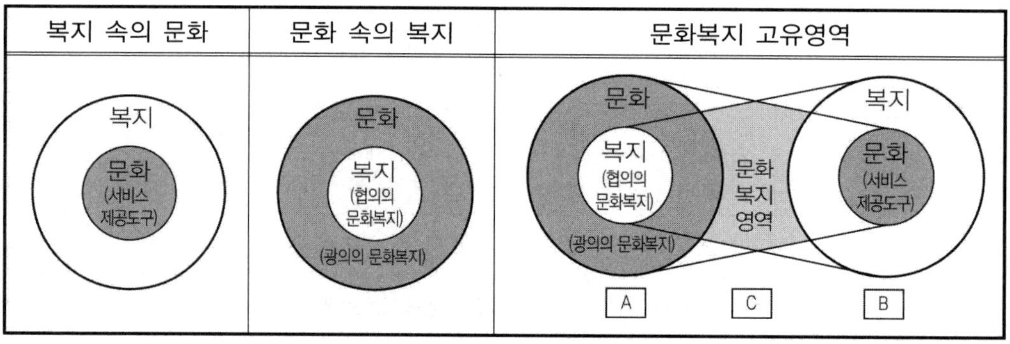

〈그림 2〉 문화복지의 기존 이해도(최종혁 외, 2009 그림 재편집)

최종혁 외(2009)은 <그림 2>의 복지 속의 문화는 사회복지 영역에서 문화의 활용으로 서비스를 쉽게 전달할 수 있다고 보나 문화복지 운영에 대해서는 찬반양론을 제기한다. 복지영역 안에서의 문화개념의 적용은 사회복지영역에서 보이는 대표적인 사례이다. 문화 속의 복지는 문화영역에서 복지와의 결합은 선호되지 않으며 다른 양상을 보인다. 서로 성격이 다르며, 대상자에 대한 인식도 다르다는 입장이다. 독립된 문화복지 고유영역은 실천가들에게 그다지 호의적이지 않다. 문화계 또는 복지계에서 자신들의 전문영역에서 실천할 뿐이다. 극히 소수이긴 하나 문화복지를 문화와 복지영역의 중복영역에 두고자 하는 시각도 있다고 한다.

많은 학자들의 연구와 노력에도 불구하고, 여전히 문화와 복지 사이의 관계를 규명하는 관점은 '대상화'의 기준을 뛰어 넘지 못하고 있다. 이러한 현상을 개념화하여 문화와 복지실천가들이 바라보는 문화복지에 대한 인식을 짚어보고 문화복지가 무엇인지 알아보겠다. 문화와 복지의 관계 규명은 다음 <그림 3>의 '문화복지의 개념 이해도'로 박관후(2015)는 다음 그림으로 설명하였다.

복지영역의 확장	문화의 도구적 활용	문화 외 전달 체계로서의 복지	문화생산과 소비의 일치
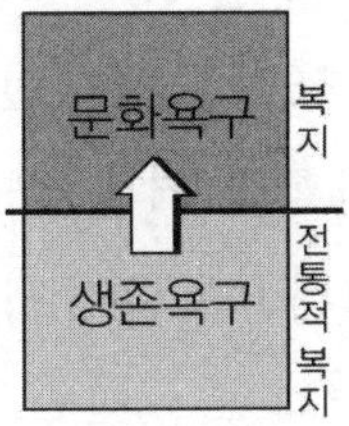		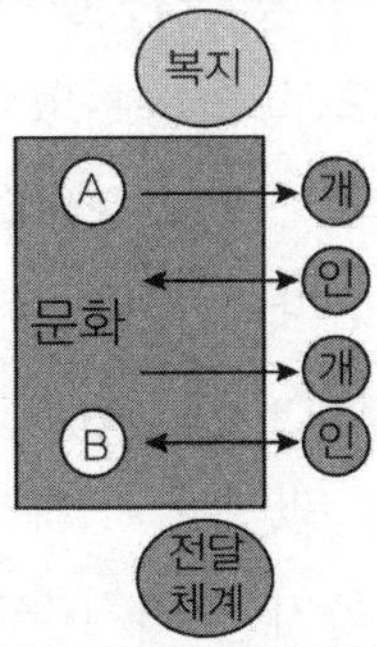	
복지프로그램으로 문화 제공	문화프로그램으로 복지적 제공	문화를 통한 복지향상	문화와 복지가 만나는 새로운 그물코
복지관 문화강좌	문화바우처 제도	벽화마을	부모커뮤니티
대상화 사업			주체성 확보

〈그림 3〉 문화복지의 개념 이해도(박관후, 2015 인용)

(1) 복지영역의 확장

<그림 3>의 '복지영역의 확장'이란 전통적인 복지의 기초욕구인 생존의 욕구 수준을 넘어 문화욕구까지 복지영역이 확장되어 가고 있다고 실천가들이 인식을 갖고 있다. 이러한 복지 속의 문화적 접근의 실천사례로는 복지프로그램으로서 문화를 제공하는 복지관의 문화강좌를 예로 들 수 있다. 복지영역이 확장되

긴 하여도 이러한 프로그램은 대상화 사업으로 진행되는 것이 일반적인 현상이다. 복지는 소외계층을 대상으로 하여 기초욕구를 충족시키는 수준에 머물다가 복지의 발전과 더불어 복지의 영역이 정신적·문화적 영역까지 확장되고 있는 것이다. 이의 근거로 김세훈·조현성(2008)은 전통적으로 협의의 사회복지 개념에서는 국가가 빈민을 중심으로 최소한의 생활을 유지하도록 지원하는 잔여적 역할을 수행함으로써 생존권을 보장하는 차원에 머물렀다. 그러나 현대사회에서 다양하고 개별화된 욕구가 증가하고, 사회문제의 영역이 확대되면서 협의의 사회복지 개념에 의해 생존권을 보장하는 것만으로는 건강하고 문화적인 최소한의 생활수준을 유지하도록 하는 것이 불가능하게 되어, 사회복지의 기능과 역할은 점차 제도적 관점으로 확장되었다. 이에 따라 사회복지 개념은 주거복지. 교육복지 등 다양한 사회서비스 영역을 포괄하는 광의의 개념으로 확장되었으며, 최근에는 상호주의에 따른 외국인과 다문화에 대한 고려, 사회적 연대감, 정신적 만족감 등을 포함하는 최광의의 사회복지 개념으로 확대되고 있다. 이와 같은 맥락에서 진행되는 광의의 사회복지 개념으로 확장되어 나타난 새로운 사회적 욕구, 새로운 사회복지 영역이라고 할 수 있다. 보건의료, 교육, 주거 등과 같은 광의의 사회복지를 구성하는 사회적 영역에 문화에 대한 사회적 욕구의 출현과 공공부문으로의 인식 전환을 바탕으로 문화복지가 <그림 4>처럼 새로운 사회복지영역으로 확장되었다는 것이다.

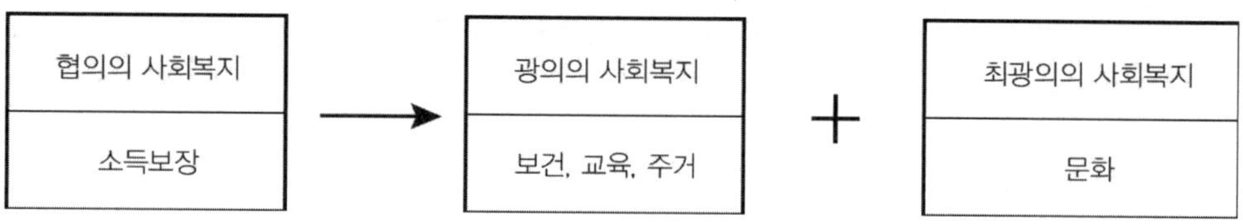

〈그림 4〉 사회복지에서 바라보는 문화복지

현택수(2006)와 최종혁(2009)은 사회복지의 궁극적인 목적은 사회구성원으로 하여금 생활상의 다양한 문제를 해결하고 생활조건을 개선하여 행복을 추구하도록 도와 인간으로서의 존엄성과 가치를 구현할 수 있는 인간다운 삶을 확보하도록 하는 데 있으며, 여기에는 국민의 문화적 욕구 충족을 통해 개인의 잠재력과 창의성을 극대화하는 것 역시 포함되는 것으로 보았다. 따라서 문화복지는 사회복지 하위영역의 하나인 동시에 의식주와 건강 등 기본 수준의 복지에서 복지국가가 도달해야 할 높은 수준의 복지 단계로 인식된다고 하였다.

한편, 문화예술 분야에서는 문화복지(cultural welfare)를 '문화 감수성을 함양하여 개인의 삶의 질을 향상시키고 사회적으로 요구되는 창의성을 증진시키려는 국가적 · 사회적 의지와 노력'(정갑영, 2007)으로, '좁은 의미로는 문화적 결함을 가진 문화적 약자를 예방하고 치료하는 것으로, 넓은 의미로는 모든 국민의 문화적 요구 및 필요성에 부응해 문화 환경을 개선 · 정비하고 필요한 문화서비스를 제공하여 문화생활을 개선 · 향상시키는 사회문화적 서비스'(이종인, 1987)로, '문화적 삶이 가능하도록 제도적인 여건을 제공하는 것' (오혜경, 2006)으로, '삶의 질을 높이기 위해 문화적 생활, 건강한 생활, 쾌적한 생활을 실현하는 제반 공공서비스 등'(임원선 · 이현수, 2006)으로 정의하고 있다.

이들은 문화복지를 인간의 기본권으로서의 문화권(cultural right)의 확보, 문화예술 향유 및 참여를 통해 얻을 수 있는 사회적 · 경제적 가치(문화적 · 정신적 풍요와 감수성 제고, 창의성 증진, 사회적 응집력 강화, 문화적 정체성 형성 등)의 극대화를 위한 문화정책의 주요한 구성 부분 또는 목표로 간주한다.

복지가 영역을 확장한다는 것은, 빈곤을 개인의 책임으로만 한정할 수는 없다는 것을 의미한다. 빈곤은 제2장에서 설명되었듯이 구조적인 문제로 인하여 발생할 수 있으며, 산업화에 따른 자본주의는 이러한 현상이 나타날 수밖에 없는 구조를 지니고 있기 때문이다. 복지국가란 이러한 책임을 국가가 어느 정도 인정하는 것으로 사회복지는 국민의 권리로 인식되고 있어 점차 확장되고 있다. 또한 질적인 면에서도 기초욕구를 넘어 문화욕구까지 그 영역이 확장되고 있다. 그러나 이러한 확장은 대상화 사업으로 인하여 정부의 재정악화와 수혜자의 도덕적 해이를 불러오는 폐해도 나타나고 있으며 문화복지의 실천에서 한계를 가져 오게될 것이다.

(2) 문화의 도구적 활용(복지의 문화적 접근)

<그림 3>의 '문화의 도구적 활용'은 복지 실현을 위해서 문화를 활용하는 것이다. 즉, 복지의 전달수단으로 문화를 도구로 이용하는 것이다. 복지실천을 위한 복지의 문화적 접근을 의미하는 것으로 문화프로그램에서 예를 든다면 문화이용권, 문화센터 등 단순히 대상자에게 물질의 지원만이 아니라 문화적인 방법으로 이들을 지원하는 것이다. 문화바우처나 문화센터 등에 문화프로그램을 지원하는 것이다. 그러나 이것도 경제적 빈곤층을 대상으로 실천하고 있어 주체성에 있어 한계가 있을 수밖에 없다. 이의 근거로는 최종혁 외(2009)는, 본래 문화영역 실천가들은 문화영역 안에 복지의 개념이 들어오는 것을 정서적으로 거부한다고 한다. 하지만 문화복지라는 프로그램을 기정사실화 하였을 때 문화라는 영역 안에 복지라는 개념이 결합될 경우 복지영역은 주로 협의의 문화복지로 해석된다. 이에 대해 문화영역은 '광의의 문화복지'로 이해된다. 따라서 문화영역에서 복지의 결합은 크게 '광의의 문화복지'가 된다. 하지만 '광의의 문화복지'라는 개념은 거의 실재하지 않고 그것은 문화활동으로 대신하게 된다. 이에 대해 '협의의 문화복지'라는 개념은 우리가 흔히 말하는 문화복지의 개념이 되는 것이다. 실제 현장에서 실천가들 사이에서도 이와 같은 개념을 문화복지로 이해하는 경향이 있다. 단, 여기서 특이한 점은 문화복지의 활동이 문화영역의 활동과 그다지 구분되는 것이 아니라는 점이다. 그들은 문화영역(광의)과 문화복지영역(협의)이 구분되는 관점은 대상자가 누구냐에 따라 달라진다. 즉, 문화영역의 대상자는 주로 일반적인 대중을 의미하며, 문화복지 대상자는 경제적 취약계층을 가리킨다. 경제적 취약계층은 흔히 사회복지 대상자 층이라 할 수 있는 기초생활수급자를 의미한다. 문화영역 실천가들은 활동내용에서 크게 다를 바가 없으나 자신들이 상대하는 집단의 경제적 특성에 따라서 문화영역과 문화복지영역을 구분한다. 그러나 이와 같은 관점 역시 의도적으로 문화복지가 무엇인가라는 물음을 받았을 때의 구분이고, 일반적으로 이 양자를 구분하지 않은 상태에서 통칭해서 문화활동이라고 한다는 것이다.

본 저자는 문화복지영역의 대상자가 경제적 취약층으로 간주하는 것에 대하여는 다른 견해를 갖고 있다. 문화적 취약층이라는 용어를 사용한다고 해도 동의하기는 어렵다고 생각된다. 왜냐하면 문화복지는 주체성을 갖고 참여자가 생산자가 되고 소비자도 되는 형태의 복지이기 때문이다. 또한 경제적인 부를 누린다고 하여도 문화를 누려야 할 시간에 경제활동이나 신체의 장애 등 여러 가지 이유로 문화를 누리지 못하는 사람들이 있다. 공간적으로 원거리를 거주로 문화를 누릴 수 없는 위치이거나 군생활, 수감자 등의 제약으로 문화적 취약계층이 있을 수 있기 때문이다.

그러나 엄격히 말한다면, 김세훈 · 조현성(2008)은 문화예술계에서는 사회복지가 물질적 · 경제적 욕구의 충족을 위한 것인 반면, 문화복지는 정신적 · 문화적 욕구의 충족을 위한 것이며 두 가지가 병렬적으로 연결되어 궁극적으로는 '삶의 질' 제고(국민복지)에 이른다고 주장한다. 이와 같은 문화복지는 문민정부의 주요한 정책 영역과 목표가 되었다. 문화복지가 주요 정책이 된 데에는 문민정부가 세계화를 위해서 기존의 경제발전 이외의 새로운 영역 즉, 삶의 질을 추구한 것에서 기인한다. 선진국 수준의 삶의 질은 기존의 사회복지(결핍으로서의 자유, 물질적 풍요)뿐 아니라 정신적 · 문화적 복지를 필요로 했던 것이다. 또한 이 시기에는 산업구조의 변화에 따라 이른바 지식기반사회로 진입하게 되었고, 지식기반사회에서는 하드웨어의 발전보다 인간의 창조성과 감수성 같은 휴먼웨어가 중요하게 다루어졌다. 따라서 문화예술 체험을 통해 감수성과 창의성을 증진시킨다는 문화복지의 논리가 나름대로 타당성을 지니게 되었다.

최종혁 외(2009)는 주장하기를, 일부 복지영역의 실천가들은 사회복지와 문화복지를 애써 구분할 필요가 없다는 입장을 취하고 있다. 사실 사회복지사들의 상당수는 이러한 입장을 보인다. 문화와 복지를 상호 구분하여 상위, 혹은 하위에 두기보다는 오히려 이 양자는 서비스 제공 과정에서 상호 구분할 필요가 없을 정도로 밀착 전개해야 한다는 시각이다. 그러므로 사회복지 프로그램이라고 하더라도 그 안에서 상당수 문화예술적 요소가 가미된 서비스가 제공되고 있다는 관점이다.

정갑영 · 장현섭(1995)은 전통적 사회복지서비스에 대한 비판과 함께 문화복지의 필요성을 제기하였다. 이들은 우리나라의 사회복지 제도가 높은 '삶의 질'의 향상을 가져왔는지에 대한 의문을 제기하는데, 기존의 사회복지제도가 물질적인 조건을 마련해 주는 데에만 집중되었고, 국민의 행복감을 정신적 측면에서 배려하는 정책은 전무하다고 주장하였다. 따라서 한국의 여건에 맞는 복지제도가 필요하며, 그것은 문화를 복지의 측면에서 고려하는 것이라고 하였다. 이처럼 협의의 사회복지제도 개념에 머무르고 있던 우리의 사회복지를 비판하고 문화복지를 기존 사회복지의 대안으로 바라보았다. 즉, 기존의 사회복지와 다른 차원에서 잔여적 복지가 아니라 구성원 전체를 대상으로 하는 문화복지의 중요성과 필요성을 인식한 것이다. 문화예술계에서 그동안 주장했던 문화복지와 사회복지를 비교하여 정리하면 다음의 <표 3>과 같다.

〈표 3〉 문화계에서 바라보는 문화복지와 사회복지 비교(김세훈 · 조현성, 2008)

구분	사회복지	문화복지
개념	- 사람들이 인간다운 삶을 영위하도록 서비스나 소득을 제공함으로써 인간의 기본적 욕구를 충족시켜주고, 각종 생존 문제를 해결하기 위한 과정	- 문화감수성 함양을 통해 삶을 풍요롭게 하며, 사회적으로 창의적 역량을 증진시키려는 의지와 노력
대상	- 주로 저소득층을 중심으로 한 사회적 취약계층을 정책의 중심 대상으로 함	- 저소득층만이 아닌 전 국민 대상
지향점	- 사회구성원의 기본적인 생존 및 이를 통한 사회통합, 복지사회	- 생존을 넘어 문화적 감수성과 창의성이 충만한 사회
주요 관심	- 국민의 생활안정, 교육직업·의료 영역에 대해 사회보장제도를 통하여 이를 공공적으로 보장하고자 함 - 생존권 보장, 빈곤경감, 평등의 증진	- 국민 개개인의 문화적 기본권을 공공적으로 보장함으로써 개인의 문화적 감수성과 창의적 능력을 계발하는 것을 주 목적으로 함 - 개인의 감수성/창의성 · 사회 역동성
공공 정책화 시기	- 제1차세계대전 이후, 영국 비버리지 보고서 - 우리나라 70~80년대 이후	- 문민정부의 세계화 추진, '국민복지 기본구상' 일환으로 부각 - 1966년 이후 문화정책의 주요 지향으로 자리매김

개념의 보편성	- 세계적으로 인정되는 보편적 개념	- 한국적 상황을 기반으로 정책적으로 고안된 개념 - 외국에서는 문화민주화와 문화 민주주의 개념으로 널리 알려짐 - 국제기구에서는 문화권으로 개념화
특징	- 사후 처방적 복지의 성격 - 단계론적 접근(문화보다 경제영역에 우선순위)	- 사전 예방적 복지의 성격 - 경제와 문화의 등가성 강조
법적 근거	- 사회권으로 인정 - 국민기초생활보장법 등 법적, 제도적 기반확립	- 우리 헌법에 문화권이 명시되어 있는지 논쟁의 여지 있음 - 문화창달, 행복한 권리를 감안할 때 가능. 단, 구체화된 개별법률 없음

(3) 문화의 전달체계로서의 복지

<그림 3>의 '문화의 전달체계로서의 복지'는 문화의 복지적 접근으로 문화를 사회에 알리기 위한 방법으로 복지를 전달체계로 활용하는 것이다. 즉, 문화를 통한 복지를 향상하는 것으로 이러한 예를 든다면 동피랑 벽화마을 같은 것이 될 수 있다. 이는 문화계 사람들이 문화 전달의 목적 실현을 위해 복지를 활용하는 문화의 복지접 접근이다. 처음에는 문화가 복지의 전달체계를 통하여 일방적으로 개인에게 전달하게 된다. 이러한 상태가 문화적 맥락에서 <그림 5>의 1-3A로 문화민주화의 단계이다. 이 단계에서 개인들에게 문화를 전달하는 것이 많아지면 많은 사람들에게 복지혜택이 돌아가고 점차 복지가 커지게 된다. 즉, 문화의 전달체계로 복지를 활용이 많아지면 복지의 실현에 있어 발전된다. 이러한 문화의 접변으로 시민들의 문화적 안목이 향상되면, 일방적인 수혜자로서 문화의 수용에서 스스로가 원하는 문화의 다양성을 보이고 본인들이 선택하고자 하는 문화를 요구하게 된다. 이러한 상태가 문화적 맥락에서 <그림 5>의 3B로 문화 민주주의로의 발전을 의미하는 것이다. 그러나 이 단계에까지는 모두가 대상화 사업으로 주체성을 확보하지 못한 상태로 문화와 복지라는 개념의 구조로

활동하는 것이다.

그러나 문화복지의 개념을 명확하게 하기 위해서는 먼저 문화의 개념을 확인할 필요가 있다.

양혜원(2013)은 문화에 대하여 언급하기를, 문화란 개별 예술작품으로 한정될 수 있는 것이 아니라 총체적 삶의 양식을 가리키는 것이라고 설명하고 있다. 물질적 조건 위에서 작동하는 영역이기보다는 모든 '인간의 삶'이 지닌 가장 근본적인 층 위에 있는 물질적 조건의 구성방식 자체를 가리키는 것으로 문화는 모든 인간이 지니고 있고 그리고 만들어가고 있는 삶의 방식을 총칭한다. 즉, 문화란 우리가 만나는 다양한 사람들이 지니고 있는 소중한 일상들을 의미하기도 하며 또한 그들이 만들어갈 수 있는 희망적이고 가능성 있는 모든 일상들을 의미한다. 예를 든다면, 연극놀이와 사물놀이 교실은 그 자체가 문화가 아니며 연극놀이와 사물놀이 등의 경험 그리고 그 과정에서 만들어지는 다양한 소통과 관계 속에서 자신의 삶과 일상이 새롭게 만들어지거나 변화되거나 또는 타인에게 전이되는 에너지들과 태도들이 바로 '문화'의 본질인 것이다. 또한 문화는 우리가 알고 있는 예술적 인식이나 행동(장르적 인식 즉 음악, 춤, 연극, 미술 등)에 제한되지 않음을 깨달아야 한다. 문화적 행동, 문화적 일상, 문화적 경험들이 항상 예술적인 것으로만 연결되는 것이 아니라 먹는 것, 입는 것, 사는 것, 표현하는 것, 관계하는 것 등의 모든 삶의 태도들을 포함하고 있다고 한다. 문화의 전달체계로서의 복지에서 문화에 대한 개념은 사회생활 전반에 나타나는 모든 의식을 포함한 활동을 말하는 것이다. 그러나 문화의 본질은 문화활동을 통하여 변화되거나 전이되는 태도라는 것이다.

양혜원(2012)은 문화복지란 '1980년대 이후 국민의 삶의 질을 증진시키기 위해 향유자 중심의 문화정책 사업을 추진하는 과정에서 주창된 정책적 용어'로 볼 수 있다. '지역 문화시설의 건립'과 '찾아가는 문화활동' 사업 등으로 시작된 문화복지 사업은 1996년 김영삼 정부 시기 '문화복지 기획단'이 설립되고 「문화복지 중장기 발전계획」이 수립되면서 본격적인 궤도에 오르게 되었다. 문화복지에 대한 접근방식은 크게 '사회복지의 하위 영역으로 보는 시각'과 '문화정책의 독자적 영역으로 보는 시각'으로 나누어져 있다고 하였다.

문화정책에 있어 문화복지의 증진은 최우선 목표에 해당하는 사회복지 정책에 있어 문화복지의 증진이라는 목표가 문화정책에서와 같은 위치를 점유하고 있는지에 대해서는 의문의 여지가 있다(구광모, 1999; 김영평, 2000; 임학순, 2003; 정철현, 2004; 김정수, 2010). 즉, 사회복지 분야에서는 문화복지와 관련된 사업의 우선순위가 문화정책 분야에 비해 상당히 낮게 책정되어 있다. 따라서 정갑영 · 장현섭(1995)이 기존의 사회복지제도가 물질적인 조건을 마련해 주는 데에만 집중되었고 국민의 행복감을 정신적 측면에서 배려한 정책은 거의 없었다고 비판한 것은 현 시점에서도 유효하다고 할 것이다.

이러한 관점에서 '문화복지'를 '문화정책의 연장선상에서 분석'을 하면, 양혜원(2013)은 "문화복지는 '문화(culture)'와 '복지(welfare)'의 합성어다. 이를 요약하면, 국민의 삶의 질 증진을 위한 '향유자 중심의 문화정책'이라 할 수 있다. 1980년대 이후 국민의 삶의 질을 증진하기 위해 향유자 중심의 문화정책 사업을 추진하는 과정에서 주창된 정책적 용어다. 문화예술 분야에서는 문화복지를 '문화감수성을 함양하여 개인의 삶의 질을 향상하고 사회적으로 요구되는 창의성을 증진시키려는 국가적 · 사회적 의지와 노력'으로 정의를 내릴 수 있다. 넓은 의미로는 모든 국민의 문화적 요구와 필요성에 부응해 문화환경을 개선 · 정비하고 필요한 문화서비스를 제공하여 문화생활을 개선, 향상시키는 사회문화적 서비스다."라고 설명하고 있다.

유창복(2013)에 의하면, 복지전달에서 중요한 쟁점은 '복지의 필요를 누가 결정하느냐'라고 한다. 누가 복지의 필요와 욕구를 정의하고, 그 필요를 충족시키기 위한 복지서비스의 내용과 양을 결정하느냐가 가장 근본적인 문제다. 일방적인 복지 전달체계는 주민을 수동적인 수혜자로 내면화하고 고착화함으로써 지역사회에서 엄연한 주민의 일원으로서 주체적으로 참여할 기회를 박탈한다. 자립적 생활의 주체로서 스스로 자신의 문제를 해결해 나갈 힘을 키워주기는커녕 오히려 무기력하게 한다는 점에서 근본적인 의문을 갖게 한다. 주민을 개별적인 복지 수요자 또는 복지 서비스의 대상자로 볼 것이 아니라 생활의 주체로서 생활공간에서 자신의 발언과 행위를 하는 것이다. 이른바 주민으로서의 주권을 행사할 수 있는 생활정치의 주체로 봐야 한다. 복지 전달체계를 확대하여 사각지대가 방치되지 않도록 하거나 복지 대상 주민의 주체화 역시 주요한 과제라고 하였다.

양혜원(2013)은 "문화복지 영역은 사회복지 정책과 문화 정책이 담당하는 분야와 중첩되어 있어 추구하는 목표나 내용에 있어 유사성이 크며, 실제로 문화복지 정책사업이 이루어지는 현장에서도 각 분야의 전문성을 바탕으로 한 상호협력이 긴절한 분야에 해당한다. 따라서 문화복지 영역에 대한 점유권을 배타적으로 주장하기보다는 문화복지 혜택이 보다 많은 이들에게 돌아갈 수 있도록 각 분야의 전문성을 배양하고, 협력체계를 구축하는 방향이 모색되어야 할 것이다."라고 설명하고 있다.

본 저자도 이에 동의하나, 한편으로는 문화복지를 정책분야에 한정해서 생각한다는 것은 미시적으로 보는 것이 아닐까 하는 아쉬움이 남는다. 문화복지란 정책의 중복보다는 보다 차원 높은 고유의 영역이 있을 것으로 판단하기 때문이다.

(4) 문화생산과 소비의 일치

문화의 주체성 확보로 문화복지를 실현하는 것으로 모든 시민들을 주체자로 세우는 것이다. 즉 시민들이 문화의 생산자인 동시에 참여자로서 소비자가 되는 구조이다. 지금까지의 문화와 복지관계는 상호 호혜자의 관계가 아니라 일방적인 공급자와 소비자 관계라는 한계를 극복하지 못했기 때문에 진정한 삶의 질에 필요한 주체성의 확보가 어려운 상태이다. 그러므로 진정한 시민의 삶의 질에 대한 향상을 가져올 새로운 관점이 필요하다. 즉, 문화복지의 고유 영역이 필요하다는 것이다.

참고로 <그림 3>의 '문화생산과 소비의 일치'는 문화의 영역과 복지의 영역이 합쳐진 것이다. 이런 구조일 때 저절로 문화복지가 실현된다. 왜냐하면 문화의 생산자가 동시에 참여자가 되어 소비자가 되는 구조로 이루어져 선순환 구조가 가능하기 때문이다. 부모커뮤니티가 그 좋은 예다. 이것은 문화 자체가 복지 자체라고 하여도 무리가 없을 것이다. 이러한 상태가 문화적 맥락에서는 <그림 5>의 '문화생산과 소비의 일치'는 문화복지의 고유영역으로 선순환적인 복지가 되는 것이다. 문화와 복지에서 필요한 조건들을 찾아서 문화복지라는 새로운 영역이 형성되고 실천되는 문화복지라는 새로운 영역이 형성되는 것이다. 따라서 문화복지로의 자리매김이 학문적으로 확립되고 이론 정립이 필요하다고 판단된다.

지금까지 문화와 복지는 별개의 영역이라는 인식이 강했다. 하지만 두 영역은 생각보다 가까이에 있다. 우리가 문화와 복지를 전통적이고 좁은 의미로만 해석하지 않는다면 그 둘은 '어떻게 행복한 삶을 기획할 것인가'라는 지점을 공유하게 된다. 지속가능한 사회로의 변화를 위해 우리는 두 영역의 지속적인 만남과 이해로 시너지 효과를 만들어 내야 한다. 그간 문화와 복지영역에서는 비슷한 사업들이 진행되어 왔으나 두 영역의 만남은 생각보다 많지 않았다. 우리는 당분간 문화복지라는 단어를 어느 한 영역의 하위분야로 정의하거나 새로운 영역으로 규범과 기준을 만들어 내고자 하기보다는 두 분야의 수평적 만남을 통해 창조적 결과물을 내기 위한 실천적 방안 모색에 주력해야 한다. 그러나 동시에 본 연구는 본질에서 문화복지는 고유영역을 가진다는 관점에 집중하려 한다.

본 저자는 문화가 곧 복지가 되는 유기적 구조야 말로 문화복지라고 생각하고 있다. 그러나 문화를 전공한 학자나 문화업무를 수행하는 업무 담당자들은 문화복지를 문화의 하위영역으로 이해하는 경향이 있음을 확인하였다. 복지를 전공하고 실천하는 학자나 업무 담당자들은 문화복지를 복지 부분의 영역으로 평가하는 경향이 뿌리 깊게 자리 잡고 있다. 즉, 학자나 업무 수행자들의 관심과 편향에 따라서 문화복지는 문화 또는 복지의 일부 영역으로 인식되고 있는 것이다. 이러한 현실에서, 문화복지는 그 자체가 고유한 자율에 있다고 인식하는 노력을 통하여 문화복지는 문화학과 복지학 사이에서 어느 한쪽으로 치우치지 않고 연구될 수 있다. 그렇다고 해서 문화복지가 문화와 복지 사이에서 마치 시계추처럼 평형과 균형을 유지하며 문화복지의 집을 세워나가는 것이 바람직하다는 것이 아니다. 오히려 개인과 사회집단 그리고 국가적인 맥락에서 '삶의 질' 향상이라는 전제조건 아래서 고찰하고 인식하며 실천하는 노력을 통하여 문화복지는 고유하고 독자적 학문의 영역으로 자리매김하여야 할 것이다.

문화복지 학자로서 문화학과 복지학의 관계를 주관적으로 정립하기 위한 학문적 고민과 노력을 하지 않은 사람은 없을 것이다. 왜냐하면 이러한 과정을 거쳐야 문화복지 학자로서 자아정체성을 획득하게 되기 때문이다. 문화학은 문화의 고유한 이론과 방법의 영역이 있다. 만약 문화학에 복지학의 이론과 방법을 억지로 적용한다면 결코 문화학에 도달할 수 없다. 이는 반대의 경우에도 마찬가지다. 이처럼 문화복지도 문화와 복지의 고유한 그리고 구별되는 방법으로 나란히 존재해야 한다. 문화복지에서 문화와 복지는 독자적으로 구별된다. 그런데도 상호 유기적인 관계로 존재하고 있다. 문화를 복지의 시녀로 만들거나 복지를 문화의 시녀로 만들 수는 없다. 이러한 현상에서 문화복지는 학문적 정체성을 바르게 정립하여 독자적 기능을 성숙하게 실현하게 하는 논리로 발전시키는 것이 요청된다. 문화복지 학자와 업무 담당자는 가름과 치우침을 경계해야 한다. 이제 새로운 학문으로 정립될 문화복지 학자나 업무수행자로서 문화복지를 교육하고 실천할 뿐, 편 가르기로 문화복지의 분야를 좁게 만들어서는 안 된다.

문화복지는 국민의 문화로 생성되어 국민 각자가 자기 주체적인 삶 속에서 문화의 매개자인 동시에 창조하는 수혜자로서 선순환적인 구조를 이루어 전 국민의 삶의 질 향상에 기여하는 것이다. 이러한 문화복지에 관하여 강조하거니와 문화복지는 문화나 사회복지분야의 일부분이 아니라 고유의 영역을 가진 새로운 신조어라는 것이다. 필수품인 스마트폰이 좋은 예가 될 수 있을 것이다. 스마트폰의 기능은 컴퓨터와 이동전화기를 개선과 혁신으로 융복합한 것으로 추가하여 MP3와 녹음기, 사진기 기능 등을 탑재한 것이다. 스마트폰이 컴퓨터나 이동전화기의 혁신된 기능을 탑재하였다고 하여 이를 컴퓨터나 이동전화기로 분류하지 않는다. 단지 스마트폰으로 고유 명칭과 기능을 가지는 신조어로 불리는 것이다. 문화복지도 문화와 복지의 단순한 물리적 결합이 아니라 이를 융복합한 것으로 고유의 기능과 역할을 하는 것으로서 문화복지로 신조어일 뿐이다.

새마을운동이 고유명사이듯이 이제 문화복지도 한국산 고유명사로 당당히 자리매김되어야 할 것이다.

지금부터는 문화복지에 대한 개념에 대하여 알아보도록 하자. 2013년 확정되고 2014년 시행된 「문화기본법」(법률 제12134호)에 문화복지에 대한 법률에 의한 명확한 의지가 담겨져 있다. 따라서 문화복지는 우리나라의 정책 수행에 있어 필수적인 과제가 되었고 국가 미래 발전의 원동력으로서의 입지가 강화되었다는 해석이 가능하다.

문화기본법 제7조(문화정책의 수립 · 시행상의 기본원칙) 4항에는 '차별 없는 문화복지가 증진되도록 할 것', 제9조(문화진흥 계획 수립 등) 6항에는 '문화복지 증진'을 명시하고 있어, 국민의 문화향수권의 확립과 관련한 시책을 추진할 법률적 근거를 마련하였다.

문화복지는 국민의 문화로 우리나라에서 생성되어 국민이 자기 주체적인 삶을 가지고 문화의 매개자인 동시에 문화를 창조하는 창조자이며, 문화를 직접 향수하는 향수자가 되고, 문화의 수혜자로서, 문화를 창의적으로 창출하는 선순환적인 구조를 이루어 전 국민의 삶의 질 향상에 기여하는 것이다.

이러한 문화복지와 복지의 차이점은, 문화복지는 대상화 사업이 아니라 모든 시민이 자발적으로 참여할 수 있는 사업이다. 그리고 사업을 계획하면서 주체적으로 사업의 방향을 정하고 시행 간에도 주체적인 활동을 통하여 효율적으로 운용하는 것이다. 다양한 흥미 위주의 모임으로 자발적으로 즐거움을 가지고 참여하여 공동체를 유지한다. 대상자에게 일방적인 시혜가 아니라 참여한 모든 사람이 재능기부를 통한 상호부조로 재정 문제 등에서도 비교적 자유로울 수 있는 주체성을 가지는 것이다. 이러한 문화복지는 지속 가능한 사업으로 선순환 구조를 갖는 사업(예, 서울시 부모커뮤니티)이다. 사회복지가 물고기가 필요한 사람에게 물고기 자체를 주는 식의 시혜적인 것이지만, 문화복지는 물고기를 잡는 방법을 교육하고 학습시키는 것으로 문화복지 자체가 교육이라는 특징적인 영역이라고 판단된다.

문화복지란 국민의 문화적 접근 기회를 확대하고 문화 향유 및 참여를 보장하기 위한 국가 및 지방자치단체 내지 민간부문과의 협력적 시책과 과정, 관련 제도를 의미한다고 할 수 있다.

국가와 지방자치단체의 책무로서의 문화복지정책 영역은 크게 문화복지 인프라의 구축과 문화복지서비스의 제공이라는 두 가지로 구분할 수 있다. 전자에는 일반 국민들이 생활 속에서 문화예술을 쉽게 접할 수 있도록 공연장・박물관・미술관・문예회관・도서관 등 각종 문화기반시설을 설립・운영하는 것이 해당하며, 이밖에도 공공디자인・공공미술 프로젝트나 문화도시 조성사업 등도 '공간'과 '지역'을 문화적 환경으로 조성한다는 점에서 거주민의 문화복지 수준을 제고하는 인프라 구축으로 이해할 수 있다. 후자는 국민들의 문화적 향유 및 참여 기회를 부여하기 위해 각종 문화예술 프로그램과 서비스의 제공을 지원하는 것인데, 경제적・지리적・사회적 제약으로 인해 문화 향유와 참여활동에 소외되어 있는 계층을 대상으로 하는 '문화나눔사업'이 대표적이라고 할 수 있다. 이밖에 일반 국민과 취약계층을 대상으로 하는 다양한 문화예술교육 사업도 수혜자의 문화적 감수성과 창의성을 배양하기 위한 문화복지 사업의 한 유형이다.

문화복지 정책은 문화예술・문화콘텐츠산업 진흥・국제문화교류・문화도시・관광・체육 등 다양한 문화정책 영역의 하위 범주를 구성하고 있으며, 문화복지 정책과 국제문화교류 정책을 제외한 상기 문화정책 영역은 각각 개별법이 제정되어 해당 정책 추진의 바탕을 이루고 있다. 다만 협의의 문화복지라고 할 수 있는 문화복지 사업의 법적 근거는 「복권 및 복권기금법」 제23조 3항 4호와 「문화예술진흥법」 제15조의 3(문화예술복지 증진) 및 제15조의 4(문화이용권의 지급 및 관리)에 해당된다. 2004년 1월 제정된 「복권 및 복권기금법」은 복권기금의 배분 및 용도로 '저소득층 및 소외계층에 대한 복지사업'과 '문화・예술 진흥사업'을 지정하고 있다.

양혜원 외(2012)는 문화복지란 국민의 문화적 접근 기회를 확대하고 문화 향유 및 참여를 보장하기 위한 국가 및 지방자치단체나 민간부문과의 협력적 시책과 과정, 관련제도를 의미한다고 할 수 있다고 한다. 국가와 지방자치단체의 책무로서의 문화복지 정책 영역은 크게 문화복지 인프라의 구축과 문화복지서비스의 제공이라는 두 가지로 구분할 수 있다고 설명하고 있다.

문화복지의 중요성에 비추어 「문화기본법」에서 위임되고 지시된 문화복지를 수행하기 위해서는 문화복지 개별법의 제정과 문화복지를 집행할 전문집행기관이나 부서 등의 설립이 긴요하다. 그리고 문화복지 전문인력을 양성하여 활용하도록 법률의 제정과 시행하는 집행기관 설립이 요청된다. 박관후 · 선우숙(2014)은 "정부에서는 문화복지 정책을 수행하여 온 것은 문화정책의 총론이었다면 이제부터는 문화복지를 구현하기 위한 구체적인 방법을 강구해야할 시점에 이르렀다고 판단된다. 그 가운데 하나가 국민들의 문화적 삶을 영위하는 데 도움을 줄 수 있는 문화복지 전문인력 양성이다. 이러한 관점에서 전문인력은 문화소외 현상을 진단하고 문화복지의 활성화 방안을 모색해야 할 것이다. 문화복지는 변화하는 세계 속에서 새롭게 요구되고 있는 삶의 능력을 키우기 때문이다. 따라서 이를 수행하는 문화복지 전문인력 양성제도는 시대의 요청이기도 하거니와 현대국가의 경쟁력을 위해서도 필수불가결한 제도인 것이다."라고 그 중요성을 강조하고 있다.

유영주(2013)는 문화복지는 국민의 보편적 삶의 질 향상을 위한 중요한 수단이며, 문화복지가 지역사회 발전의 새로운 동력이 될 수 있다. 이러한 인식하에 문화를 통해 얻어지는 창의성에 주목하여 지역사회의 역량 강화를 목표로 하여 발전되어가기 때문이라고 주장한다.

지금까지의 내용을 정리하면 <그림 3> 은 문화복지의 인식에 관한 설명이자 문화복지로 발전해가는 단계였다. 이 내용을 보다 구체적으로 알기 위해서는 <그림 5> 문화복지로의 역사적 맥락을 함께 참고한다면 도움이 될 것이다. 1~3번까지는 문화와 복지가 상호호혜의 관계가 아니라 일방적인 지원의 대상화 사업으로 주체성 확보가 될 수 없는 구조였으나 4번 그림은 문화와 복지가 일치하는 것으로 문화 생산자가 복지의 소비자가 되어 시민 모두가 참여하여 주체성을 확보하여 선순환 구조를 가지는 문화복지 구조임을 밝혔다.

2. 문화복지의 필요성과 가치

복지부문에서 사회복지가 있는 데 굳이 문화복지가 필요한 것인지를 논의하기 위해서는 사회복지의 한계성이 무엇인지 설명되어야 할 것이다. 복지를 바라보는 일부 시각에 대하여 소개하겠다.

공병호(2007)는 "우선 복지 정책의 개념을 명확히 해야 한다. 개념의 혼란은 정책의 혼란을 낳기 때문이다. '생산적 복지'라는 용어가 보통명사처럼 유행하고 있지만, 본래 복지는 생산 혹은 근로와는 다른 중립적 의미다. '생산적 복지'가 있을 수 없으며 동시에 '비생산적 복지'도 있을 수 없다. 복지예산을 늘리기 위해서 관련 학자와 관료들이 만들어낸 '생산적 복지'와 같은 용어는 환상을 낳아 '복지는 생산적이다'라는 선입견을 심어주게 된 것이다. 복지정책은 단순히 납세자들의 돈을 끌어다 특정 자격을 갖춘 사람들을 무상으로 돕는 정책이다. 원래의 복지정책은 근로능력이 전혀 없는 사람들을 대상으로 인간적인 최소의 삶을 유지하도록 지원하는 정책을 말한다."라고 하면서 복지정책에 대하여 국가가 시장에 개입하여 세금으로 소외계층을 돕는 것이라고 설명하였다.

황의순(2012)은 "사회복지 사각지대와 실업문제 대응전략" 중 '우리나라 사회복지의 구조와 한계'의 내용을 정리하면, 사회복지의 중요한 한 가지가 사회안전망으로 이는 실업, 질병, 노령, 빈곤 등 사회적 위험으로부터 국민을 보호하기 위한 장치를 말한다. 사회안전망은 크게는 4대 보험을 축으로 하는 1차안전망과 기초생활보장제도를 지칭하는 2차 안전망으로 구별한다고 볼 수 있다. 이렇듯 적어도 두 개의 그물망을 달아 놓았으니, 서커스 단원이 실수로 공중에서 떨어졌다고 해도 다칠 위험이 없어야 한다. 그런데 현실은 어떠한가? 우리 주변에는 큰 병에 걸려서, 해고 통지를 받고 자영업에 뛰어들었다가 망해서, 그리도 또 다른 이유로 하여 빈곤층으로 전락하고 최소한의 인간다운 생활을 누리지 못하는 경우를 빈번히 목격하게 된다. 이러한 현상은 4대 보험과 기초생활보장제도가 많은 허점을 가지고 있기 때문이라고 주장하고 있다. 즉, 우리의 복지제도는 안전망을 준비하고 있지만 안전망으로는 완전치 못한 허점을 가지고 있다고 주장하고 있다.

박종삼 외(2012)에 의하면, 현재 한국 사회는 고령화 문제, 빈부 격차 문제, 저출산 문제 등 산적한 현안을 가지고 있는데, 이러한 각개 논의들을 하나의 논의 구조로 편입시키는 것이 '복지론'이다. 소득이 늘고 문화적 욕구가 증가하면서 선진국 수준의 복지에 대한 기대가 높아지고 있으나 이를 실현하기 위한 실천과 내용을 두고는 각 세력 간에 첨예한 갈등이 전개되고 있다. 사회적으로 문화적 수준의 향상에 대한 기대는 복지의 문화적 실천을 강화하며 문화적 복지에 대한 정책적 고려를 강력하게 요구하고 있다고 지적하고 있다.

위의 의견에서 나타나듯 사회복지만으로 우리의 삶의 질을 높이고 빈곤층으로의 전락을 막기에는 구조적으로 한계가 명확해 보인다. 그러므로 이를 해소할 수 있는 새로운 영역인 문화복지에 관한 관심이 증대되게 되는 것이다. 문화복지가 사회복지의 한계를 극복하고 새로운 패러다임의 복지로서 국민의 삶의 질을 높이고, 새로운 지역사회 성장동력으로서 작동할 수 있는지에 대한 고찰이 필요하다.

장세길 · 신진옥(2012)은 사회복지가 19세기 산업화에 따른 사회적 문제의 해결 대안으로서 등장한 20세기 산물인 것처럼, 문화복지도 창조경제시대로의 전환에 따른 사회적 문제의 해결 대안으로 등장한 21세기 산물이라고 할 수 있다고 말하고 있다.

그렇다면 과연 문화복지가 사회복지의 한계를 극복하고 새로운 패러다임의 복지로서 국민의 삶의 질을 높이고, 새로운 지역사회 성장동력으로서 작동이 가능한지에 대한 고찰이 필요하다.

먼저 복지와 문화는 과연 어떠한 상호 유기적인 관계에 있는지 알아보는 것이 필요하다. 문화영역이나 복지영역 분야의 종사자들이 문화복지에 대한 개념을 인식하고 활동하는 것은 아닐지라도 문화복지에 대한 개념이 전혀 없는 것이 아니다. 즉, 문화영역이나 복지영역에 상관없이 실천가들은 문화복지의 목적이 궁극적으로 인간다운 삶의 실현이고, 삶이 질의 향상에 있다는 것으로 이해하고 있다.

최종혁 외(2009)는 문화복지의 필요성과 가치에 대하여 세 가지 방향을 제시하고 있다. 첫째, 경제적 곤란을 겪는 취약계층에게는 문화적 향유기회가 부족하므로 이들에 대한 문화적 향유의 접근 기회를 높여야 한다. 둘째, 소득이 높아짐에 따라서 경제적 욕구 이외에 새롭게 등장하고 있는 문화적 욕구 등을 충족시켜주는 기회를 제공해야 한다는 관점이다. 마지막으로는 새로운 세계에 대한 기회를 제공해야 한다는 시각이다. 이는 문화복지가 새로운 세계에 대한 직접적인 경험을 제공하는 것이다. 그것은 문화적 향유기회의 제공을 의미한다. 이러한 관점은 단순히 대중에게 문화예술 활동을 보여주는 것을 초월하여 보다 많은 사람들이 직접적으로 문화예술 활동에 참여하도록 하여 새로운 세계를 경험할 수 있도록 하는 것이다. 즉, 찌든 일상생활로부터 벗어나서 창작의 경험을 갖도록 하여 자신들의 문화적 잠재역량을 높이고, 창의적 사고를 하도록 하는 것이다. 이러한 관점은 사람들에게 색다른 세계를 경험하게 하도록 하여 자아실현의 기회를 높이고, 삶에 대해서 보다 다른 각도에서 볼 수 있는 기회를 주게 된다.

정갑영 · 장현섭(1995)은 문화복지는 복지사회는 최소한의 생활보장뿐 아니라 사회구성원 개개인의 잠재력과 창의성 개발의 극대화를 추구하는 사회로, 기회의 균등만이 아니라 지역사회의 인간적인 구현을 중시하는 사회이다. 그러므로 사회구성원 모두가 높은 도덕성을 바탕으로 서로의 개별성과 존엄성을 존중하게 하고, 나아가 가정과 지역사회에 사랑과 우정이 넘쳐나게 하는 것을 추구하는 것을 핵심가치로 삼고 있다. 복지사회에 문화적 차원의 복지활동이 수반되지 않는다면 공허한 복지에 불과할 것이라고 단언한다. 이런 차원에서 문화는 복지사회의 구현을 위하여 필수적인 요소라는 것이다. 이들의 연구는 문화복지의 위상이나 정당한 자리매김은 어떤 사회복지를 채택하는가에 직결되어 있다고 강조하고 있다. 이어서 이들의 연구는 다른 타당성에 대한 근거로, 우리나라의 사회복지제도가 갖는 한계를 말하고 있다. 이들은 문화복지의 타당성을 기존 협의의 사회복지제도의 대안으로 제시하고 있는데, 오늘날 사회복지제도가 삶의 가치를 느낄 수 있는 높은 삶의 질을 가져왔는지에 대한 의문을 제기하며 기존의 사회복지제도가 물질적인 조건을 마련하는 데에만 집중되었고 국민의 행복감을 정신적 측면에서 배려하는 정책이 전혀 없다고 주장한다. 따라서 한국의 여건에 맞는 복지제도를 만드는 것이 중요한데 그것은 문화를 복지적 측면에서 고려하는 것이라고 주장한다. 다시 말해서 기존의 사회복지와는 다른 차원의 문화복지가 필요하다는 것이다.

현택수(2009) 역시 이와 유사한 견해를 피력하고 있다. 그에 의하면, 문화복지 개념은 삶의 조건이 변화하고 개인들의 다양한 복지욕구에 부응하려는 정책적·제도적 배려로 생겼다는 것이다. 협의적 의미로서 사회복지가 주로 사회적 취약계층을 대상으로 경제적·물질적·신체적 측면의 보호와 치료 및 지원이었다면 광의적 의미로서의 사회복지는 국민 전체의 정신적·문화적 삶의 질을 제도적으로 보장해주는 문화복지를 지향할 필요가 있다고 강조하고 있다.

결론적으로, 문화복지란 인간다운 삶을 실현하기 위한 것으로 좁게는 경제적·문화적 취약층을 대상으로, 그리고 넓게는 일반대중에게까지 확대하여 개인들의 속에 감추어져 있는 문화적 감수성, 창의적 사고, 그리고 잠재역량을 높이도록 하기 위한 직·간접적인 일체의 문화예술적 노력으로 정리된다.

우리나라에서도 과거 국민의 정부 시절에 이미 문화정책의 기본구도를 '창의적 문화복지 국가'로 설정한 만큼 문화복지는 문화정책의 궁극적인 목표로 부각되었다. 1998년 문화관광부에서 발행한 '국민의 정부 새문화관광정책'에 보면 창의적 문화복지 국가건설에 대한 접근은 문화를 국가의 핵심동력으로 이해하면서 10대 중점과제를 제시하였다. 그리고 1966년 한국문화정책개발원에서 발행한 「문화복지중장기실천계획」에 의하면 '문화복지의 실질적 구현을 통한 삶의 질 향상'은 다시 평생학습을 위한 문화기반시설의 역할 확대, 문화지구와 문화프로그램 정보 등을 통한 새로운 기반조성, 문화소외계층을 위한 지원정책, 문화자원봉사 육성, 문화예술교육과 문화프로그램 개발 등의 문화복지의 실질적 구현을 위한 정책과제로 선정되었다.

우리나라의 현실이 다니엘 튜터가 쓴 '기적을 이룬 나라 기쁨을 잃은 나라'에서 서술하고 있듯이 '불가능한 나라'라는 부정적인 말에는 그 이유가 있다. "한국인은 물질적 성공과 안정에도 불구하고 진실된 만족감을 잃어가고 있는데, 그 이유는 한국은 교육, 명예, 외모, 직업적 성취에서 스스로 불가능한 기준에 획일적으로 맞추도록 너무 큰 압박을 가하는 나라이기 때문이다. 한국은 자살률이 리투아리아에 이어 세계 두 번째다. 이 문제는 나아질 기미가 없고, 한국은 정치와 경제면에서 이룩한 놀라운 성취뿐 아니라, 이룰 수 없는 목표를 요구한다는 점"에서 '불가능한 나라'라는 것이다(다니엘 튜터, 2013).

외국인의 눈으로 한국을 장기간 바라본 솔직한 이야기로 우리도 이 말에 수긍할 수 있을 것이다. 이제 우리는 우리의 것을 찾아 보다 여유를 가지고 우리의 삶의 질을 생각할 때가 되었다. 우리의 주변을 둘러보고 우리의 품격을 높이는 우리 스스로의 노력이 절실하다고 할 수 있다.

김구 선생은 "나는 우리나라가 세계에서 가장 부강한 나라가 되기를 원하는 것이 아니다. … 우리의 부력은 우리의 생활을 풍족히 할 만하면 족하다"라고 말했다. 김구의 바람처럼 우린 이제 우리의 생활은 풍족할 만하여진 것이다. 앞으로는 세계인들에게 행복을 주는 가장 아름다운 나라가 되어야 할 것이다. 이는 우리가 고민하고 노력하여 정책을 기획하고 발전시키려고 하는 문화복지를 통하여 달성 가능한 것으로 문화복지로의 길은 우리 민족에게 필수적인 선택이라고 생각된다.

결론적으로, 문화복지란 인간다운 삶을 실현하기 위한 것으로 좁게는 경제적·문화적 취약층을 대상으로, 그리고 넓게는 일반대중에게까지 확대하여 각자 내면에 품고 있던 문화적 감수성, 창의적 사고 등 잠재역량을 높이도록 하기 위한 직·간접적인 일체의 문화 예술적 노력으로 정리된다.

3. 문화복지의 역사적 맥락

우리나라에서 문화복지의 개념이 정립된 것은 지난 1996년 김영삼 대통령의 「삶의 질의 세계화」 선언(1995.3.23)을 구체화하는 중장기적인 복지 증진 계획 중 「문화복지 기본구상」에서이다. 이에 의하면 '결핍으로부터의 자유'라는 사회복지의 개념에서 벗어나 삶의 질 향상이라는 적극적 개념으로의 확장이 문화복지라고 정의하고 있다. 물질적 욕구 충족의 경제복지와 신체적 욕구 충족의 사회복지, 그리고 정신적 욕구의 충족, 즉 정신적 삶의 풍요로움의 문화복지를 포괄하여 국민복지라는 확장된 개념으로 복지 정책의 새로운 패러다임을 설정했다. 이러한 문화복지 정책은 전 국민의 문화적인 삶의 생활화, 건강하고 쾌적한 여가 생활을 향유할 수 있는 여건 조성 시책의 적극적 문화복지인 광의의 문화복지와 문화소외계층, 문화소외지역 등을 대상으로 최저의 개념에 의한 문화복지 정책인 협의의 문화복지 정책으로 나누어 문화복지는 생산적인 복지, 예방적·근본적인 복지로 정의하고 있다. 즉, 문화복지는 학문적으로 연구된 개념이 아니라 정책적인 목적을 가지고 탄생하였다. 이런 연유로 문화복지는 시대적으로 또는 정책적인 고려로 수차례 사업추진에 있어 대상과 범위 그리고 재정적인 면 등에서 수정이 있어 왔다. 이제 이러한 변화에 대하여 설명하고자 한다.

이현서(2013)는 '문화복지'라는 용어는 문화와 복지라는 두 단어가 결합된 어휘로 사실 정부정책의 전개 과정에서 나타난 일종의 정책용어나 행정용어로서 1980년대 말 '문화발전 10개년 계획'에서 그 논리적 틀이 그려졌는데 머리말에는 '문화발전 10개년 계획은 문화복지 국가를 지향하는 우리의 미래지향적 좌표를 설정하여 경제발전에 병행하는 문화발전을 통해 복지국가를 지향하는 국민의 의지를 체계적으로 구축하는 것이다'라고 함으로써 1980년대 초반의 문화와 복지를 연결하는 시도의 연속선상에 있음을 보여주고 있다고 한다. 이러한 문화복지 국가에서의 삶의 모습은 '다가올 새로운 시대는 국민이 모든 문화적 활동의 창조자이자 수용자가 되어 보다 높은 삶의 가치를, 보다 풍요로운 삶의 질을 향유할 수 있는 시대'라는 표현에 잘 나타나 있다고 하였다. 따라서 문화와 복지의 결합을 통한 문화복지 국가의 이상은 '풍요로운 삶의 질 향유'를 지향하고 있음을 알 수 있으며 '국가발전의 궁극적 목적은 삶의 질을 높이는 문화창달에 있다'는 것을 알 수 있다. 이렇듯 삶의 질은 문화복지 정책의 바탕이자 지향점이라고 할 수 있다. 1990년대 중반 세계화 정책의 차원에서 제기된 삶의 질의 세계화 영역에서 구체적으로 나타난 용어다. 문화복지에 대한 접근방식은 크게 사회복지의 하위영역으로 보는 시각과 문화정책의 독자적인 영역으로 보는 시각으로 나뉘는데 이러한 접근방식에 따라 문화복지에 대한 정의도 다소 다양하게 존재한다고 설명하였다.

문화복지의 이론적 근거로는 첫째, 문화권(cultural right)의 보장으로 가장 보편적으로 제시되는 것은 문화권(cultural right)으로, 이는 각종 세계기구의 선언과 협약, 각국의 헌법과 법률에서 인정되고 있다. 급여를 받는가, 무엇을 받는가, 어떻게 급여를 받는가, 누가 급여를 지불하는가에 대한 4가지 질문으로 사회복지정책 분석의 기본 틀을 제시하고 있는데, 이는 1948년 제정된 「UN 인권선언」제27조 1항에서 "모든 사람은 공동체의 문화생활에 자유롭게 참여하고, 예술을 감상하며, 과학의 진보와 그 혜택을 향유할 권리를 가진다"고 규정함으로써 문화에 대한 권리를 인정하고 있다. 이후 1966년 유엔총회에서 채택된 「경제·사회·문화적 권리에 대한 국제협약 (International Covenant on Economic, Social and Cultural Rights)」제15조에는 문화적 권리를 '문화생활에 참여하고, 과학적 진보와 그 적용에 따른 혜택을 누리며, 자신이 만든 그 어떤 과학, 문학, 예술 상품으로 정신적, 물질적 이득을 누릴 자유'와 연관시켜 규정하였으며, 1968년 개최된 인권으로서의 문화권에 관한 전문가 회의에서는 「인권으로서의 문화권에 관한 성명」이 발표되었다. 또한 1986년에 채택된 「경제·사회·문화적 권리에 대한 국제협약의 이행에 관한 림버그 원칙」에서는 국가의 의무와 책임을 강조하며, 가능한 자원을 활용하여야 하며, 소외계층에 대해 국가적 보호조치를 취할 것을 권고하였다.

정갑영(2005)은 문화권에 포함되는 핵심적인 권리는 크게 '표현할 수 있는 권리, 참여할 수 있는 권리, 접근할 수 있는 권리'로 분류할 수 있으며, 여기에는 문화적 생존 권리, 문화공동체와 연계하고 동일화할 권리, 문화적 정체성을 존경할 권리, 유·무형의 문화유산에 대한 권리, 종교적 믿음과 실천에 대한 권리, 의사 및 표현과 정보의 자유에 대한 권리, 교육의 선택과 학습에 관한 권리, 문화정책의 내실화에 참여할 권리, 문화적 삶에 참여하고 창조할 권리, 내적인 발전을 선택할 수 있는 권리, 문화적 환경에 관한 권리 등이 포함되었다고 한다.

이러한 문화권의 보장을 위해 국가는 소득이나 교육수준, 장애여부와 관계없이 모든 국민이 문화에 대해 공평하게 접근(equitable access)할 수 있도록 하고, 문화예술을 향유하고, 문화생활에 직접 참여함으로써 스스로를 표현하고, 창조하고 내적인 발전을 이루어나갈 수 있도록 공적 자원을 활용하여 개입할 의무가 인정되었다.

둘째, 문화복지는 복지국가와 복지사회와 그 연관성이 있으며, 이의 발전이 문화복지의 근간이 되어 주었다.

셋째, 이론적 근거로는 문화의 민주화(damocratizing culture)와 문화 민주주의(Culture Democracy)를 들 수 있다. 문화의 민주화는 문화생활에의 광범위한 참여를 의미하며 고급 문화의 향수를 대중들에게 확장하는 것을 말한다. 문화민주주의는 문화다원주의에 기초하며 개인들이 자유롭게 표현하고 공동체가 문화적 생활에 가능하도록 모든 사람들의 문화를 강조한다. 문화복지는 정신적 삶의 풍요로움을 제공하는 복지로써 국민들의 문화권으로 인정하는 적극적인 개념으로 사용되고 있으며 그 기능으로 생산적 복지, 예방적 복지, 완성적 복지를 수행할 수 있다.

이러한 이론적 근거로 문화복지가 태동되었으며, 결과적으로 문화복지는 국민 인권을 강화하며 문화수용과 향수에 있어 계층간, 세대간의 불평등 구조를 해소한다는 점에서 의의가 높다.

문화복지가 우리나라에서 가능한 것은 자양분이 풍부한 토양 덕분이다. 이 토양의 한축은 복지 분야이고, 한 축은 문화 분야이다. 문화복지의 역사적 맥락으로서 문화복지의 토양과 뿌리가 되어 문화복지가 태동될 수 있는 환경으로 작용한 복지적인 측면과 문화적인 측면에 관하여 알아보도록 하겠다.

1) 복지적 측면

우리나라의 지난 60여 년은 산업화와 세계화 그리고 정보화 등을 겪으면서 안정된 선진복지로 나가는 긴 여정이었다. 복지는 시대마다 그 얼굴을 달리하면서 발전하는 것으로 우리나라의 복지도 세계의 복지 흐름과 더불어 복지의 환경의 변화로 여러 정책이 도입되고 시행되어 선진국에 못지않은 제도의 양적완성을 성취하여 왔다. 그러나 복지에 많은 재원이 투자되고 발전이 있었다고는 하나 여러 가지 사회적 부작용이 초래하였음도 부정할 수는 없다. 이러한 환경에서 새로운 제도로의 도약이 필요하게 되었으며 이러한 요구는 세계화와 더불어 복지에서 문화복지로의 전환을 모색하게 되었다. 문화복지는 진공상태에서 자연적으로 발생한 것이 아니라 복지국가 및 복지사회와 맥락이 닿아 있다.

(1) 복지국가

정원오(2012)에 의하면, 복지국가는 모든 국민에게 평균적으로 동일한 영향을 미치는 것이 아니라, 어떤 계층에게서는 세금을 통해 자원을 갹출하고, 어떤 계층(혹은 집단)에게는 복지 제도를 통해 자원을 지원하는 매우 구체적이고 세밀한 방식으로 국민에게 개입한다고 한다. 이어서, 복지국가에서는 국민의 복지향상이 국가의 최우선 목표로 설정되며, 국가 활동의 많은 부분이 국민의 복지를 지원하는 활동으로 구성된다. 국가가 주도하는 복지 활동을 사회보장이라고 하며, 사회보장 제도를 통해 국민의 생활수준을 보장하는 국가를 복지국가라고 한다라고 설명하고 있다.

제2차 세계대전 이후부터 선진국들 사이에서 복지국가론이 활발하게 전개되면서이다. 복지국가(welfare state)의 등장 이유를 살펴보면, 김교환(2009)은 첫째, 개인적 차원으로 복지국가는 인간의 기본적 필요를 충족시켜 주기 위해서이다. 인간은 다른 동물보다 존엄한 존재이기 때문에 아무리 어려운 상황에 처하더라도 기본적 삶은 보장되어야 한다는 휴머니즘의 발로에서 등장하게 되었다. 둘째, 사회적 차원으로 복지국가는 사회적 통합과 안정을 위해서이다. 사회복지를 통해 상부상조함으로써 모든 국민을 하나로 묶어주고, 나아가 안정된 사회를 구축하기 위해서 등장하게 되었다. 그러나 1970년대 중반 이래 선진자본주의 사회가 구조적 불황에 빠져들자, 그 원인을 복지에 대한 부담 탓으로 돌렸다. 복지국가의 해체를 목표로 하는 영국의 대처 정부와 미국의 레이건정부에 의해 신자유주의 정권이 들어섰고 점차 유럽대륙에도 확산되었다는 것이다. 복지국가의 위기에 따라서 복지국가에서 복지사회로의 전환이 모색되었고 복지사회로의 정책이 나타나기 시작하였다. 이러한 전환은 문화복지가 생성할 수 있는 자양분이 되어 준 것이다.

(2) 복지사회

원석조(2014)는 우리나라에서는 복지국가와 복지사회가 별다른 차별 없이 사용되고 있으나, 서구의 사회과학자들은 복지사회를 복지국가의 병폐를 극복한 사회 또는 복지국가의 전제 조건으로서의 양자를 구별하고 있다고 한다. 전자에서 언급된 신자유주의 정권의 등장은 복지국가에서 복지사회로의 전환이 요구되었다고 지적한다.

복지사회의 정의를 남세진(1996)에 의하면, 복지국가의 실천과정에서 발견된 또 다른 이상국가의 상징적 용어로 사용되고 있음을 알 수 있다. 복지국가와 복지사회를 비교하면 다음과 같다, 첫째, 복지국가가 국민의 복지에 대한 국가나 정부의 책임 및 의무를 강조하는 데 반해, 복지사회는 사회일반, 지역공동사회의 주체성가 책임 및 자발성을 강조한다. 둘째, 복지국가의 중요한 정책목표가 빈곤에서 실업을 주로 하는 소득유지를 둘러 싼 경제적이 문제해결인데 반해, 복지사회는 점차 비화폐적인 문제(사적 사회서비스)나 비경제적인 문제(비행, 범죄) 등에도 관심을 갖게 된다. 셋째, 이데올로기적으로 보면 사회주의적 요소에서 자유주의적 요소에로 역전환하는 경향을 나타낸다. 복지국가가 자유방임주의의 반(antithes)이라고 한다면 복지사회는 그 합(synthesis)이라고 할 수 있으며 탈 이데올로기적인 기술주의적 경향도 갖고 있다고 할 수 있다고 한다.

따라서 복지사회의 정의는 다음과 같다. 복지국가와 복지사회에 대한 해석은 서구적 맥락에서 국가와 사회가 엄연히 다르듯이 복지국가와 복지사회는 다른 개념이다. 첫째, 이데올로기적으로 복지국가는 자유주의의 진화과정에서 발생한 데 반해 복지사회는 사회주의적 경향이 농후하다 할 수 있다. 사회주의의 인간해방과 평등의 구현은 사회복지 자체이기도 하다. 둘째, 복지의 주체와 대상과 범위 및 수단이 무엇이냐에 따라 구분된다. 복지국가는 정부가 주체가 되고 대상과 범위도 정부가 결정하여 사회복지를 구현한다는 뉘앙스가 강하다. 반면 복지사회는 주체도 다양하고 대상도 사회일반으로까지 확장된다. 개인과 공동체, 집단과 회사가 다 주체가 되고 기초적 복지 개념을 훨씬 뛰어넘는 적극적이고 포괄적, 전반적 복지의 총칭으로 볼 수 있다. 누구나 인간답게 행복한 삶을 살 수 있는 모든 사회적 조건과 환경을 조성하는 것을 복지의 지표라고 할 때, 진정한 복지사회의 추구는 한없이 진행될 것이다. 셋째, 복지국가는 경찰, 야경국가에 대응해서 탄생한 만큼 한계를 가질 수밖에 없다. 피동적인 행정적 복지서비스의 제공만으로는 실효를 거두기 어렵다. 복지사회는 정부에 더해 시민사회 등 모든 사회적 주체들이 능동적으로 전반적인 복지서비스를 창출해내고 끝없이 증진시켜 나갈 때 비로소 구현될 수 있다 하겠다.

문화복지라는 개념은 현대사회의 복지국가론에서 강조되고 있는 생활권 보장 차원에서 국민복지의 일환으로 도입되었다. 과거 복지국가가 사회의 취약계층을 대상으로 한 물질적 보장을 수행하는데 치중했다면, 복지사회는 최소한의 생활보장뿐만 아니라 사회구성원 개개인의 잠재력과 창의성 개발의 극대화를 추구한다. 민주주의 국가의 필연적인 요구로서 국민을 위한 문화가 새롭게 자리매김하면서 국민들의 문화생활 참여기회가 하나의 목표가 되었다. 이처럼 복지사회란 정부가 주도하는 제도화된 복지만을 의미하는 것이 아니라 국민이 필요로 하는 모든 욕구를 느끼고 생각하고 실천하는 사회인 것이다.

복지사회에 대한 실현을 위해 정부와 시민이 공동으로 책임져야 가능한 것이다. 즉 최저소득 보장과 기회균등 분배, 개개인의 잠재력 극대화, 인간 존엄성이 보장되는 인간적 지역사회의 추구이자 사회적 잠재력의 극대화인 것이다. 이러한 사회의 욕구가 새롭게 생겨난다는 측면에서 문화가 복지의 영역으로 등장하게 되었다.

2) 문화적 측면

문화적 측면에서 문화복지가 어떤 토양에서 가능하게 되었는지를 살펴보겠다. 문화 분야에서는 문화민주화에서 문화 민주주의라는 사회적 성숙이 문화복지의 자양분이 되어준 덕분이다. 아래 <그림 5>를 통하여 문화민주화에서 문화 민주주의로 그리고 문화복지로 변환되는 역사적 맥락을 설명하도록 하겠다.

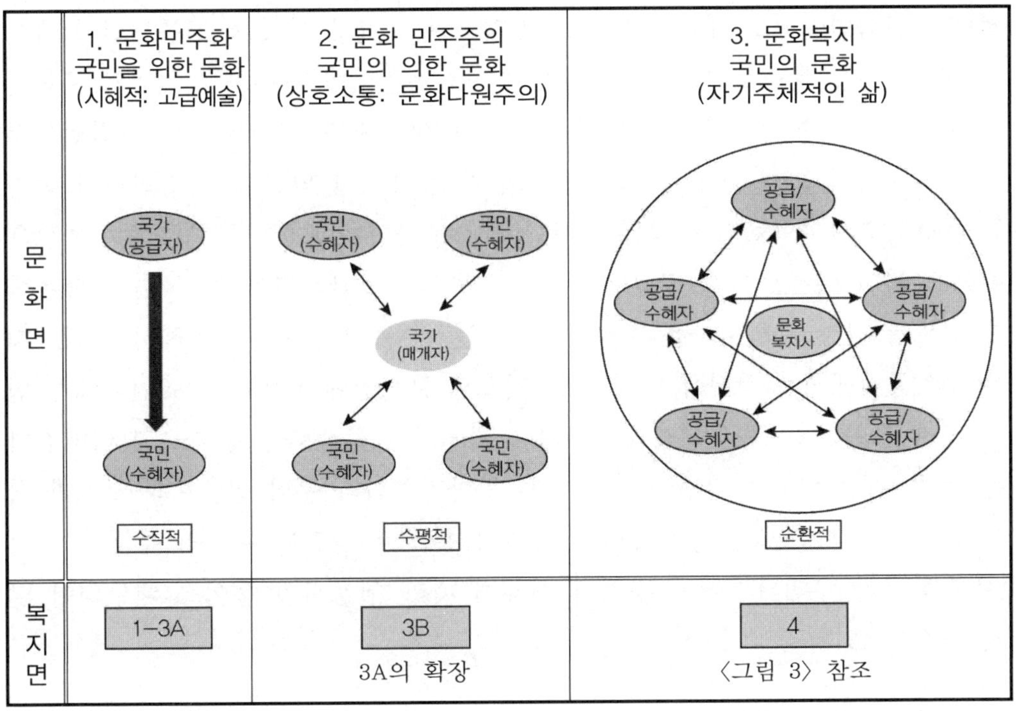

〈그림 5〉 문화복지로의 역사적 맥락(복지면은 〈그림 3〉 참조), 박관후(2015) 인용

(1) 문화민주화와 문화 민주주의

문화민주화와 문화 민주주의에 관한 선행연구 내용을 살펴보면 다음과 같다. 심창학(2013)은 문화복지의 이론적 근거로 문화민주화(democrati zation of culture)와 문화 민주주의(culture democracy)를 들 수 있다고 하였다. 서순복(2007)은 전통적으로 특정계층의 영역으로 간주되던 문화예술은 점차 문화가 정부의 영역하에 들어옴에 따라 모든 사람들에게 개방되었다. 이를 문화의 민주화라고 할 수 있다고 보았다. 강호진(2004)은 문화민주화는 문화생활에의 광범위한 참여를

의미하며 고급문화의 향수를 대중에게 확장하는 것을 말한다. 한편 문화 민주주의는 문화다원주의에 기초하며 개인들이 자유롭게 표현하고 공동체가 문화적 생활이 가능하도록 모든 사람들의 문화를 강조한다. 즉, 서구에서 복지국가로의 전환은 문화면에서도 새로운 변화를 가져오는 계기가 되었다. 전통적인 고급문화만을 진정한 문화로 여겨왔고, 사회적 상류계층만이 향유하고 있었던 문화를 전 국민이 향유할 수 있는 문화로의 요구가 생기게 된 것이다. 즉, 문화면에서 국민을 위한 문화의 요구로 '문화민주화'가 등장하게 되었다. 복지면에서 복지국가에서 복지사회로의 변화는 문화면에서 문화민주화에서 문화 민주주의로의 전환을 가져오는 토대가 되었다. 문화 측면에서 고급문화가 전 국민이 향유할 수 있도록 각종 문화시설은 확장되었다고는 하나 고급문화를 이해하기에는 대부분의 국민에게는 정서상 맞지 않는 것으로 문화면에서 1970~1980년대에 국민에 의한 문화의 요구로 문화다원주의에 기초한 대중문화가 문화로 자리매김하는 '문화 민주주의'로 발전되었다. 이후 문화민주화와 문화 민주주의 요소가 어우러져 문화와 복지가 융복합되어 국민의 문화로 국민이 문화의 주체가 되는 '문화복지'가 우리나라에서 정치적 이해에 따라 행정적인 용어로 대두되어 발전 과정에 있다.

① 고급문화와 대중문화

고급문화(high culture)라고 하면 흔히 문화예술기관에서 공연되는 오페라, 연극, 발레, 오케스트라 등을 일컫는다. 고급예술은 교육수준이 높고 경제적으로 부유한 계층이 주로 누려왔다. 이에 대해 현대의 대중문화는 이전 단계에서 볼 수 있던 일부 엘리트만의 고급문화와, 기층(基層)에 있는 토착적인 민속문화와의 사이에 나타난 중간문화를 일컫는다고 할 수 있다. 대중문화의 범주에 들어있는 것들로는 TV, 영화, 비디오, 잡지, 만화, 전자오락 등이 있다. 이들의 공통된 특징은 이것들을 즐기기 위해서 깊이 생각할 필요가 없는 것이다. 즉 부담없이 즐길 수 있는 것이 바로 대중문화라고 할 수가 있다. 과거와 달리 요즘의 대중문화를 대표하는 것이 바로 대중매체이다. 고급문화를 진흥시키려면 명예를 따지지 않고 자기의 예술신념과 방향을 견지하며 연구와 창작에만 몰두하는 사람들이 필요하다. 문화발전을 하는 데는 한 부문에 전문적으로 몰두하는 장기가 있는 고급문화가 필요하다. 그런데 고급문화만 발전하는 것이 최고의 이상적 상태는 아니다. 고급문화와 대중문화가 유기적으로 결합될 때, 전통과 현실을 긴밀히 결합시킬 수 있을 뿐만 아니라 전통의 결정을 견지하고 또한 새로운 생활방향을 개발할 수 있는 것이다. 이것은 또한 자신의 이상과 신념을 견지하게 할 뿐만 아니라 대중과 사회생활에도 영향 주는 것이다.

주은우(2003)에 의하면, 대중문화가 형성된 과정은 대중에 의한 문화의 향유라는 문화수용자 층의 확대, 이렇게 창출된 문화시장을 겨냥하여 자본을 투자하고 문화상품을 생산하는 문화산업의 성장, 그리고 문화상품의 대량복제를 가능하게 하는 기술의 발전이라는 이상의 3가지 요인이 결합한 것으로 이해할 수 있다. 그 중에서 현대의 기술발전은 문화의 대량생산과 대량분배에 적합한 영화와 텔레비전 등의 새로운 미디어를 출현시켰다. 오늘날 대중문화는 대중매체를 통해 이루어지는 문화라고 한다. 그러나 문화가 매체에 의존함으로써 문제점도 드러난다는 대중문화에 대해 비판도 있다(윤시향, 2007). 첫째, 대중문화는 영화산업, 게임산업, 광고산업과 같이 이윤을 목적으로 하는 문화산업의 산물이다. 오늘날 대중문화는 상업주의 문화이고 소비문화이며, 대중 안에서 자발적으로 형성된 문화가 아니고, 수용자인 대중은 대중문화의 상품을 살 것인가 아닌가의 선택권만을 갖는 수동적인 태도를 강요받는다. 둘째, 대중문화는 사회를 지배하는 집단이 자신의 이익을 대변하고 지배를 용이하게 하기 위해 사용하는 수단에 불과하다. 셋째, 대중문화는 고급문화에 반대되는 열등한 문화이다. 그런데 대중문화를 mass culture로 이해하는 입장에서는 문화의 수용자인 대중(mass)을 주체성 없는 수동적이고 열등한 집단으로 간주하면서, 대중문화에 대해 부정적으로 논의한다. 이에 반해 민중문화(popular culture)에서는 대중문화가 갖는 문화소비의 과정에서 문화적 실천의 잠재력을 찾으려는 긍정적 시각에서 대중문화를 보는 시각이다.

대중문화의 주요한 주체는 시민계층인데 여기에 문예창작과 문화작업에 종사하는 지식인도 포함되는 것이다. 대중문화는 시민생활의 진실한 반영인 것이다. 시민생활이 풍부하고 다채로울수록 대중문화도 더 발전하는 것이다. 반대로, 도시생활이 암흑기에 있고 억압을 받을수록 대중문화도 생기를 잃는 것이다. 따라서 어떤 의미에서는 풍부하고 다채로운 도시생활을 형성하는 것은 문화발전의 최고목표인 것이다. 괴테가 말한 것처럼 "생활의 나무는 영원히 푸른 것이다." 생활이 목적이고 생활이 일체인 것이다. 문화발전은 반드시 번영하는 대중문화를 기초로 하여야 한다.

② 문화민주화

전통적으로 부자들의 영역으로 간주되던 문화예술은 엘리트주의적으로 보였다. 점차 문화가 정부의 영역(보호) 하에 들어옴에 따라서 문화는 사회의 노른자위(특정계층)만 아니라, 모든 사람에게 귀속하는 것이 분명하게 되었다. 문화의 민주화는 문화와 문화적 감상 및 참여가 모든 사람에게 개방되어야 한다는 것이다. 복지국가의 출현으로 교육수준이 높아지면서 문화감상과 문화적 활동에 대한 참여가 증가되는데 직접적으로 영향을 미쳤다. 따라서 교육의 증대는 문화의 민주화가 현실화되는데 결정적으로 중요했다고 생각된다.

현실적으로 고급문화를 부르조아 문화로 보는 편견이 존재한다. 그러나 고급문화를 향유하는 것이 사람을 차별하는 것은 아니다. 왜냐하면 질적 우수성이 고급문화의 두드러진 특징이기 때문이다. 누구나 좋은 작품을 감상할 수 있어야 한다. 또한 1948년의 인권선언에 의하면 모든 사람은 문화권(right to culture)을 갖는다. 고급문화는 일반사람에게 관련되기 때문에, 사람은 누구나 고급문화를 누릴 수 있다. 모든 사람들이 다 고급문화를 누리지 못하는 것은 부분적으로는 돈 때문에 그렇고, 주로 교육문제 때문에 그렇다. 그렇기 때문에 모든 사람이 고급문화에 접근할 수 있도록 하는 것은 시장에서는 감당할 수 없고, 오직 정부만이 책임을 질 수 있다. 다시 말해 고급문화는 민주화될 수 있고, 그것은 정부에 의해서만 가능하다. 이렇게 하여 문화의 민주화 개념이 형성되었다. 문화민주화는 정부가 예술센터를 건설함으로써 효과를 내는 것과 같이 중앙집권적 시스템에서 하향적 방식(top down)으로 이루어진다. 문화민주화는 역사적으로 발전된 개념이다. 문화민주화의 뿌리는 낭만주의에 기원을 두고 있으며(Scruton), 영국의 경우 BBC방송과 예술평의회와 같은 문화적 제도의 창립으로 이어졌다. 문화민주화 개념은 '모든 사람에게 고급문화'(the best for the most)를 제공해야 한다는 취지이다. 이러한 문화민주화의 취지를 실현하기 위하여, 그동안 유명작품의 순회전시, 지역 문화센터 건립, 입장권 가격 인하, 예술교육에 대한 관심 증대와 같은 조치를 실시하여 왔다. 그러나 좋은 작품의 선정, 방송의 활용, 성인에 대한 문화예술교육 확대와 같은 문제가 아쉬운 부분으로 남아 있다.

문화의 민주화는 중앙집권적 하향적 방식으로서, 정부가 예술센터 등을 건설함으로써 효과를 낸다는 방식이다. 기존 문화예술이 엘리트, 프로페셔널 중심이어서 저소득계층과 같은 문화소외가 발생하였으므로, 저소득계층도 포함해서 기존의 고급(순수)예술을 누구나 즐길 수 있어야 한다고 본다. 이렇게 초창기에는 문화를 모든 사람에게 개방하는 과정이 하향식이었다. 즉 상층이 계획하고, 하층에 있는 사람들에게 영향을 미치기 위해 상층에 의해 집행되었다. 로이와 쇼는 이러한 과정이 1970년대에 바뀌어서, 하향식 흐름이 상향식으로 변화되었다고 보았다. 즉, 강조점이 관료가 결정하여 집행하던 것으로부터 보통사람들이 스스로 선호하는 주도권을 따라가는 것으로 바뀌었다. 이러한 변화에 의해 보통사람들은 자신이 아닌 다른 사람의 예술을 감상하는 방법을 배우는 것보다 자신의 예술을 만들어보도록 격려되었다. 그러한 접근가능성(accessibilty)이 달성되었는지 아니면 참여의 수준이 기대했던 것처럼 증가되었는지 여부는 논의의 여지가 있다. 사회의 바닥수준에서 이루어지는 문화적 활동을 전혀 진지하게 생각해주지도 않을 뿐만 아니라, 예술평의회와 밀접한 유대 속에서 이루어지는 문화적 활동만큼 똑같은 관심이나 대우를 받지 못하고 있다고 일부 저자들은 강조하고 있다(로이와 쇼, 1992).

윤시향(2003)에 따르면, 매체와 관련하여 보면 문화의 민주화가 곧 대중이 주인이 되는 문화시대의 도래를 의미하지는 않는다고 했다. 왜냐하면 대중문화가 대중의 진정한 욕구를 담아내기보다는 문화상품을 생산해내는 자본의 이익으로부터 자유롭지 못하기 때문이다. 폭력과 외설이 넘치는 저질 대중문화가 범람하는 것은 대중의 진정한 욕구보다는 허위욕구를 유발해서 이윤을 극대화하고자 하는 자본과 관련이 있다고 한다.

우리나라의 문화민주화의 예를 든다면 '예술의 전당' 같은 예술기관에서 공연되는 오페라, 연극, 발레, 오케스트라 등 고급예술을 가능한 한 다수의 대중들이 누릴 수 있도록 접근성을 확장하는 데 초점을 두었다. 제3장에서 설명한 것처럼, 문화민주화란 고급 예술을 확산하는 것이다.

예술의 전당 이미지는 고급문화를 향유하는 곳, 많은 돈을 내야 들어갈 수 있는 곳이라는 인식이 강한 곳이다. 그러나 문화민주화의 진행에 따라 예술의 전당 이미지를 탈바꿈시키기 위해 줄곧 예술의 전당 문턱을 낮추기 위한 행보를 이어오고 있어 문화예술계 안팎에 신선한 활력을 불어넣고 있고, 문턱도 많이 낮아졌다는 평가를 받고 있다. 이러한 평가를 받기 위하여 여러 가지 방법이 동원되었다. 예술의 전당에서 개최하는 공연·전시를 고화질 영상물로 제작해 전국 어디서든 쉽고 편하게 볼 수 있도록 한 'Sac On Screen', 70세 이상의 고령자들이 대폭 할인된 금액으로 이용할 수 있도록 한 '노블회원제', 일반인들의 접근을 용이하게 해줄 '가곡의 밤', '동요콘서트', 현대인의 우울증과 스트레스를 예술로 치유하는 '아트힐링' 프로그램 등이 지속적으로 문화민주화를 위하여 시행된 정책들이다.

③ 문화 민주주의

서순복(2007)은 문화민주화에 대한 대안적 개념으로 문화 민주주의가 등장하였다고 말하고 있다. 문화 민주주의는 문화민주화 정책이 지닌 한계를 극복하고자 대두된 평등주의적 개념이다. 특히 1976년 유럽 문화장관회의를 통해 문화민주주의 개념이 촉진되었다. 문화민주주의 이념을 추구하는 문화정책은 정부문화정책의 우선적 목표가 불가피하게 배타적일 수밖에 없는 고급문화를 지원하고 유지해야 한다는 견해와 반대되며, 대중에 호소하는 대중주의(populism)가 고급문화를 위협한다고 하는 문화의 민주화 전략과도 반대된다. 문화민주화 전략을 주장하는 관점에서는 기존 학계나 평론가들로부터 인정받은 예술, 즉 우월한 취향의 합법성을 부여받은 예술에 대한 접근성을 최대한 확보하려고 함으로써 문화 엘리트주의적 성격을 띠게 되는바, 문화엘리트주의자들은 문화 민주주의를 주장하는 사람들을 대중주의자로 칭하면서, 지리적・인종적・성적・민족적 동등성 개념에 집착한 결과 예술의 질을 희생시키고 있다고 주장하기 때문이라고 설명하고 있다.

문화가 문화향수자의 삶의 방식・교육배경・거주지 등에 따라 자칫 사회적 배제의 요인이나 차별의 도구로 작용할 수도 있다. 특히 고급문화의 경우 그럴 가능성이 더 높다. 더구나 예술을 위한 예술은 현실세계를 거부하는 셈이 되고, 그렇게 되면 예술은 사람들이 마음으로 의지하게 되는 보상 활동으로서 더 이상 정당화되지 못할 것이다.

한때 정치・문학・예술영역에 있어서 기존 질서와 제도에 전적으로 거부하는 아방가르드 운동이 일어났지만, 정치적 의도는 흥미로웠다고 할 수 있을지 모르나 엘리트 영역에나 존재하는 표현의 형태에 국한되었다. 아방가르드는 정치적으로 실패했다. 현대예술의 목표가 궁극적으로는 반동적이라 할지라도, 아방가르드는 반동적인 과거로 돌아가자는 것은 아니었다. 왜냐하면 죽음의 고통을 현대까지 연장했던 과거 사회의 이념적 형성에 사실상 의존했기 때문이다. 1848년 프랑스에서 신사회주의 활동이 사회참여 예술, 예컨대 벽돌공이었던 Charles Poncy와 같은 노동자 시인의 등장을 가져왔다. 영국에서도 광산 광부들이 브라스밴드를 조직해 음악을 하였다.

이러한 문화 민주주의 개념은 창의성의 표현, 삶의 질과 관련된 문제에서 자기결정권, 지속적인 교육, 지역사회 개발, 범사회적 의사결정에서 서로 의견을 나누고 참여할 수 있는 능력 등을 위한 제반여건을 개선하는 새로운 방법으로 일컬어진다. 문화 민주주의는 시민들이 스스로 지역문화를 할 수 있다는 발상으로서 상향적이고 자발적 방식이다. 문화예술은 순수 예술에만 국한시킬 필요가 없고, 모든 사람은 창조적 소양(creative mind)이 있으며 일상생활에서 창조적 활동(creative activity)을 할 수 있다고 본다. 그렇기 때문에 사람들 개개인이 갖는 문화적 역량을 확대해야 한다. 즉 예술가만 예술 활동을 할 수 있는 것이 아니다. 그렇다고 일반인과 다른 예술가의 뛰어난 창의성을 인정하지 않을 수는 없다.

우리나라의 문화 민주주의 특징은 문화의 다양성으로 설명될 수 있으며, 이러한 다양성을 잘 느낄 수 있는 곳은 우리 사회에 뿌리내린 동아리의 활동을 예로 들 수 있다. 문화민주주의 사례로 인천지역의 '문화바람' 동아리를 들 수 있다. 문화바람(2014)에서 동아리 활동하면서 이야기하는 내용으로, 동아리 활동을 통하여 사회공헌의 경험을 통해 또다시 더 큰 보람과 행복을 보상받으며, 이 단계에 들어서면 동아리 활동의 최고 수준인 사회적 단계가 되는 것이다. 지역의 현안에 대한 개선 방법을 논의하고 나름의 대안을 상상하는 것, 매개자인 문화 활동가들은 그 결정을 기다리고, 돕고, 이러한 것이 건강한 문화사회 생태계를 이루는 토대가 된다. 동아리의 사회공헌활동은 기능의 수준이 바탕이 되어야 하지만 더욱 중요한 동기는 자신이 속한 공동체(동아리)에서 얻은 자존감과 함께 배려하며 어울리는 행복한 만족의 공유이다. "동아리들은 처음부터 예술을 통해서 타자를 향해 나를 세상에 알리는 것이 관심인 전문예술인과 달리 생활예술의 처음 시작 동기는 예술이 나를 향해 있다. 나와 함께하는 우리를 위해 노력하는 과정에서 관계의 질과 예술기능이 성장한다. 구성원들은 단순한 이용규칙을 합의하는 참여단계를 거쳐 공간 전체 운영예산과 실행사업을 논의하고 결정하는 역할과 책임이 주어지는 단계로 발전해 자존감과 책임의식이 높아간다. 문화바람을 운영하면서 얻은 교훈은, 문화공간을 통한 문화복지는 시민에 의해서 스스로 활성화한다는 것이다. 그래서 문화복지 정책도 수혜자인 시민이 행정을 통해 잘 관리되는 것을 넘어 권한을 함께 나누어 스스로 자치를 할 수 있을 때 완성된다. 권한의 핵심은 재정운영과 사업을 스스로 결정하는 것이다. 이 과정을 통해 구성원들은 스스로 결정하고 합의하여 실행하는 과정을 경험하고 소통과 배려를 통해 실패와 갈등을 해결하며 문화공동체를 만들어간다. 여기서 주목할 만한 것은 많은 시민을 예술 장르의 효율적인 기능습득보다는 과정을 통해 공동체를 회복하는 데 있다. 자신을 당당하게 드러내고, 나와 다른 입장을 이해하며 나를 위해 나눔을 실천하는 것이다. 이러한 문화적인 생활의 경험축적은 생활민주주의 체험으로 높은 시민의식에 중요하게 기여한다. 또한 시민들은 생활 속에서 문화예술 활동을 하면서 시간이 지나면 지역과 삶의 공간 안에서 교육, 환경, 육아 등의 대안을 자연스럽게 논의한다는 것이다.

결국 능동적 문화복지는 서로 모르는 주민이 문화예술을 매개로 스스로 공동체를 활성화시키는 지향을 가져야 한다. 그래서 특정 예술장르의 기능 습득과 효율적인 숙련을 넘어 지금보다 나은 삶과 이를 위한 사회가치를 주민과 함께 만드는 것이 중요하다. 특히 문화정책 대상인 대부분의 시민은 다양한 씨앗과 같다. 그 씨앗에 대한 애정에 따른 올바른 정책은 '어떤 꽃으로 피어나게 할 것인가'를 정하는 것이 아니다. 시민 각자의 유전자와 자양분을 인정하고, 기대하며 그들이 발아하는 데 필요한 환경인 온도와 습도만을 제공하는 것이다. 그렇게 핀 꽃 하나하나는 아름답고 건강하며, 이렇게 만들어진 군락이 문화도시일 것이다.

④ 문화민주화와 문화 민주주의 차이

문화민주화와 문화 민주주의가 상정하는 문화에 대한 개념이 서로 다르다. 전자는 고급예술을 예술의 범주에 포함시킨다. 후자는 전자보다 더 진보적이고 포괄적이다. 여기서는 고급예술뿐만 아니라, 대중예술, 실험적 예술, 지역예술, 아마추어 예술까지도 포함시킨다. 이렇게 전제하고 있는 예술 개념이 서로 다르기 때문에, 관련된 쟁점들에 있어서 각각 다른 내용을 내포하게 된다. 이에 따르면 사람들이 좋아하는 예술이라면 고급예술이든 대중예술이든 관계없이 예술을 즐길 권리가 있다고 한다. 여기서는 대안문화, 전위적 문화 등 다양한 문화 활동이 포함된다.

〈표 4〉 문화민주화와 문화 민주주의의 차이. Langsted, 1990: 58

문화의 민주화	문화민주주의
문화의 단일성(mono cuture)	문화의 다양성(plurality of cultures)
기관(제도) 중심(institutions)	비공식·비전문가 조직(informal group)

기회의 기성화(ready made opportunity)	역동적 활성화(animation)
틀(구조) 중심(create framework)	활동 중심(creative activities)
전문가 중심(professional)	아마추어 중심(amateur)
미학적 질(aesthetic quality)	사회적 동등성(social equality)
보존(preservation)	변화(change)
전통(tradition)	개발과 역동성(development, dynamics)
향상(promotion)	개별 활동(personal activity)
생산물(products)	과정(processes)

김경욱(2003)은 문화민주화의 논의에서 '예술의 전당' 같은 예술기관에서 공연되는 오페라, 연극, 발레, 오케스트라 등 고급예술을 가능한 한 다수의 대중이 누릴 수 있도록 접근성을 확장하는데 초점을 둔다. 소수계층이 아닌 모든 사람이 누릴 수 있도록 문화정책을 전개할 것을 처방한다. 다만 여기에서는 교육수준이 높고 부유한 계층이 주로 즐기는 고급예술만이 모든 사람들이 누릴만한 좋은 예술이라는 전제가 암묵적으로 깔렸다. 문화민주화 전략에 입각한 문화정책은 고급예술이 주로 생산되고 소비되는 기존의 대형 문화예술기관을 그 중심으로 삼고, 관객보다는 예술가, 그리고 아마추어 예술가보다는 전문적 예술가 중심으로 정책방향을 설정하고 있다. 그리고 예술작품을 생산하는 과정보다 예술작품 결과 자체에 중심을 두고, 이를 후대에 원형 그대로 보존하여 전수하는 것을 목적으로 삼는다고 한다. 이에 반하여, 서순복(2007)의 '문화민주화와 문화민주주의 정책적 함의'에 의하면 이에 반하여 문화민주주의에서는 기존의 정형화된 틀을 거부하여 등록된 문화예술기관으로 활동하지 않고, 관객과의 만남 또한 기존 예술기관의 공연장에서 이루어지지 않는 문화 활동이 모두 여기에 포함된다. 그리고 문화민주주의에서는 예술작품의 미학적 질보다는 정치적·민족적·사회적 동등성(social equality) 등을 먼저 고려하게 된다. 한편, 예술작업에

서도 전문가와 아마추어의 명확한 경계를 인정하지 않고, 예술참여와 경험의 중요성을 강조하는 관객 지향성을 보인다. 이러한 「문화 민주주의」의 정착을 위해 다양성을 추구하는 문화정책을 요구함에 따라, 시민참여에 의한 정책결정 과정의 비집권화를 지향하게 된다. 거버넌스적인 정책과정 개혁에 따라 중앙부처로부터 지방자치단체로 권한 이양 요구를 통해 자연스럽게 문화의 지방자치를 추구하게 된다.

그렇지만 양자는 모두 교육적 배경, 인종, 성, 지역적 위치에 상관없이 문화예술에 참여하거나 즐길 수 있어야 한다는 문화적 균등성을 강조한다는 점에서는 공통된다. 다만 「문화 민주주의」적 문화정책의 전개를 주장하는 사람들은 「문화민주화」 전략이 엘리트주의적이라고 비판하면서, 모든 종류의 문화예술은 문화수용자들의 가치와 선호를 반영하는 한 고급문화이든 대중문화이든 모두 동등한 가치가 있다는 것을 강조한다. 즉 예술의 질에 대한 평가에서 수준이 높고 낮음을 규정하는 기준은 매우 자의적인 것으로, 단지 오랫동안 예술을 정의할 수 있는 권력을 독점해온 사람들에 의해 만들어진 하나의 기준이나 관습적 태도에 불과하다고 본다.

<표 3>에서 처럼 문화민주화는 제2차 세계대전이 끝난 후 민주화의 열망이 고조되면서 문화 측면에서 국민을 위한 문화로 고급예술만을 국가로부터 시혜적으로 얻어지는 수직적인 것이다. 반면에, 문화 민주주의는 1970년대에서 1980년대에 새로운 문화에 대한 국민의 요구로 발생된 국민에 의한 문화로 국가와 국민이 상호소통 하여 문화다원주의를 바탕으로 형성된 수평적인 문화이다.

결론적으로 문화민주화는 클래식 음악, 발레, 순수미술 등 고급문화의 유산들을 일반 대중 누구나 구입할 수 있도록 저렴하고 편리하게 구입할 수 있도록 분배하는 것에 중점을 둔 것이다. 그러나 의도와는 달리 전체 국민의 세금으로 마련된 재원을 교양 있고 소비여건을 갖춘 소수를 위해 사용하게 되는 결과를 초래함으로써 문화적 불평등을 오히려 심화시킬 우려가 나타났다. 문화 민주주의는 다양한 문화적 소외층의 부분(subculture)가 그 고유의 가치를 표현하고 자신을 발전시킬 수 있도록 함으로써 스스로 창조력을 갖출 수 있도록 하는 것에 중

점을 두었다. 대중들이 향유하는 민속예술(folk art)이나 대중문화 등에 대해 전통적인 고급문화영역과 대등한 가치를 인정하여 궁극적으로 대중들이 문화 창조과정 자체에 참여하며 문화 창조를 주체화하는 역량을 키우는 것이다. 그러므로 엘리트중심의 고급문화와 문화 창조자로서 대중문화가 공존하는 문화다원주의이다.

이상에서 볼 수 있듯이 「문화민주화」가 '모든 사람을 위한 문화'(culture for everybody)를 지향했다고 한다면, 「문화 민주주의」는 '모든 사람에 의한 문화'(culture by everybody)라고 할 수 있을 것이다. 문화 민주주의의 구현이 없는 문화사회는 하나의 낭만적 유토피아에 불과할 것이다. 문화 민주주의라는 문제설정은 단지 문화영역의 환경변화만 아니라 정치・경제의 환경변화를 염두에 두고 있다. 즉 문화 민주주의는 정치・경제사회의 구조 변화와 연계된 문화사회라는 문제설정과 같은 맥락에서 나온 것이기 때문이다. 그러므로 문화 민주주의적 관점의 문화정책은 개인의 자율적인 선택과 다양한 취향을 행사할 기회를 보장하는 것을 궁극적 목적으로 하므로, 문화예술 관련 중앙부처(문화관광부)뿐만 아니라, 학교 행정을 다루는 부처, 사회서비스 등 관련 부처와의 협력을 전제로 한다. 본 저자의 생각으로는 문화복지는 모든 사람의 문화(culture of everybody) 라고 할 수 있을 것이다.

서순복(2009)은 현실 문화정책 전개에서 문화민주화와 문화 민주주의 가치는 양자택일적 대립가치가 아니라 정책조합의 선택 문제일 것이지만, 문화민주화 정책의 한계를 극복하고, 점차적으로 문화 민주주의 정책을 지향점으로 하여야 할 것이다. 문화 향유기회 확대를 통한 문화학습과 문화예술교육 경험과 문화체험 활동의 축적을 통해 일반시민의 창의성과 상상력을 토대로 문화 역량이 증대되고, 궁극적으로 지향하는 문화국가의 이상이 실현될 것이다. 그리고 문화소비자로서 문화시장을 활성화하는 계기가 된다. 이는 전문직업적 문화생산자들의 창작의욕을 자극하게 될 것이다. 고급문화를 선도하는 문화엘리트의 탁월성(excellence) 있는 작품을 통해 국가의 품위가치(prestige value)를 선양하도록 예술가들의 창작기반 지원활동을 강화하면서 이들 관련 정책과 문화의 민주화를 위한 일련의 정책 효과성을 평가함과 아울러, 일반시민들의 문화 역량을 확대하는 정책 방향으로 나감으로써 지역주민들이 일상생활 속에서 삶의 예술이 되고 예술이 삶이 되도록 해야 할 것이라고 본다고 하였다.

문화적 측면에서 문화민주화에서 문화 민주주의로의 전환은 문화를 고급만을 대상으로 하는 것이 아니라, 개인의 자율적인 선택과 다양한 취향을 행사할 기회를 보장하는 것을 궁극적 목적으로 하므로 비로소 문화복지로의 발전의 토양을 만들어 준 것이다.

(2) 문화복지

문화복지는 정권이 바뀔 때마다 많은 부침과 갈등이 겪었다. 아직도 명확한 개념이 없는 실정이기 때문이다. 이제는 문화복지 개념정립에 필요한 주요 핵심 착안점을 찾아내어 정립된 새로운 이론적 고정관념이 필요하다. 그래야만 문화복지가 실천과정에서 의미를 찾고 그 목적을 향하여 매진함으로써 시민의 삶의 질 향상에 이바지할 수 있을 것이다.

<그림 5>의 3처럼 국가는 문화의 공급자나 문화다원주의를 위한 매개자가 아니라 문화복지를 외곽에서 지원하여 환경을 조성하고 문화복지 전문인력을 양성하는 등의 지원영역의 역할에 머무르게 된다. 강조한다면, 국민에게 문화 주체성이 확보되어야 문화복지가 가능한 것이다. 즉, 다양하고 복잡한 상황에서 어디에 기준을 두고 문화를 받아들이고 발전시키는 문제는 결국 주체로서 할 수 있을 것이다. 따라서, 문화 수용 주체성의 관점과 시각에 근거하여 문화와 문화복지가 그 대상을 선택하고 개발하고 창조해야 한다.

본 저자의 견해로는 문화복지 개념의 첫 단추가 잘못 끼워졌다는 생각이다. 왜냐하면 문화복지가 하나의 통합된 개념으로 정착되기 전에 문화와 복지의 복합용어로 해석되었기 때문이다. 이것을 문화와 복지의 합성어 개념으로 이해한다면, 지금까지의 문화와 복지 측면에서의 갈등이 지속될 것이며, 문화복지의 양적 팽창과 질적 성숙 사이에서 적용이 모호해지는 현상이 드러나기 때문이다. 문화복지는 신조어로 자체의 고유한 학문적 영역이 가능하고, 실천영역이

있기 때문이다.

따라서 문화복지가 문화와 복지의 하위개념이 아니라 고유의 영역을 갖기 위해서는 문화나 복지라는 기존의 제도로는 해결하지 못할 창조적이고 혁신적인 가치를 창출하는 기준이 제시되어야 하고 연구되어야 할 것이다.

우리나라에서의 문화복지 사례로 노숙인과 관련한 '빅이슈코리아'로 설명할 수 있을 것이다.

「노숙인 등의 복지 및 자립지원에 관한 법률」(약칭: 노숙인복지법)에 의한 노숙인의 용어 정의는 다음의 어느 하나에 해당하는 사람 중 18세 이상으로, 상당한 기간 동안 일정한 주거 없이 생활하는 사람, 노숙인시설을 이용하거나 상당한 기간 동안 노숙인시설에서 생활하는 사람, 상당한 기간 동안 주거로서의 적절성이 현저히 낮은 곳에서 생활하는 사람 중 어느 하나에 해당되며, '노숙인시설'이란 이 법에 따른 노숙인 등을 위한 노숙인복지시설, 노숙인종합지원센터를 말한다.

법률에 의하면, 국가와 지방자치단체의 책임은 노숙 등을 예방하고, 노숙인 등의 권익을 보장하며, 보호와 재활 및 자활을 지원하기 위한 정책을 마련하여 노숙인 등의 사회복귀와 복지를 향상할 책임을 지고, 노숙인 등을 위한 지원사업을 원활히 추진하기 위하여 관련 민간단체와 협력하여야 한다. 노숙인 등의 권리와 책임은 국가와 지방자치단체로부터 적절한 주거와 보호 등을 제공받을 수 있으며, 스스로 생활수준을 향상시키기 위하여 성실히 노력하여야 하고, 응급상황 발생 시 경찰 또는 노숙인 등 관련 업무 종사자의 응급조치에 응하여야 한다. 그리고 다른 법률과의 관계는 「노숙인 등의 복지 및 자립지원에 관한 법률」에서 특별히 규정하지 아니한 사항에 대하여는 「사회복지사업법」에서 정하는 바에 따른다고 되어 있다.

노숙인이 되는 원인은 '인적 원인'과 '사회적 원인'으로 구별해서 사용하는데, 한 개인의 노숙인이 되는 과정은 질병 및 사고 등에 따른 노동력의 손상, 가출이나 이혼 같은 가정문제, 실업과 사업의 실패 등으로 인한 경제적인 문제에 따른 사회 안전망의 부재로 보는 게 일반적이다. 노숙인이라고 분류될 수 있는 사람들은 모두 적절한 주거에서 생활하지 못하고 있다는 공통점이 있다. 여성이 노숙인이 되는 과정은 가족관계 안에서 발생하는 가정 폭력 등 가부장적 가족 구조 속에서 갖는 여성의 지위 및 가족(주로 남편)에게 예속된 상태에서 갑자기 가족과 단절이 되어 발생하는 사회·경제적 기능 수행의 부족을 생각할 수 있다. 또한 자녀가 있는 여성의 경우에는 양육이라는 문제도 심각한 상황이라고 할 수 있다. 노숙인은 소외계층의 대상 중에서도 가장 어려운 환경에 처한 사람들이다. 이들은 자존감이 무너지고 자포자기 상태에서 희망을 끈을 놓아버린 상태로 정상인으로 돌아오기에는 어려운 실정이기 때문이다. 유치장에 있는 사람들이라면 어떤 욕구가 있기 때문이라고 하지만 이들에게는 이것마저 없는 상태라고 본다면 더없이 어려운 처지의 사람들임에 틀림없는 일이기 때문이다.

노숙인에 대한 변화를 목적으로 한 일은 잘 알려진 희망의 인문학을 통해서이다. 영국에서 시작된 인문학을 통한 교육의 시작으로 이 운동은 세계적으로 확산되었고 이제 우리에게도 알려진 인문강좌로 자리 잡게 되었다. 노숙인은 자신의 삶을 변화시키기 위한 장기적이고 체계적인 교육기회를 얻기가 어렵다. 이런 점에서 평생교육의 장에서 진행되고 있는 노숙인 대상 인문교양교육은 응급구호와 물질적 차원의 일시적 지원과 달리 자존감 회복과 자기성찰을 통해 자립할 수 있는 근원적인 힘을 확보하는 통로라 할 수 있다. 노숙인이 인간으로서의 존엄성과 가치를 회복하고 장기적으로 삶의 방향을 재설정하는 계기로 삼기 위해 빅이슈코리아를 판매한다. 이 사례를 보면 먼저 노숙인의 인성에 작동하는 빅이슈코리아의 판매자를 학습자로 간주하는 프로그램의 구조와 특성이 있다. 이들이 새로운 인생을 새롭게 하려고 이 일을 선택하면 2주간에 걸친 교육이 시행되고 이어서 실제 연습도 하여, 이 일에 대한 자신감을 가질 수 있도록 교육이 선행된다.

빅이슈코리아는 길거리 잡지라는 문화적인 형태를 통하여 가장 인생의 어려움을 겪고 있는 노숙인에게 실제 문화복지와의 연계성을 찾아서 적용하는 프로그램으로 보여진다. 이 프로그램에 참여한 노숙인의 학습경험이 새로운 희망을 품고 자신이 주체가 되어 새로운 삶을 개척함으로써 정상인으로 복귀하는 삶의 질 향상에 도움을 주는 프로그램이다. 노숙인은 참여과정에서 '무너진 자존감과 자포자기에 서 있는 노숙인'으로서 경제적 어려움과 현실과의 괴리감 등으로 내적 갈등을 겪기도 했지만, 지속적인 교육과 대화와 토론, 그리고 빅이슈코리아 판매를 통한 경제적·문화적 경험을 통해 자신의 생애 경험과 맞물려 인문학적 질문들에 대한 성찰로 자신감을 회복할 수 있다. 실존적으로 중요한 인간으로서의 가치를 확인하고 경험해 나가는 과정을 거치면서 정상인으로 복귀하게 되는 것이다. 빅이슈코리아 프로그램은 노숙인 문제를 해결하기 위한 문화복지적 접근으로 물고기가 필요한 사람에게 고기를 주는 것이 아니라 가장 필요한 고기를 잡는 방법을 교육하여 자존감을 회복시키는 것으로 평생교육이라고 할 수 있다.

반면에, 사회복지 측면에서는 이들에게 무료급식 정도와 겨울에 잠자리 제공 정도가 전부일 수 있다. 그러나 이러한 사회복지로는 이들에게 정상인으로 복귀할 수 있는 재정적 뒷받침이나 프로그램을 작동할 길이 없다. 문화복지와 연계된 빅이슈코리아를 통하여 관련된 모든 협력기관, 단체, 그리고 개인 모두(사회적 기업, 연관 기관, 빅이슈코리아. 판매 노숙인 등)에게 경제적 손실이 없이 정상인으로 복귀할 수 있도록 하려는 문화복지적 프로그램인 것이다.

4. 문화복지의 개념

1) 개념

박완순 외(2012)에 따르면 개념을 정립하는 것은 상황을 올바로 이해하기 위한 기초 작업이다. 호흡과 혈액순환이 제대로 되지 않으면 건강을 유지할 수 없듯이 단어에 대한 개념이 올바로 서지 않으면, 체계를 세우기란 불가능하다. 개념이란 여러 관념 속에서 공통된 요소를 뽑아 종합해낸 하나의 보편적인 생각 체계라고 정의하고 있다.

이러한 이유로 한국산 신조어인 문화복지의 개념을 이해하는 것은 중요할 수밖에 없다. 문화복지(Cultural Welfare)는 Culture + Welfare의 복합어로 복지 측면에서 복지국가에서 복지사회로 변환이 되었고, 문화 측면에서는 국민의 삶의 질 증진을 위한 향유자 중심의 문화정책의 변화되었다. 전통문화 위주의 고급문화에서 문화민주화로 고급예술에 대한 접근성 강화되고, 문화의 민주주의를 통한 일반시민에 의한 참여가 확대되었으며, 문화적 다양성으로 문화복지의 토대가 구축되었다. 이러한 여건 성숙을 바탕으로 문화복지가 세계화와 함께 탄생한 것이다.

문화복지의 이론적 근거는 문화적 권리의 보장이 명시된 UN 인권선언과 UNESCO「경제, 사회, 문화적 권리에 대한 국제협약」으로 "모든 사람은 소득이나 교육수준 및 장애 여부 등과 관계없이 문화에 공평하게 접근할 권리를 가지며, 문화활동에 자유로이 참여할 권리를 가진다"는 것이다. 그리고 문화예술 향유・참여가 가지는 양의 외부성, 문화예술 재화의 경험재적 성격 그리고 문화예술재화의 가치재적 성격 등이 이론적 근거이다. 다시 말해서 국가는 소득이나 교육 수준, 장애 여부와 관계없이 모든 국민이 문화에 대해 공평하게 접근할 수 있도록 하고, 문화예술을 향유하고 문화생활에 직접 참여함으로써 스스로를 표현하고, 창조하고, 내적인 발전을 이루어나갈 수 있도록 공적 자원을 활용하여 개입할 의무가 인정되었다.

문화복지 개념의 법적 근거와 개념에 대한 정의를 알아보면, 문화복지의 법적 근거는 첫째, 헌법 제11조 1항에서 "누구든지 성별, 종교 또는 사회적 신분에 의하여 정치적, 경제적, 사회적, 문화적 생활의 모든 영역에서 차별을 받지 아니한다."라고 되어 있고, 둘째, 2014년 12월 제정된「문화기본법」제4조(국민의 권리)에서 "모든 국민은 성별, 종교, 인종, 세대, 지역, 사회적 신분, 경제적 지위나 신체적 조건 등과 관계없이 문화 표현과 활동에서 차별을 받지 아니하고 자유롭게 문화를 창조하고 문화 활동에 참여하며 문화를 향유할 권리(이하 "문화권"이라 한다)를 가진다."로 되어 있으며, 셋째,「문화예술교육지원법」제3조 2항에서 "모든 국민은 나이, 성별, 장애, 사회적 신분, 경제적 여건, 신체적 조건, 거주지역 등에 관계없이 자신의 관심과 적성에 따라 평생에 걸쳐 문화예술을 체계적으로 학습하고 교육받을 수 있는 기회를 균등하게 보장받는다."로 되어 있다. 따라서 문화복지는 이를 근거로 할 수가 있다.

김세훈·조현성(2008)은 '문화복지중기계획연구'에서 '문화복지'라는 용어는 '한국산' 개념으로 한국형 복지모델을 추구하기 위하여 1980년대 초 '삶의 질'에 대한 강조 차원에서 문화향수 측면의 정책을 강조한 이래 지속해서 문화정책에 반영되었다고 말하고 있다. 문민정부에서는 1966년 '삶의 질의 세계화'라는 목표 아래 문화복지를 정책목표 및 정책대상으로 문자화하였다고 한다. 이것이 문화복지의 시작으로 문화정책 연구기관의 보고서 중심으로 연구되었고, 아직도 수용하는 입장에 따라서 다르게 받아들일 정도로 일반적인 의미를 분명하게 정립하고 있지 못하다고 하였다. 정갑영(2007)은 사실 복지라는 어휘를 사용하고는 있지만, 이 개념은 결코 사회복지학이나 사회복지 정책과 같은 영역에서 제기된 것이 아니다. 물론 복지개념과 철학에서 영향은 받았지만, 국제적인 차원에서 공통적으로 사용되거나 특정 학문영역에서 발견되는 개념이 아니다. 따라서 다분히 행정적인 차원에서 혹은 정책수립 과정에서 편의적으로 사용되기 시작했다. 그 내용에 대하여는, 문화복지는 미래사회를 대비한 한국형 복지모델로 국민의 삶 속에서 생활화되도록 하는 과제로 삼고 정책으로는 '선진형 문화생활'과 '건강하고 쾌적한 여가생활'을 위한 중앙정부, 지방자치단체 및 민간부문의 역할과 참여방안을 제시하고 있다. 그리고 구체적인 사업으로는 문화복지의 주체인 개인과 가정을 중심으로 하여 문화, 체육, 청소년, 관광분야의 시설 및 공간 확보와 프로그램의 개발 및 운영, 재원의 확보 등은 그 실천과제로 보았다.

'문화복지정책 발달사 연구'에 의하면, 1980년대의 제5공화국은 태생적으로 정통성에 대한 문제가 있다는 것은 새로운 사실은 아니다. 그런데도 눈에 띄는 것은 제5공화국은 헌법에 문화에 관한 조항을 삽입함으로써 적어도 외형적으로는 문화국가 구성 원리를 표방한다는 사실이다. 문화복지에 관한 학자들로는 정갑영·장현섭(1995), 이홍재(1996), 임학순(1997) 등이 있다. 2000년대에는 제도화를 위한 보고서가 위주로 학자로는 조현성(2004), 정갑영(2007), 김세훈·조현성

(2008), 최종혁 · 이연 · 안태숙 · 유영주(2009), 양혜원(2012) 등이 중심이다(서보람 외, 2011)라고 제시하고 있다.

이종인(1987)은 학계에서 본격적으로 문화복지 개념에 대한 시도를 한 것은 「문화복지와 지방문화」를 쓴 것이라고 한다. 그는 이 저서에서 "문화복지란 좁은 의미로는 문화적 결함을 갖는 문화적 약자나 문화적 낙오자를 예방, 치료하는 것"이라고 하였으며, 넓은 의미로는 "모든 국민의 문화생활상 요구 내지는 문화적 필요에 부응해 문화환경을 개선 · 향상시키는 사회문화적 서비스"라고 정의하였다는 것이다. 현택수(2011)는 "문화복지는 국민의 미적 감수성과 문화적 창의력을 계발해 문화 소외 계층과 일반 국민의 인간다운 문화생활을 보장하고 전체 국민의 문화생활 수준을 제고시키려는 정부 · 민간의 활동을 말한다."라고 정의하였다. 이후 많은 학자에 의한 문화복지에 대한 정의가 쏟아져 나왔다. 각 학자별 문화복지 개념에 관한 주장은 문화복지를 다음과 같은 두 가지 영역으로 구분할 수 있다. 하나는 '문화복지를 문화영역에서에서 복지와 결합한 독립적인 영역 또는 동등한 것으로 이해하는 것이고 다른 하나는 문화복지를 사회복지 하위영역으로 바라보는 관점이다.

정갑영 · 장현섭(1995)이 바라본 문화복지는 '사회 전반의 가치관, 구성원들이 견지하고 있는 규범, 그리고 그들이 만들어 내는 물질적 재화 등을 창조, 변화, 유지하기 위하여, 그 사회의 문화체계를 구성하고 있는 하위단위 영역 속의 개인이나 집단이 상실하였거나 약화한 전체사회 또는 하위체계의 사회적 기능을 회복하게 하거나 이런 체계에 닥칠 수 있는 미래의 사회적 기능장애를 예방하게 하거나 새로운 상황에 적절히 대응하는 창의력과 적응력을 계발하도록 갖가지 법, 프로그램 급부, 및 서비스 등을 제공하기 위한 민간과 정부차원의 광범위하고 조직적인 활동'으로 정의한다. 즉, 사회복지 일부로서 문화복지를 해석하면서도 사회복지의 물질적 지원으로 해소되지 못하는 부분을 정신적 지원으로 접근하고 독자적 영역의 역할과 권한을 중요하게 본다.

김세훈 · 조현성(2008)은 "문화예술계에서 언급하는 문화복지는 사회복지와 대등한 관계 속에 궁극적으로 국민의 행복한 삶을 목표로 하는 영역으로 간주하는 반면, 사회복지 분야에서는 사회복지의 개념과 사회복지를 포괄하는 삶의 영역이 확대됨에 따라 사회복지에 포함되어야 하는 하위영역 또는 대상으로 문화복지를 인식한다. 사회복지는 물질적, 경제적 욕구의 충족을 위한 것이지만, 문화복지는 정신적, 문화적 욕구의 충족을 위한 것이며 두 가지가 병렬적으로 연계되어 궁극적인 삶의 질 제고를 이룰 수 있다."라고 하고 있다라고 하고 있다. 즉, 문화복지가 사회복지 영역의 일부인지 독립적인지에 대해 서로 다른 시각 차이가 있다.

김기봉(2010)은 "문화복지는 문화권의 입장으로 접근해야 하며 사회적 합의와 국민적 동의를 얻을 수 있는 문화담론에 대해 주목하고 있다. 문화복지는 문화권이 받아들여질 때 정책적 역할을 수행할 수 있으며 현재의 보편적 복지는 잔여주의적 사회적 복지의 영역 확대로 구분하고 문화권은 문화향수권을 넘어 문화창조권으로 접근할 것을 강조한다. 문화복지를 사회복지의 하위분야 또는 사회복지 정책의 특정분야(문화예술분야)로 인식해온 것이 그간 주류 입장이었으나 복지를 적극적 개념으로 해석한다면 즉 인간의 행복하기 위한 조건과 환경 형성이라는 측면에서 접근해야 할 것이며 문화복지는 사회복지의 하위분야가 아니라 수평적 위상으로 위치짓는다. 즉, 사회복지는 인간의 물질적 조건을 충족하고 문화복지는 인간의 정신적 조건을 충족함으로써 복지국가에 대한 지향점을 드러내고 있다.

양혜원(2012)은 '문화복지란 사회적 취약계층을 포함한 전 국민의 문화적 접근 기회를 확대하고 문화 향유 및 참여를 보장함으로써 문화적 감수성과 창의성을 배양하고 궁극적으로 삶의 질을 향상하기 위한 공공과 민간의 협력적 시책과 과정, 관련 제도'로 정의하였다. 즉, 문화정책의 연장선에서 문화복지를 접근하고자 한 것이다.

그러나 문화복지를 사회복지 실천 영역으로 보고자 하는 이들의 문화복지 개념의 정의는 다음과 같다. 먼저 현택수(2006)는 '문화복지는 국민의 미적 감수성과 문화적 창의력을 계발하여 문화소외층과 일반 국민의 인간다운 문화생활을 보장하고 전체 국민의 문화생활 수준을 제고시키려는 정부, 민간의 활동'으로 정의하며 여기에서의 문화생활의 범위는 문화예술활동 및 관광, 스포츠 등 여가활동까지 포함한다고 하였다. 최옥채(2006)는 '문화복지는 우리의 전통에 스며있는 정신을 지향하면서 사회복지 실천 지식과 기술을 바탕으로 개인의 보람된 삶의 도움이 되도록 다양한 활동거리를 제공하는 프로그램'으로 해석하고 있다. 최종혁 외(2009)는 문화복지란 '인간다운 삶을 실현하기 위한 것으로 좁게는 경제적 취약계층을 대상으로 그리고 넓게는 일반 대중들에게까지 확대하여 개인들 속에 감추어져 있는 문화적 감수성, 창의적 사고, 잠재역량 등을 높이도록 하기 위한 직·간접적인 일체의 문화예술적 노력'으로 정의하고 있다.

이렇듯 문화복지에 대한 개념은 학자들의 주장처럼 개념 정립이 되지 않은 상태이나, 대체로 우리나라 문화복지의 개념 발전은 문화 및 복지 정책과 맞물려 첫째, 정갑영의 주장처럼 국민의 보편적 삶의 질 향상을 위한 중요한 수단으로서 문화가 인식되어 그를 위한 복지적 접근으로, 둘째, 문화가 국가발전의 새로운 동력이 될 수 있다는 인식하에 문화를 통해 얻어지는 창의성에 주목하여 그것의 국가적인 역량 강화를 목표로 하는 것으로 발전되어 왔다.

문화복지 유형에 관한 분류로서 구혜영은 여성교양대학, 주민자치센터 문화프로그램, 생활체육 및 레크레이션 교실, 체육대회, 주인의 날 행사, 문화축제, 거리축제, 음악축제, 미술사진작가초대전, 청소년음악회, 백일장 및 사생대회, 문화예술강좌, 주부백일장, 음식 맛 자랑대회, 청소년 어울마당, 주부 알뜰장, 영화감상회, 음악제, 지역 문화단체 프로그램 등으로 분류하고 있다(최옥채, 2011). 현택수(2006)는 야외체험활동 및 문화기행, 도서실 운영과 미술, 음악, 연극, 가요, 댄스프로그램 등으로, 김세훈·조현성(2008)은 일상 속 문화복지, 직장 문화복지, 취약계층 문화복지, 생애주기 문화복지 등으로, 이석형은 전통예술, 순수고급예술, 일반 문화산업, 레저 및 관광을 포함하였고, 박종원, 조현성, 양혜원, 정광호, 강문수는 문화바우처 사업으로 공연, 전시, 영화, 도서와 같은 다양한 문화예술 프로그램으로 분류하였다.

이러한 유형을 참여대상자를 대상으로 영역화하면 대체로, 관람형으로, 연극, 영화, 전시회, 유적지, 시범형으로, 문화체험, 작품 만들기, 대회형으로, 연날리기 대회, 미술대회, 음악대회로 구분하고 있으나 본 저자는 이 유형에 추가하여, 자립그물망형으로, 부모커뮤니티, 빅이슈코리아 등이 포함되어야 한다고 생각한다. 왜냐하면 전자의 3가지 영역은 단회적인 문화복지 활동으로써 잠깐 문화를 향유하는 일회성 업적 중심이므로, 문화복지를 통하여 장기적으로 삶의 변화를 꾀함으로써 경제적 자립뿐만 아니라 문화활동을 통하여 개인의 자존감을 회복하고 윤택한 생활로 삶의 질을 향상함으로써 개인이나 사회, 나아가 국가에 공헌할 수 있는 사회구성원으로의 전환이 필요하기 때문이다. 우리나라가 개발도상국 시절에는 새마을운동을 통하여 잘살기 위한 운동을 전개하였다면, 이제 중진국 또는 선진국 문턱에서 문화복지를 통하여 국가 역량을 강화하고 선진국으로 발돋움하여 새롭게 일고 있는 '잘살기 운동'이 아닌 '바르게살기 운동'이 되기 위해서는 문화를 통한 복지로 창의적이고 자립할 수 있는 촘촘한 그물망의 형성이 필요하다.

위에서 주장된 여러 개념을 종합할 때 저자는 문화복지란 문화와 복지가 융복합한 형태로 모든 공동사회의 구성원이 복지의 개념인 인간에게 가장 중요한 인간의 만족, 복리, 존엄성을 의 · 식 · 주라는 복리상태가 전제된 상태에서 인간의 관계 속에서 발생하는 존엄성을 자신이 선택하고 삶을 유지해감으로써 만족을 얻도록 문화의 제반 활동을 통하여 행복한 삶을 유지할 수 있도록 하는 것이다. 문화복지의 개념을 사회 전체의 삶을 향상시키기 위한 제 분야의 총체적인 노력을 모으는 것이다. 이를 실현하기 위하여 창의적인 감성인 문화를 통한 복지와의 결합이 필요하다. 왜냐하면 문화복지는 예술을 포함한 감수성은 물론, 웰빙, 로하스, 힐링, 기부문화 등 삶의 본질인 진 · 선 · 미의 요소가 결합하기 때문이다. 또한 국가의 문화정책과 맞물려 국민 전체의 삶의 질 향상을 위한 모든 노력의 통합된 일련의 과정이 될 수 있기 때문이다. 문화복지를 통하여 행복은 인생의 궁극적인 목표를 지향하는 것은 물론이고 그 과정에서도 끊임없이 추구하는 심리적 상태라고 말할 수 있는데 긍정심리학자인 마틴 셀리그만(Martin Seligman)은 행복한 삶에서의 조건으로 즐거운 삶, 적극적인 삶, 그리고 의미 있는 삶을 실천해가는 과정이다.

따라서 본 저자는 문화복지 개념을 '문화를 중심으로 시민들의 삶의 질이 윤택해질 수 있도록 자발적이고 주체적 참여를 통해 즐거움으로 상호소통을 강화하여 상호부조를 성취할 수 있는 복지의 선순환의 관계망을 형성하는 것'으로 정의하고자 한다.

이러한 문화복지의 정의를 내린 이유는, 박완순(2012)에 의하면 어떤 개념이나 이론 또는 발명도 독자적으로 만드는 것이 아니라 기존이 현상 속에서 원리를 찾아내는 것으로 '현상 → 관찰 → 이치 → 원리'라는 과정을 거쳐 창조되는 결과물이라고 주장하고 있는 것처럼, 문화, 복지, 교육, 문화복지 등의 개념도 마찬가지로 모든 단어를 관통하는 공통을 종합하여 개념을 만드는 것이기 때문이다. 문화복지도 이러한 과정을 거쳐 기본 틀을 자발성, 주체성, 유희성, 상호부조성, 선순환성의 5가지 범주로 나누어 구성하였다. 이 틀이 곧 문화복지를 설명하는 고정관념이다. 이러한 기본 틀을 만든 이유는 고정관념이 있어야 그것을 깨고 나오거나 구체적으로 실행에 옮길 수 있기 때문이다. 개혁하라!, 창조하라! 처럼 더 나은 결과를 독려하는 말에는 고정관념이라는 기본 틀이 전제되어야 한다. 변화를 하려면 변화의 대상이 있어야 하며, 개혁을 하려면 기본 틀이 있어야 모양새를 다시 바꿀 수 있다. 창조 역시 알지 못했던 기존의 것을 변형시키는 작업임을 감안한다면 기본 틀이 절대적이다. 예를 들어 호두알을 깨려면 망치만 가지고 덤벼서는 안 된다. 기본 틀인 호두알이 있어야 호두를 깰 수 있는 것이다. 지금까지 문화복지는 기본 틀이 없는 상태에서 다루어져 왔다. 그러므로 실체를 확인할 수 있는 문화복지 개념에 기본 틀이 반드시 필요한 것이다. 이러한 이유로 문화복지의 기본 틀을 만들고 이 기본 틀이 포함된 문화복지 개념으로 정의한 것이다.

저자는 문화복지 개념을 '문화를 중심으로 시민들의 삶의 질이 윤택해질 수 있도록 자발적이고 주체적인 참여를 통해 즐거움으로 상호소통을 강화하여 상호부조를 성취함으로써 복지의 선순환 관계망을 형성하는 것'으로 정의하고자 한다.

앞서 분석한 문화의 다섯 가지 성격 자발성, 주체성, 유희성, 상호부조성, 선순환성이 공동체 안에서 정착되고 자가발전 될 수 있는 관계망의 형성을 문화복지의 목표로 둔다는 것이다. 그렇다면 이를 구조적으로 뒷받침하기 위한 정책적 뒷받침은 어떻게 형성되어 왔는지 살펴보기로 하겠다.

2) 문화복지 정책의 변천

복지국가가 직면한 어려움 중의 하나로 들 수 있는 것은 정부 등 공공부문에서의 복지비용 과다지출로 인한 사회적 부담의 증가와 물질적 · 경제적 풍요를 이루었음에도 삶의 질 향상은커녕, 인간소외와 가족의 해체, 근로의욕의 저하, 청소년 문제, 마약 등의 약물남용과 같은 사회적 문제가 나타나기 시작한 것이다. 문화복지는 이러한 부담은 나누어 갖고 근로의욕을 회복하기 위하여 국가 등 공공부문과 개인·단체·기업 등 민간부문의 참여 영역과 역할을 더욱 확대해 나가기 위해 제기된 것이다. 복지정책을 뒤늦게 시작한 우리로서는 이러한 문제들을 타산지석으로 삼아 문화복지를 사회복지와 함께 진정한 국민복지 실현을 위한 핵심 축 중의 하나로 간주하여 추진한 것이다. 복지정책에 있어 사회복지와 문화복지를 균형 있게 발전시켜나가는 한국형 문화복지 모델을 추구하게 된 것이다.

문화복지란 용어가 최초부터 학문적 용어로 자리 잡은 것이 아니므로, 문화복지 정책은 정권의 교체에 따른 많은 변화를 겪었고, 그 내용의 질과 양에 있어서 변화가 많았다. 1990년 '문화부' 신설 또한 문화에 대한 관심을 증폭시켰으며 이에 국민이 살기 좋은 나라를 만들기 위해서는 문화가 중요하다는 분위기가 형성되었다. 국민의 정부에 들어서서 1996년은 문화복지가 구체적인 정책으로 설립돼 '문화복지 원년'이라고도 불리게 되었는데, 이 시기의 대표적인 정책은 각 시 · 도별로 '문화의 집'을 조성한 것이다. '문화의 집'은 소규모 공연이나 영화 상영 및 문화교육프로그램이 이루어지는 등 지역주민이 일상 속에서 문화예술을 이해하고 접할 수 있는 복합문화공간이다. 이 정책은 모든 국민을 대상으로 하는 문화향유에 초점이 맞추어져 있다. 그러나 문제는 이 시기까지 문화복지는 '국민의 삶의 질 향상'이라는 추상적 지향점만 내세웠으며 문화복지의 법적 근거를 마련하지 못했다는 것이다. 문화복지가 이제 갓 정책의 하나로 자리 잡긴 했지만, 법제화의 단계까진 나가지 못했다. 이렇듯 제도적 근거가 미비하니 문화복지 사업도 지속성을 갖기 힘들었다. 관련 예산이 줄어들거나 사업이 축소되어도 이를 유지하기 위한 근거나 명분이 존재하지 않았기 때문이다. '문화의 집' 사업도 「문화예술진흥법」에만 간단하게 언급되어 있으며 관련 조례가 제대로 마련되지 못한 지자체도 있었다.

참여정부 이후엔 문화복지 정책의 대상이 전체 국민에서 '문화취약계층'으로 초점이 옮겨진다. 보편적 복지가 아닌 선별적 문화복지 정책을 선택한 것이다. 사회복지서비스에 대한 수요가 경제적 차원을 넘어 점차 문화적인 영역에까지 확장되고 있었음을 의미하는 것이다. 정부는 경제적인 제약으로 문화를 누리지 못하는 취약계층이 문화를 향유할 수 있는 기회를 확대하기 위한 문화바우처 정책을 시행하였다. 이는 인터넷을 통해 신청하며 일인당 이용 한도 내에서 지역 내의 문화프로그램을 선택해 이용할 수 있는 제도였다. 이 정책이 시행되면서 문화복지 대상은 사회취약계층이며 단순히 도서관, 박물관 등의 시설을 확대하는 게 아닌 구체적인 문화서비스를 제공하는 것이 문화복지라는 인식이 널리 퍼지기 시작한다. 하지만 이러한 방식은 인터넷에 익숙하지 못한 노년층을 소외시키고 선택 범위가 주관기관에서 제공하는 '공연' 예술프로그램에만 치우쳤다는 문제점이 지적됐다. 이 때문에 후에 참여정부가 문화복지 정책의 대상으로 경제적 취약계층을 중심에 두자 '문화의 집'과 같이 일반 주민을 대상으로 하는 사업에 대한 국고 지원은 끊기다시피 했다. 이명박 정부는 이러한 기존 문화복지 정책의 명맥을 이어받되 예산을 늘리고 앞서 한계로 지적된 점들을 개선하려는 움직임을 보였다.

정광호(2014)에 의하면 박근혜 정부는 문화융성을 국정철학으로 제시하고 문화가 국력이 핵심요소로 상상력이 중요하다는 점을 강조하였다. 그리고 문화정책으로는 문화가 있는 삶, 문화로 행복한 나라 문화로 창조경제 및 발전을 국정의지를 담았다. 「문화기본법」을 제정해 국민의 '문화권'을 최초로 명시하고 이를 보장하기 위한 국가와 지자체의 책무를 언급했다. 이는 문화복지 정책이 가진 근본이념이나 가치가 새롭게 정립하는 계기가 되었는데, "현 정부의 정책은 문화소외계층을 집중적으로 지원한다기보다 전 국민의 문화 접근성을 늘리는 방향이다"라고 설명했다.

3) 문화복지 실태와 성과

문화복지의 기본 구조는 다음 <그림 6>에서처럼 삶의 질 향상이란 물질적・경제적 욕구와 정신적・문화적 요구를 모두 충족하는 복지체계이다.

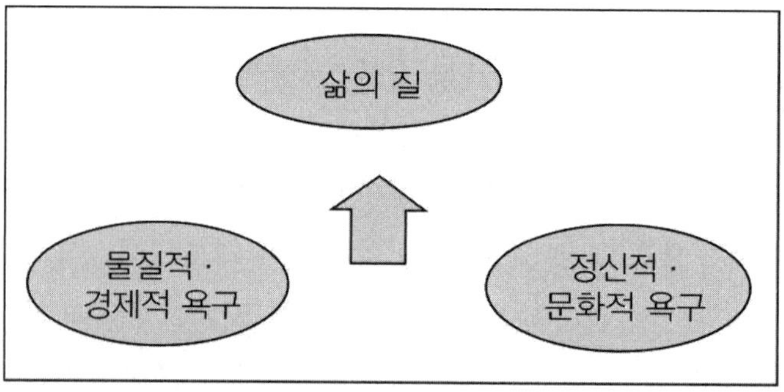

〈그림 6〉 문화복지 체계

문화복지는 삶의 질 향상을 위하여 정책적 고려로 태동하였지만 그 목적과 주요사업은 다음 <표 5>에서처럼 정권 교체와 더불어 바뀌는 부침이 있었다. 그 이유는 각 정부가 수행하는 정책과 맞물리면서 편의적인 방법으로 적용하였기 때문으로 확장, 축소, 통합, 또는 폐기되는 등으로 이어져 왔다. 그러나 현 정부에 들어와 「문화기본법」이 시행되는 등의 법제화를 통하여 점차 안정되어가고 있으며, 각 개인의 삶의 질 향상은 물론 국가의 새로운 성장 동력으로서의 자리매김이 되고 있다.

〈표 5〉 시기별 문화복지 정책의 목표와 주요사업

정 부	문화복지의 목표	주요사업
김영삼	• 삶의 질 세계화 • 문화감수성 증진	• 생활권 문화공간의 확충
김대중	• 창의적 문화복지 국가	• 문화예술교육 • 문화자원봉사
노무현	• 취약계층 문화향유기회 확대	• 복권기금 문화나눔 사업 · 문화예술교육
이명박	• 생활 공감형 문화정책 • 사회적 약자 문화향유 기회 확대	• 문화시설 확충 및 운영지원 • 문화예술교육 • 문화바우처 대폭 확대
박근혜	• 문화융성 • 국민행복	• 문화가 있는 삶 • 문화기본 법 제정

(출처: 양혜원, 2012), 재편집

현재 우리나라에서 시행되고 있는 문화복지 정책은 3가지 정도로 설명될 수 있는데, 첫째, 문화친화적 환경 조성으로 매월 마지막 수요일을 '문화가 있는 날'로 지정하여 전국 문화시설 무료 및 할인 관람, 국민 참여 확산 및 민간기업 · 지자체 동참 분위기 조성, 동호회 활동 활성화를 위한 생활문화센터 조성(2017년까지 100개소), 문화복지 전문인력 양성으로 복지전달체계 구축, 둘째, 문화 소외계층 지원 확대로 문화 · 여행 · 스포츠관람의 문화향유기회 제공을 위한 통합문화이용권(문화누리카드) 지원(144만명), 저소득층 · 어르신 · 장애인 등 문화취약 계층 문화 · 스포츠 향유기회 확대, 예술인 사회보험 가입 확대 등 예술인 창작안전망 구축, 셋째, 지역 간 문화격차 해소로 지역문화 진흥계획 수립(2014. 7월) 등의 제도 정비, 문화 도시 · 문화마을 조성 등 지역문화브랜드 육성, 지역문화 순회공연 등을 통해 소외지역 문화향유기회 확대가 있다(문화체육관광부 자료, 2014).

이러한 문화복지 정책을, 문화 정책의 일환으로 보거나 시행하는 관점에서 탈피하여 문화권 강화 차원으로 격상하고, 지역사회 공동체 강화로 효율적인 지역발전이 이루어져 시민의 삶의 질이 향상되고 지역사회의 새로운 성장동력이 되도록 정책적 전환이 요구된다. 즉, 문화복지의 효율적인 활동을 지원하기 위한 제도적 지원이 뒷받침되어야 하며, 중앙정부와 지방정부, 그리고 공공부문의 직·간접지원과 시민들 자체의 노력이 보다 강화되고 가속화되어야 한다. 그러나 유념할 것은 이 제도는 지원 공동체에 대한 자발성과 주체성을 높이는 방향이 고려되어야 할 것이다.

5. 문화복지 교육의 가치

교육은 개인적인 측면에서는 자아실현 및 직업 확보는 물론 건강한 사회생활을 영위하기 위한 기본토대이다. 그뿐만 아니라 사회적으로는 인적자본 개발로 인한 국가경쟁력 향상은 물론 더 나아가서는 국민의 삶의 질을 향상시키고 국민적 통합을 도모함으로써 복지사회의 구현에 이바지하는 필수적인 요소이다. 그리고 교육적 성취는 다양한 사회경제적 결과를 나타내는 대표적인 지표이며 개인의 한 일생 동안의 복지를 나타내는 중요한 예측인자이다(Neal and Johnson, 1996, 남미애 재인용).

이렇듯 교육은 개인과 가정의 행복뿐만 아니라 국가와 사회의 발전에도 절대적인 요소로 작용하는 것이다. 그러나 우리의 교육 현실은 이러한 기대와는 동떨어져 있다. 아직도 우리의 교육제도는 20세기의 학교 교육에 안주하고 있어 21세기의 정보화·세계화의 변화에 적응하지 못하고 있다. 이런 현상의 결과는 교실 붕괴, 공교육 실패, 사교육 확대, 입시지옥, 인성 피폐, 교육 탈출, 고등교육의 경쟁력 저하 등으로 나타나고 있다. 이제 교육이 선진화의 동력으로 작동되기 위해서는 교육의 '양적 성장정책'에서 '질적 발전정책'으로의 패러다임의 전환이 필요하다. 즉, 우리나라가 선진국으로 진입하기 위해서는 21세기형 지식기반형으로 교육제도를 개혁하여, 국민의 교육고통을 해소하고 교육경쟁력을 높여야 할 것이다.

그렇다면, 진정 우리가 행복을 얻을 방법은 무엇인가? 그것은 어떠한 어려움에 처해있다 할지라도 그 어려움을 딛고 일어설 힘을 갖는 것이다. 그러나 불행하게도 우리의 교육제도는 개인이 생애주기의 초기교육 즉 학교 위주로 되어있고, 산업화 시대의 노동시장 사정을 반영하여 발달한 것이다. 20세기에는 산업화 시대의 노동시장을 사정으로 발달한 것이다. 20세기에는 학교교육을 마치면 취업 후 직장 안에서 자연스럽게 점차 기술을 습득하면서 장기고용, 평생직장이 보장되는 시기였다. 그러나 21세기는 세상이 변화되어 기술의 급격한 변화와 정보화 · 세계화의 진전은 학교교육과 장기고용의 패러다임을 평생학습과 평생직업으로 변화할 것을 강요하고 있다.

이반 일리치(2009)는 현대산업사회가 지닌 비인간화, 물량주의, 소외문제, 빈부격차문제 등이 원천적으로 학교제도에 기인한다고 보면서 인간사회가 친화주의로 진보하기 위해서는 탈학교가 필요하다고 주창하였다.

탈학교사회는 학교교육의 개혁이 아니라 폐지를 주장하는 급진적 교육관에서 제시된 사회관으로, 명시적으로는 일리치가 제안하였지만 에버리트 라이머, 존 홀트, 파울로 프레이리 등으로 탈학교론자들은 학교교육이 학생의 학습을 위해서가 아니라 학교교육 그 자체를 위해 존재하고 있다고 보면서, 인간성의 회복을 위해서는 학교 및 병원과 같은 조작적 제도의 힘을 무력화시켜야 한다고 주장한다. 이들에 따르면, 학교와 같은 조작적 제도는 사람들을 사회적 · 심리적 중독 상태에 빠뜨려 제도에 집착함으로써 문제를 해결하도록 한다. 탈학교사회는 인간이 제도를 통제할 수 있는 사회로, 사람과 사람 사이, 사람과 환경 사이에 자율적이며 창조적인 교류가 이루어지는 사회이며, 상호 의존하는 가운데 개인의 자유가 실현되는 사회를 말한다.

탈학교사회의 형성을 위해서 일리치는 기존의 학교제도를 대체할 수 있는 학습망(learning web)을 제안한다. 학습망은 모든 사람이 학습에 필요한 자원을 쉽게 이용할 수 있고, 학습하거나 가르치는 기호를 평등하게 향유할 수 있는 네트워크로써, 사물, 모범, 동료, 연장자(교육자)라는 네 가지 자원으로 구성된다. 구체적으로 말하면 학습망에서는 첫째, 누구나 학습하고자 할 때 언제나 학습에 필요한 수단이나 교재를 이용할 수 있어야 하며, 둘째, 자신이 알고 있는 바를 타인에게 나누어주고자 하는 사람들이 적합한 학습자를 발견할 수 있도록 해주어야 하며, 셋째, 사회에 대해 문제를 제기하고자 하는 사람들은 문제제기 할 수 있는 기회를 가져야 한다. 이는 학습자를 스스로 학습할 수 있는 능력이 있는 존재로 파악하고, 학습자의 네트워크에 의해 자발적 학습이 전 사회적으로 이루어질 수 있도록 한다는 점에서 평생학습사회의 사회관과 유사하다. 문화복지와 교육의 관계란 문화복지의 사례를 분석하면 이와 유사한 사회관과 학습망 형성과 유대관계가 보여진다.

이러한 교육의 현실 여건 속에서 새로운 패러다임으로 현실교육의 병폐를 치유할 문화복지 교육의 역할을 알아보기 위하여 부분적인 문화예술 교육과 복지교육 그리고 문화복지 교육에 대하여 알아보겠다.

1) 문화와 교육과의 관계

문화에 있어 교육의 중요성에 대해 코탁(Kottak, 1994)은 <인류학> 개론서에서 문화란 사회구성원들에 의해 학습되고, 공유되고, 양식화되면서, 다음 세대로 이어지는 것이라고 보다 구체적으로 문화의 속성에 대해 정의하고 있다. 즉, 문화는 생물학적으로 유전되는 것이 아니라 교육을 통하여 학습되고 공유하게 되며 이러한 체계로 인하여 각 부분들이 통합되어 사회적 기능을 하는 것이라 할 수 있겠다. 문화와 교육은 각기 중요한 삶의 형식이다. 문화는 생존과 실존에 필요한 것을 얻기 위해서 각 집단이 특유의 환경 속에서 자연과 신체를 길들이는 과정에서 생겨난 것이다. 무엇을 선택하여 어떻게 길들이는가에 따라서 다양한 문화가 생겨난다. 문화는 그것을 공유하는 사람들끼리 의미를 나누는 다분히 배타적인 형식이다. 이와 같은 문화가 삶의 모습이라면, 교육은 그 모습을 변화시키는 일이다. 교육은 문화를 비롯한 삶의 형식들을 반성하여 더 나은 것으로 변화시키려는 일종의 메타적인 삶의 형식이라는 것이다.

조용환 외(2006)에 따르면, 문화와 교육의 관계는 문화가 횡적 상대성을 갖는

다면, 교육은 종적 상대성을 갖는다고 말하고 있다. 교육을 통해서 문화가 전달되지만, 모든 문화전달이 교육적인 방식으로 되지는 않는다. 문화와 교육은 이처럼 제각기 고유한 특성을 가지면서 서로 부단히 영향을 주고받는 두 가지 삶의 형식이다. 이 영향은 좋게 작용할 수도 있고 나쁘게 작용할 수도 있다. 즉, 갈등과 상생의 관계를 형성한다. 교육의 처지에서 보면 문화가 좋은 교육을 조성할 수도 있고, 교육의 발목을 잡아 왜곡할 수도 있다. 횡적 상대성을 강조하는 문화상대주의 관점에서 볼 때 문화의 가치는 판단보류의 대상이다. 그러나 성장과 향상을 지향하는 교육에서는 가치판단을 잠시도 보류할 수 없다. 물론 서로 다른 문화를 최대한 폭넓게 이해하고 포용하도록 노력하는 일은 교육의 중대한 과제이다. 그러나 인간이 만든 문화에 장단점이 있으므로, 기왕이면 단점을 줄이고 장점을 취하는 것이 더 잘사는 길이다. 이것이 교육이 전제하는 종적 상대성이다. 교육의 관점에서 볼 때 문화의 가치는 부단히 비교, 평가, 판단, 선택의 대상이다. 이런 이유로 개념상 문화에는 우열이 없지만, 교육에는 우열이 있다. 문화도 교육도 다 사람을 만드는 것이다. 그러나 사람을 만드는 방식에는 중대한 차이가 있다. 문화가 사람을 길들여 만든다면, 교육은 사람을 깨닫게 해서 만든다. 그리고 문화와 달리 교육은 초월성을 가진다. 자신이 태어나고 자란 세계에 얽매이지 않고 더 큰 세계의 보편지평, 총체지평, 절대지평을 향해서 나가도록 가능성을 열어주고 열어간다. 즉, 문화적 존재를 초월할 때 교육적 존재의 가능성이 열린다고 한다. 우리는 다른 문화들을 두루 많이 관찰하고 비교하는 가운데 더 나은 문화를 모색할 수 있다. 이때 어떤 문화가 더 나은 문화인지에 대한 가치판단은 결코 확정적이거나 단정적이어서는 곤란하다. 개방적이고 발견적이고 잠정적이어야 한다. 그것이 교육의 정신에 부합하는 자세이다.

문화와 교육과의 관계를 알아보기 위해서는 문화의 교육적 기능과 문화과정으로서의 교육에 대하여 알아야 한다. 문화의 교육적 기능을 살펴보면, 문화는 사회구성원에 의해 학습되고 계승·발전되는 것으로 욕구충족의 방식제시, 행동의 표준 제시, 교육목표와 내용의 지원, 정체성 확립의 기반 조성, 인격·성격 형성의 영양원, 자유의 범위 확대, 절제와 통제의 기능이다. 이를 세부적으로 설명하면, 욕구충족의 방식 제시는 먼저 인간의 생리적 욕구를 충족하는 방법을 제시할 뿐 아니라 다양한 사회적 욕구의 충족방향과 방법을 제시하고 이를 학습하게 된다. 그리고 무엇을 어떻게 먹고 입을 것이며 남녀관계와 다른 구성원과의 관계를 어떻게 맺어갈 것인지 문화가 제공한다. 행동의 표준 제시는 인간의 사회적 행동인 사랑, 신뢰, 협동, 인사, 존경, 예절 등의 방향과 방법을 제시하고, 행동의 선악을 판단하는 기준뿐 아니라 옳음, 그름, 아름다움, 추함, 기쁨슬픔 등 진실성, 정상성, 도덕성, 심미성, 논리성 등의 표준을 제공한다. 교육목표와 내용의 지원은 행동의 표준은 가치판단의 기준이 되고 교육목표의 설정기준이 된다. 그리고 세상과 사물을 보는 안목과 그것에 대한 경험으로 누적된 지식, 기술, 습관 등은 교육목표의 설정과 교육내용의 선정을 위한 자원이 된다. 정체성 확립의 기반조성은 문화를 공유함으로써 구성원 간의 소속의식, 동질성, 결속성, 공동체 의식은 구성원의 정체성을 높인다. 그리고 내가 누구냐를 확인하는 자아정체성(self identity)에서부터 의미를 포함하는 것으로부터 구성원 개인의 존재의미를 높이고 나아가 애국·애족하는 마음을 갖게 하며 사회통합의 가능성을 높인다. 인격·성격 형성의 영양원은 창조된 문화는 그의 인간 형성에 영향을 미치게 된다. 즉, 문화의 성격에 따라 구성원의 인성 특성이 달라진다. 문화는 사회구성원의 인간성을 형성하는 영양원을 제공하는 구실을 한다. 자유의 범위확대는 인간의 지혜는 문화 요소 중 중요한 구실을 하며, 불리한 생리적 특성을 극복하고 편리한 삶을 영위할 수 있도록 한다. 즉, 천재지변이나 추위에 방어, 무지로 인한 미신과 공포에서 벗어나고 자유로워지려고 노력한다. 문화는 인간이 누릴 수 있는 자유의 범위를 넓혀주는 구실을 하고 있다. 절제와 통제의 기능은 공동생활을 원만하게 영위할 수 있도록 도덕, 규범의 내용과 방법을 제공할 뿐 아니라 구성원 스스로 자제·절제·억제하도록 하는 양심을 육성하는 내용과 방법을 제공한다. 이처럼 문화의 교육적 기능은 교육이라는 별도의 문화 매체를 통해 그 기능이 조절되고 발휘되고 있다. 따라서 문화의 교육적 기능의 효과는 의도적인 교육의 노력에 의해 달라지는 것으로 그 기능의 개선과 발전은 교육의 중요한 과제이다.

다음은 문화 과정으로서의 교육에 관하여 알아보면, 교육을 문화의 한 과정으로 볼 수 있다. 이러한 문화과정의 양상과 교육의 관계를 구체적으로 살펴보기 위해 문화과정의 개념, 문화전승과정, 문화전수과정, 그리고 문화접변과정 등의 개념을 중심으로 알아보기로 한다. 첫째, 문화과정(cultural process)이란 문화가 형성되고 전달・전파・계승・변화・발달하는 전 과정을 의미한다. 즉, 문화의 동태적 양상을 포괄적으로 표현한 것이라 할 수 있다. 이러한 문화의 생성・전수・계승・변화 등의 전 과정에는 다양한 요인들이 작용하게 될 것이나, 교육의 작용이 가장 중요한 의미를 갖는다. 둘째, 문화전승과정(process of cultural transmission)이란 문화요소들 중에서 가장 바람직하고 가치 있는 지식, 신념, 기술, 태도 행동들을 선정하여 다음 세대에게 전달하려는 의도적인 교육적 노력을 계속하여, 중요한 문화내용이 대를 이어 전달하고 계승해가는 과정을 의미한다. 이러한 문화전승과정은 대부분 의도적인 교육에 의해서 이루어진다. 그러나 문화전승과정은 의도하지 않는 사람과의 관계를 통해서도 전달되기 때문에 인류학자들은 문화전승과정을 교육보다 더 넓은 의미의 것으로 간주하여 교육은 문화전승과정의 한 양태라고 규정하는 예도 있다. 셋째, 문화화 내지 문화전수(enculturation)는 개인이 소속하는 사회의 문화를 학습하여 그 문화에 동화되어 가는 현상을 뜻하는 것이다. 교육은 문화화 내지 문화전수의 한 형태이며 그 문화전수과정이 계획되고 제도화된 상태에서 이루어지는 것을 학교교육이라 한다. 이렇게 문화전승과정은 문화화 내지 문화전수, 교육, 학교교육을 포함하는 넓은 의미의 것이며 어느 사회에서나 이루어지는 문화현상의 주요 기능이라 할 수 있다. 넷째, 문화접변(acculturation)이란 개념의 원래 뜻은 국가 간에 서로 다른 문화가 접촉하는 과정에 서로 영향을 미쳐 원래의 문화유형에 변화가 야기되는 문화변화 현상을 의미하는 것이다. 그러나 오늘날에 와서는 서로 다른 이질적 문화를 가진 개인이나 집단이 접촉하는 과정에 어느 일방 내지 쌍방이 영향을 미쳐 그들 원래의 문화적 특성을 변화시키거나 다른 일방의 문화에 동화해 가는 과정을 문화접변과정이라는 개념으로 설명하기에 이르게 되었다.

2) 문화복지에서의 교육

남상문(2011)은 사회는 시대에 따라 변화하지만 교육에 의해 변화하기도 한다. 사회의 변화는 문화를 새롭게 하기도 하고 소멸시키기도 한다. 문화는 교육과도 밀접한 관계를 가지고 있다. 교육과 관련하여 사회 변화를 토대로 문화의 형성은 현대에 들어와서 급격하게 이루어지고 있다. 근로자와 사용자 간의 관계 변화와 핵가족 출현에 따른 남편과 아내의 지위 변화로 조직문화와 가정문화가 평등의 관념으로 변화하여 사회가 전진화되는 것을 경험하고 있다고 한다.

문화복지가 국민의 삶의 질 향상을 목표로 하고 있다면, 이 목표 달성을 위한 방법론에서 무엇보다도 우선되어야 할 것은 제대로 된 교육이 필요하다. 왜냐하면 삶의 질을 향상시키기 위해서는 경제와 사회 그리고 문화의 개혁이 시급하기 때문이다. 올바른 교육이 없는 문화복지의 달성을 상상하기 어렵다는 것은 자명한 것이다. 따라서 우린 지금까지의 우리의 교육제도를 성찰하고 현재의 교육제도의 미비점을 보완하여 행복한 삶을 인식하고 찾아갈 수 있는 대안을 마련함으로써 삶의 질 향상을 꾀하도록 하여야 할 것이다.

교육사회학자들은 우리의 교육제도가 개인의 생애주기 초기교육 즉 학교 위주로 되어 있고, 산업화 시대의 노동시장 사정을 반영하여 발달해 왔다고 지적한다. 학교교육을 마치면 취업 후 직장 안에서 자연스럽게 기술을 습득하면서 장기고용, 평생직장이 보장되는 시대였다. 그러나 지금의 세상은 빠른 속도로 변화하고 있다. 이러한 기술의 급격한 변화와 정보화, 세계화 진전은 학교교육과 장기고용의 패러다임을 평생학습과 평생직업으로의 전환으로 강요하고 있다. 이러한 요구는 평생학습을 통한 문화의 교육이 필요하며, 이는 삶의 질 향상에 이바지할 것으로 판단된다.

우리나라의 교육이 평생학습으로의 변화가 요구되는 이유는 평생학습이란 배우는 데에는 너무 이르다거나 너무 늦다거나 하는 것은 전혀 없다는 개념이다. 즉 시간에 구애받지 않고 개인의 역량을 지속해서 향상시키는 교육이다. 그리고 누구나 언제 어디서든지 어떤 방법으로도 학습할 수 있는 사회이다. 평생학습사회로부터 기대할 수 있는 혜택은 정규학교의 교육문제 해결, 국가의 경쟁력 제고, 실업 문제 등의 구체적인 성과는 물론 개인이나 집단의 자아실현을 통한 공동사회의 공고화는 삶의 질 향상에 있다고 하겠다. 특히 평생학습은 삶의 질 향상에 절대적인 문화와 예술 분야에 있어서 필수불가결한 것이다. 이는 단기적인 교육으로 달성될 수 없고 개인이든 집단이든 평생교육을 통하여 체득화가 필요한 교육의 여정이 필요하기 때문이다.

연규문(2015)은 평생교육과 복지의 공통분모는 '인간이 중심이 되는 사회'이다. 어느 분야이든 사람이 가장 중요한 것으로, 빨리 가려면 일 중심으로 살아야겠지만, 멀리 가기 위해서는 사람을 키워야 한다. 그런 관점에서 볼 때 평생교육은 대단히 중요한 역할을 하고 있다. 사람이 끊임없이 교육을 받지 않고 시대에 맞춰 변화하지 않는다면 굉장히 위험해질 수 있다. 몇 십 년 혹은 몇 년 전의 지식은 거의 소용이 없는 것으로 변화되어 있을지도 모를 정도로 세상은 지식의 변화가 극심하다. 인간은 요람에서 무덤까지 자기 그릇에 있는 지식을 덜어내고 새로운 지식을 채워 넣는 작업을 계속해야 한다. 평생교육의 의미와 특징은 바로 이런 것으로 현대사회는 지식이 폭발적으로 증가하고 있는 가운데 우리가 가지고 있는 지식은 낡은 지식이 되어 버리기 때문이라고 지적하였다.

문화복지 분야에 대한 교육은 국민의 문화향유 욕구를 충족하고, 문화적 소양을 배양하는 문화교육의 장으로 문화학교(문화교실 포함)를 확대 운영하고, 이의 추진은 지역별, 계층별로 다양한 문화수요 예측에 기초한 문화학교 강좌 및 프로그램을 개발하고, 지역 및 계층 간 문화동호인들을 위해 다양한 프로그램 및 시설 지원 등이 있다. 그리고 대학 박물관, 미술관의 열린 문화프로그램을 적극적으로 권장하고 이를 지원하기 위한 정책으로는 언제 어디서나 자신이 원하는 공연 또는 경기 입장권을 구입할 수 있는 문화서비스 환경을 조성하는 것이 포함된다. 각종 연수, 교육 과정 내에 공연, 전시 관람 등 문화예술 공간, 시설을 직접 찾아가서 참여하는 현장교육 중심의 문화예술 과목 등을 반영하여 문화체험을 확대한다. 문화와 예술은 그 시대의 표징이며 그 사회의 질적 수준을 가늠하게 하는 잣대의 역할을 하고 품격을 나타내는 요소가 된다.

문화복지에서 교육의 중요성을 표현한다면 문화복지 자체가 교육이라고 해도 지나침은 없을 것이다. 왜냐하면 문화복지가 사회복지와 달리 '취향의 형성'이 전제되어야 한다는 사실 때문이다. 즉, 문화를 즐기고 향유하기 위해서는 훈련을 통한 체험적 습득이 필요하다는 것이다. 2011년부터 수요자의 자기선택권을 도입했던 문화이용권(문화바우처) 사업에 카드플러스, 모셔오는 서비스 등의 기획사업이 중요한 역할을 하는 것도 바로 '문화적 취향 형성'을 돕기 위한 문화복지사업의 특성을 반영한 것이라 할 수 있다. 따라서 교육이 전제되지 않는 문화복지는 있을 수 없다.

여기에서 교육이라는 것은 '학교를 넘어서' 글을 읽는다면 이해가 가능할 것이다(홀트, 1972). 이 글의 배경은 타임캡슐을 타고 미래 여행을 떠나고 있는 나를 상상해보는 것으로 시작한다. 내가 도착한 곳은 500년 후의 지적이고 인도적이며 더욱 선진화된 문명세계다. 그곳에 살고 있는 어떤 사람이 나를 안내하면서 자신이 살고 있는 사회에 관해 설명한다. 이를테면 집, 일터, 휴식처 등등이다. 나는 그 가이드에게 묻는다. "그런데 학교는 어디 있죠?" "학교요? 학교가 뭐죠?" 그가 대답한다. "사람들이 무엇인가를 배우러 가는 학교요." "무슨 말씀이신지…, 사람들은 언제 어디서나 배우잖아요." "알아요, 하지만 무엇인가를 가르쳐주고, 또 학습하도록 도와주는 특별한 사람들이 있는 그런 구분된 장소요." "미안하지만 무슨 말씀을 하시는지 통 이해가 안 되는군요. 우린 모두 서로를 도와가며 학습해요. 알고 있는 지식이나 할 수 있는 기술 등등 무엇이든 다른 사람들과 공유하고 있어요. 왜 그것들을 가르치는 특정인이 필요하죠?" 교육이 우리의 삶과 분리되어야 하고, 분리될 수밖에 없는 것임을 그 가이드에게 이해시키는 것은 거의 불가능해 보였다. 이것이 바로 내가 꿈꾸는 탈학교 사회의 첫 번째 모습이다. 학습이 나와 분리된 것이 아니라 내 삶의 일부분이고 더불어 내가 학습의 주인이 되는 탈학교 사회는 더 이상 우리가 수백 년 동안 기다려야 하는 비현실적이고도 사치스러운 이상세계가 아니라 우리가 가능한 한 빨리 그곳에 건너가 함께 부대끼며 살아가고 또 만들어가야 하는 그런 사회다. <학교를 넘어서>라는 강렬한 제목처럼 이 책은 '탈학교'에 관한 이야기를 하고 있다. 아이들이 자기 주도적이며 자유로운 삶을 살기를 바란다면 방법은 단 한 가지뿐이다. 가능한 한 아이를 학교로부터 멀리 떼어놓고, 진정한 배움을 이룰 수 있는 다른 길을 찾도록 도와주는 것이다. 국가가 세운 공립학교에서 이루어지는 많은 문제와 부조리 안에 우리의 아이들을 내버려 둘 것인가? 아니면, 새로운 대안을 찾을 것인가의 물음에서 이 책에 소개된 많은 사람은 후자를 선택했고, 그들의 선택으로 인해 행복과 자신이 원하는 것들을 성취할 수 있을 것이다. 문화복지의 교육은 모든 삶 자체에서 서로 도와가며 학습하며, 함께 공유하는 것이다.

문화복지의 확대를 위한 교육의 필요성을 강조하는 동시에 문화복지 자체가 지닌 교육적 기능에 대해서도 주목할 필요가 있다. 교육을 통해서 문화복지가 실현되기도 하지만 문화복지를 통해 배움과 성장이라는 교육적 기능이 실현될 수도 있기 때문이다.

c·h·a·p·t·e·r 04

문화복지 사례로서의 부모커뮤니티 연구

1. 부모커뮤니티의 문화복지적 성격

제3장 문화복지의 개념화에서 문화복지는 문화와 복지의 복합어로 이론적 근거는 UN인권선언과 헌법 및 문화기본법 이었으며, 한국산 개념으로 1980년대에 시작되었고, 학자들은 어떤 개념으로 설명하고 있는지를 알아보면서, 본 저자는 문화복지 개념을 '문화를 중심으로 시민들의 삶의 질이 윤택해질 수 있도록 자발적이고 주체적 참여를 통해 즐거움으로 상호소통을 강화하여 상호부조를 성취할 수 있는 복지의 선순환의 관계망을 형성하는 것'으로 정의하였다. 이 의미는 문화복지에 대한 새로운 구조인 기본 틀을 만들어 고유영역을 갖게 하는 것이다. 이렇게 하여 실천의 장을 만들어 미래에 나갈 방향을 제시하며 시민의 삶의 질에 기여토록 하는 것이다. 이어서, 문화복지 정책의 변천과정과 정권별 주요 정책사업을 알아보았다. 이는 정권별로 편의 위주로 시행되어 왔다. 그 이유는 법적, 학문적으로 정립되지 못했기 때문이었다. 문화복지의 교육적 가치에 대해서도 알아보았다. 문화복지가 양적 성장 발전에서 질적 발전정책으로 전환이 필요하며, 이러한 발전을 이루기 위하여 문화와 교육관계의 이해가 중요하다고 하였다. 이러한 취지에서 문화복지가 곧 교육 자체이며 교육은 우리의 삶과 분리될 수 없는 것임을 확인하였다.

제4장에서는 본 저자가 제시한 문화복지 개념이 과연 그러한지를 확인하려 한다. 즉, 실제로 문화복지 장의 판을 깔아 보려고 한다. 이 판이란 문화복지 실천에 관한 것으로 문화적 인간과 공동체와 마을인 것이다. 이 개념이 이론적 근

거를 바탕으로 실제 적용 가능한 개념임을 문화복지의 구체적인 실천 사례인 서울시 부모커뮤니티 지원사업의 공동체들을 통하여 검증하려는 것이다. 이 공동체는 문화적 인간이 문화복지를 실현하는 장이며 그 실천적 개인들이 모여 만드는 공동체와 마을이다.

1) 문화복지 실천의 장으로서 문화적 인간, 공동체, 마을

마하트마 간디의 책 <마을이 세계를 구한다>에 나오는 구절에 '미래세계의 희망은 모든 활동이 자발적인 협력으로 이루어지는 작고 평화롭고 협력적인 마을에 있다.'고 하였다. 그러나 우리나라의 마을은 산업화, 도시화가 진전됨에 따라 사회적 연대의 약화와 더불어, 전통적 가족형태가 해체되고, 이웃과의 소통 단절 등으로 인하여 자녀양육 및 돌봄 문제, 교육문제, 청소년 비행문제 등이 사회문제로 이슈화되고 있다. 이러한 사회문제를 해결하기 위해서 가장 효율적인 방법은 지역에서 자조 집단과 풀뿌리 단체들이 자율적으로 주도하는 사회적 돌봄 체계를 형성하고, 공동체 의식의 회복을 통하여 사회적 연대를 강화해야 할 것이다. 이러한 인식하에 서울시에서는 2011년에 기획되어 2012년도부터 부모 커뮤니티의 사업을 진행하였다. 취지는 "서울시에서 마을을 숨 쉬게 하자"며 마을 만들기를 중요한 시정 방향의 하나로 제시했고, 서울 곳곳에서 '마을공동체 만들기'가 한창이다. 함께 '집 밥'을 먹고 책을 읽고 텃밭을 가꾸는 것부터, 아이를 같이 키우고 일자리를 나누고 주거환경을 개선하는 것 등의 마을공동체 활성화가 주요 정책과제이다. "마을공동체 사업은 이웃의 삶을 돌보는 문화를 조성하고 시민 중심의 자치 · 문화 · 경제활동이 순환하면서 일정 수준의 자족이 가능한 삶의 틀이 제시될 것"을 목표로 하고 있다. 이를 위해 서울시는 마을공동체종합지원센터를 만들고, 자치구마다 전담 인력을 두어 마을공동체 운동을 지원하고 있다. 마을공동체 사업이나 부모커뮤니티, 북 카페, 휴 카페 등 공간지원사업도 시작하였고 활동이 활발해지고 있다.

이러한 이유를 김경우(2009)는 오늘날 지역사회는 혈연과 지연을 매개로 하는 공동체가 아니기에 갈등을 조정하거나 합의를 이끌어 내기가 쉽지 않다. 그래서 지역사회 복지는 이러한 새로운 공동체를 형성하는 일에 개입하는 것이며, 지역사회를 단위로 하여 발생하는 사회적 문제, 즉 지역 주민이 당면하고 있는 공통적인 요구나 곤란을 지역사회 스스로가 조직적으로 해결할 수 있도록 도움을 주는 일련의 활동이기 때문이라고 설명하고 있다. 왜 부모커뮤니티를 문화복지의 실천사례로 볼 수 있는가? 문화복지에 관한 전자에서의 설명처럼 문화복지는 여러 가지 특징을 가지고 있다. '문화 민주주의'라는 문화의 토양과 '복지사회'라는 복지 토양이 토대가 되었기 때문에 생성될 수 있었으므로 문화와 복지의 두 축이 함께 나타나는 특징을 보인다. 이 기질적인 특징은 뚜렷한 독자적인 성격을 담고 있다. 이는 문화와 복지의 성격에서 연구되었던 자발성, 주체성, 유의성, 상호부조성 그리고 선순환성이다. 그러나 이 외에도 더 많은 성격적 특성을 찾을 수 있을 것이다.

한성안(2014)은 인간이란 무엇인가에 대하여, "아리스토텔레스에 의하면 인간은 집단을 형성해 사는 사회적 존재로 정치적 존재(호모폴리티쿠스)"로 보았다는 사실은 잘 알려져 있다. 하지만 모든 정치활동을 물질의 결핍만으로 설명할 순 없다. 인간의 또 다른 본능 때문이다. 이는 인간의 진화과정에서 문화적 역량이 선택되었기 때문이다. 다양한 문화적 노하우를 습득할 수 있으며 문화적 역량에는 기존의 문화를 수정하고 새로운 것을 창조할 수 있는 능력도 포함된다. 새로운 문화라 할지라도 그것마저 인간은 쉽게 창조하여 내부화할 수 있다는 것이다." 제도경제학자 앨런 그루치가 호모사피엔스를 '문화적 존재(호모쿨투랄리스)'로 정의한 이유가 이것이다. 이 때문에 인간은 경제적으로 행동할 뿐 아니라 문화적으로도 행동한다. 하지만 문화적 역량이 정치적 행위를 자동으로 유발하지는 않는다. 인간의 이러한 역량은 '교육'을 통해 비로소 실현되며, 행동으로 구현된다. 교육은 인간의 문화적 역량을 선택하여 실현할 뿐 아니라 그것의 내용과 방향을 지시함으로써 실제적 행동으로 구현하기도 한다. 그것은 정치적 행위로 이어진다. 이로써 단순한 호모에코노미쿠스는 호모쿨투랄리스의 본성을 되찾아 새로운 내용의 문화를 지향함으로써 호모폴리티쿠스의 본성으로 회귀하게 되는 것이다."라고 한다. 경형수(2009)는 <문화적 인간>은 비교적 최근에 출현한, 역사의 산물이라고 한다. 이 시대를 문명사적 전환기, 세계화・정보화・환경생태화의 세기, 신자유주의 시대라 부른다면 발원지는 1989년에서 찾아야 옳다. 인터넷의 출현, 복제생명의 탄생, 베를린 장벽의 붕괴를 겪은 해에 인류가 U턴을 시작한 까닭이다. 이를 문명사적 '비약'이 아니라 '전환'이라 말하는 이유도 분명하다. 유네스코의 한 자료를 보면 '발전'이라는 말에 "인간적 요소(즉 문화의 핵심 부분에 해당하는 관계, 신념, 가치, 동기들이 거미줄처럼 얽혀 있는 복합체로서의)의 중요성"이 부가된 것은 1988년이다. 곧이어, 경제를 버리지 않으면서 초월하고자 하는 욕구가 등장하고, 그 개념이 확대된다. "정치적, 경제적, 사회적인 자유에서부터 건강하고, 교육을 받으며, 생산적이며, 창조적이며, 자기 존엄과 인권을 누릴 수 있는 개인의 기회까지 포괄하는 광범위한 능력으로서의 발전을 측정"해야 한다는 문제제기와 함께 사회적 진보를 문화적 조건에서 바라보는 시각이 탄생하는 것이다. 전에는 직접적인 생산 활동이 중시되면서 거기서 발생하는 정치, 그 기반이 되는 경제, 또 거기서 파생되는 사회문제 등이 세상사의 중심이고, 문화는 외곽에서 향유되고 소비되는 부산물로 취급되었다. 그러나 이후 문화는 모든 사회활동에 직접적으로 영향을 미칠 뿐 아니라 새로운 발전을 이끄는 강력한 동력이 된다. 정치나 경제의 수족이 아니라 그것들을 담는 그릇이면서 그것들을 뛰어넘는 무엇이 되는 것이다. 하여, 정치 활동도, 제품의 생산과 유통도, 여타의 사회적 실천까지 문화적 행위들로 구현되면서 그것이 자아실현의 방편으로서 마침내 인간 활동의 수단이 아니라 목적으로 간주되는 틀이 형성된다. 이러한 현상을 식자들은 삶의 '양'이 아니라 '질'을 추구하는 시대로 옮겨왔다고 말하는데, 그래서 출현하게 된 사회적 존재를 '문화적 인간'이라 해두자는 제안을 나는 지금 하고 있는 것이다. 그렇다면 <문화적 인간>은 어떤 모습을 하는가? 생떽쥐뻬리의 <어린 왕자>에는 눈만 뜨면 돈을 세는 사람(경제적 인간), 온 종일 가로등을 켜고 끄는 사람(사회적 인간), 늘 왕으로 추앙받아야 되는 사람(정치적 인간) 등이 나오는데, 그것을 연민하는 행위자로 어린 왕자가 등장하여 말한다. 어른들은 숫자를 좋아한다. 만약 여러분이 어른들에게 "창가에는 제라늄 화분이 있고 지붕에는 비둘기가 있는, 장밋빛

벽돌로 지은 예쁜 집을 봤어요."라고 말한다면 그들은 아무것도 떠올리지 못한다. 차라리 "2만 달러짜리 집을 보았어요."라고 말하는 게 낫다. 이것이 문화적 인간의 독백이다. 이 문화적 인간을 이해할 때 유의할 것은 이들에게서 나타나는 세속적인 현상도 자세히 들여다보면 동기가 대개 자기 존엄에 뿌리를 내리고 있다는 점이라고 하였다. 즉, 인간은 문화적 본능을 가진 존재이므로 경제적 행동뿐 아니라 문화적 행동을 한다. 그리고 문화적 역량은 교육을 통해서 실현되는 것으로 그것이 정치적 행위로 이어지게 되는 것이다. 문화적 본능은 인간에게 공동체를 만들 수밖에 없는 것으로 공동체가 유지되기 위하여 정체 행위로 이어지게 된다고 할 수 있을 것이다.

영어의 community는 지역사회 또는 지역성과 무관하게 특성을 공유하는 집단을 의미한다. 즉 사회적 동질성을 기반으로 하여 결속을 과시하는 개념으로 사용된다고 정의되어 있다. 공동체라는 용어는 누구나 쉽게 그 개념을 이해할 수 있는 것이지만, 힐러리는 이러한 공동체의 공통적 요소로 세 가지를 확인하였는데, 그것은 지역성, 사회적 상호작용, 공동의 유대라는 것이다. 즉, 특정한 지역에 기반하여 그 구성원들이 상호안면성이 높은 상태에서 긴밀한 관계를 형성하고, 자신들이 같은 공동체에 소속되어 있다는 일체감을 갖는 상태를 공동체라 할 수 있다는 것이다(전국 마을만들기 활동가 교육자료집, 한국 YMCA 전국연맹, 2008). 따라서 마을이란 공동체의 세 가지 요소가 갖추어진 집단이 거주하는 공간적 범주를 의미하는 것이라 볼 수 있다. 공동체라는 단어는 친구와 이웃을 의미한다. 또한, 현재 거주하고, 물건을 사고, 일하는 곳을 말한다. 사람은 혼자 살 수는 없는 것으로 우리는 사회생활을 함으로써 더 크고 다양한 단체, 즉 공동체나 민족, 종교단체 또는 정당의 일원이 될 수 있다는 사실이 때로는 큰 위안이 된다. 사실 고대 그리스에서 '정치학'이라는 말은 개인과 가족의 복지를 초월하는 대상에 관여하는 행동으로 이해되었다. 사람들은 남과 관계를 맺고 뭔가를 함께 할 때 자신도 돌볼 수 있다. 그러므로 남에게 좋은 일을 하면 결국 자신의 삶도 개선할 수 있다(리즈호가드, 2006).

부모커뮤니티의 중요성은 살펴보면, 현대사회는 다양성의 범람으로 기존의 가치관들과 유사한 가치관들을 생성하며 인식의 혼란과 함께 오랜 세월 속에 다져진 우리네 삶과 윤리에도 변화를 가져왔다. 좋은 부모가 되려면 부모는 먼저 인간으로서 행복한 삶이란 무엇인지 분명한 인생관을 확립하고 동시에 올바른 교육관을 가져야 한다. 인간으로서 나는 인간과의 관계를 소중히 여기며 현재의 삶에 긍정적이고 감사하는가? 그리고 거기서 기인한 행복감을 경험했는지 무엇보다 가치 있게 관계와 삶을 보았는지 숙고해볼 필요가 있다. 일상생활 속에서 부모는 자녀에게 좋은 모델이 되고 자녀는 가족으로서 소중한 존재감과 일체감을 자연스럽게 학습하는 데 중요하기 때문이다. 또한 부모는 자신이 추구하는 삶과 교육관이 올바른 것인지도 자문하고 검토해볼 필요가 있다. 부모를 위한 도서는 물론 신문, 방송 및 강연에 관심을 가지고 찾아보고 참여하는 열정을 보이며 자녀와 같은 연령대의 부모들과의 모임을 통해 정보를 교환하고 자신의 자녀에 대해 올바른 이해를 하고 자녀지도에 임하고 있는지를 자성해보아야 한다. 이러한 부모로서의 갖추어야 할 기본을 가장 확실하게 경험하고 체득할 수 있는 것은 바로 공동체 속에서 활동을 통한 실천일 것이다. 오마이 뉴스(김낙준 서울시 마을공동체 담당관 인터뷰, 2012. 9. 12)에 "서울시 마을만들기의 기본계획의 내용을 보면, '부모커뮤니티 사업을 시작으로 단계별로 공동체 문화를 전파·확산시켜 간다'고 되어 있다. 가장 쉽기 때문인가?"라는 질문에 대한 답변은 "가장 욕구가 크다. 아이들을 키우는 과정에서, 아이들이 성장하는 단계 속에서 (부모들의) 욕구가 변한다. 어린애들일 때는 돌봄 커뮤니티, 초등학교 가면 방과 후가 걱정이다. 이후에도 대안이 뭐가 있을까 찾게 된다. 작은 단위의 부모 커뮤니티를 토대로, 그것이 성장해서 마을을 형성해갈 수 있다." 즉, 사회적으로 공동체가 갖는 관심이 가장 많은 것이 아이들에 관한 것이기 때문에 결집력이 발휘될 수 있다는 것이다.

긍정심리학자 마틴 셀리그만(2011)은 행복을 구성하는 요소를 다음 세 가지로 꼽았다. 즐거운 삶(한 잔의 포도주), 만족스러운 삶(일, 사랑, 취미), 의미 있는 삶(나보다 더 큰 일에 내 역량을 쏟아 붓는 것, 예를 들면 정치, 종교, 지역사회 활동 등)이 그것이다. 그는 행복하고 충만한 삶을 추구하는 것은 이 세 가지 길중에서 의미 있는 삶이야말로 가장 오래도록 지속하는 기쁨을 선사할 것이라고 한다. 이렇듯 인간에게 진정한 행복이란 공동체 속에서 함께 누리고 보람을 찾을 때 얻는 것으로 개인, 가족, 단체 그리고 사회와 국민 전체가 새로운 촘촘한 그물망을 만듦으로써 행복한 사회를 만들 수 있다고 여겨진다.

'문화발전: Post-MDGs 시대의 과제와 전망'(문화체육관광부 · 유네스코한국위원회 2012)에서, "국제연합(UN; United Nations)을 비롯한 국제사회는 2000년 이후 보건, 성주류화, 교육 등의 8개 영역으로 구성된 새천년개발목표(MDG; The Millennium Develop ment Goals)를 채택하면서, 빈곤(poverty)과 기아(hunger)를 어떻게 극복할 것인지에 대한 논의를 계속해왔다. 과거 수십 년간 이루어진 기존의 빈곤 연구에서는 생산성 같은 경제적인 지표를 통해 빈곤 여부가 평가되고, 이에 따른 물질적인 지원이 주를 이루어왔지만, 환경문제, 문화적 자유 등 외부적 요인들이 주목받기 시작하면서 연구의 흐름 또한 바뀌고 있다. 특히 지속가능한 발전(sustainable develop ment)에 대한 언급은 경제적 성장과 삶의 질을 논의하는 단계를 넘어, 장기적인 발전을 꾀해야 한다는 논의로 이어지고 있다. 따라서 새천년개발목표(MDGs)가 종료되는 2015년 이후의 개발목표(Post-MDGs) 설정은 기존의 시각을 극복할 수 있는 새로운 접근이 필요할 것이다. 이 과정에서 문화는 장기적인 사회공생을 위한 필수요소로 여겨지고 있는 만큼, 문화적 프레임으로 빈곤을 해결하려는 노력들이 시도되어 왔으며 소기의 성과를 거두고 있다고 한다.

정정숙(2010)은 전통적으로 빈곤연구에는 경제적 지원과 원조가 중요했다. 그러나 이를 통해 빈곤의 중요한 문제인 빈곤의 순환, 즉 빈곤의 덫에 빠지는 논리를 설명하기 어렵다. 복지로 경제적 지원이 이루어지더라도 다시 수혜자가 빈곤으로부터 벗어나는 것이 아닌 빈곤에 안주하는 경향도 생긴다. 이런 메커니즘을 설명하는 것이 필요하다. 즉, 단순한 무력감이 아니고 '학습된 무력감'이 생기는 메커니즘을 찾아낼 필요가 있는 것이다. 국제개발 분야에 있어서도 개발도상국에 대한 지원도 단순환 물자나 기호기금을 지원하는 것이 아니라 사회적 환경과 빈곤의 제도 그리고 체계적인 불합리성을 찾아서 이를 해결하기 위한 주민을 각성할 조직을 구성하여 스스로 문제점들을 해결할 수 있는 지원 방안을 모색하고 있다. 이렇듯 공동체에 대한 개발에 있어 문화권을 중요한 것이라고 강조하고 있다.

마을만들기에 있어서도 일회적인 물리적 공간을 설치·개조하는 것에 그치는 경우와 일단 조성된 공간을 통해 주민들의 지속적인 참여가 이루어지는 경우로 나눌 수 있다. 그 차이는 주민조직(공동체)의 유무와 크게 상관된다. 주민조직(공동체)을 통해 마을만들기가 이루어지는 경우에는 그 주민조직을 통해 지속적인 활동이 고민되고 실천되고 있다. 따라서 비록 물리적인 마을만들기라 하더라도 조직적이고 자발적인 주민들의 참여가 전개될 때 마을만들기는 일회적인 물리적 시설의 건설을 뛰어넘어 주민공동체 운동으로서의 의미를 발전시킬 수 있게 된다. 이는 마을만들기가 비록 물리적인 공간의 조성이라는 이슈로 시작된다 하더라도 주민을 공동체로 묶어세우는(주민조직화) 과정을 거치는 것이 중요하다는 것을 의미한다(전국 마을만들기 활동가 교육자료집, 2008).

지금까지 설명된 공동체가 모여서 마을이 만들어지게 되며 이러한 현상을 마을공동체로 표현하게 된다. 이러한 의미에서 여러 마을에 관한 개념이 설명되고 있다. 김기홍(2014)은 “마을은 농촌이나 도시에나 존재하며, 혼자서는 살 수 없는 인간의 특성을 반영한 공간이다. 마을은 함께 거주하는 사람들의 공동체다”라고 하여 인간이 사는 공간으로 공동체를 강조하였다. 농촌진흥청에서 발간한 <농업용 사전>에 의하면 마을이란 “주로 도회지 밖에서 비교적 소수의 살림집들이 구성요소로 하여 한 떼를 이루고 있는 지연단체, 리나 구로 나누어 있거나 그 단체를 이룬 곳”으로 정의되어 있다. 이는 행정조직과의 연관성을 나타내고 있다. 서울특별시 마을공동체만들기 지원 등에 관한 조례(2012.3.15.) 제2조(정의) 2항에는 마을에 대한 정의를 “주민이 일상생활을 영위하면서 경제·문화·환경 등을 공유하는 공간적·사회적 범위를 말한다.”로 표현하고 있다. 이 공간적·사회적 범위에서 가장 중요한 것은 그곳에 사는 주민들의 호혜적 관계망이다. 마을은 인구 2만 명 정도로 구획되어지는 행정 동 하나일 수도 있고, 서너 개 동의 경계를 아우를 수도 있으며, 또는 한 아파트 단지일 수도 있고, 골목 하나를 사이에 두고 인접해 사는 사람들의 터전일 수도 있다.

위의 이러한 정의들은, 마을이란 일정한 지역적 범위에 사는 사람들이 '우리 마을', '우리 이웃'이라는 공통의 정체성과 유대감을 갖는 단위를 의미한다. 따라서 마을은 물리적으로 고정된 지역적 범주를 갖지 않는다. 그보다는 공동체의 범주라고 보는 것이 더욱 타당하다. 따라서 사람들이 같은 공동체의 구성원이라고 느끼는 정도에 따라 그 지역적 범위는 결정될 것이다. 따라서 마을만들기에서 마을이라는 공간적 범주는 지리적으로 고정・불변의 것으로 상정되기보다는 공동의 마을이라는 정체성을 갖는 이들이 살아가는 곳이라는 개념으로 유연화하는 것이 적절하다. 따라서 사람들이 같은 공동체의 구성원이라고 느끼는 정도에 따라 그 지역적 범위는 결정될 것이다.

농산수산식품 외(2014)는 마을이란 동질성을 갖는 공간적 영역, 개인을 연결시켜 주는 친숙함과 접촉, 주변 집단과 구별시켜주는 특별한 기반, 심리적 결합성 혹은 소속감, 특정지역을 공유하는 심리적으로 결합된 사회집단으로 설명하고 있다. 마을만들기의 목적은 첫째, 살기 좋은 삶터를 가꾸는 것으로 주민들이 스스로 생활환경을 가꾸는 활동으로 편의시설, 장소 등을 만드는 것이다. 둘째, 공동체를 구성하여 공유공간의 문제를 함께 해결해 나가는 과정으로 이는 단절된 이웃공동체를 복원하는 것이다. 셋째, 사람만들기로 책임 있는 민주시민을 양성하는 것이다.

다음은 마을공동체에 관한 것으로 마을공동체를 만드는 것은 무엇보다도 '마을사람들'을 만든다는 의미이다. 즉, 사람들 사이의 공동체적인 관계망을 형성하고, 이런 관계망을 보다 깊게 만들어 우리 사회의 개방성을 확대해가는 것이다. 개방성이 우리 사회를 움직이는 중요한 작동원리로서 작용하여 더불어 살아가는 사회를 만들고 삶의 질을 높인다는 점을 서로 확인하며 사회로 확산시켜가는 것이야말로 진정한 마을을 만드는 과정이다. 이 과정에서 주민들이 무언가 함께 실천하기 위한 사업이 필요하고, 사업을 위한 재원이 필요할 수 있다. 그러나 모든 것은 공동체를 만드는 과정으로서만 의의가 있다. 즉, 사업 그 자체가 마을을 만드는 것이 아니라 반대로 사업을 통해 마을사람들이 형성되고 이들이 스스로 마을을 만들어가는 과정, 그 과정을 추동하고 지속하는 것이 마을 만들기이다.

이러한 마을에서의 부모의 역할에 관하여 '부모, 마을을 만들다. 부모커뮤니티 이야기'(2012)의 발간사에는 "한 아이를 잘 키우기 위해서는 모든 마을 사람들이 필요하다" 아이를 키우는 것은 한 가족의 일이기도 하지만, 한 마을의 일이자, 한 사회의 일이고, 한 나라의 일이다. 그러나 이 중요한 일을 정작 제대로 배울 곳은 없지요. 어릴 적 제 고향에서는 마을 당산나무 아래가 '부모님들의 학교'였습니다. 때로는 동네 개울가 어머니들의 빨래터가 학교가 되기도 했지요. 옆집 아이 버릇까지 줄줄 꿰고 있던 마을사람들은 서로의 육아 경험을 공유하고, 고민을 나눴습니다. 그래서 아이 키우는 일이 그리 두렵지가 않았습니다. 그러나 서울에서 아이 키우기는 거의 전쟁과 같습니다. 아이가 어릴 때는 '왜 우는지', '왜 아픈지' 초보 부모는 당황스럽기만 합니다. 아이가 좀 크고 나서는 '학원을 보내야 하는지', '숙제는 어떻게 도와줘야 하는지', '아이에게 휴대 전화는 사줘야 하는지' 매 순간 부모는 선택해야 하고, 자문하게 됩니다. 이 고민을 함께 나누고, 경험 속에서 길을 만들어 나가는 것이 바로 '서울 부모커뮤니티' 입니다."라고 하면서 서울에서의 부모의 고민을 잘 이야기하고 있다. 이러한 개인의 고민을 공동체와 마을의 부모가 함께 해결하고, 전체의 고민거리를 나의 고민으로 생각할 수 있는 영역의 확장을 통한 정감이 오가는 마을공동체로 나아가는 것이다.

유창복(2014)은 마을이 다양한 주민이 살아가는 삶터라면, 바로 이곳이 우리 아이들이 살아가기를 맛보고 미래를 꿈꾸는 교육의 터전이 되는 것이 당연하다. 마을이 학교가 되고, 학교 안에 갇힌 학생이 아니라 학교 담을 넘어 마을을 누비며 공부하는 학생, 교사도 학교에서 상근하는 사람만이 아니라 마을의 주민이, 학부모가 교사가 되는 그런 마을을 꿈꿔보자고 한다. 요즘 사회에서 아이들을 잘 키우는 것이 가장 중요한 일일 것이다. 아이들을 잘 키우기 위해서는 교육 생태계 구축이 필요하게 된다. 따라서 마을이 교육적 환경과 재료로 재구성되고 마을 부모들이 직·간접적으로 교수·활동에 참여함으로써 아이들이 성장할 수 있는 토대가 될 수 있게 된다.

부모커뮤니티의 정책 환경을 분석하면, 마을만들기가 전국으로 확산되고 있는데, 그 이유는 다음과 같다. 첫째, 1995년 지방자치단체 이후 지역자치에 대한 관심이 고조되고 중앙에서 지역으로 분산되는 Top-Down 방식에서 지역의 자발성을 강조하는 수평적 네트워크로 정책방향이 전환되었고, 민선 5기와 6기를 거치면서 진보적인 자치단체장들이 지역자치 정책에 연대를 활성화하면서 서울시의 마을만들기 사업의 대중화가 기폭제가 되었다. 그 후 서울, 수원, 성북구 등 광역-기초지자체 단체장들의 마을만들기 사업이 본격화 되었고 이를 바탕으로 민간 거버넌스 체계를 확립하게 되었다. 그리고 지역 풀뿌리 운동의 확산으로 지역공동체 운동이 소수집단의 공동체 문화수준을 벗어나 좀 더 큰 틀로 확장되고, 생태 · 환경 · 문화 분야에서 지역운동가들의 활동이 근간이 되어 지방자치시대를 맞아 지방자치단체의 긍정적인 연대를 확대해 나가고 있다.

부모커뮤니티를 보다 정확히 이해하기 위해서는 운영주체에 관하여 알아야 한다. 공동체를 구성하는 데 필요한 주체는 지역주민과 행정 그리고 활동가로 구분된다. 각각에 대해 설명하면, 지역주민은 지역의 주체이면서 공동체를 체험하는 당사자이다. 그러므로 주민들의 자발적인 참여가 있어야만 지속적이고 독창적인 운영이 가능하므로 지역주민은 가장 중요한 주체이다. 특히 중요한 것은 주민들이 자신의 공동체 문제를 스스로 결정하고 타결하는 참여민주주의의 훈련과 주민자치능력이 뒷받침되어야 한다. 최병두(2006)에 의하면, 현재 상황에서 주민들 스스로 주체로 설 수 있는가의 문제가 제기된다. 기존의 지역을 대표한다고 하는 조직들(관변단체, 아파트 자치회, 부녀회, 청년회, 동대표 회의)은 개방적인 조직이라고 평가받지 못하고 있다. 따라서 주체의 형성은 매우 중요한 핵심과제라고 지적하고 있다.

지방정부 및 행정은 생활환경에 대한 시민들의 관심과 자율적인 활동조직을 지원하며 행정적 매개체 역할을 할 수 있다. 지침을 내려주는 관청이 아닌 아래로부터 주민이 최대한 창조성과 자발성, 공적인 역량을 발휘할 수 있도록 지원, 보조하는 역할이다. 그러나 이 역할을 철학적 비전이나 이해 없이 도식적으로 이해하면 자칫하면 단체장의 치적 쌓기의 일환으로 추진되는 경우가 많다. 그러나 이 역할은 지역의 특성을 제대로 파악해 지역사회자원을 적재적소에 활용할 수 있도록 할 수 있고, 현실과 제도를 절 적용할 수 있도록 지원해주는 매우 중요한 역할이라고 할 수 있다.

활동가는 흔히 마을리더라고 부르는 사람들로 공동체 활동의 핵심인력(Key person)이다. 지역현장성을 갖춘 전문코디네이터이면서 다양한 이해집단의 갈등을 조정, 협력을 유도하는 역할을 수행한다. 이들은 지역공동체 형성을 위해 지역에 들어가 주민조직을 만드는 방식을 선택하는데, 마을조직을 직접 운영하거나 간섭하지 않고, 단지 주민들의 조직운영을 촉매, 중개하거나 조언 자문하는 역할에 머무를 때 비로소 지역공동체가 성공할 수 있다고 평가된다. 이들은 신뢰, 호혜성, 상호협력 등을 통해 공동체적 전략과 행동을 추진함으로써 지역에 주체를 세우는 일, 주민주도형 시스템을 구축하는 일을 한다.

이호(2008)는 마을만들기에 관하여 다음과 같이 설명하고 있다. 우리 사회에서 최근에 마을만들기라는 용어가 지역사회의 중요한 실천으로 고려되고 있는 이유는, 지역주민들이 지역사회의 주인으로서 스스로 자신들이 사는 곳을 살기 좋은 곳으로 변화시킬 필요성이 제기되고 있기 때문이다. 그것은 지금까지 지역사회의 주인인 주민들이 정작 주인으로 대접받지 못하고 또는 주인의 권리와 책임을 지지 못하며, 지역사회의 변화와 발전에 수동적인 존재로 전락해 있었던 것에 대한 반성에서 기인한다. 즉, 지역사회 운영의 주체는 행정 또는 정치권력을 지닌 소수였고, 주민들의 경우 기껏해야 이들이 세워놓은 계획에 대해 반대 또는 일방적 요구만을 하는 것에 불과했다는 반성이 제기된 것이다. 이러한 반성은 수동적인 참여로는 결코 주민들이 원하는 지역사회, 마을이 형성되고 발전되지 않았다는 것에 근거를 두고 있다. 마을만들기는 그런 점에서 주민들이 스스로 지역사회의 발전을 주도하려는 시도라 할 수 있다. 이는 비로소 지역사회의 주인이 주인으로서의 자기 모습을 찾아 나가는 과정이라 할 수 있겠다. 즉, 마을만들기는 지역주민들의 자발적인 참여를 통해 마을을 주민들의 입장에서 건설하겠다는 것이다. 그런데 마을만들기는 보통 특정한 물리적 시설을 만들거나 개선하는 것에서 출발하는 경향이 많다. 그래서 많은 이들은 이러한 실천 활동 자체를 마을만들기라 여기기도 한다. 이런 차원에서만 본다면, 실상 현재 정부에서 추진하는 '살기 좋은 지역만들기'와 '마을만들기'의 차별성은 그리 크지 않을 수 있다. 하지만 마을 만들기는 이러한 과정을 통해 정이 흐르는 공동체, 즉 '마을'을 만든다는 뚜렷한 목표지향이 있다. 그런 점에서 마을만들기는 주민들의 자발적 참여, 주민들 스스로에 의한 대안 만들기, 그리고 이를 통한 마을의 형성이라는 목적을 실현하는 과정으로서 의의를 가진다는 것이다. 이호는 마을만들기에 있어서 자발성과 주체성의 중요성을 제시하고 있다. 도정현(2013)도 문화융성에 필요한 생태는 자율성과 자발성이 핵심가치라고 주장하고 있다. 그의 주장을 인용하면, '문화융성의 조건'에서, 우리나라의 문화융성을 위한 생태환경의 조성에서 가장 중요한 것은 민의 자율성과 자발성이라는 두 개의 핵심가치다. 국가가 나서서 어떤 문화를 만드는 경우도 없지 않지만, 문화를 생산하고 누리고 가치를 판단하는 제1의 행위자는 관이 아니라 민이다. 이 대목에서 우리가 강조해야 할 두 번째 주요 정책적 의제는 문화영역에서 '민의 자율성'을 어떻게 최대한 존중할 것이냐는 문제, 그리고 '민의 자발성'을 어떻게 고무·자극·지원할 것이냐는 문제다. "모든 문화 프로그램과 문화 활동의 사활을 결정하는 것은 활동을 전개하고 사업에 참여하는 사람들의 자율성과 자발성이다. 자율성은 문화 활동의 전 과정에 요구되는 기획과 판단, 선택과 실행의 자율성이다. 또 자발성이라는 것은 문화 생산과 활동의 전 과정에 필요한 참여와 결정의 자발성이다. 민의 자율성과 자발성이라는 두 가지 원칙이 존중되지 않는 곳에서는 창조적 아이디어가 나오지 않고 열정이 있을 수 없고 '흥'이 생겨나지 않는다. 문화는 강제의 영역이 아니다. 지시·명령·복종의 관계만 강조되는 곳에서 문화는 융성은커녕 위축·쇠퇴·실패를 자초한다."고 지적하였다. 즉, 자발성이란 문화 활동 전 과정에서 필요하며 자발성이 없다면 창조적 아이디어나 열정이 있을 수 없다는 것이다.

이창환(2014)은 '마을은 자발성에서 만들어진다'라는 울산저널 강연에서 "가장 결집력이 강력한 주민 모임은 아이들에게 필요한 것을 해결해주는 부모 모임이다라고 하면서 '성미산 마을도 어린이집을 만드는 부모 모임에서부터 시작된 것도 우연이 아니다'라고 이야기하였다. 아이 때문에 마을이 시작되었고, 마을이 아이를 키웠다고 회고하면서 성미산 마을이 공동체로 성장하는 과정을 설명하였다. "사람들이 필요로 하는 것을 국가와 시장이 해결해주지 않으면 스스로 해결해야 한다."라면서 "성미산 마을의 시작은 국가와 시장이 해결해주지 않은 영역을 필요로 하는 사람들이 해결하려 하면서 시작됐다."고 밝혔다. 그는 이어서 "마을만들기는 주민의 자발성이 가장 중요하다. 자발성이란 '우리 마을에 뭐가 있었으면 좋겠어.' 라고 생각하는 것에서 머무르지 않고 '내가 나서서 해볼게.'하는 것"이라며 "자발성이 없으면 행정에 의존하고, 전문가에 의존하면서 모임이든 마을이든 행정, 전문가가 빠지는 순간 지속하지 않는다."고 강조했다.

지금까지 문화복지 실천의 장으로서 문화적 인간, 공동체 그리고 마을에 관하여 여러 개념들을 알아보았다. 문화적 존재(호모쿨투랄리스)란 인간은 문화적으로 행동한다. 인간은 교육을 통해서 실제적 역량이 행동으로 구현된다. 그리고 이것은 정치적 행위로 이어지게 된다는 것이다. 인간은 문화적 존재(호모쿨투랄리스)이므로 공동체를 형성하게 되는 것이다. 왜냐하면 공동체는 사회적 동질성을 기반으로 하여 결속을 과시하는 친구와 이웃으로 사람은 혼자 살 수 없으므로 사회생활을 하게 됨으로써 더 큰 다양한 단체의 일원이 되기 때문이다. 이러한 공동체가 모여 마을이 만들어지게 되는 것이다. 마을만들기는 좋은 삶터를 가꾸는 것으로 단절된 이웃공동체를 복원하고 책임 있는 민주시민을 양성하는 것이다. 따라서 문화적 존재, 공동체, 마을은 문화라는 키워드와 연관되어 분절되지 않는 하나의 복합된 문화복지의 장으로서의 판인 것이다. 서울시는 박원순 시장 취임과 더불어 마을만들기를 시작하였다. 마을만들기에는 돌봄지원, 마을숲가꾸기, 아파트 마을공동체, 부모커뮤니티 등 35개 마을공동체 지원사업으로 구분된다. 즉 문화적 존재, 공동체, 마을이라는 커다란 그림을 그리고 있다. 본 저자는 이러한 서울시의 밑그림에서 부모커뮤니티가 사례연구에 있어 적합한 가능성이 있다고 판단하였다.

그 이유로, 먼저 부모커뮤니티는 여러 관념 속에서 공통적으로 관통되는 요소를 찾아 종합하면 자발성, 주체성, 유희성, 상호부조성, 선순환성이 모든 사회에서 가장 관심을 두는 보편적인 생각 체계로 설명될 수 있다고 생각되었기 때문이다. 그 다음은 실천사례의 유형으로 적합한 가능성이 있다고 판단한 것은 첫째, 부모커뮤니티의 활동은 관 주도의 하향식(top-down) 사업이 아니다. 부모 스스로가 자발적으로 모이는 공동체로서 부모들이 스스로 사업의 방향을 선정하여 제안하는 상향식(bottom-up)인 주체성 성격을 가지는 것이다. 즐거운 마음으로 동참하여 상호부조를 통한 기능재부로 일회성이 아닌 지속가능한 선순환 구조로 자녀들의 성장을 책임지는 것으로 문화복지의 기본 틀과 일맥상통하고 있다는 점이다. 둘째, 대부분 복지사업은 노인, 청소년, 장애인 등을 위한 대상화 사업이다. 그러나 부모커뮤니티 사업은 대상이 중요한 것이 아니라 누구라도 커뮤니티가 되어 커뮤니티들이 모여 조직이 만들어지고, 주기적으로 만나서 밥도 함께 먹고 차도 마시면서 즐거운 일이 생겨나서 모임이 잘되면 동네가 밝아지고 더 나아가 마을에 대한 필요한 일이나 어려움도 해결이 가능한 순기능적 역할을 하기 때문이다. 셋째, 지금까지 복지사업의 실천에 있어서 가장 우선시 되는 것이 예산이었다. 사업의 진행은 예산과 관련이 있고 중요한 요소인 것이다. 예산이 없으면 사업의 진행이 곤란하다. 그러나 부모커뮤니티 사업은 예산의 유무에서 자유로울 수 있는 있는 것으로 다양한 모임이 계속될 수 있는 지속성 사업이기 때문이다. 공동체에서 일차적으로 중요한 것은 이 모임이 만들어지는 것이 중요하며 예산의 확보는 이차적인 문제인 것이다. 넷째, 부모커뮤니티 사업이 의미가 있는 것은 마을의 자조적인 조직을 만드는 것으로 마을살이가 재미있도록 기본 환경을 만드는 것이다. 삶의 질을 향상하는 것으로 즐거움을 느끼고 모두가 참여할 수 있는 토대를 만들고, 즐거움을 통한 목표 달성을 위한 소통과 나눔의 경험을 갖도록 하는 것이다. 이 사업의 시행은 초기단계로 이것이 개념화되고 확산하기 위해서는 마을공동체에 주민의 자조적인 노력을 기본으로 이를 이끌어 갈 수 있는 마을 활동가가 있어야 하는 것이다. 공공기관이나 전문단체에서는 최소한의 지원만 필요하다. 부모커뮤니티는 이러한 주민, 활동가, 공공기관과 전문단체가 잘 조직된 접근으로, 물고기가 필요한 사람에게 고기를 주는 것이 아니라 가장 필요한 고기를 잡는 방법을 교육한다는 점에서 문화복지와 맥락이 같이 하기 때문이다. 이러한 이유에서, 부모커뮤니티 사업은 전통적인 사회복지와 차별화되고 여러 성격에서 문화복지와 유사한 기본 틀을 가진 사례로 판단하여 결정하였다.

2) 부모커뮤니티 사업의 개요

서울시는 '마을공동체 만들기 지원 조례'를 공포하여 사업 근거를 마련하였으며 서울시 마을공동체종합지원센터가 업무를 관장하고 있다. 마을공동체 만들기는 주민들이 원하는 사업을 구상해서 시나 자치구에 지원을 신청하면 사업 심사를 거친 후 예산을 지원하는 형태로 진행된다. 서울시가 정한 35개 사업에 포함되지 않는 일이라도 지원 가능하며, 연중 수시로 접수한다. 서울시에 지원을 신청할 수 있는 마을의 규모는 주민들이 서로 얼굴을 알고 소통이 가능한 범위로 인원이나 행정구역 제한은 없다. 서울시는 "마을공동체는 주민들이 모여서 무엇이든 같이 일을 하고 시간을 나누기 시작하면서 만들어지고 커진다"며 "서울시는 주민들이 모일 계기를 제공하고 최소한으로 지원하는 역할을 할 것"이라고 이 사업의 운용방안을 제시하여 시행하고 있다. 서울시 부모커뮤니티는 마을공동체 만들기의 하나로 시행되는 것이다.

이 책에서 말하고 있는 부모커뮤니티란 부모라는 동질성, 그리고 자녀와 관련된 공통 관심사를 가진 집단을 의미하는 것이다. 주체는 지역에 거주하고 있는 부모이며, 대상은 부모, 자녀, 지역주민 모두이다. 목적은 자녀양육 및 교육문제에 대한 고민을 함께 나누고 해결하는 것으로, 부모교육 및 역할 배우기와 실천활동, 부모들의 대안교육 활동(방과 후, 재능 나눔 교육 등), 아동 정서 함양 등을 위한 정보교류 및 활동, 소모임 활동가를 위한 역량개발 교육 및 활동 돌봄계층 지원 활동 등이다. 즉, 부모커뮤니티는 지역에 거주하고 있는 부모들이 자신의 자녀를 포함하여 지역에 사는 모든 자녀의 양육과 교육문제에 대한 고민을 함께 공유하고 대안을 모색하는 자조 모임이라고 할 수 있다.

서울시의 2015년 부모커뮤니티 활성화 지원사업 추진공모(서울특별시 공고

제2015-374호)의 개요를 살펴보면 다음과 같다. 기본방향은 주민제안형으로 하향식 공모가 아닌, 주민이 필요한 사업을 주민이 먼저 제안하는 상향식 사업이다. 상시 지원형으로 언제나 지원 가능하다. 재정지원은 필요한 최소한의 예산을 지원한다는 것 등이다. 제안절차는 사업제안(신청)을 주민이 직접 하게 된다. 제안사업 심사 및 선정 시 심사기준은 사업의 적정성 및 수행능력, 예산의 적정성, 기대효과 등이다. 심사방법은 '주민심사제'로 최종 심사 선정으로 지원 대상 및 지원금액이 결정된다.

위에서 살펴본 지원개요처럼 서울시 마을공동체 사업은 서울 시민들이 각자의 마을에서 커뮤니티를 형성하고 활동하며 마을의 문제를 해결하기 위한 다양한 활동에 대한 지원사업이다. 마을이 형성되기 위해서는 주민들의 다양한 커뮤니티 형성이 우선되어야 한다. 커뮤니티를 통해 협력의 즐거움과 연대의 기쁨을 경험하여야 마을살이를 할 수 있기 때문이다. 공간적 범위에 따라 연결된 커뮤니티들이 각각의 이해가 아닌 마을의 필요를 위해 협력하는 것이 필요한데, 이상의 모든 과정에 대한 행정적・재정적 지원이 서울시 마을공동체 사업이다. 마을만들기의 핵심적인 내용은 주민이 마을공동체 활동의 주체가 된다는 점이다. 큰 규모의 예산지원이 아닌 소규모의 예산(150~500만원 이하)으로 커뮤니티 형성과 활동을 지원하고, 지원과 활동의 내용을 규정하지 않고 주체의 능력과 필요에 따르는 자유로운 상향식의 '주민제안사업'이다. 그러나 보다 중요한 의미는, 과거에는 마을공동체의 여러 주제 중 지역이라는 주제에 기반을 둔 비중이 컸다면 지금은 지역을 초월해 다양한 흥미를 중심으로 마을공동체가 형성되고 있다는 것이다(세계일보 칼럼, 2014. 9. 24). 과거보다 교통수단이 발달하고 인터넷까지 발달하면서 지역을 초월한 다양한 주제가 활성화되었다. 그렇다면 부모커뮤니티의 최종 목적은 자식 교육일까? 다수의 마을공동체 활동가(커뮤니티 디자이너)들은 고개를 내젓는다. 왜냐하면 부모커뮤니티란 마을공동체 조성을 위한 수단이기 때문이다. '최고의 결과물은 함께 문제를 해결하는 친구, 동료와의 관계'라며 그래야 더 어려운 문제를 해결할 수 있고, 커뮤니티가 탈바꿈하며 향후 마을공동체의 다양한 문제를 해결할 수 있다는 것이다.

이렇듯 부모커뮤니티는 단순한 자식 교육을 넘어 이를 수단으로 관심을 공유하는 친구, 동료의 관계성을 가지면서 어려운 문제를 해결해 나가는 역할을 기대하고 있다. 그러므로 관 주도가 아니라 주민주도형의 사업으로 서울시에서는 최소한의 지원만을 목표로 하고 있으며, 사업자 선정도 주민이 사업을 제안하는 방식으로 진행되는 것이며, 주민들의 주체적 능력에 따라 운영하는 방식이다.

부모커뮤니티 사업 원년부터 줄곧 교육전문가 신분으로 사업자 선정의 심사위원으로 활약한 하태욱(2014b)은 “최근 서울시의 ‘부모커뮤니티 활성화사업’에 심사위원으로 참여했다. 우연한 인연이 닿아 교육전문가라는 자격으로 이 사업의 초기부터 함께하게 되었지만 그 의미를 보면서 애착이 매우 높아진 사업이다. ‘부모커뮤니티 활성화사업’은 서울시가 마을 만들기 사업의 일환으로 지역 내 부모들의 자조적 모임 및 활동을 발굴, 육성, 지원하고자 2012년부터 시작되었다. 풀뿌리 자조 모임에서부터 지역 내 기관 연계 모임까지 부모 및 자녀교육, 아이들의 정서함양 및 건강 증진을 위한 정보교류 및 프로그램 활동 등에 초점을 맞춰 400~500여만 원을 지원해왔다. 첫해에는 114개 커뮤니티가 지원했던 것이 3년 차인 올해는 244건 접수에 106건 선정으로 규모와 호응이 커졌다.

올해 심사를 하면서 특별히 흥미로웠던 부분은 새롭게 변화된 심사방식이었다. 주민이 직접 심사에 참여하는 민주적 결정구조를 위해 최근 유행하는 오디션 프로그램과 유사한 방식을 도입한 것이다. 인접 자치구 별로 10~20여 개의 지원 커뮤니티들을 한 자리에 모아놓고 각자 자신들의 커뮤니티와 지원 사업에 관해 설명하면서 합격을 호소하는 방식이었다. 다양한 사람들의 다양한 이야기를 듣고 있노라니 그 자체로 한판 흥미 있는 놀이판이자 서로가 서로에게 열리는 배움의 장이 되었다. 발표를 들으면서 재미있게도 이 사업의 제목인 ‘부모커뮤니티 활성화 사업’ 중에 각자 방점을 찍고 있는 단어가 다르다는 것을 발견했다. 어떤 제안자는 ‘부모’에 방점을 찍어 사업 내용이 온통 자녀교육에 집중되어서 방과 후 프로그램이나 심지어 사교육 프로그램과 어떤 차별성이 있는지 찾기 어려웠다. 또 다른 제안자는 ‘사업’에 지나치게 방점이 찍혀있어서 제출된 계획서는 흠잡을 데가 없었지만, 제안자 자신이 하고 싶은 사업을 커뮤니티라는 외형으로 포장한 느낌이 너무 강했다. 특히 지역의 복지관이 등 기관들이 중심이 되어 제출한 제안서들은 이전에 그 기관에서 하던 사업들과 별반 다르지 않아 보였다. 심사를 하면서 필자가 찍은 방점은 '커뮤니티 활성화'였다.

이 사업의 가장 큰 가치는 그것이 풀뿌리 '커뮤니티'를 '발굴·육성하여 지원'한다는 사실에 있다고 보았기 때문이었다. 만약 커뮤니티가 형성될 가능성만 보인다면 그 쓰임새가 하찮아 보여도 얼마든지 지원해야 한다는 것이었다. 이 부분에 대해 가장 큰 반발은 '봉사'를 주제로 잡은 제안자들에게서 나왔다. 커뮤니티라면 예를 들어 자기들 밥값, 찻값은 스스로 당연히 내야 하는데 어찌 소외계층을 돕겠다는 자신들에게는 빡빡한 잣대를 들이대면서 저희끼리 놀러 다니겠다는 사업에는 후한 평가를 보이느냐는 항변이었다. 물론 우리 사회에 여전히 소외된 영역이 많고, 이들을 돕는 것이 불필요하다는 뜻은 아니었다.

그러나 복지가 지나치게 '시혜'의 형태로 만들어질 경우 여러 가지 폐해가 나타날 수 있다. 수혜자가 혜택에만 의존하여 자립할 수 없거나 혜택이 미치지 못하는 사각지대도 늘 존재한다. 또한, 예산이 줄거나 끊기면 더는 혜택을 줄 수 없다는 한계도 있다. 결국, 공적 자금으로 만들어 나가는 것에는 한계가 있다는 뜻이다. 공적 자금보다 더 중요한 것은 돌봄의 공동체가 형성되어 있느냐의 문제다. 서로서로 돌보는 풀뿌리 공동체가 만들어진다면 공공의 복지 혜택은 이를 더욱 풍성하게 자라게 할 자양분이 되지만 공동체 없이 쏟아 부어지는 공적 예산은 밑 빠진 독에 물을 붓는 격일 수 있다. 따라서 공적자금 일부를 지역의 풀뿌리 공동체를 발굴·육성하는데 쓰는 것은 우리 사회의 그물망을 더욱 촘촘하게 짜는 중요한 정책이 될 것이다. 우리가 동네에서 모여 재미있고 즐겁게 살다보면 그렇지 못한 이웃들에게 눈을 돌리게 되는 것은 자연스러운 진화가 될 것이다. 또한 '마을이 아이를 키운다'고 했을 때 그 아이를 키우는 것은 행정구역으로서의 지역이 아니라 촘촘하게 짜인 관계망이다.

대전에서도 얼마 전 '좋은 마을 만들기'라는 사업공모가 있었다는 소식을 들었다. 대전 곳곳에서 더 많은 공동체가 더 촘촘해진 관계망으로 신나고 즐겁게 살 수 있었으면, 그리고 그 힘으로 주변에 도와야 하는 사람들을 함께 챙길 수 있었으면 좋겠다."라고 강조하였다.

이러한 관점으로 부모커뮤니티를 바라본다면 문화복지의 기본 틀인 자발성, 주체성, 유희성, 상호부조성, 선순환성의 실현이 가능할 것이며 지역사회에 촘촘한 돌봄의 관계망이 만들어 질 수 있을 것으로 기대 된다.

3) 부모커뮤니티의 문화복지적 성격

서울시 부모커뮤니티 사업은 시대적인 트렌드인 문화 적용과 사회적 문제 해결을 위한 복지의 어려움에 대한 극복방안을 찾을 수 있는 사례이다. 서구사회와 마찬가지로 우리 사회도 산업화가 시작되면서 사회복지정책의 추진 과정에서 공공성은 정부의 전유물이 되었다. 이러한 하향적 공공정책은 복지국가의 재정 압박으로 인한 재정의 고갈로 급격히 추진력이 상실하게 되었다. 더욱이 신자유주의의 파고는 경쟁 자체를 무의미하게 하는 강자독식의 사회로 변화되었고 사회안전망은 민영화라는 이름으로 시장으로 내맡겨지고 급기야 개인의 책임으로 떠넘겨지고, 최소한의 사회보장적 장치에 구멍이 뚫리게 되었다. 이른바 공공성의 한계, 공공성의 해체라는 공공성의 위기 상황이 벌어졌다. 정부가 주도하는 마을만들기는 이러한 공공성의 위기를 배경으로 추진된다. 공공성의 위기 대안으로 정부가 구축하고자 하는 공공 영역을 마을이라는 생활체계로 하향화시킴으로써 공공(복지)정책의 체감도를 높이려고 하고 있다. 아울러 정부의 재정 지원이 단절 또는 축소되더라도 마을에서 자율적인 자원 조달이 이루어져 지속성을 갖게 할 수 있다는 점도 기대하고 있다. 그런데 정부의 관 주도적 행정관행이 근본적으로 변화지 않은 채 집행됨으로써 이른바 마을만들기라는 하향식 마을정책이 시민적 공(公) 영역을 창출하는 데 실패하거나 오히려 방해하는 문제를 야기하고 있다. 이렇게 국가가 생활체계에 기초한 공(共) 영역을 창출한다는 것은 국가 주도 공공성의 위기를 극복하기 위한 유력한 대안으로 강구된 것이다. 그럼에도 국가 주도의 마을만들기가 관 주도의 부작용을 야기함으로써 문제를 해결하지 못하고 있다.

유창복(2014)은 마을공공성은 국가가 주도하는 공 영역의 창출과는 달리 시민·주민이 마을이라는 일상적인 생활 속에서 생활의 필요를 중심으로 주민이 주도하여 자발적이고 주체적으로 사업을 전개하여 협동적 실천을 해나가는 것이 바로 마을공공성을 구축하는 과정이다. 이것이 마을만들기라고 주장하였다..

저자가 마을만들기 중 부모커뮤니티를 선정한 이유는, 가장 주민들에게 관심이 많은 것은 자녀의 교육문제이기 때문이다. 이러한 연유로 부모커뮤니티를 연구 대상으로 삼았는데, 이는 마을만들기에 가장 많이 적용할 수 있는 사례이며, 장차 정책 활용에도 도움이 될 것으로 판단하였기 때문이다.

이런 의미로 볼 때 부모커뮤니티를 통하여 문화복지의 쟁점이 되는 여러 분야를 비교하고 확인할 수 있는 기회가 될 수 있을 것이다. 마을이라는 공동체에서 부모, 아이들, 공동체, 그리고 행정기관이 만나서, 문화와 복지가 융합되어 문화복지로 추동되면서 새로운 사회적 의미를 만들어가는 과정을 확인할 수 있을 것이다. 그리고 이러한 과정 속에서 각각의 갈등을 해소하고 여러 모양의 대안적인 모델을 개발하여 삶의 질을 향상시켜 나가는 사례를 분석함으로써 문화복지의 진정한 모습을 찾아 볼 수 있을 것으로 기대하였다.

부모커뮤니티의 문화복지적 인식을 연구하는 것은 서울시의 부모커뮤니티와 문화복지의 관련성에 대하여 고찰하여, 부모커뮤니티가 왜 문화복지 사례로 볼 수 있는지를 분석함으로써, 향후 문화복지 활성화 방안의 기초 및 참고 자료로 활용하기 위한 것이다. 따라서 3절에서 심층면접 분석을 통하여 이를 짚어볼 것이다.

부모커뮤니티는 사회의 가장 관심이 집중되는 자녀교육을 위한 부모들의 모임으로 이의 주체는 부모와 아이들은 물론 시민 모두의 공통적인 관심사이다. 물론 관에서도 결코 소홀할 수 없는 중요한 가치가 되는 것이다. 이는 같은 뜻을 가진 사람들의 모임 공동체로서 그 의의와 목표가 문화복지가 실현하고자 하는 방식과 많은 공통점을 가지고 있다. 그러나 부모커뮤니티가 마을만들기의 일환으로 시행되는 것으로 그 규모를 한정한다면 문화복지는 그 자체가 세상을 변혁하고 삶의 질 향상에 기여하는 문화와 복지의 융합으로 보다 큰 밑그림을 가지고 있다. 왜냐하면 문화복지는 개인에게서 국제적인 문제까지 확장될 수 있을 뿐 아니라 「문화기본법」에 제시된 것처럼 헌법, 국제 규약에 제시된 권리의 구체화 필요와 문화진흥을 위한 정책목표와 정책수단으로 확보와 문화의 가치와 위상 확대로 삶의 질을 향상시키는 것이기 때문이다.

지금까지 설명한 서울시 부모커뮤니티에 관한 내용을 이해하려면 인문학에 대한 이해가 선행되어야 한다. 왜냐하면 문화복지가 가지는 속성을 이해하여 이의 본질적 역할을 아는 것이 필요하기 때문이다.

김경집(2014)은 인문학에 대하여 주장하기를, "우리는 많은 학문을 배우고 있다. 역사, 철학, 문학, 경제학, 과학 등 아무리 다양한 분야의 많은 지식을 지닌들 그것을 엮고 짜는 능력이 없으면 소용이 없는 것이다. 전문적이고 특정한 분야의 지식은 기능적 지식일 뿐이다. 내 삶의 주체는 나이므로, 내 삶은 기능적으로 이루어질 수는 없다. 인문학은 인간이 주체가 되어 능동적으로 다양한 분야의 지식들을 인간적으로 해석해보고 결합시켜서 새로운 의미의 가치를 창출해 내는 힘을 길러주는 시너지를 제공한다. 그러므로 인문학의 정신은 인간과 삶, 그리고 세상에 대한 부단한 관심과 지식, 그리고 경험들을 탐색해야 하고 주체적 자아로서의 나로 수렴되고 실현되는 방식을 찾아내도록 하는 것"이라고 한다. 이를 다른 말로 풀이한다면, 아무리 맛있는 음식이라도 차려진 밥상만 받다 보면 제힘으로 음식을 만들 수 없다. 만약 음식을 차려줄 사람이 없다면 꼼짝없이 굶어야 한다. 여러 식재료가 어울려 새로운 음식이 만들어지듯이 지식도 마찬가지다. 지식과 경험이 소통되고 새로운 지식을 만들어 내거나 새로운 의미를 발견해 내지 못하면 그것은 지식의 냉장고일 뿐이다. 인문학이란 접시에 잡은 고기를 올려주는 것이 아니라, 그물 만드는 법을 가르치거나 그물을 줘서 스스로 고기를 잡을 수 있도록 해주는 것이다. 우리에게 지금 절실하게 인문학이 요구되는 건 현대사회에서 갈수록 중요해지는 융합지식의 필요성 때문이며, 또한 주체적인 자아를 실현하는 데 큰 도움을 주기 때문이다. 이런 의미에서 문화복지는 인문학 성찰이 요구되는 것으로 부모커뮤니티에도 같은 적용이 필요하다고 할 수 있다.

부모커뮤니티의 문화복지적 인식을 연구하는 것은 서울시 부모커뮤니티와 문화복지의 관련성을 고찰하여, 부모커뮤니티가 왜 문화복지 사례로 볼 수 있는지를 분석하는 것이다. 이를 통하여 향후 문화복지 활성화를 위한 기초 및 참고자료로 활용하기 위한 것이다. 지금부터 심층면접 분석을 통하여 이를 짚어볼 것이다.

4) 부모커뮤니티 사업의 교육적 가치

마을교육공동체란 마을을 기반으로 교육을 실천하는 공동체를 의미한다. 전장에서 마을과 공동체 그리고 교육에 관하여 설명하였다. 여기서는 세 단어가 무엇을 이야기하려고 하는지에 대한 사회적 맥락을 더 짚어 보기로 한다.

유창복(2013)은 마을에 관하여 “생활의 필요를 함께 해결하는 과정에서 형성된 이웃들의 관계망”이라고 정의하였다. “애들 내놓고 다 같이 키우며 사는 이야기를 수다로 풀다가 문제가 생기면 함께 고민하고 대안을 찾아 실행하는 이웃들의 관계망”이라고 하였다. 이러한 관계망을 만들기 위한 부모커뮤니티 사업의 교육적 가치는 사업주체(참여자)의 교육, 문화의 교육적 기능, 평생교육적 관점에서의 지역사회 교육과 상호교육, 그리고 교육 주체성 확보로 생각할 수 있을 것이다.

사업주체(참여자) 교육이란 사업을 주체하는 참여자들이 깨어 있어야만 그 사업이 성공할 수 있듯이 사업주체의 교육이 우선되어야 한다는 것이다. 따라서 사업자로 선정되면 곧바로 참여자들에게 사전교육을 하고 주기적인 마을공동체 교육을 진행하게 된다. 그리고 컨설팅이나 이에 필요한 교육을 지속적으로 하게 되는 것이다. 이호(2012)는 참여자의 역량 강화가 마을만들기에 있어 중요한 것은 그 실천을 통해 주민들의 공동체 의식을 강화하고, 더 나아가 지역사회의 주인으로서 자신들의 위상과 역할을 인식하고 이를 실천하도록 하는 민주시민 교육 및 훈련의 장이 될 수 있다는 것이다. 자신들이 지역사회에 잠깐 ‘빌붙어’ 살고 있는 사람이냐 아니면 진정한 주인이냐 하는 것의 위상과 역할의 차이는 가옥주와 세입자의 경우를 빌어 잘 설명할 수 있다. 세입자는 자신이 사는 집에 문제가 있을 경우, 그 문제의 해결을 집주인에게 요구한다. 하지만, 가옥주의 경우에는 자신의 집에 문제가 생겼을 경우 기꺼이 자신이 직접 그 문제를 해결하는 주체가 된다. 마을만들기는 그 참여자들로 하여금 바로 이와 같은 '가옥주'로서의 자기 위상을 실천을 통해 인식케 하는 과정이다. 따라서 마을만들기는 그 실천의 과정에서는 참여자들의 주체적 의식을 향상시킬 수 있는 교육과 훈련의 기능을 명확히 설정하고, 또 그러한 기능이 효과를 발휘할 수 있도록 의도적으로 접근할 필요가 있다. 어차피 지역사회의 변화는 주민들이 스스로 주체적 힘을 가질 때에만 근본적으로 이루어질 수 있는 것이기 때문이다. 참여자들로 하여금 자신의 이해와 이웃의 이해를 조화하는 과정은 민주시민을 양성하는 가장 최적의 교육 훈련 과정이라 볼 수 있다. 그러나 이것은 저절로 되는 것이 아니라 최적의 교육훈련을 통해서 달성된다는 것으로 교육적 가치의 중요성에 대하여 말하고 있다. 물론, 공동체는 저절로 이루어지지 않는다. 특히 공동체가 성공하기 위해서는 감수성을 가진 사람들을 길러내는 교육문화사업이 필수적이다.

문화의 교육적, 기능적인 면에서 보면 사업주체(참여자) 교육이 중요한 것이 아니라 이것을 뛰어넘는 문화에는 기본적인 교육적 기능이 있는 것이다. 제3장에서 설명되었듯이, 문화는 생물학적으로 유전되는 것이 아니라 교육을 통해서 학습되고 공유되며 양식화되어 다음 세대로 이어진다. 즉, 문화는 자체가 곧 교육이며 이는 평생교육을 이끌어 내는 중요한 관점이 되는 것이다. 조한혜정(2007)은 근대의 과정에서 망가진 삶의 기본에 대한 감각을 회복하고 근대주의를 넘어 대안적 미래를 만들어가는 것은 구호나 선언, 추진력 같은 것으로는 불가능하다고 했다. '소통하면서 서로를 살리는 마을을 만드는 돌봄'의 공동체를 위한 학습마을이 필요하다. 공동체의 구성원은 일을 구성하고 실현하는 과정에서 인간관계의 역동성, 상상력, 예지력, 새로운 질서를 만들어 내는 열정, 새로운 사회에 대한 예정 등을 배운다. 즉, 공동체는 새로운 미래를 열어가는 데 있어 창조적인 참여를 위한 훈련장이 되는 것이다. 오마이뉴스 특별취재팀(2013)은 공동체가 공간을 만들고 인프라를 구축하는 동시에 사람을 성장시켜서 지속가능한 사업이 될 수 있도록 노력하는 작업은 당연히 순서로 따라온다고 하였다.

양혜원(2014)은 문화복지를 "사회적 취약계층을 포함한 전 국민의 문화적 접근 기회를 확대하고, 문화향유 및 참여를 보장함으로써 문화적 감수성과 창의성을 배양하고, 궁극적으로 삶의 질을 향상시키기 위한 공공과 민간의 협력적 시책과 과정, 관련제도"라고 한다.

문화복지가 문화적 감수성과 창의성을 배양하고 삶이 질을 향상시킬 수 있는 것이라면, 과연 문화복지가 어떻게 이러한 변화를 가져오게 하는가? 이는 오직 지속적인 교육을 통하여 가능한 것으로 문화복지를 통한 교육은 아래와 같은 차원의 변화를 목표로 하고 있다.

〈표 6〉 문화복지의 변화와 확장

개인차원	창의성, 성취감, 기분전환, 즐거움, 희비, 표현, 건강, 소득, 영감, 문화에 대한 지식, 자존감, 기술/역량, 위안
공동체차원	유산가치, 공동체적 응집력, 정체성, 고용, 존재가치, 혁신, 사용가치, 생산성, 범죄율 감소, 경험의 공유, 사회적 자본
국가적차원	시민의식, 국제적 명성, 국가적 자부심

(출처: 양혜원, 2014)

평생교육은 자역사회 안에서 교육이 이루어지며, 가르치는 사람이 별도로 있는 것이 아니라 상호교육으로 이루어진다. 따라서 평생교육은 지역사회 교육과 상호교육으로 나눌 수가 있다.

김찬호(2003)는 지역사회에 대하여, 사회가 곧 교육이라고 강조하면서 "산업화는 삶이 생산 중심으로 재편성되어 온 과정이라고 할 수 있다. 학교는 공장이 필요로 하는 노동력을 훈련시켜 제공하는 기능을 떠맡게 되었다. 근대 교육은 청소년들을 삶의 현장으로부터 격리 수용하는 데서 출발했다. 그래서 교육이란 활동은 지역 사회로부터 멀리 떨어져 나와 별도의 공간에서 자기 완결적인 구조를 갖게 된 것이라고 한다. 그러나 이러한 방식으로는 새로운 시대가 요구하는 인력을 키워내는데 점점 치명적인 결함을 드러내고 있다. 그렇다면 21세기가 요구하는 교육의 모습은 무엇인가? 사고뿐만 아니라 감각을 통해서 현실을 구체적으로 학습할 수 있어야 한다. 앞으로 중요한 것은 리얼리티에 대한 감수성과 통찰력이다. 그러한 능력은 다양한 경험을 통해서 배양된다."고 하면서 구체적인 모습을 하자센터에서 찾으려고 하고 있다. 그는 하자센터에 관한 의미의 설명에서 "세계가 지식 중심으로 재편성되고 사람들의 문화적인 창조 역량이 그 사회의 경쟁력뿐만 아니라 삶의 질까지도 좌우하는 시대가 되었다. 정부와 사회 각계에서는 갑자기 '문화'를 외치며 벤처 기업 육성전략을 부랴부랴 내놓고 있지만, 그것은 캠페인이나 정책으로 되는 것이 아니다. 장기적인 토대를 다져가야 한다. 물리적인 인프라가 아니라 휴멘웨어다. 그러므로 이는 궁극적으로 어떻게 하면 학습사회를 건실하게 구축할 것인가의 과제로 귀결된다. 이는 어떤 제도적인 틀일 수도 있고, 사람들의 만남일 수도 있다. 그 자체가 개개인의 학습을 촉진할 수가 있어야 한다. 그리고 그것은 지역에서부터 실현되어야 한다. 그러기 위해서는 교육이라는 행위를 단지 여러 영역 가운데 하나로서가 아니라 지역 운영의 중심적 가치로 놓아야 한다. 그래서 그것을 중심으로 다른 활동들이 재구성되고 질적으로 변화되어 문화와 정보를 낳는 모태가 되는 것이다. '동네에서 세계가 보인다'라는 말이 있듯이 지역 안에는 세상사의 모든 것이 함축되어 있다. 동네 안에 있는 모든 '일터'는 '배움터'가 될 수 있다. 지역사회를 학습 공간으로 다시 평가하고 활용하는 것은 이제 전 세계적인 흐름이다. 지역사회는 그 자체로 학교일 수 있다. 아니 학교가 되어야 한다. 따라서 그 학교는 일정 연령 범위에 있는 아이와 청소년들만이 배우는 것이 아니라, 어른들을 포함한 모든 주민이 서로가 서로에게 가르치고 함께 배워가는 교실이다."라고 하자센터에 관하여 설명하였다.

오늘날 지역사회가 교육 그 자체라고 하는 것은 옳은 지적으로 판단되며 지식 정보사회에서 세계와 겨루어 살아남기 위한 교육철학이다. 이러한 관점에서 공동체교육은 지역사회를 대표하는 시민들의 삶의 질을 향상시키고 어려운 문제를 함께 해결해 나가는 과정이자 새로운 마을공동체를 만들어가는 과정이기도하다.

김기홍(2014)은 자아실현은 누구에게나 필요한 것으로, 유아기에서부터 노년기에 이르기까지 모두에게 중요한 삶의 지향점이 된다. 이는 배움으로부터 시작될 수밖에 없다. 이러한 인식은 평생교육의 제도로 이어졌다고 말한다. 평생교육은 오늘날 복지의 기본이 될만큼 보편화되었다. 인격체로서의 개인이 보람을 느끼고 행복을 추구하는 방법으로서 평생교육은 복지의 기본이라고 할 수 있다고 한다. 이러한 평생교육은 마을에서 절실하게 필요하다. 마을 주민들은 교육기회로부터 소외되기 쉬운 다양한 조건을 갖추고 있다. 또한 마을은 합리성이나 이성적인 주장보다 공동체 논리가 강조되고 상호관계가 중시되다 보니 정상적인 소통이 어려울 수 있다. 더구나 마을의 구성원에는 질병이나 고령 등으로 인한 사회적 약자들이 다수 포함되기도 한다. 그러나 평생교육은 개인의 자아실현이라는 욕구 충족을 넘어 공동체로서의 마을을 유지, 발전시키는데도 필요한 요소다. 마을은 단순히 다수결의 힘으로 운영되는 것이 아니라 모든 구성원들이 참여와 자유로운 토론을 거쳐 합의에 이르는 실질적인 민주주의의 장이 되어야 한다. 이러한 민주주의가 가능하려면 서로 평등한 위치에서 충분한 의견 교환이 이루어지고 개인의 이기적인 욕망을 절제해야 할 뿐만 아니라 적절한 도덕성을 갖추는 등 전인격적 소양이 필요하다. 그런데 이러한 미덕은 본성적으로 타고나는 것이 아니라 교육을 통해서 비로소 함양되는 것이다. 오래된 마을을 방문해보면 자체적으로 구성원을 교육하는 기능을 갖고 있는 것을 볼 수 있다. 오늘날 마을은 작은 도서관이 비슷한 역할을 하고 있다. 자신이 성찰하는 힘, 무엇이 공동체를 위해서 필요한지 배려하는 마음은 마을에서의 생활에 반드시 필요한 최소한의 요소로, 이는 마을에서 이루어지는 평생교육을 통해 달성할 수 있다. 라고 주장하고 있다.

얼 쇼리스(2006)는 <희망의 인문학>에서 다음과 같이 평생교육의 중요성을 설명한다. "지금부터 10여 년 전, 우연한 기회에 교도소를 방문해 한 여죄수와 이야기를 나누게 되었다. "왜 가난한 사람들이 존재할까요?"라는 쇼리스의 질문에 비니스 워커라는 이 여인은 "시내 중심가 사람들이 누리고 있는 정신적 삶이 우리에겐 없기 때문이죠."라고 대답했다. 가난한 사람들은 중산층들이 흔히 접할 수 있는 연주회와 공연, 박물관, 강연과 같은 '인문학'을 접하는 것 자체가 원천적으로 힘들고, 그렇기 때문에 깊이 있게 사고하는 법, 현명하게 판단하는 법을 몰라 가난한 생활을 벗어날 수 없다는 것이다. 그는 가난한 사람들에게도 인문학 교육이 필요하다는 것을 깨닫고 1995년 노숙자, 빈민, 죄수 등을 대상으로 정규대학 수준의 인문학을 가르치는 수업인 클레멘트 코스를 만들었다. 우여곡절 끝에 최고 수준의 교수진들이 모였고, 20명의 예비 수강생 중 13명이 강의를 신청했고, 참여하길 원하는 사람들은 점차 늘어갔다. 끝까지 강의를 들었던 17명은 대학에 진학하거나 취직에 성공했으며, 무엇보다 중요한 것은 이들이 삶을 대하는 태도가 긍정적으로 바뀌고 언어표현 능력도 눈에 띄게 좋아졌다는 것이다.

하태욱(2014b)은 평생교육적 관점에서 상호교육에 관하여, 교육공동체란 단순히 '교육'을 주제로 하는 공동체나 교육서비스를 더욱 효율적으로 구매하기 위한 이해집단으로만 이해되어서는 안 된다고 지적하였다. 무엇보다도 이 공동체의 참여와 활성화를 통해 우리가 이루고자 하는 분명한 방향은 학교라는 인공적 울타리 안에 갇혀 있는 '교육'을 생활의 영역으로 끌어오자는 것이다. 지나치게 지식화되어 삶과 분리된 현재의 교육을 학교 밖으로부터 개혁하려는 시도이다. 학교나 교육장 같은 공적 기관이 주도하는 것이 아니라 부모들로부터 학생들 자신들에게까지 교육주체들 스스로가 새로운 꿈을 꾸리는 시도이다. 공적 기관의 역할은 여기에 환경을 만들고 기름을 붓는 역할이라고 하였다.

유창복(2014)은 마을살이가 제법 번성하고 그 꼴을 갖춘 곳들은 대체로 아이들을 함께 키우는 일이 마을살이의 중심에 자리 잡고 있다고 한다. 이어서 돌봄 + 교육, 마을이 학교라고 한다. "마을의 일상(장소와 사건)이 교육적 환경과 재료로 재구성되고, 마을 주민들이 직・간접으로 교수・학습 활동에 참여한다. 아이들이 마을살이의 엄연한 주체로 등장하고, 마을 사람들과 일상을 공유하면서 서로 영향을 주고받으며 성장한다. 마을에서 벌어지는 다양한 일상이 모두 학습 소재이고, 마을 곳곳이 교실이다. 생태학습은 동네 뒷산에서, 경제 학습은 마을 생협이나 크고 작은 마을기업을 통해서 한다. 마을 축제에 참여하거나 아예 축제 기획을 맡기도 한다. 아니면 디지털 카메라나 캠코더를 들고 영상 기록을 하면서 융합적 학습을 한다. 또한 마을에서는 사범대나 교육대학을 나와 교사 자격증을 가지고 있는 사람만 교사가 되지 않는다. 동네 주민들이 가진 직업적인 전문성이나 취미로 갈고닦은 재주를 아이들과 나누며 교사가 될 수 있다. 은행에 다니는 현수 아빠가 경제를, 요가 전문가인 여해 엄마가 몸 수업을, 화가인 상수 엄마가 미술을, 환경전문 시민단체의 활동가인 호영이 아빠가 환경을 이렇게 한동네 사는 주민들이 각자가 자신의 직업이건 자신 있는 분야를 맡아 강의하면 어떨까? 그렇다. 마을이 다양한 주민들이 살아가는 삶터라면, 바로 이곳이 우리 아이들이 살아가기를 맛보고 미래를 꿈꾸는 교육의 터전이 되는 게 당연하다. 마을이 학교가 되고, 학교 안에 갇힌 학생이 아니라 학교 담을 넘어 마을을 누비며 공부하는 학생, 교사도 학교에서 상근하는 사람만이 아니라 마을의 주민, 학부모가 교사가 되는 그런 마을을 꿈꿔보자. 마을학교, '도시 속 마을학교다' 이렇게 아이들은 마을교육 과정에 기초해 일상의 관계 속에서 구체적인 탐색을 통해 지적 구성력을 훈련하고, 관계맺기의 다양한 성공과 실패를 겪으며 생활의 주체로, 삶의 주인으로 성장·발달해 간다."라고 서술하고 있다.

'21세기 교육을 위한 새로운 관점과 전망'이란 종합보고서에서는 "21세기를 여는 열쇠로서의 평생학습은 끊임없이 변화하는 노동시장의 요구에 대처하고 자기 존재의 변화하는 시간구조와 리듬을 터득하는 데 매우 중요한 역할을 할 것이다."라고 하면서 "평생학습은 모든 사람이 끊임없이 자신이 지식, 기술, 판단력, 그리고 행동능력을 보강하고 갱신하는 과정이다. 사람들은 평생학습을 통해 자기 자신과 주위 환경을 인지할 수 있으며 직장 그리고 보다 넓게는 공동체 안에서 사회적 역할을 감당해낼 수 있게 된다. 지식과 노하우, 타인과 함께 사는 방법, 생존기술이 모든 상호간에 밀접히 관련되어 있다. 그것은 형식적인 학습과 비형식적인 학습이 조화를 이루고 새로운 능력을 획득하기 위한 내적 소질의 계발을 통해 이루어진다. 그것은 노력을 요구하지만 동시에 발견의 기쁨도 가져다준다. 그 경험은 개인적이기도 하지만 동시에 문화적인 차원에서, 일터에서, 시민된 입장에서 늘상 접하게 되는 극히 복잡한 사회관계이기도 하다."(유네스코 21세기 세계교육위원회, 1997)고 하면서 평생학습은 21세기에 공동체 안에서 매우 중요한 역할을 할 것을 제시해 주었다.

하태욱(2015)은 교육의 주체성 확보에 관하여, "그간의 교육혁명이 모두 학교 안에서 학교를 중심으로 일어남으로써 일정 정도의 성과에도 불구하고 학생이나 학부모를 객체로 내세움으로써 결국 사교육 시장을 비롯한 각자도생의 딜레마에 빠져나오지 못했다는 한계를 드러냈다. 마을교육공동체는 시민이 학생과 학부모, 마을의 모든 구성원들이 교육의 주체로서 스스로 교육의 그물망을 탄탄히 짤 수 있는 인프라를 민관학 협력거버넌스를 통해 구성한다는 측면에서 매우 고문직인 시도다. 이 시도가 우리의 교육지평을 더욱 넓히고 진정한 의미의 평생교육시대를 도래시킬 수 있기를 기대한다."고 밝히고 있다.

이처럼 평생교육학습의 활성화를 위한 개혁과제가 국가의 가장 우선해야할 과제로 부상되었다. 20세기적 개인의 생애주기에 따른 학교교육만 가지고는 불가능하다. 우리나라의 교육체계의 비효율성에 대해서는 많은 지적이 있어 왔다. 그간의 교육 개혁에도 불구하고 교육시스템의 기본적 구조는 그대로 있어 왔으며 문제점도 크게 개선되지 않았다. 이러한 문제로 우리나라는 교육적 아노미에 빠지게 되었다. 이제는 교육 패러다임의 전환이 필요한 시점이다. 패러다임의 전환은 교육제도의 근본적인 재구성과 함께 관련 이해당사자들이 솔직하고 진지한 자기 성찰에 의해서만 이루어질 수 있다. 우리가 평생학습로부터 기대할 수 있는 혜택은 정규 학교교육의 문제 해결, 국가경쟁력의 제고, 실업문제 해결 등이다.

문화복지나 공동체에서 가장 중요한 것이 교육으로 가장 우선순위가 있다. 교육은 결국 누군가를 변화시키는 것인데, 교육이 기반이 되지 않고서는 제도나 재정이 투여가 되어도 성공할 수 없을 것이다. 지역을 변화시키려면 구성원이 변하고, 의식이 변화된 사람들이 뭔가를 도모할 때, 성공이 따라오는 것이다. 교육은 계속 투입을 해야 하는 것이다. 성과가 당장 없을 수 있을 것이다. 하지만 그것 없이는 아무것도 할 수 없다.

문화복지의 교육적 가치란 문화복지가 지향하고 있는 삶의 질 향상을 기여하여, 인간의 본질적인 삶을 변화시키는 것이다. 이러한 변화는 일상을 통한 삶

자체가 교육이 되는 것이다. 이러한 교육이 곧 문화복지라고 한다면 평생학습교육을 곧 문화복지 교육의 방법으로 설명할 수 있다. 개인의 삶의 질 향상은 문화복지의 교육적 가치이다. 이러한 내용으로 견주어 문화복지는 곧 교육으로 교육 없는 문화복지란 생각할 수 없을 것이다.

2. 연구대상 및 방법

1) 연구대상과 의의

본 연구의 목적은 서울시 부모커뮤니티 속으로 들어가 현장에서 활동하고 있는 생생한 상황을 그대로 담아낼 수 있는 활동가들의 목소리를 듣고 그 목소리가 들려주는 공동체의 실천의 실상을 주목해 아래로부터의 기대와 경험을 수집해 정리하는 것이다.

연구대상은 부모커뮤니티 참여자들이다. 서울시 부모커뮤니티가 시작하여 3년차까지 진행된 현실에 맞추어 1, 2, 3년차를 시행한 공동체에 대하여 표적집단면접(FGI) 및 개별면접을 실시하였다. 서울시 부모커뮤니티를 실천한 사람들로서 실제로 부모커뮤니티에 대하여 어떤 생각을 가지고 있으며, 어떤 동기와 목적을 가지고 부모커뮤니티 활동을 해왔는지를 알아보는 것이다. 어떤 동력 및 기대를 갖고 지금까지 이러한 공동체 구성의 촉매역할을 해왔는가? 등의 질문을 통해 부모커뮤니티가 지역 공동체로서 활성화될 수 있는 가능성과 기회, 그리고 한계들을 정리하고자 한다. 따라서 연구내용은 지역의 공동의 생활경험을 가진 사람들을 매개로 하여 서울시 부모커뮤니티가 자발성, 주체성, 유희성, 상호부조성, 선순환성의 특성에서 문화복지와 어떤 관련이 있는지를 확인하는 것이다.

부모커뮤니티 활동가들은 지역에서 생활하면서 지역민과 밀착되는 일상 속에서 활동하며 공동체 조직을 이끌어 온 만큼 지역의 특성과 지역민의 요구, 참여 및 조직화 가능성을 피부로 직접 느꼈고 이를 잘 알고 있는 사람들이다. 따라서 부모커뮤니티 참여자들을 대상으로 한 심층면접을 통하여 구체적인 분석으로 문화복지의 성격을 규명할 수 있을 것으로 기대된다.

2) 연구방법

지역공동체인 부모커뮤니티가 지역 주민의 밀착 장소로서의 공동체가 무엇인지, 어떻게 만들어졌고, 어떻게 운영되는지 그 내적 동력을 알아보기 위해 심층면접을 하였다. 연구를 위해 수행할 시간이 많이 소요되었고 지역의 사례가 많지 않은 관계로 이를 일반화시키기는 한계가 있었다. 면접 방법은 서울시 부모커뮤니티 참여자를 대상으로 개별면접 및 FGI를 활용하여 체계적인 연구와 분석을 하였다. 그래서 부모커뮤니티와 문화복지의 관련성을 확인하고 이를 적용 가능성을 검토하였다.

면접 이외에도 문헌연구, 기타 자료집, 회지, 단체 홈페이지 등을 활용해 연구내용을 보완하여 연구의 질을 높이었고, 면접은 비구조화된 형식으로 자유롭게 이야기를 나누면서 진행하였다. 인터뷰 종료 후 부족한 응답부분은 2차로 대면면접과 유선 면접 그리고 직접 자신들의 의견을 정리하여 메일로 응답문을 받는 형식으로 자료를 수집하였다. 연구의 질을 높이기 위해 양적연구 방법으로 이미 연구된 서울시 '부모커뮤니티 실태조사 및 발정방안 수립'의 내용을 활용하여 연구방법을 병행하여 진행하였다.

(1) 면접지 작성

심층면접 조사의 질문 문항은 개인적인 질문과 공동체 활동과 관련한 질문으로 구성하였다. 개인적인 질문의 구체적인 면접항목은 활동의 개인적 동기, 활동의 보람과 어려움, 현재의 만족도, 미래에의 비전 등이다. 이는 참여자가 공동체를 만들거나 가입에 자발적으로 참가하여 주체적으로 사업을 운영하며 즐거운 마음으로 활동하고 있는 것인가를 알아보기 위한 것이다.

공동체 활동과 관련한 면접항목은 지역사회에서의 필요한 것, 공동체 활동과 관련해 필요한 것들(제도, 재정, 교육), 사람들을 공동체 활동으로 변화시킬 수 있는 변수들, 공동체 활동의 의미와 비전, 지역사회의 인적 · 물적 자원동원 가능성, 공동체 활동의 어려움과 극복방안, 공동체 활동의 성공과 실패의 변수, 공동체 활성화를 위한 주체별 역할 등이다. 이는 공동체 참여자들이 협력 방식을 상호부조하며 지속 가능한 선순환성이 가능한지를 알아보기 위한 질문이었다. 질문에서 중요한 요소는 문화복지의 5가지 기본 틀에 대한 분석이 가능하도록 작성하였다.

최종적인 질문내용은 문화복지의 개념을 설명하고 문화복지와의 연계성을 확인할 수 있는 자료수집이 가능하도록 구성하였다. 면접 문항은 <부록>과 같으며, 본 질문내용은 사업을 진행하면서 5가지 기본 틀인 자발성(3, 4항), 주체성(2, 4, 6, 11항), 유희성(5, 9항), 상호부조성 8, 12, 17항), 선순환성(7, 13, 14, 15, 20항) 그리고 문화복지(18, 19항), 기타(1, 16항)에 관한 내용으로 구성되어 있다.

(2) 대상 선정 및 면접 진행

공동체의 면접을 통하여 얻고자 하는 것은 문화복지의 기본 틀인 자발성, 주체성, 유희성, 상호부조성, 선순환성과의 맥락을 확인하는 것이다. 면접 대상자는 기본적으로 부모커뮤니티 공동체를 설립 및 운영에 주도적인 임무를 수행한 참여자들이다. 참여 대상자 선정은 서울시 부모커뮤니티에 활동한 공동체를 서울시 부모커뮤니티 사업담당자의 추천을 받아서 결정하였다. 서울시의 추천 기준은 부모커뮤니티 사업 취지에 맞게 부모와 아이와 함께 활동하고, 모임 내부 구성원이 꾸준히 지역에서 활동하며, 지역의 다양한 자원을 연결하여 마을활동에 참여하는 것이었다. 이렇게 선정된 공동체의 참여자들은 본 연구에 유용한 공동체 경험 사례들을 제공할 수 있는 참여자들로 3년차(A공동체), 2년차(B공동체), 1년차(C공동체)를 각각 1개의 단체를 면접하였다.

사례의 구체적 내용은 <표 7>와 같다. 모든 사례는 구두 혹은 서면으로 개인별 심층면접을 진행하였다. 면접은 본 연구의 취지와 의미, 위상을 사전에 전화 및 이메일을 통하여 면담 내용을 포함하여 배부하였다. 면접의 실시는 A, B 공동체의 참여자 D, E는 1대1로 하여 질문과 답변을 하는 방식으로 각각 약 2시간에 걸쳐 진행되었고 C공동체의 참여자 F, 참여자 G, 참여자 H와 집단면접

(FGI)방식으로 약 2시간 동안 면접을 진행하였다. 추가보충으로는 참여자 E와 2차 면접을 2시간 실시하였다. 참여자 D, 참여자 F와는 유선에 의한 보충질문을 각각 30분간 진행하였다. 이후 보완이 필요한 내용은 참여자들이 직접 기술하는 방식으로 이메일을 통하여 추가 답변을 참여자 D, 참여자 E로부터 받았다. 서울시 담당자와는 본 저자가 직접 방문 1회, 유선 통화 5회, 이메일 2회를 수신하였다. 면접기간은 2015년 11월 1개월 동안 진행하였다. 참여한 부모커뮤니티는 다음과 같다.

〈표 7〉 침어 부모커뮤니티 공동체

연차	공동체	참여자	사업성격
3년차	A 공동체	D	공동육아
2년차	B 공동체	E	방과 후 교육
1년차	C 공동체	F	공동육아
		G	
		H	

(3) 연구방법

본서가 다루고자 하는 것은 복지사회에서의 자본, 노동, 지식의 생산성 향상이라는 종래의 패러다임에서 문화를 통한 복지의 측면에서 효율적인 사회안전망이 뒷받침되는 문화복지로의 전환이 가능한 것이지를 검증하는 것이다. 이와 더불어 문화복지적 사회적 안전망이 '문화, 복지, 교육'의 3개 분야가 효율적 결합에서 이루어질 수 있다는 것을 증명하는 것이다. 따라서 문화복지가 어떤 고유의 영역을 가지고, 시민사회에서 삶의 질을 향상할 방안을 창출할 수 있겠는가 하는 물음에 답변을 해야 한다. 이를 위해서는 문화복지가 개인으로부터 시민 모두에게 공감되고 행복과 만족을 줄 수 있는지 타당성을 제시할 수 있어야 하며, 이를 확인하고 검증하기 위한 절차로 문화복지의 학문적 개념 정립이 필수적이다. 이를 찾아내기 위해서 실천사례를 연구하는 것이다.

저자가 문화복지를 굳이 서울시 부모커뮤니티 통해서 보려고 하는 이유는 다음과 같다. 첫째, 오늘날 인류에게 영향을 미치는 거시적 현상은 도시화·정보화·세계화를 들 수 있다(김기홍, 2014). 이러한 현상들은 현대인들에게 사회적인 연대의 약화를 가져왔다. 이러한 현실 속에서 진정한 행복한 삶을 회복하는 것이 공동체를 통하여 가능할 것으로 기대감이 있기 때문이다. 둘째, 마을은 어디에나 존재하며 혼자서 살 수 없는 인간의 특성을 반영한 공동체이기 때문이다. 서울시 마을 만들기에는 13개 분야의 사업 중 부모커뮤니티가 가장 많은 비중을 차지하고 진행되고 있다(2014년 서울시 마을공동체사업현황, 2014). 이는 지역사회에서 가장 관심이 집중되는 것이 자녀의 돌봄 문제이기 때문이다. 셋째, 자녀 돌봄 문제는 문화복지의 기본 틀 적용이 가능한 분야다. 넷째, 부모커뮤니티는 전국에서 활발히 진행되고 있는 만큼 사례연구를 통해 이론을 정립하면 그 결과를 지역사회 정책에 신속하게 반영할 수 있어 문화복지 확산에 효율적이기 때문이다.

본서에서 심층면접으로 진행되는 부모커뮤니티에 대한 사례연구는 질적연구방법으로 분석하였다. 이를 통해 부모커뮤니티에 참여한 면접대상자의 질의응답 자료와 참여자들과 면접 과정에서 드러난 부모커뮤니티 공동체 자체의 현황과 문제점 그리고 공동체 회원인 활동가 그리고 참여하는 개인은 물론 주변 환경 등 수집된 자료를 근거로 하여 그 저변에 깔린 모든 것들을 최대한 드러내고자 하였다. 부모커뮤니티에 참여하여 활동하고 있는 참여자들이 어떠한 가치와 가정을 바탕으로 개인이 공동체에서 경험한 조작된 문화복지의 기본 틀을 해석하고 있는지를 질의 응답하였다. 그리고 그들이 이야기한 경험을 다시 본 저자가 재해석하는 과정을 거쳤다.

해석학적 순환(hermeneutic circle) 조사방법을 적용한 까닭은 부모커뮤니티 공동체가 조직원 개인들과 상호 연계하여 사업을 진행하고 있기 때문이다. 그런 유기적인 관계가 있기 때문이다. 부모커뮤니티 공동체의 문제가 조직원의 문제가 되고 조직원의 문제가 공동체의 문제로 확장되기 때문이다. 부모커뮤니티 전체의 경험은 곧 공동체 조직원에게 영향을 미치게 되고 이들의 경험이 되는 것이다. 또한 공동체 조직원의 상호작용을 통해서 부모커뮤니티 공동체의 경험이 구성되어진다. 때문에 이번 부모커뮤니티 공동체 조직원으로 면접한 참여자의 경험과 그 의미를 이해하는 것은 부모커뮤니티 공동체 경험 맥락과 구성원 개개인이 상호작용하는 해석학적 순환 속에서 이루어지는 것이다. 이러한 해석학적 조사방법론은 문화복지의 기본 틀을 연구하여 개념 정립의 최적 방법으로 판단하여 적용하였다.

3. 사례연구

1) 각 부모커뮤니티 성격

문화복지 연구가 개인이든 집단이든 소규모 사업시행 주체인 공동체 동아리 등에 초점을 맞춘 심층적 현지조사가 거의 이루어지지 않고 있는 실정이다. 따라서 본 연구에서는 서울시 부모커뮤니티 공동체를 대상으로 문화복지와의 연관성을 분석하여 학문적 이론을 제공하려는 것이다.

A공동체

A공동체는 서울시 ○○지역에서 공동육아를 목적으로 육아사랑방을 운영하는 공동체로서 지역의 생협 조합에 가입된 조합원 중 아이들을 양육해야 하는 부모들의 모임이다. 서울시 부모커뮤니티에 가입되어 3년차로 활동하고 있다. 생협으로부터 프로그램이나 재정 등 여러 지원을 받고 있다. 면접한 A공동체의 참여자 D는 개인적으로 일정 부분의 활동비를 생협으로부터 지원받고 있다. 현재 회원은 17명으로 운영되고 있다. A공동체는 3년 차로 활동하고 있으나 기존 회원들로 지속하는 것이 아니라 매년 신규 회원으로 전원 교체되어 사업의 명칭만 같을 뿐 사업의 지속성은 없다. 실제로는 신규 사업을 진행하고 있는 것이다. 면접 간 공동체를 이끌어 가는 참여자 D의 노력과 활동으로 공동체가 유지되고 있음을 곳곳에서 감지할 수 있었다.

서울시에서 A공동체를 추천한 이유에 대해 "3년간의 연속사업으로서 나무그늘(거점 공간)을 기반으로 꾸준한 관계를 형성하고 있으며, 지역의 다양한 자원을 연결하여 마을활동에 참여하고 있고, 부모들 간의 커뮤니티를 기반으로 아이돌봄(육아) 역할을 프로그램에서 충실히 수행하고 있으므로 향후 지속가능한 모임이라 볼 수 있음."이라고 하였다.

B공동체

B공동체는 서울시 ○○구에서 2005년도에 방과 후 교육을 하는 부모들의 모임이다. ○○초등학교 부모들로 이루어져 있으며 지속적인 모임가지면서 활동영역을 새롭게 확장해가고 있는 2년차 부모커뮤니티다. 회원들 스스로가 어린이들에게 건강하고 안전하게 자랄 수 있는 환경을 만들어가는 사회적 공동체를 실현하기 위해서 협동조합의 틀 안에서 공동 출자로 설립하여 운영하고 있다. 활동분야는 방과 후 교육활동과 마을사업 참여이며, 회원 수는 성인 36명과 교사 2명으로 구성되어 있다. B공동체의 특징은 부모커뮤니티를 바탕으로 2개의 공동육아 모임과 독서실 그리고 초등학교 5, 6학년 방과 후 방까지 확대하여 운영하고 있으며 지역 축제에도 적극적으로 참가하고 회원들의 친밀성 유지를 위한 각종 프로그램을 운영하고 있다는 점이다. 또한, 스스로 만든 정관을 기본으로 운영하는 것도 눈여겨 볼만하다. 이 공동체를 대표하여 면접한 참여자 E는 서울시 부모커뮤니티 공동체 사업진행의 대표자로 공동체를 조직적으로 운영함은 물론 공동체에 대한 자부심을 갖고 여러 발전을 계획, 진행하는 인물이다.

서울시에서 B공동체를 추천한 이유에 대해 "모임 내부 구성원이 꾸준히 지역에서 활동하는 부모협동조합으로 부모와 교사 간의 관계성이 높다. 그뿐만 아니라 모임 내 역할분담이 잘 되어 있으며 향후 부모의 역할을 강화하는 데 주력하려고 함."이라고 하였다.

C공동체

C공동체는 서울시 ○○구에서 공동육아를 하는 공동체로 면접 참여자 3명 중 리더격인 참여자 F의 텃밭 모임에서 시작한 1년 차 서울시 부모커뮤니티다. 대표자인 참여자 F와 참여자 G, 참여자 H 모두는 이전에도 공동체의 경험이 있고, 공동육아와 텃밭 모임, 생태교육, 놀이교육 등을 실천하고 있다. 이들은 꾸준한 교육사업과 정보교류로 공동육아의 가치와 이념 확산을 도모하고 있다. 주요 특이 활동으로는 전문가 초빙교육을 시시하여 회원 교육을 통한 능력향상에 주력하고 있었다. 초빙교육에 필요한 재정을 각출하여 충당할 만큼 회의 모두가 적극적이다. 회원 수는 16명으로 월1회 정례화 모임으로 의사 결정을 하고 있으며, 필요한 추가 재정은 갹출하여 운영하고 있다. 면접 중 서울시 부모커뮤니티에 대한 여러 공공기관의 행정지원에 대한 아쉬움을 이야기하였고, 이 사업이 지속해서 이어지길 희망하였다.

서울시에서 C공동체를 추천한 이유에 대해 "부모커뮤니티 사업 취지에 맞게 부모와 아이와 함께 협업하여 프로그램을 운영하고 있으며, 부모와 아이 뿐만 아닌 부모모임을 형성하여 지역주민과 함께 할 수 있는 커뮤니티 나눔 사업을 중점으로 모임을 추진하고 있다. 6년차의 공동육아 부모협동조합원의 모임으로 커뮤니티 형성에서 중요한 구성원 간의 결속력, 관계성이 높은 모임이라 볼 수 있음. 뿐만 아니라 지역의 어린이집, 유치원 등에 적극 홍보를 통해 학부모 참여를 높여 부모교육을 통해 공동육아의 중요성에 대한 인식을 형성함으로써 부모교육의 필요성에 관한 의식을 지역주민과 함께 하려는 의지가 높음."이라고 하였다.

2) 참여 공동체 심층 분석

면접 참여 공동체를 대상으로 한 내용을 심층 분석하여 서울시 부모커뮤니티가 문화복지와 어떤 관련성이 있는지를 검증하기 위해서, 내용의 정확성과 신빙성을 더하기 위해서 면접 대상자가 구두한 원문 내용을 그대로 인용하여 기재하였다.

지금까지 문화복지가 정책적으로 다루어져 온 까닭에 그 대상범위가 문화이용권처럼 전국적이거나, 대상이 특수 계층이거나, 사업의 예산 규모도 미치는 범위가 거대하여 제도적인 것으로 생각할 수 있겠으나, 실상 문화복지 사업의 한 사례로 연구될 서울시 부모커뮤니티에 활동하는 참여자들은 평범한 일상을 통하여 우리 동네에서 만날 수 있는 평범한 가정주부나 학부모 등으로 시민들이다. 즉, 문화복지는 마을이나 공동체에서 다루어지는 여러 일상으로 생활과 맞닿아 있는 것으로 공동육아를 위해 모인 동네 아줌마들, 초등학교 부모아이들, 어린이집에 아이를 보내는 엄마들 등으로 참여자가 무엇인가를 갈망하고 부족한 것을 해결하기 위해서 생각을 실행하는 방법으로 공동체에 들어가서 관계를 맺고 자신의 부족함을 함께 나누고 채워가는 과정이다. 이들은 같은 마을에서 평범하게 만나고 부딪히는 그러한 사람들끼리 관계를 맺고 문제를 함께 풀어가는 모임인 것이다. 이러한 것이 바로 문화복지인 것이다.

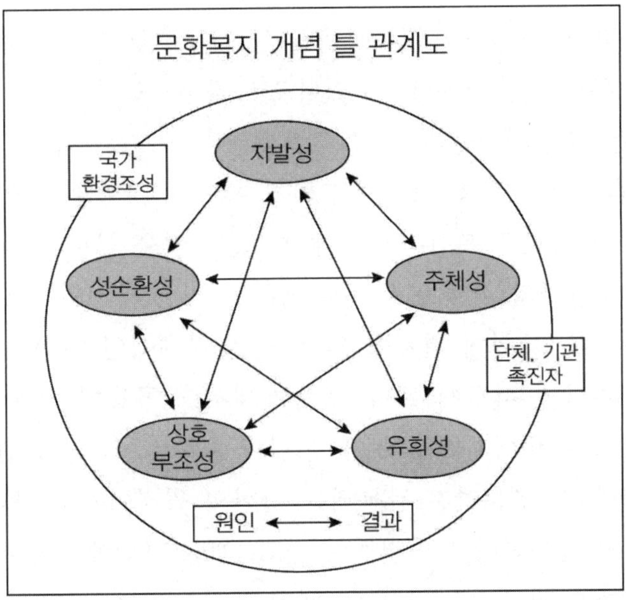

〈그림 7〉 문화복지 개념 틀의 관계도(박관후, 2015 인용)

면접 내용의 분석은 박관후(2015)의 문화복지의 5가지 기본 틀인 자발성, 주체성, 유희성, 상호부조성, 선순환성이 이들의 활동과 어떠한 작용을 하고 있는지를 확인하는 것이다. 각 기본 틀은 상호작용하며 하나의 기본 틀은 다른 기본 틀의 원인이 되기도 하고 결과를 가져오기도 한다. 전체적인 것이 혼합하여 서로의 원인과 결과를 가져온 후 다른 개념의 원인과 결과를 반복하는 네트워크의 관계망을 가지고 선순환 구조를 가져다주게 된다. 이러한 문화복지 개념 틀의 관계는 <그림 7>과 같이 상호 영향을 주고 있다.

먼저 자발성에 관한 심층면접을 통한 내용을 분석하면 다음과 같다.

(1) 자발성

에리히 프롬(2009)은 현대사회의 병리적 문제를 해결하는 방법으로 사랑과 일이라는 '자발적 행동'을 제시했다. 즉, '자발성'이란 남에게 의존하거나 이끌리지 않는 자유의지, '활동'은 창조적 움직임을 뜻한다. 그리고 "인간이 사회를 제어하고 경제 기구를 인간의 행복이라는 목적에 종속시킬 때에만, 또한 인간이 사회 과정에서 적극적으로 참여할 때에만 인간은 지금 자신을 절망에 빠뜨리고 있는 고독감과 무력감을 극복할 수 있다."고 결론지었다.

지역 공동체는 주민의 노력이 구체적으로 이루어지는 공간으로 구성원들이 다양한 관계망을 통해 그 특성을 드러낸다. 여기서 관계망은 행위를 기본 단위로 하는 사람들의 관계가 복합적으로 얽혀 있는 것을 말한다. 혼자서 살 수 없는 사람들은 누군가와의 관계를 통해서 생존을 위한 자신의 필요를 충족시키며 삶을 유지해 나간다. 개인이 관계를 맺는 것은 강제적인 힘에 의해서가 아니라 자신의 의지와 판단에 따르게 된다. 공동체에서도 공동체 자체의 뜻과 결정에 따라 모든 관계가 이루어지게 되는데 이것이 자발성이다. 이 관계는 기본적인 부분부터 고차원적인 부분까지 관통되는 사회의 원리이기도 하다. 그래서 관계는 개인과 사회의 접촉점이자 연결점이 된다. 개인 단위에서 이루어지는 자발적 행위가 모여 관계가 되고 관계가 모여 체계가 되는데, 이런 관계와 체제의 중심이 되는 공간이 지역 공동체이다. 공동체에서 주민들은 스스로 자유적인 판단을 거친다. 스스로 상황을 정의하고 능동적인 행위를 통해 커뮤니티를 구성하게 된다. 이러한 행위는 스스로를 공동체의 구성원으로 인식하는 데서 출발한다. 정체성의 확인이 개인의 자발성을 활성화시키는 요인인 셈이다.

데이비드 호킨스(2009)는 자발성은 다른 사람을 도우려는 마음을 갖게 되며 사회의 선을 이루게 하는 것은 물론 사람들의 필요에 기꺼이 응하게 되며, 산업화와 도시화로 인해 단절된 관계를 회복하고 각자의 사회적 역할을 새롭게 기획하는 현대적 사회 동력을 만들 수 있게 있게 된다고 하였다.

위의 두 사람의 정의를 빌리면 공동체는 우리의 삶에 있어서 자발성에 의한 공동체에서의 활동으로 사회적 동력을 만들어 나갈 수 있다는 것이다.

이러한 자발성에 관하여 면접하였던 내용을 분석하여 서울시 부모커뮤니티가 문화복지의 어떠한 기본 틀에서 활동되고 있는가를 짚어봄으로써 문화복지와의 관계를 확인하도록 하겠다.

참여자

저희는 동네에 있는 엄마들의 육아사랑방 모임이에요. 그래서 원래는 생활협동조합, 소비자협동조합의 조합원들을 대상으로 조합원들이 임신하거나 출산을 한 다음에 그러니까 보통 이제 임신, 출산하는 여성들이 대부분 사회생활을 하다가 아이를 갖고 낳으면서 집안에만 머물러 있는 상황이 되고, 그때부터 어느 정도 기간까지는 사회로 복귀라던가, 바깥 생활하는, 누군가는 친구를 만나러 간다거나 그런 사회생활조차도 단절이 되는 기간이 있거든요. (참여자 D)

3년차인 A공동체 활동은 ○○생협에서 활동하고 있는 어린아이를 둔 부모들의 자발적인 모임으로 시작되었고 생협에서 여러 지원을 통하여 활동이 지속되어 3년차에 이르고 있다. 따라서 자발적인 성격도 여러 가지 형태가 있을 수 있겠으나 자발성이 무엇인지는 여러 고려가 필요하다. 즉, 무엇이 자발성이고 왜 자발성이 아닌지에 대한 구분이 필요하다고 생각된다. 이 공동체의 경우처럼 지역단체나 조직이나 기관의 개입 정도나 역할을 고려하여야 한다. 이 경우도 생협이라는 단체가 최초부터 주도권를 가지고 공동체가 만들어졌고 이후의 활동도 3년차에 이르렀지만 지속성 있는 공동체 유지가 되지 못하고 매년 새로운 희원들로 조직되고 새로운 사업이 진행되는 형태이다.

지금까지 문화복지가 정책적으로 다루어져 온 까닭에 그 대상 범위가 문화이용권처럼 전국적이거나, 대상이 특수 계층이거나, 사업의 예산 규모도 미치는 범위가 거대하여 제도적인 것으로 생각하기 쉽다. 하지만 실상 문화복지 사업의 한 사례로 연구될 서울시 부모커뮤니티에서 활동하는 참여자들은 대부분 평범한 시민들이다. 또한, 문화복지는 마을이나 공동체에서 다루어지는 생활밀착형 주제가 대부분인데, 공동육아를 위해 모인 동네 아줌마들, 초등학교 부모, 아이들, 어린이집에 아이를 보내는 엄마들 등으로 참여자가 무엇인가를 갈망하고 부족한 것을 해결하기 위해서 생각을 실행하는 방법으로 공동체에 들어가서 관계를 맺고 자신의 부족함을 함께 나누고 채워가는 것이다. 이들은 같은 마을에서 평범하게 만나고 부딪히는 사람들과 관계를 맺고 문제를 함께 풀어가고 있으며 이러한 것이 문화복지인 것이다.

참여자

○○초등학교에 아이를 둔 부모들이 모여서 방과 후 학교를 만들었습니다. 이게 어떤 지원이 있는 것이 아니구요. 저희들끼리 돈을 모아서 일단 조합을 만들었어요. 조합을 만들어서 10몇 년 유지되고 있죠. (참여자 E)

강창동(1966)운 "한국사회의 가장 중요한 사회적 관심의 요소는 자녀의 교육문제이다. 우리나라의 교육열이 세계에서 최고의 수준으로 한국인들의 공통적 정서의 으뜸은 자녀의 교육에 관한 것"이라고 한다. 이러한 중요한 자녀교육의 정보들은 마을을 결속시키는 촉매작용이 될 수 있었고, 커뮤니티를 통하여 자녀 돌봄의 질적 향상을 가져올 수 있었다. 이러한 현상은 이어서 주민사회에서의 커뮤니티의 중요성과 자신감을 가져올 수 있게 된다. 따라서 이러한 여러 요인은 사회의 문화적 활기를 진작시키는 소통의 문화가 시작될 수 있다고 주장하고 있다. 이처럼 자녀 교육은 공통의 관심사이다.

B공동체는 지역 내에 위치한 ○○초등학교에 보내는 1학년에서 4학년까지의 부모들이 자발적인 자생모임으로 부모들의 공동 관심사인 공동육아협동조합으로 설립하여 십시일반으로 갹출된 자금으로 사회적 자본을 축적하여 10여년을 운영하고 있다. 이는 자발적인 모임으로 아이들의 교육에 대한 대안적 방안으로 만들어진 것이다. 공동체 자체가 자발적으로 어떤 도움이 없는 당사자주의로 정관을 만들어 시스템이 작동되고 있는 공동체이다.

2년차인 이들이 고민하는 것은 자녀의 교육문제여서 자녀들에게 행복한 교육환경을 만들어 주자는 의지를 모아서 뜻을 같이 하는 부모들이 공동체를 만들고 재원을 마련하여 교육환경을 가꾸고 발전시켜 나가고 있는 것이다. 이들이 다른 강제적인 조직의 가입을 권유하였다면 이러한 공동육아 공동체는 만들어지지 않았을 것이고 자발적인 참여로 이루어진 공동체이기 때문에 유지되고 존속될 수 있었다.

참여자

저희는 ○○어린이집이라고, ○○동에 위치하고 있는 어린이집의 부모모임 회원들이에요. 작년에 처음으로 텃밭 모임으로 시작해가지고, 올해는 공동육아 하고 있거든요, 그래서 조합 형태로… (참여자 F)

C공동체는 1년차로서 최초 텃밭 모임으로 시작하여 조합형태의 공동육아까

지 실천하고 있는 부모들의 공동체이다. 이들은 아이들에게 어떤 교육이 필요할 것인가에 대한 고민과 교육 방법에 대한 정보를 공유하면서 교육에 관한 전문가를 초빙한 교육에 노력하고 있는 공동체이다.

본 연구를 진행하면서 면접에 참여한 3개 단체 모두가 협동조합으로 참여하고 있어 이들을 분석하기 위해서는 협동조합과 문화복지 개념의 차이에 관한 설명이 요구된다.

협동조합과 문화복지의 차이를 설명하면 아래 그림 <그림 8>과 같다.

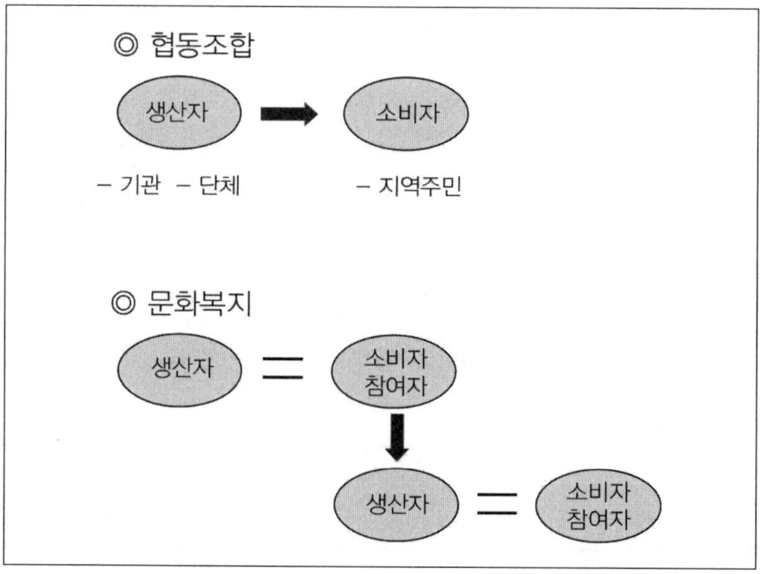

〈그림 8〉 협동조합에서의 문화적 성격(박관후, 2015 인용)

협동조합은 생산자와 참여자(소비자)가 구분이 되어 있어 생산자가 제공하는 자원을 조합에 가입한 회원인 주민이 이를 소비하게 된다. 협동조합에서 별도의 공동체를 구성하여 공급과 수급의 관계를 갖게 되는 것이다. 이러한 이유로, 협동조합의 성격이 공동체의 자발성에 미치는 영향은 다음과 같다. 협동조합에 가입하는 주된 이유는 편의위주로 소비활동이 가능하고 타인의 간섭으로부터 자유롭다는 것이다. 이렇게 개인이 편리함을 찾고 이용에 따른 수익이 발생할 수 있다는 것이 협동조합의 특징이다. 그러나 공동체의 일원으로 소비자임과 동시에 생산자가 되어 지역의 발전과 더불어 나의 발전까지 도모하기에는 미흡하다. 반면에, 문화복지의 구조는 생산자와 소비자가 같다는 특징을 가지고 있다. 고객이 곧 생산자가 되는 참여구조로 되어 있는 것이다. 생산자인 동시에 참여자인 소비자가 되어 공동체의 자원을 활용하고 다시 이를 소비하게 된다. 또한 이런 과정을 반복하면서 새로운 사업을 발굴하고 해결함으로써 공동체는 점차 주변으로 확산되어 지는 것이다. 문화복지는 이러한 구조로 자발적인 공동체가 조직되고 조직원 스스로가 문제를 해결하는 주체성을 확보하는 특징을 가진다. 이러한 면에서 A공동체는 자발성이 부족하다고 하겠다.

참여자

그 기간 동안에 아이와 둘만 있는 경우가 굉장히 많은데 그때 느끼는 감정들… 고립감도 느끼고 단절감도 느끼고 육아를 처음 경험하면서 여러 가지 느끼는 어려움들이라든지 이런 것들을 같이 좀 해결해 보자라는 취지에서 주민들 자체적으로… 주민들끼리 시작했다기보다는 생협에서 먼저 이 프로그램이랄까요? 이걸 시작을 했던 거죠. (참여자 A)

함유근 · 김영수(2010)에 의하면, 지역사회는 지정학적 위치를 지속적으로 공유하고 친밀감을 느끼는 사람들의 집단이다. 그러나 지역사회에서 특정한 경계 내에서만 사람들은 소속감과 친밀감을 느낀다. 하지만 그 지역사회 구성원들이 인식하든 못하든 그곳에는 빈곤, 질병, 갈등, 환경오염 등 여러 문제가 도사리고 있다. 지역사회에서 생기는 그와 같은 여러 가지 문제를 그 지역사회에서 공동의 가치를 가지고 스스로 어려움에 접근해 해결하는 것이 바로 지역 공동체라고 주장한다.

부모커뮤니티는 대상을 사전에 선정하고 예산을 책정하여 운영하는 시혜적인 사업이 아니라 누구라도 본인의 자발적인 의사에 목적한 바에 따라서 공동체를 조직하여 운영방안을 결정하는 사업이다. 이 사업은 자녀양육이나 교육에 대한 고민으로 시작한 부모들이 점차 지역 내 자녀문제로 확장되는 공공성 지향 및 시민의식 확장으로 이어진다. 그리고 이웃과의 신뢰회복을 통해 안전하고 생산적인 공동체 생활을 가능하게 한다. 부모커뮤니티는 관이나 지역단체 주도로 조직되는 것이 아닌 부모 주도의 자발적인 사업으로 주민들의 필요에 민감하게 반응하는 체감도 높은 정책 사업이다. 즉, 주민이 자발적으로 모이는 결사체이다.

자발적 행동이란 남에게 의존하거나 이끌리지 않는 자유의지를 말하는 것으로 자발적 행동은 창조적 움직임을 뜻한다(문화융성에 필요한 생태는 자율성과 자발성이 핵심가치라고 주장하고 있다). 이 공동체는 아이를 낳으면서 사회와 격리되어 단절되는 고립감과 어려움을 해결하고 공동육아를 통하여 아이들을 잘 양육하기 위하여 자발적으로 모인 공동체이나, 실제에 있어서는 생협에서 활동하고 있는 아이들을 키우는 주부들이 조직하여 만들어 진 공동체로 자발적이기보다는 생협의 프로그램에 의해 만들어졌다. 이들이 육아 공동체를 조직한 것은 필요한 것으로, 겉보기에는 공동체를 유지할 수 있는 기틀을 만들어 졌다고는 하나, 공동체의 운영 방식과 활동이 생협에 의한 지속적인 재정과 프로그램 지원으로 창조적인 면이 부족한 것으로 판단된다. 즉, 이 공동체는 생협의 지원을 바탕으로 하고 있어 순수한 자발적인 공동체로서의 한계를 갖고 있다고 볼 수 있다.

A공동체의 사업은 주민자체의 사업으로 보이지 않고 생협 사업으로 보여 지고 있는 것이다. 이런 이유로, 심사과정부터 말들이 많이 오갔는데, 참여자와의 면담에서 사업이라는 단어를 57회나 사용한 것은 이러한 연유가 있다고 풀이된다. A공동체가 자발성에 있어서 한계를 갖는 큰 이유는, 생협이 촉진자로서의 역할을 뛰어 넘어 공동체가 자생할 수 있는 기틀을 만들어 주지 못하는데 있다. 참여자는 개인의 신분으로 조합원이 아니나 생협에서 콘텐츠나 정보를 지원받

는 구조로 공동체가 운영되었기 때문이다. 이러한 내용을 종합하면, 조합이 사업을 세팅하고 참여자를 활동가로 세우는 단계에서부터 주민주도 사업이 아니라 생협 사업의 연속선상에서 사업이 진행되었다고 할 수 있다. 단체나 기관에서 자발성과 주체성 발현을 도와주는 목적으로 개입하여야만 이후 공동체다운 자발성이 확보될 수 있는 것이다.

참여자

생협에서 이런 활동가를 찾는다는 연락이 있었기 때문에 그것이 기회가 돼서 참여를 하게 됐고… (참여자 D)

참여자는 A공동체의 활동가로 역할을 하고 있으며, 이곳에 참여한 동기는 ○○생협에서 활동가를 찾는다는 연락을 받고 사업적 마인드를 가지고 참여하였다. 그러므로 순수한 자발성이 아니라 조합의 활동가로 참여하여 활동비를 받는 입장에서 공동육아를 이끌고 있다. 이러한 점에서 추후 여러 활동에 제약이 있을 수밖에 없는 것으로 자발성의 한계를 드러내고 있다. 이는 주체성에도 영향을 미치게 된다. 면접 참여자이면서 A공동체의 활동가인 D는 2년차에 공동체에 참여하여 3년차까지 활동한 분이다. 생협의 요청에 따라서 사업적인 마인드를 가지고 참여하여 활동하는 것이다. 자발성이 높은 부모커뮤니티라면 활동가 선발에 있어서 선순환성을 위해서라도 외부에서의 모집이 아니라 1년차 활동을 하는 회원에서 선발하는 것이 타당하였을 것이다.

참여자

생협에서 한다고 하지만 실제적으로 생협에서 콘텐츠나 정보제공이라던가 이걸 연결시켜주는 측면이 강하고, 그 지역의 조합원들이 사실 저 같은 경우도 생협 직원은 아니거든요. 그냥 조합원이면서 조합원 활동가로 참여하는 조합원들의 모임이라든가 이런 육아사랑방을 진행하는데…

심사과정에서도 말들이 많이 오고 가긴 했었어요. 저희가 더군다나 주민모임으로 해가지고 지원을 하고, 선정이 된 게 있었기 때문에 순수 배경이 없이 그냥 지역주민들끼리 정말 삼삼오오 모여서 한 그런데서 조금 다르게 보기도 하죠. (참여자 D)

자발성이란 주민 스스로가 자신의 생활문제를 들고 나와 이웃과 함께 해결해 보겠다고 마음먹는 나서기가 중요하다. 풀뿌리 단체가 제공하는 프로그램의 소비자가 아니라 문제의 당사자로서 해결 주체로 등장할 때 비로소 주민들의 생활 관계망이 만들어지는 것이다. 그리고 그렇게 만들어진 관계망이 마을로 성장하는 것이다.

그러나 여기에서 짚고 넘어가야할 것은 A공동체는 생협의 조합원과 조합원 활동가의 모임으로 처음부터 시작한 공동체이다. 협동조합은 생산자와 소비자인 참여자가 동일한 사람이 아니라는 것이다. 그러나 문화복지는 생산자와 참여자가 동일하다는 차이가 있다. 문화복지의 성격은 자발성이 중요한 요소이다. A공동체는 최초 형성 단계부터 생협에서 진행하고 있는 사업을 추진할 수 있는 능력이나 경험이 있는 사람을 선정하여 프로그램을 맡긴 경우이다. 공동육아라는 순수한 일을 하고 싶어 시작한 자발적인 모임과는 다른 형태이다.

물론, 생협에서 개입한다고 해서 자발성이 없는 것이 아니다. 그러나 단체나 행정기관에서 개입은 가능하나 개입 시 공동체에게 어떻게 '자발성'을 확보해 줄 것인가를 고민하여야 하는 것이다. 기관과 단체의 개입은 새싹단계에서 촉매자의 역할로서 지원하는 것이 중요하다. A공동체는 이러한 자발성에 한계를 갖고 일회성으로 사업이 이루어지고 있는 것이다.

일방적인 재정적 지원과 프로그램을 유지한다면 문화바우처와 다르지 않을 것이다. 이 경우 공동체원은 스스로를 생산자인 동시에 참여자가 되는 구조를 만들어야 하는 것이다. 이러한 조건이 되기 위한 초석은 자발성이 중요한 것이다.

참여자

매일 같이 보내고, 아이들이 매일 와서 놀고, 거기에 운영을 다 부모조합원들이 합니다. 돈도 같이 내고, 교사도 조합원으로 들어오고요. 들어오는 동시에 거기 월급도 같이 모아서 내고 거기 공간도 저희가 사용하고 있고요. (참여자 D)

김기홍(2014)은 "마을의 관계는 기본적으로 호혜적으로 특징지울 수 있는데, 여기서 호혜적이란 자율적 판단에 따른 자발성, 대가를 전제로 하지 않는 비계산성, 사회적 의무의 실천 등이 결합된 것을 말한다."는 것이다. 그는 이어서 호혜적 평등에 기초한 마을 자치는 형식이 강조되는 오늘날 민주주의보다 훨씬 성숙한 모습을 보인다고 하였다.

공간에서의 심리적 만족감을 느끼는 것이 중요하다. "이 공간에서 행복하다"는 느낀 말이다. 공동체적 삶의 필요, 혹은 즐거움에 대해 보고, 듣고, 느끼는 것은 매우 중요한 것이다. B공동체 운영 방식은 상호부조로 필요한 경비를 십시일반으로 함께 각출하고 필요한 모든 업무추진도 협동정신으로 조합원 모두의 의견이 종합되어 추진하는 가족친화적 인프라를 구축하였다. 따라서 사업 내용도 주체성을 가지고 업무 내용을 결정할 수 있다. 이는 공동체가 자발성으로 이루어진 것이 원인이 되어 이는 주체성, 상호부조성과 상호 원인이 되고 결과가 되는 관련성을 가지게 되는 것이다.

참여자

공동육아는 이게 뭐냐면 공동육아의 출발은 공동육아의 철학이 있어요. 아이들을 같이 키워보고 싶은 사람들이 모여 있는 곳입니다. 보시면 아시겠지만 어린이집부터 해서, 어린이집도 힘들게 키우고 맞벌이들이 많을 경우는 안전하게 보낼 때가 많지 않지 않습니까? 그래서 그것을 좀 더 안전하면서, 특히 어떻게 아이들의 삶을 키우냐는 방식이죠. 키우는 방식을 아이들을 경쟁 상태에 놔두지 않고, 같이 협동하면서 잘 클 수 있는 방법을 찾아보자. 그래서 공동육아 어린이집이 두 개 있는데 거기서도 이제 같이 부모들이 돈을 투자해서 공동육아 조합을 만들고, 거기 선생님들을 모셔오고, 거기 선생님들도 조합원이 되고 같이 커나가는 것입니다. (참여자 D)

참여자

그래서 이제 공동육아를 시작하게 됐고, 그러면서 거기서 또 공부를 한거죠. 왜냐하면 공부를 안 하면은 안 되게 구조가 되어 있어요. 계속 교육을 시키기 때문에. 1년에 5번 이상 무조건 교육을 받아야 됩니다. 거기에 공동육아란 무엇인가 하면서 교육을 받아야 하는 거죠. 그러면서 조금씩 조금씩 알게 되고, 마을사업도 하게 되고… 등등 진행했습니다. (참여자 F)

참여자

공동육아는 보통 주최가 교사하고 아이들인데, 거기 부모들이 같이 삼각구조로 어린이집의 운영이나 그런 것에 학부모들도 자유롭게 참여하고 같이 의사결정도 하고 하는 게 공동육아인데요. 거기에서 다들 활동을 하고 있고 두 엄마도 같이 올해 사업했던 엄마들이에요. (참여자 F)

아이들을 같이 키워보고 싶은 공통의 관심사로 안전한 교육환경이 되는 사회적 안전성을 확보하기 위하여 자발적으로 부모들이 자생적 모임을 만들었다. 자라는 아이들이 잘 자랄 수 있도록 관심의 그물망을 만들어 돌봄 체계를 형성한 것이다. 공동육아 협동조합을 만들어 상호부조하여 지속가능한 선순환 구조를 만들 수 있었다.

면접한 B, C 공동체가 공동육아를 운영하고 있고 A공동체도 공동육아로 시작하였으나 내용상에서 변질된 형태로 공동육아는 부모커뮤니티에 있어 대부분 공동체의 공통된 사업 방법이다. 이에 대하여 구체적으로 알아보겠다.

공동육아에 관한 배경은 교육과 관련하여 협동조합으로 운영하는 공동육아와 대안교육이 있는데, 공동육아가 어린이집으로 시작하였다가 초등대안학교를 만들어 아이를 보내는 형태와 일반 초등학교를 보내지만 학교를 끝내고 방과 후 대안학교 프로그램을 운영하는 두 가지 흐름으로 진행되고 있다. B공동체는 아이들이 공교육을 받고 방과 후 대안적 프로그램의 교육을 선택한 부모들의 모임으로 만든 프로젝트이다. 공동육아협동체는 사회적 공감을 확장한 것으로 이를 구체적으로 설명하면, “한국 사회에서 공동육아는 1990년대 시민사회 활성화로 인한 생활공동체의 등장이 배경이 되었다. 즉, 핵가족에 기반한 고립된 육아로 특히 영 · 유아를 둔 어머니들의 양육스트레스와 우울감이 유발되며, 이러한 문제는 어머니 개인은 물론 해당 자녀의 성장과 발달에도 부정적인 영향을 미치므로 사회적 차원의 대응이 필요하다고 지적되었다. 또한 급증하는 사교육 환경 하에서 아동의 개별성과 주체성을 고려한 아동 중심적 육아관이 강조되었다. 공동육아는 이에 대한 해법으로 등장하였으며, 개별 가족, 특히 어머니 한 사람에 의해서가 아니라 부모, 이웃, 지역사회, 국가 모두가 아이를 함께 키우자는 의미를 지닌다”(우민정 · 주봉관, 2011). 이처럼 지역사회 공동육아는 공동체 의식에 기반하여 부모와 지역사회가 함께 아동을 양육하는 방식으로, 부모들의 다양한 보육 수요에 따른 육아지원 다각화와 개별가족 위주의 고립된 육아로 인한 양육 부담 해소의 주요한 해법으로 제기되는 교육공동체이다. 공동육아에 대한 중요한 용어는 아래와 같다.

- **공동육아**: 철학, 구성원, 어린이집 등 공동육아의 모든 요소를 포함하는 말
- **공동육아협동조합**: 공동육아 현장을 운영하기 위해 결성한 협동조합
- **공동육아협동조합 어린이집**: 공동육아협동조합이 운영하는 어린이집
- **부모협동**: 부모가 참여하는 일반적인 형태를 모두 말함
- **부모협동어린이집**: 부모협동보육의 제도화된 형태, 어린이집의 법적 유형 중 하나 임. 공동육아협동조합뿐아니라 '조합' 설립 형태만을 취하는 모든 어린이집을 포함

참여자

실제적으로 이 모임만 가지고는 많이 부족해요. 이 모임은 아까 말씀드렸지만 한 달에 두 번밖에 안되고, 매일을 아이와만 보내는 엄마들한테는 이 2주에 한 번이라는 건 정말 그나마 갈증이 해소는 될 수 있지만 완전 친밀하게는 조금 부족한 경우들이 좀 많이 있어요. (참여자 D)

참여자

그래서 그쪽에서 전체적으로 어떻게 방향을 이끌어 나갈 것인가를 서로 고민하는 거죠. 그리고 알려주는 게 아니라, 교사들이 모여서 고민하고 같이 해결방안을 찾고, 그런 와중에서 우리도 교육을 받고. 그리고 전체적으로 보면 교사분도 교육을 받지만, 저희가 1년에 3회에서 4회 이상 교육을 받아야 됩니다. 전체 조합원들이 교육을 또 짜요 저희가 공동체 교육이라고… (참여자 E)

A공동체는 참여자들이 자발성과 주체성 부족으로 인하여 생협 프로그램을 소비하는 소비자로 참여하는 것으로 볼 수 있다. 주체적이 되려면 프로그램을 공동체에서 스스로 생산하고 실행할 수 있어야 한다. A공동체는 최초 조직단계에서부터 자발성 부족으로 인하여 주체적인 프로그램을 만들지 못하고 생협의

프로그램을 활용하는 소비자 모임이 됨으로써 활성화 되지 못하였다. 그러나 B 공동체는 자발적이고 주체적인 운영으로 선순환구조를 갖고 지속적으로 활동이 이어가고 있다. A공동체는 처음부터 자발성의 실패로 인해 공동체 조직원 간의 친밀성을 유지하지 못하고 관계망이 촘촘하지 못하다는 것을 잘 드러내고 있다. 지역주민을 변화시키기 위해서는 자신들이 계획하고 실천한 성과가 사회에서 인정을 받고 개인의 문제를 공동체가 공유할 수 있는 인간관계를 구축하여 개인적인 이해를 지역수준으로 확대하는 것이 필요하다. 즉, 자신의 사적인 문제를 공적인 공동체의 문제로 인식하고 함께 노력하는 사이에 지역주민들 사이에 존재하는 많은 차이를 극복하여 신뢰를 쌓게 되는 것이다.

참여자

저는 일단 그 동네에서 계속 살았고요, 제가 그 동네에서 한 30년 넘게 살았습니다. ㅇㅇ동에서 30년 넘게 살면서, 어린이집을 이제 맨 처음에 찾았죠. ○○○ 어린이집이라고, 어린아이를 맡겼죠. 그래서 그 ○○○ 어린이집에 지금 둘째가 다니고 있고요, ○○에 첫째가 다니고 있습니다. 지금 그래서 두 조합의 조합원이기도 합니다. 그렇게 부모커뮤니티는 서로 연결되는거죠. (참여자 B)

참여자

아이들과 나들이를 매일 가요. 매일 나들이를 가서 밖에 한 시간 이상 놀아요. 춥던 덥던, 아주 혹한기나 여러 가지 재난사항이 발생하지 않는 이상은 한겨울에도 옷 꽁꽁 껴입고, 장갑 끼고 나갑니다. 나가서 그냥 걸어가서 잠깐 있다 오더라도 그걸 하고 오는거죠. 그래서 이렇게 햇빛을 볼 수 있는 곳이 있다라는 게 정말 괜찮다 싶어요. 그리고 부모들과 함께 한다는 그 점이 좋았고요. (참여자 E)

참여자

그래서 그런 곳을 찾아서 가고, 아이들을 또 안전하게 맡길 수 있고… 사실 굉장히 안전합니다. 먹거리서부터 해서, 그리고 부모들이 계속 들락날락할 수 있어요. 어린이집은 보통 문 앞에서 인사하고 들어가고 나서 또 애가 깨끗한 옷을 입고 나오는데, 거기는 부모들이 들어가서 옷 넣어주고, 선생님과 인사하고 눈 마주치고, 다른 아이들과도 눈 마주치고, 인사하고 나옵니다. 그게 계속 반복되는 게 전 굉장히 좋았죠. (참여자 E)

위의 면접 내용은 B공동체의 참여자로서 그가 어떻게 자발적으로 공동체에 참여하였는지에 대한 내용이다. 30년 이상을 그 마을에 살면서 참여자가 원하는 공동육아 공동체에 관한 정보를 접하고 이곳에 아이를 맡기고 만족해하는 모습을 볼 수가 있다. 자발적으로 참여한다고 문제가 해결되는 것이 아니라 이 공동체는 조합원 스스로가 운영에 관한 주체성을 발휘하고 있어 지속가능한 공동체 유지가 가능한 것임을 알 수 있다.

참여자

일반 주민들은 삼삼오오 모이다 보면 이런 것도 해보고 싶어 저런 것도 해보고 싶어 이런 게 많을 텐데 이를 어떻게 해야 될지 모르는 게 많을 거란 말이에요. 저는 우리집 잎에 아파트에 공터가 생기면 저기에 모래랑 화분을 놔서 텃밭을 해보고 싶은데 하면 이 사업에 프로젝트를 내봐야겠다. 이런 식으로 생각이 자연스럽게 갈 수 있지만 일반 주민들은 그게 안 될 거란 말이죠. (참여자 F)

주민들을 동기화시키는데 교육프로그램 이외에 욕구를 찾아내는 것이 중요하다. 일상의 불만이나 생활문제 등에 대해 의제화하지 못한 주민들의 “가려운 곳을 긁어주는” 활동이 공동체 활동에 대한 관심을 촉발시키는 시발점이 될 수 있다. 공동체가 지역사회 개발 및 지역발전에 기여하고, 공동체 구성원의 행복한 삶의 유일한 방법과 통로임을 인식하고 지역에 이미 착근한 공동체가 지역의 잠재력을 발굴하고 지역을 지속 가능하고 경쟁력 있는 지역으로 만들어갈 수 있도록 하여야 하며, 또한 공동체의 자발성을 복돋워야 하고 이를 조직화시켜야 한다.

창의적인 사람들에게는 여러 가지 보통사람이 느끼지 못하는 것을 느끼고 생각하는 힘을 갖는 것이 있다. 참여자의 이야기처럼 무심할 수 있는 집앞 공터를 보면서 사업과 연관한 것을 발굴하여 공동체로 만들어갈 수 있는 것을 생각하였다. 이러한 인식은 자발적으로 지역의 잠재력을 키울 수 있는 것으로 공동체가 지역사회를 개발하여 발전에 기여하는 것으로 이러한 노력이 모였을 때 공동체의 행복과 만족도 가능해지는 것이다.

참여자

엄마들이 자발적으로 뭔가를 꾸리기가 정말 참 쉽지가 않아요. 아직까지 2년차 되긴 하지만 저도 그래서 작년에 자발적인 후속모임을 꾸리기가 어려웠던 경험을 바탕으로 올해는 모임 초창기부터 얘기를 하면서 지역 모임들, 그러니까 엄마들끼리 인형 만들기 모임도 있고, 뜨개질하는 모임도 있고 이런 식으로 계속 소개를 드리고 있긴 한데, 관심들이 있는 것 같은데 참여는 안 해요. 뭔가 너무 익숙해지는 것 같아요. 엄마들에게 편하게 발을 놓았다가 편하게 뺄 수 있는 그런 어떤 책임과 엮이는 것에 대해서 조금 부담스러워 하지 않나 생각이 들어요. 한 3~4명 정도 마음 맞는 엄마들끼리는 그런 정도만을 원하지 거기에 더 누군가가 들어와서 한다거나 하는 것은 원하지 않아요. 그래서 어려움이 있죠. (참여자 D)

자유가 보장된 상태에서 개인이 관계를 맺는 것은 강제적인 힘에 의해서가 아니라 자신의 의지와 판단에 따르게 된다. 커뮤니티에서도 커뮤니티의 자체의 뜻과 결정에 따라 모든 관계가 이루어지게 되는데 이것이 자발성이다. 이 관계는 기본적인 부분부터 고차원적인 부분까지 관통되는 사회의 원리이기도 하다. 그래서 관계는 개인과 사회의 접촉점이자 연결점이 된다. 개인 단위에서 이루어지는 자발적 행위가 모여 관계가 되고 관계가 모여 체제가 되는데, 이런 관계와 체제의 중심이 되는 공간이 지역 커뮤니티이다.

위의 면접 내용은 많은 시사점을 던져주고 있다. 공동체의 조직원들에게 후속 모임을 갖도록 여러 모임을 소개하면, 관심도 있어 보이긴 하지만 스스로 책임과 연관되는 것에는 부담스러워하고 있음을 알 수가 있다. 개인과 성향이 맞는 회원들끼리의 모임 정도까지 만을 원하고 있는 것이다. 여기에 자발적인 공동체를 구성한다는 것이 그리 쉬운 일이 아니다. 그러므로 자발적인 공동체를 구성한다는 것은 준비와 내용에 있어 공동의 목표를 설정할 수 있어야 한다. 그러할 때 이들은 어떤 보수나 이익을 생각하지 않고 자발적으로 참여하여 그들의 자아실현을 위하여 공동체에 기여하게 되는 것이다.

참여자

네, 전세로 저희가 사용하고 있습니다. 전세 주는 ○○ 어린이집이라는 공동육아협동조합입니다. (참여자 E)

김경제(2010)는 공동체 활동에 있어 주민들이 자발적으로 공간을 만들고 그것을 바탕으로 새로운 자발성의 역동성을 획득하는 선순환 구조를 만드는 것이 공동체 활동의 핵심이라고 볼 수 있다고 주장하고 있다. B공동체는 방과 후 교육을 위한 교육장인 3층 건물을 전세로 임대하여 사용하고 있어 공간의 기본

구조를 안정적으로 확보하여 지속가능한 교육 및 교류의 장으로 활용함으로써 안전한 공간에서 자녀교육 및 돌봄이 가능해졌다. 이는 자발성으로부터 시작되는 것으로 지속가능한 공동육아협동조합을 조직함으로써 사회안전망을 구축하였다.

참여자

가끔 뭔가 빠진 듯한 느낌이 들 때 그때 저만 그런 게 아니라 많은 아빠들이 느끼고 있어서 그런 곳에서 만나는 게 크고요, 또 그러다보면 이게 조금 더 커져서 마을 사업을 아빠들이 모여서 하나 했습니다. 아빠들이 모여서 자전거 부를 만들었습니다. (참여자 E)

참여자

생활이 사실… 일하고, 육아하고, 일하고, 육아하고 반복이지 않습니까. 일 중간에 회식이 있긴 있지만, 일, 회식, 육아, 일, 회식, 육아 그렇게 돌아가는 데 그거로만 저는 굴러가긴 힘들다는 거죠. 제가 그렇게 굴러가기에는 뭔가 빠져있는 듯한 느낌이죠. 이게 어딜 가나… (참여자 E)

참여자

술 한잔 하면서, 당구 치면서, 자전거 타면서 이제 그 얘기가 쉽게 쉽게 나오니까, 그 부분에서 조금씩 조금씩 빠져 있는 부분이 좀 채워져 나가고, 잘 돌아가는 거 같습니다. (참여자 E)

브램과 랜은 “사회적 자본을 집단행동 문제들에 대한 해결을 촉진하는 시민들 사이의 협동적 관계망(사회적 연계망)이다라고 했다(허의도, 2012).

이들은 평소 생활 속에서도 사회적 관계망을 형성하고 있으며 이를 토대로 재미있는 공동체로 발전하여 지속적인 자생 노력과 교류를 통해 친밀감을 형성하고 있다. 이러한 관계망은 자발성을 기초로 하여 사회적 연결망에 의한 결사체가 되고 주민이 상호 소통하고 연대하는 일들을 만들어 가고 있다. 이러한 모든 시도는 공동체의 문제를 해결하는 순기능적인 역할을 할 수 있을 것이다.

참여자

서류작업은 서툴지만 해보고 싶은 욕망이 있는 사람도 꽤 있습니다. 그런 분들이 더 사업을 잘 이끌어 나가기도 합니다. (참여자 E)

지역에서 공동체를 만드는 사람들은 그저 지역에서 평범하게 생활하는 분들로서 이러한 행정업무를 접하기가 쉽지 않은 분들에게는 자발성에 있어서 높은 벽일 수밖에 없다. 따라서 행정기관은 촉진자 역할을 수행하기 위하여 행정 간소화를 통하여 문턱을 낮추어야 한다. 주민의 접근성을 강화하고 행정편의 위주의 업무를 지양해야 한다. 그러나 분명한 것은 행정을 통한 공공성은 반드시 유지되어야 하며, 필요한 행정업무는 교육되어야 한다는 것이다. 행정은 업무를 감독하거나 지시를 위하여 존재하는 것이 아니라 공공의 선을 유지하고 발전하기 위한 지원 시스템으로서의 역할이 중요하다. 물론 행정기관이 만나는 공동체는 다양하므로 지원의 방법과 수준도 고민하여야 한다.

참여자

조합원들도 어차피 지역주민이죠. 지역에 다 사니까 그래도 그것까지만이었는데, 이게 1년이 지나고 2년이 지나고 3년이 지나고 하니까 조합원들뿐만 아니라 지역주민들도 알아가기 시작하는 것 같아요. 이제 정기적으로 축제를 하는구나 하고 와서 보고 학교에서도 "우리 풍물패 함께할 프로그램을 만들 수 있을까?" 하고 문의가 나오게 됐어요. 학교 풍물패들과 같이 하게 되니까 아이들만 오는 것이 아니거든요. 그렇게 되면 거기 지역주민인 부모님들이 오게 됩니다. 거기 합류해서 또 오면 볼거리도 많고 놀거리도 있고, 먹거리도 있으니까 그런 것에서 재밌다 하는 걸 느끼게 되는 것 같습니다. (참여자 E)

문화융성위원회 세미나(2014) ('문화, 삶의 질을 바꾸다')라는 주제의 발제인 '낯설게 보기를 통한 지역문화의 재해석'에서 지역문화의 뿌리는 역사의 흐름 속에서 의식으로서의 동질성을 가진다. 그러나 문화서 지역주민의 자랑거리가 없어지는 문제점이 발견되고 있다. 그 이유는, 첫째, 주민들의 정주성의 결여다. 자녀교육, 직장 그리고 문화시설 공유 등으로 이주가 빈번히 일어나는 것이다. 이러한 문제의 해결은 바람직한 지역발달을 위해 국가의 책임 있는 지원과 시민의 솔선수범이 상호 협력하는 과정이 필요하다. 둘째, 도시화 현상은 지역정체성과 공동체 의식에 변화를 가져왔다. 예를 들어 처음에는 마을(동네) 기준으로 '용설리' 사람이 점차 면(동)으로 확장되면서 '죽산면' 사람으로 다시 시로 확장되어 '안성시 사람' 그리고 도(광역시)로 확장되면서 '경기도' 사람으로 불리워지면서 공동체 의식이 희박해지고 있다. 셋째, 지역문화란 공간적 개념이다. 규모에 대하여 알아보면, '지역문화'란 지방자치법에 따른 지방자치단체 행정구역 또는 공통의 역사적·문화적 정체성을 이루고 있는 지역을 기반으로 하는 문화유산, 문화예술, 생활문화, 문화산업, 및 이와 관련된 유형·무형이 문화적 활동을 말한다는 것이다(베르너 사세, 20베르너 사세14). 「지역문화진흥법」

제2조에 지역문화의 정의가 나와 있는데, 이 정의의 문제점은 '행정구역'과 '공통의 역사적 · 문화적 정체성을 이루고 있는 지역'은 일치하는 공간이 아니다. 이것을 이루고 있는 지역의 주인공은 행정이 아니고 주민, 즉 사람인 것이다. 이처럼 다양한 지역문화를 해결하려면 지역 공동체를 복원하여 없어진 자랑거리를 되찾는 일에 적극 동참하여야 한다. 그 이유는 지역문화의 뿌리는 마을(동네) 사람들의 풍속습관 때문이라고 설명하고 있다.

B공동체는 연륜이 깊어지면서 자연스럽게 주민에게 홍보가 되었다. 학교의 축제를 주체적으로 담당하면서 공동체가 자체적인 시민 역량강화를 가져오고 사회적 성취감을 달성할 수 있게 되었다. 사업의 성과는 공동체에서 전반적인 지역사회로 확장된다. 이러한 활동은 주민으로서의 정체성을 확립하고 지속적인 교류를 통하여 지역자원을 동원할 수 있는 역량을 갖출 수 있게 된다. 아울러, 지역사회와의 횡적 네트워크가 구축된다. 구성원에 대한 영향에서 자발성이란 부모커뮤니티나 문화복지의 성격에서 가장 중요한 첫 번째 관문이 된다. 타인으로부터 명령이나 구속 때문에 마지못해 행하는 것이 아니라 자신이 결정하여 자기 의지에 의하여 행동한다는 것과, 마찬가지로 시민들이 자발적으로 단체활동에 가입하여 개인의 목소리를 내고 이웃 및 공동체와 연결되는 활동의 무대를 받음으로써 자녀들에 관한 정보획득이 가능해질 수 있게 된다.

참여자

저희는 친해지기 위한 방법을 노동으로 했습니다. 그러니까 교육장 대청소, 시설 수리 등입니다. 그런 게 생각보다 친해져요. 의무로 같이 청소하는 거죠. 그리고 아이들이 이것을 봅니다. 같이 청소하는구나… 그리고 청소만 계속하고 가면 정말 허전해요. 그래서 중간 중간에 막걸리도 마시고, 밥도 같이 먹고, 끝나고 나서 저녁도 같이 먹고 그런 시간을 많이 할애를 하죠. (참여자 E)

참여자

술도 자주 마시고, 서로 이야기도 많이 하고 김치도 나눠먹고 정감이 있었다면, 그 사람이 하자고 그랬을 때 어찌됐거나 도와줘야지 그런 느낌이 드는 거죠. 그래서 같이 도와주면서 참여하다보면 좋고, 그 결과라는 게 좋게 나오면 좋은 거 같아요. 그리고 과정에 대해서 조금 더 중심을 두는 것 같습니다. (참여자 E)

양광모(2011)는 공감(이질감) 형성은 “호감과 기대감이 형성되어 인간관계가 유지된다면 그 다음으로 공감이 형성되어야 한다. 공감은 통하는 것이다. 말, 생각, 심정이 통하는 것이다. 인간관계는 커뮤니케이션과 관계인데 커뮤니케이션은 공감형성이 중요하다. 내 생각을 알아주는 사람, 내 마음과 통하는 사람이 가장 좋은 인맥이다. 통하지 않으면 답답하고 이질감이 형성된다.”라고 말한다.

주체성을 높이고 자발성을 갖는 방법으로 노동이란 품앗이를 활용하여 조직원 간의 상호소통과 친밀감을 확대하였다. 땀 흘린 뒤에 뒤풀이를 하면서 서로를 알아가는 과정에서 공동체는 더욱 결속을 다지고 미래를 함께 나가는 원동력을 만들어 나갈 수 있었다. 자발성이란 주민들이 스스로 자치조직을 만들어서 일이 발생하면 자체적인 능력으로 해결하는 것을 의미하는 것으로 문화복지의 핵심정서이다. 이들의 이러한 활동은 공감대가 형성되어 친밀한 인맥으로 작동되어 공동체가 단단한 구조를 만들어가는데 일조하는 역할을 할 수 있을 것이다.

문화복지는 곧 교육이다. B공동체는 스스로 연4회 이상의 교육을 하고 이를 통하여 자발적으로 교육을 통한 가치관을 형성한다. 그리고 새로운 정보를 얻고 프로그램도 만들면서 공동체를 활성화하고 효율적인 운영이 가능하도록 노력하고 있다. 공동체가 발전하기 위해서는 여러 방법이 동원되기도 하나 교육은 가장 우선되어 실시해야 할 과제인 것이다.

참여자

여기서 특별한 교사자격증은 없지만, 계속해서 교육을 받습니다. 1년에 한 번씩 교육받고, 거기에 대한 교육을 받으라고 해서 받고… (참여자 E)

참여자

스스로 짜서, 그 교육을 위해서 공동육아 교육하는 그쪽도 오셔서 하시고, 뭐 여러 가지에 대해서 1년에 4회 이상 교육이 진행됩니다. (참여자 E)

문화복지는 곧 교육으로 비교적 성공한 사례인 B공동체는 스스로 연4회 이상의 교육을 실시하고 있다. 이러한 자발적인 교육으로 공동의 가치관을 형성한다. 그리고 새로운 정보를 얻고 프로그램도 만들면서 공동체를 활성화하고 효율적인 운영이 가능하게 되는 것이다.

참여자

홍보도 해야죠. 사실 조합원 대상으로만 해도 어떻게 보면 특정 대상인 거잖아요. 조합원들에게는 문자, 홈페이지로 알리기도 하고 지역주민 대상으로도 곳곳에 리플렛을 붙이거나 배포하거나, 지역에 엄마들이 모이는 온라인 카페에다가 홍보해서 그 모임이 가능하지요. (참여자 D)

참여자

인터넷으로도 하고, 지역의 아파트 단지나 이런데 붙이기도 하고요. (참여자 F)

자발성이라는 것의 한계도 어떤 특정한 성격을 갖는 사람들의 모임을 갖는 것이기 때문에 공동체가 추구하는 가치와 의미가 무엇인지에 대한 명확한 설정과 이를 인식할 수 있는 방법이 모색되어야 한다. 따라서 이를 실행하고 지도할 수 있는 분명한 리더도 필요할 것이고, 때론 다른 주변의 지지 세력도 필요하게 된다. 서울시 부모커뮤니티는 이러한 자발적인 공동체 유지를 위하여 서울시가 지지하는 기구로 생각할 수 있을 것이다. 서울시는 이들에게 필요한 최소한의 재정지원과 컨설팅 그리고 필요한 홍보를 통하여 공동체 조직이 결성될 수 있는 기초를 만들어 주는 역할을 하고 있기 때문이다. 따라서 이들에게 자신들의 취지와 활동을 알리기 위하여 각종 소통을 위한 적극적인 홍보활동과 지역사회의 지지를 얻기 위한 노력이 요구된다.

마을만들기에 있어 활동가의 역할은 그리 녹록한 것이 아니다. 서울시 부모커뮤니티 공모사업을 진행하고 공모사업을 통해서 새로운 주민모임을 발굴하고 새로운 주민을 성장시킨다는 목표를 달성하기 위한 여러 방안을 강구하여야 한다. 특히 최초 단계에서 우선하는 것은 공동체 가입 인원을 확보하여 공동체를 발족시키는 것이다. 물론 공동체의 활동가에게는 여러 가지 어려운 문제들이 발생한다. 사업계획서를 작성하고 예산문제 그리고 공동체 기반을 성공적으로 구축하는 등 산적한 문제가 많기 때문에 주민과 함께 면밀한 계획과 결합이 필요하다. 그러나 아무리 좋은 계획과 환경을 만들었다 해도 공동체 조직이 되지 못하면 아무것도 할 수 없다. 공동체 조직 결성을 실행할 수 있는 방법은 홍보하는 것으로, 가장 편리하고 효율적인 방법은 인터넷과 지역에 홍보물 부착하는 것이다. 이를 통해 모임에 참여하는 사람은 사업 내용을 보고 본인의 필요에 따라 자발적인 참여로 모임이 구성되고 확장되어가는 것이다.

참여자

저희는 그런 방법에 대해 고민을 해보긴 했는데 기본적으로 같은 곳에서 아이들을 키우는 엄마들이잖아요. 사는 곳도 다 비슷비슷해요 그리고 저희 어린이집은 사실 다른 어린이집들과 다르게 마을에서 활동하는 엄마들이 삼삼오오 모여서 만들기 시작한 거거든요. 왜냐하면 활동도 계속해야 되고, 우리 아이들도 마을에서 건강하게 키우기 위해서 그러다보니까 기본 활동가들이 조금 많이 있어요. 그러니까 아이들에 대한 공통성도 있고, 마을 활동에 대한 공통적인 부분이 많이 겹치니까 특별히 방법을 고민하지 않아도 저희가 만나면 굉장히 할 얘기들이 많죠. (참여자 F)

자발성은 지역 커뮤니티를 작동하게 하는 가장 기본적인 동력이다. 주민들이 소속감과 참여의식에 강화되는 자발성은 다른 구성원들에 대한 관심으로 이어져 관계를 촉진할 뿐 아니라 커뮤니티의 현안에 대해서도 적극 대응하도록 한다. 이러한 자발성이 기초가 되어 커뮤니티가 정상적으로 작동되는 것이다.

여러 활동을 하고 있는 사람들은 많은 정보를 접하기가 용이하므로 이들은 다른 공동체와도 관계를 촉진할 수 있게 된다. 따라서 자발성을 통한 관계야 말로 커뮤니티를 가장 효율적으로 운영할 수 있는 친밀감과 상호소통의 길을 열어 준다.

참여자

그렇죠. 텃밭은 저희가 두 고랑 임대받아서 하는 거에요. 임대료 12만원씩이니까 24만원이요. (참여자 F)

자발적으로 지역공간을 확보하여 금전을 투자하고 공동으로 채소를 가꾸면서 그 공간을 대화의 장으로 활용하여 정보를 공유한다. 이러한 자발적인 활동은 조직원들을 이해하며 친밀감을 높여 나갈 수 있는 것이다.

참여자

초창기에는 이게 부서들도 여러 군데였고, 그 부서들도 사실 자기가 하고 있는 사업을 잘 이해하지 못하고 있는 상황이 많았는데, 최근에는 동 구마다 서울시 마을지원센터가 생기고 구마다 그 밑에 마을 지원센터들에서 마을 만들기 사업을 다 가지고 갔거든요. (참여자 F)

김재경(2010)은 지역에 기여하는 공동체가 되기 위해서는 공동체 리더 양성, 활동가 네트워킹, 외부협력체계 구축 등의 인적자본의 구축이 진행되어야 하며, 필요한 조례제정 등의 지역 내 공동체 지원 민관 거버넌스 시스템을 구축하고, 공동체 활동을 적절하게 지원할 수 있는 물적 기반의 마련을 위해 노력함은 물론, 공동체 조직을 통한 지역주민들의 사회적 역할을 개발하고 지역의 혁신역량을 강화하기 위한 공동체 모범사례를 발굴하여 적극적으로 홍보하고 공동체를 통한 문제해결방법을 제시하는 등의 활동이 필요하다고 제시하였다.

참여자

이 부모커뮤니티 사업이 열려 있고, 하나의 재정적인 지원을 통해서 하고 싶은 사업도 해볼 수 있는 기회를 주고 있구나 라고 사실 저희 사업만 조금 바라봤는데, 전체 모임이나 이런데 가서 보니까 이런 좋은 기회를 주고 있다는 생각이 조금 들었고… (참여자 F)

마을공동체의 활성화 정책으로서의 자금 지원은 매우 신중하게 계획되고 집행되어야 한다. 대체로 돈이 앞서면 주민 스스로의 주도력이 발휘되지 않고, 그러다가 행정기관에서 지원이 중단되면 그 사업이나 활동도 중단되어 버리는 고질적인 문제가 있다. 심지어 잘 활동하고 있던 마을이 자금 지원으로 역기능이 나타나는 사례도 발생한다. 행정기관이나 단체에서 마중물 차원의 지원을 하되 공동체의 자발성과 주체성을 헤치지 않도록 유의하여 지원 규모와 범위를 결정하는 것이 필요하다.

참여자

저희는 어쨌든 보육이라는 대목에 모이다 보니까 같이 사업을 통해서 서로 이제 보육에 가치라든지 생각하는 그런 것들을 같이하고, 공유하고 이런데서 뭔가 이루어지고 신뢰도 쌓이고 이런 게 보람이 되는 것 같아요. (참여자 G)

참여자

제일 좋은 건 부모가 생각하는 교육관대로 이 사회에서 교육을 시키는 건 쉽지 않은 사회이다 보니까 생각이 비슷하고, 고민이 같은 사람들을 모아내는 과정이 좋은 기회였고… (참여자 H)

김기홍(2014)에 의하면, 마을에서의 나눔은 강요가 아닌 자발성에 기초한다. 서로가 서로를 스스로 돌보고 나누는 방식이 공고화됨으로써 복지 문제를 자체적으로 해결하는 힘을 갖게 되었다고 주장하고 있다. 마을의 복지는 공유와 나눔의 사상을 바탕으로 굳건하게 다져왔다. 그리고 마을이나 공동체가 자발성을 환경적으로 만들기 위해서는 지역주민에게 공동체의 필요성과 의미에 관하여 교육이나 홍보를 하는 등의 공동체에 관한 적극적인 관심과 노력이 필요한 것이다.

(2) 주체성

지역커뮤니티 활성화를 위한 주체성이란, 각 개인의 문제와 제안이 공동체의 목표가 되고 공동체가 함께 문제를 해결함으로써 주체성이 확립될 수 있다. 따라서 부모커뮤니티의 특성에 대해 김재경(010)은 지역을 거주공간으로 인식하게 하며, 지역주민을 주체화하여, 지역주민들에게 '비빌언덕'이 되어주며, 공동체를 통해 자신의 존재성 확인과 성장이 가능한 것이다. 이러한 노력이 커뮤니티를 활성화시키는 촉매재 역할을 하게 되는 것이다. 대부분의 공동체는 구성원들이 최소한의 돈이나 노동력을 제공하고 요리나 청소 같은 특정 작업을 분담하는 등 모두가 지켜야 하는 하한선을 정하고 있다. 공동체의 일이 생산적이려면 그것을 의무적으로 할 것인가 말 것인가를 선택하는 것이 중요하다. 본인이 자유롭게 주체적인 선택에 의하여 일하게 되면, 의무적인 활동으로 마지못해 하는 것과는 달리, 특별한 자질 또는 어떤 발산하는 힘이 생겨나기 때문이라고 한다.

이호(2008)는 우리 사회에서 최근에 마을만들기라는 용어가 지역사회의 중요한 실천으로 고려되고 있는 이유는 지역주민들이 지역사회의 주인으로서 스스로 자신들이 살고 있는 곳을 살기 좋은 곳으로 변화시킬 필요성이 제기되고 있기 때문이라고 지적한다. 그것을 지금까지 지역사회의 주인인 주민들이 정작 주인으로 대접받지 못하고 또는 주인으로서의 권리와 책임을 가지지 못하며, 지역사회의 변화와 발전에 수동적인 존재로 전락해 있었던 것에 대한 반성에서 기인한다. 즉, 지역사회 운영의 주체는 행정 또는 정치권력을 지닌 소수였고, 주민들의 경우 기껏해야 이들이 세워놓은 계획에 대해 반대 또는 일방적 요구만을 하는 것에 불과했다는 반성이 제기된 것이다. 이런 의미에서 마을공동체는 민주적 참여를 기본으로 한다고 강조하였다.

참여자

지역 안에서 주민으로 살아가게 되고, 관심을 갖고 "○○구에도 이런 곳이 있네" 하고 가보게 되고 이런 식으로 알게 되어가는 과정이 나름 재밌고 신기했다라고 봐야하나. 그렇게 진행되는 과정이 있는데 그 지역의 관심을 받는 거죠 이제. 그래서 다른 지역으로 쉽게 이사결정을 하는 게 아니라 집 계약이 전세가 만료되어서 집을 찾아야 되는데 이 사람들과 가까운 곳에서 살고 싶다. 그래서 그 지역 안에서 찾게 되는 거죠. (참여자 D)

지역 커뮤니티는 주민의 노력이 구체적으로 이루어지는 공간으로 구성원들이 다양한 관계망을 통해 그 특성을 드러낸다. 여기서 관계망은 행위를 기본 단위로 하는 사람들의 관계가 복합적으로 얽혀 있는 것을 말한다.

참여자

이 지역 안에서… 멀리까지 가서 더군다나 힘드니까… (참여자 D)

김찬호(2000)는 지역성은 주체성의 하위 개념으로 주체성의 중요한 요소의 하나로 보면서, 마을만들기를 "지역공간을 주민들이 스스로 디자인해 나가는 과정"이라고 하였다. 임경수(2008)는 "지역 공간을 중심으로 지역에 사는 주민들이 공동체성을 바탕으로 스스로 지역의 문제를 해결하고자 하는 다양한 활동"이라고 정의하였다. 공동체가 지역사회에 기여한다는 것은 지속 가능한 상태로, 지역의 발전과 공동체 구성원의 삶의 질 향상에 기여한다는 의미가 있을 것이다. 살고 싶은 지역은 전문가나 행정가에 의해서 만들어지는 것이 아니라 주민 스스로가 생활공간을 결정하고 조성하는 것이다. 마을만들기에서 지역성은 중요한 의미를 지니고 있다. 지역에서 우리의 문제는 우리 지역 안에서 우리가 해결한다는 주체적 의미가 담겨 있기 때문이다. 이 지역 안에서라는 것은 주체성이 나타나는 것으로 판단된다.

참여자

조합원 분의 자녀분이 있었는데 자녀분이 다니는 태권도장이였던 거예요. 그래서 그 조합원이 태권도 관장님한테 이런 이유로 이렇게 활용을 해도 되겠냐는 허락을 맡았죠. 태권도장 관장님들이 다 그렇지는 않은데 여기는 굉장히 호의적이였어요. (참여자 D)

참여자

평수는 거기가 아주 낡은 집인데요, 1층 2층 3층 이렇게 있습니다. 반지하로 이렇게 생겼는데, 다 합치면은 한 35평 정도? (참여자 E)

김재경・김성애(2010)는 공동체가 공간 기본구조의 지속성이 확보되면 주체성이 강화된다고 말하고 있다. 공공기관이나 종교시설 등이 시민들의 사랑방으로 저비용으로 사용될 수 있도록 제도적 지원과 소모임 활동에 관한 소정의 재정지원이 이루어지면, 모임 활성화에 도움이 될 수 있다. 부모커뮤니티 장점으로는 주민들 스스로가 욕구를 드러내고 실현해가기 위한 노력을 하므로 주민들 스스로가 자기의 일이라고 생각하게 되는 것이다. 즉, 다른 사람이 주민의 일을 해 줄 수 있는 것이 아니라 우리가 고민하고 해결해야 한다고 인식하기 때문에 주민 전체가 진정한 마음의 주체가 될 수 있다. 김재경(2010)은 "한 지역의 지역

공동체가 오프라인상의 지역 장소의 고유한 특수성을 만들고 그 내용이 누적되어 지역의 문화콘텐츠를 만듦으로써 지역 고유의 정체성을 생산해 냄과 동시에 지역민의 삶의 질을 고양할 수 있는 계기를 만들 수 있다. 이러한 공간특성을 만들어가는 것은 지역문화로서, 구체적으로는 문화와 연륜의 힘이다. 지역은 그 지역의 독특한 문화를 창출하게 함으로써 문화산업으로의 발전의 전기를 마련할 수 있고, 지역의 자생적 발전을 유도하는 기회를 창출하기도 한다. 지역주민의 삶의 질 향상을 목적으로 지역 내부의 문화를 토대로 지역 내 산업연관이 존재하는 지역경제 구조를 형성하고 지역주민의 참여를 통해 학습하고 계획, 경영함으로써 자생적 지역발전을 꾀할 수 있는 것이다.(미야모토 겐이찌, 김영정에서 재인용)

공간특성은 지역의 환경적 여건과 그 지역에 거주하는 사람들에 의하여 오랜 기간 만들어지며 또한 그곳을 이용하는 사람들에 의해 변화된다. 한 장소가 그 지역만의 고유한 특성이 있고, 지역의 역사를 품고 있고 정체성을 드러내며 다중적인 특징을 가질 때 그것이 그 지역에 사는 거주민의 주체적인 활동과 가치, 정서, 경험을 반영하는 문화를 품고 있을 수 있다."라고 하였다. 장소는 주민의 총체적 삶터로 물리적 환경 공간으로 문화와 연륜의 힘이 작동하는 것으로 공동체에 있어 주체 활동과 문화적 가치를 지닌 강력한 힘을 가진 것이라고 하였다.

A공동체는 그들의 모임 장소를 생협에서 장소를 제공한 것이 아니라 아이가 다니는 태권도 도장의 관장을 만나 지역의 장소를 섭외하여 지역 자원을 활용한 것이다. 공동체가 정기적으로 모이고 활동할 수 있는 공간을 확보하고, 비록, 일부 재정을 생협으로부터 지원받긴 하였으나 공동체의 목적에 활용하였다는 것은 주체적인 활동으로 볼 수 있다.

B공동체는 3층 건물을 전세로 임차하여 10여 년 동안 방과 후 교육을 꾸리고 있다. 이 공동체가 지속할 수 있었던 것은 안정적인 공간을 확보하여 지속해서 공동체를 유지할 수 있었기 때문이다. 교육의 장소로, 모임의 장소로, 또 모두의 서재로, 필요하면 주방으로, 때론 축제의 장으로 사용하는 등 이 공간에서 여러

콘텐츠를 통해 조합원들의 친목을 도모하며 주체적인 활동을 이어가는 등 공간이 주는 주체성의 의미를 잘 보여 주고 있는 사례이다.

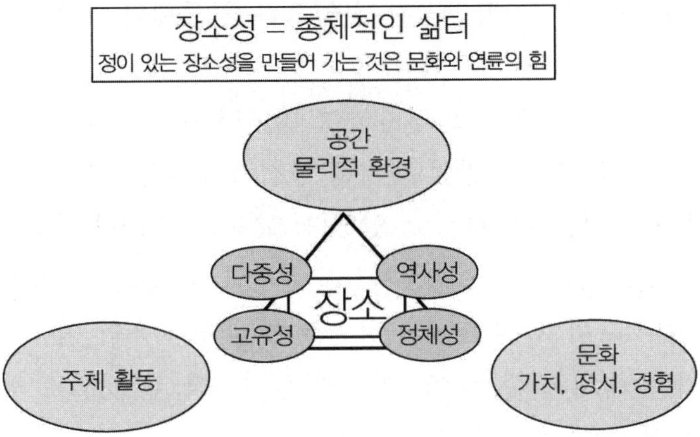

〈그림 9〉 장소성의 힘

<그림 10>은 그 지역의 독특한 문화를 창출하게 함으로써 문화산업으로 발전하는 전기를 마련할 수 있고, 지역의 자생적 발전을 유도하는 기회를 창출하기도 한다. 지역주민의 삶의 질 향상을 목적으로 지역 내부의 문화를 토대로 지역 내 산업연관이 존재하는 지역경제구조를 형성하고 지역주민의 참여를 통해 학습하고 계획, 경영함으로써 자생적 지역발전을 꾀할 수 있는 것이다.

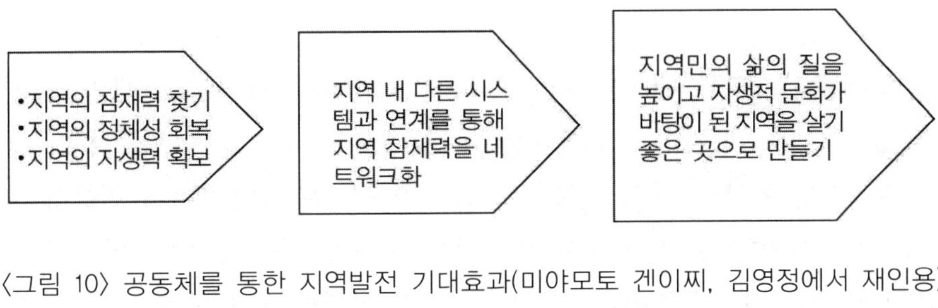

〈그림 10〉 공동체를 통한 지역발전 기대효과(미야모토 겐이찌, 김영정에서 재인용)

A공동체는 그들의 모임장소를 생협에서 제공받은 것이 아니라 아이가 다니는 태권도 도장의 관장을 만나 지역의 장소를 섭외함으로써 지역 자원을 활용한 것이다. 공동체가 정기적으로 모이고 활동할 수 있는 공간을 확보하고, 비록 일부 재정을 생협으로부터 지원받긴 하였으나 공동체의 목적에 활용하였다는 것은 주체적인 활동으로 볼 수 있다.

B공동체는 3층 건물을 전세로 임차하여 10여년 동안 방과 후 교육을 꾸리고 있다. 이 공동체가 지속될 수 있었던 것은 안정적인 공간기본구조를 확보함으로써 지속적으로 공동체를 유지할 수 있었다. 교육의 장소로, 모임의 장소로, 또 모두의 서재로, 필요 시 주방으로, 그리고 축제의 장으로 사용하면서 교육하고, 토의도 하고, 놀이도 하고, 때론 식사장소로 활용하는 등의 여러 콘텐츠를 통하여 조합원 간에 친숙해져 주체적인 활동의 근거지가 된 것으로 공간이 주는 주체성의 의미를 잘 보여 주고 있는 사례이다.

참여자

참가비만 내고 오겠다 하고 오면 거의 다 마련이 되어있는 식인 거에요. 물론 세부적으로 조금 변동이 생겨서 다시 참여자들과 조율을 할 때에는 이야기를 듣고 조율을 하거나 하지만 거의 다 결정된 상황에 참여를 하는 시기거든요. 이끄는 사람이 빠졌을 때는 거기도 와해된 분위기가 조금 있지만 이쪽 같은 경우는 그마저도 없는 경우가 많아요. (참여자 D)

코린 맥러플린 · 고든 데이비드슨(2015)에 의하면, 단체나 공동체의 영향에 있어서 주요 함정은 의존성이 생겨나는 데 있다고 지적하였다. 즉, 지역주민들이 부모커뮤니티를 통하여 서로 소통하고 교류함으로써 지역변화의 변동을 만들어 가는 것이다. 이러한 변화 속에서 주민들이 마을을 가꾸면 삶의 만족도도 높아지는 것으로 주민자치운영이나 공동체 운동의 역할이 커지게 되는 것이다. 계획된 프로그램을 보고서 성향에 맞으면 참여한다는 의미이다. 즉, 편의적으로 공동체를 활용하겠다는 것이다. 이러한 조직원들의 결속력으로는 상호부조나 후속모임을 기대하기 어렵다. 참가비만 내고 오겠다라고 하는 것은 전형적인 주체성이 부족한 것으로 보인다. 왜냐하면 이는 생산자와 소비자가 엄격히 나뉘어 있는 형태이기 때문이다. 따라서 이러한 형태의 공동체를 참여자가 생산자가 되고 그리고 소비자가 되어 다시 참여자가 생산자로 바뀌는 인식으로 전환시키기 위한 교육이나 기타의 노력이 필요하다.

참여자

주체성과 자발성을 더 끌어내는 것이 쉬운 건 아니었던 것 같고요, 그런 요소들이 분명히 있었을 텐데 전혀 연관을 가지지 않았었고… (참여자 D)

김재경(2010)에 의하면, 활동가들은 협동의 경험이 고행과 같다고 표현하였다. 아무리 좋은 조직원들이 모였고, 가치관이 동일하다고 해도 갈등은 끊임없이 발생하기 때문이다. 주도적인 주민그룹이 후발 참여그룹에 대해 소통역할을 제대로 수행하지 못한다든지, 참여의 당위성이나 참여과정에 대해서만 이야기할 뿐 내부관계와 역할정립 등에 대한 논의와 합의과정이 공론화되지 못하면 협력은 매우 어렵게 된다. 그렇기 때문에 의사결정 과정이 표결방식보다는 공감대의 형성과 설득이 사업의 지속가능성을 담보하는 중요한 요소가 된다. 주체성을 끌어내기 위해서는 사업적 마인드로 접근하는 것이 아니라, 공동체를 만들어 주체적으로 사업을 주도하고 이를 통한 자아실현이 가능할 때 비로소 주체적인 공동체가 되어 목표한 일들을 감당할 수 있게 된다.

이호(2008)는 공동체 구성원들이 주체적으로 참여한다면 이는 일시적인 행사가 아니라 일상과 결합되는 지속성을 확보할 수가 있다고 한다. 앞서 지적한 대로, 마을공동체는 생활의 필요성을 스스로 해결해 나가는 과정에서 공동체가 형성되고 그 공동체가 물리적으로 기반하는 지역이 마을로 구성되는 과정을 거치기 때문에 지속적일 수밖에 없다. 문제는 일상생활과 긴밀하게 연결되어 있는 것이기에 삶과 떨어질 수 없고, 문제의 해결 역시 한 번의 문제제기로 성취되지 않는다면 끊임없이 문제제기와 수정의 노력이 필요하다. 더구나 문제해결의 과정에서 결속력과 성취감을 맛본 공동체는 지속적으로 운영될 수밖에 없다고 말하고 있다.

A공동체는 후발그룹에 대한 논의과정이 없었고 신규 회원을 새롭게 모집하는 방식이므로 주체성을 가지고 공감대 형성을 이끌어 내지 못했다.

참여자

필수적인 비용만 사업비에서 충당이 되고… (참여자 D)

A공동체는 필수적인 사업비를 서울시에서 지급된 예산으로 운영하고 그 외의 지원을 생협을 통하여 지속적으로 받았기 때문에 공동체의 주체성 확립에 한계를 가질 수밖에 없는 구조를 가졌다. 이러한 구조는 모든 것을 사업 마인드로 바라보고 시행한 것이다. 때문에 면접 간 사업이라는 용어를 57회나 구사하는 높은 빈도를 보였다. 기금 조성은 조직원들이 자체적으로 만든다면 가장 이상적일 수 있고 주체적으로 사업을 진행할 수 있을 것이다. 그러나 초기 단계에 있어서는 행정기관에서 어느 정도의 지원이 필요하다고 할 수 있다. 그리고 상근활동이 많아진다면 사업의 질을 높이고 업무의 효율성이 높을 수 있겠으나 이는 풀뿌리 시민단체의 조직으로서는 어려움이 있다. A공동체는 생협의 조합원이라는 특수성에 따라 계속하여 자금을 지원받으면서 생협과의 관계에 중점을 두고 업무가 진행되었다. 주체성이란 지역사회와 공동체 활성화의 기본 토대가 되는 것으로 풍부한 재정 뒷받침이 된다면 더욱 활성화될 수 있겠지만 실상은 사업

진행을 위한 기금 조성이 어려운 것이 현실이다. 그러므로 초기에는 최소한의 행정기관의 도움이 받는 것이 효율성이 있고, 공동체가 지속가능하게 발전하기 위한 방법이다. 그러나 점차 공동체의 자립의 기반 주체성을 확립하는 것이 필요하다.

참여자

재원이라면 마을로 들여와서 마을에서 해결할 수 있는 방법을 찾고, 그렇게 되면은 조그만 여기 선생님들도, 그러니까 방과 후 학교 선생님들도 나와서 마을에서 만들어지고, 마을에서 또 돈이 돌게 되는 거고, 마을에서 돈이 돌면 또 어디다 쓰겠습니까? 또 거기다 쓰겠죠. 그리고 거기다 있으면 자기 아이가 거기 다니고 할거니까 집도 거기에 있을 거고. 그러니까 그렇게 되면서 경제적으로도 선순환이 될 수 있는 게 필요한 거고, 돈을 떨궈 주는 것을 큰 회사에 떨궈 주는 게 아니라, 조금조금한 것에 떨궈 줄 수 있으면 그게 경제적으로 더 선순환으로 돌아가지 않겠는가 생각했고, 그것대로 움직이는 거 같습니다. 거기에 저희가 그 사업의 또 하나를 지금 하고 있고요. (참여자 E)

재원의 확보는 공동체에 있어 대단히 중요한 요소이다. 외부로부터의 지원이 많아지면 주체성에 문제가 발생하게 되어 공동체가 본연의 가치를 잃어버리게 될 수도 있는 것이다. 그러나 재정의 많고 적음이 절대적인 요소는 아니다. A공동체의 경우는 3만원의 가입비를 내고도 공동체가 지속하지 못하고 있으나 B공동체의 경우 최초 가입비 1천만 원을 내면서도 공동체를 지속하고 있음은 물론, 조직원들이 협력하여 운영비를 절약하여 가입비를 낮추어 지속가능한 공동체로 발전하고 있는 것이다.

정부나 지방자치단체에서 추진하는 사업을 지역의 공동체에서 시행하면, 예산이 지역으로 들어와 지역 경제에 기여하고, 공동체 자체의 공고화에도 도움을 가져오게 된다. 그러나 이러한 사업의 추진은 반드시 공동체의 자주성 확립이 가능한 범위에서 적정한 지원이 되도록 하여야 한다.

참여자

보통 서울시에서 재정지원할 때 저희가 제안서를 내기 때문에, 제안서대로 움직이는 것이기 때문에 사실 거기에 협약을 한 것이지 않습니까. 서로간에 협약을 한 것이기 때문에 협약에 따라서 움직이면 상관이 없기 때문에 거기에 대해서는 뭐 간섭을 한다는 것보다는 협약에 따라 서로 잘 움직이는지를 알아보기 위한 과정이라고 생각을 하고요. 그런데 많은 간섭이 들어가게 되면 저희 같은 경우는 안하고 만다. 이런 식으로 나오면 되죠. (참여자 E)

참여자

실제적으로 이 사업의 시스템을 봤을 때 크게 구청직원이나 시청직원의 담당자와 연결되는 부분은 많지 않아요. 요즘에는 지원센터가 있는 거잖아요. 마을공동체 조합지원센터가 구별로 있잖아요.… 사업 선정되고나서 계약 협약서를 쓸 때에만 구청에 가요. 물론 그런 건 있어요. 사업내역에 변경사항이 있어서 그런 회계사항이라든지 재정적인 부분에 대해서는 그건 직접적으로 구청과 얘기해야 되는 부분이지만 그 외의 것으로는 사실 저희가 요청을 했으면 주셨을 수도 있겠지만 직접적으로 저희가 도움을 요청한 경우가 많지 않고, 그럴 필요도 별로 없었고요. (참여자 D)

지역사회에 기여하고 주체성을 확립하기 위해서는 부모커뮤니티처럼 도시에서 공동체를 만들어 공동체 구성원과 다른 주체 간의 관계가 구성된다. 일반적으로 공동체 구성원(대표), 지역활동가, 전문가, 담당공무원의 네 가지 주체로 구성된다. 이러한 주체들은 여러 가지로 복잡한 성격을 가지고 있으며, 최초 담당공무원의 지원이 많은 부분을 차지하고 있으나, 서서히 간접지원 역할만을 담당하고 공동체 구성원이 주체가 되어 사업을 진행하는 것이 바람직하다.

B공동체는 부모커뮤니티 선발 때 사업제안서에 재정사업계획을 제출하고, 이에 따라 충실하게 진행하면서 주체성을 확보한 가운데 사업을 진행하였고 사업의 수정이 필요할 때는 행정기관과 협의하여 진행하였다. 그러나 A공동체는 생협의 지원이 계속되었고 참여자 D는 개인적으로 지원금을 받고 있는 상태에서 주체성 확보가 곤란하다고 판단된다.

참여자

그냥 지역에서 우리들끼리 모임하면 내가 내 돈 내고 내가 편하게 가거나 하는 게 낫지. 그 서울시에서 막말로 얘기하자면 200만원밖에 안주면서 거기서 요구하는 것은 많고, 하지 말라는 것도 있고, 차라리 내 돈 내고 마음 편하게 우리끼리 한다, 지원 안 받고 만다. 이런 얘기들이 흔하게 돌 정도로 오히려 지원 받는 것이 심적인 부담이라 느끼는 것들이 굉장히 많거든요. (참여자 D)

재정적인 문제는 공동체가 가지는 가장 큰 어려움으로 대부분 공동체의 문제일 것이다. 그러나 재정적인 문제보다는 복잡하고 형식적인 행정절차와 재정지원을 빌미로 간섭하고 통제하려는 부분에 대한 불만이 더 크다. 사업진행을 위한 기금을 구성원들이 만들어가고 있느냐 또는 행정기관으로부터 예산을 지원을 받느냐 하는 것은 주체성 문제에 있어 중요한 요소 중의 하나이다. 구성원들이 스스로 만들어간다면 이는 주체성이 보다 높아질 것이다. 그러므로 사업진행을 위한 기금을 구성원들이 만들어가는 것을 목표로 하여 점차 확장시켜 나가야 한다.

참여자

저희 부모커뮤니티 사업으로 마을이야기 만들기랑 그런 겁니다. 그런 것은 돈을 또 지원 받는데, 지원 받은 것은 사실 마법 방과 후에서 쓰지 않습니다. 그것은 그 커뮤니티에서만 해결할 수 있게 재정이 분리되어 있어요. 사실 오로지 ㅇㅇ방과 후의 재정은 ㅇㅇ에서 해결하는 편입니다. 그리고 그건 나눠서 재정을 따로따로 쓰기 때문에 그게 섞여서 돌아가지는 않습니다. 그러면서 우리가 하고 싶었던 마을사업 있지 않습니까, 마을축제라든지 그런 걸 할 때는 저희가 돈을 다 부담할 수 없으니까 그런 거에 대해서 많이 지원해 주시고요. (참여자 E)

원칙적으로 각 공동체 조직들은 재정문제를 '십시일반'의 원칙하에 회원제, 행사후원금, 수익사업, 민간보조금, 공모사업 등을 통한 지원 등의 다양한 방법으로 '자립적으로' 조달하려고 노력하고 있다. 특히 공동체 조직이 활동하는 지역사회에서 해결하고자 노력하고 있다. B공동체는 재정운영은 스스로 해결하여 주체성을 확보한 가운데 진행하고 있었고 마을 사업 등의 행사에는 주체성을 훼손하지 않는 가운데 지원을 받고 있었다. 사업의 확장에서 공동체가 유의할 것은 주체성 확보를 전제로 하는 것이다.

참여자

가르치는 것은 사실 특별히 생활교육을 주로 하구요, 학원처럼 미술 음악 체육 교과수업 등 그런 것을 하는 게 아니고요, 아이들이 편안하게 지낼 수 있도록 해주고 있습니다. 그리고 같이 놀 수 있게 해줍니다. 그래서 특별히 미술, 수학, 영어 그런 것은 하지 않습니다. 전체적으로 생활을 잘 할 수 있도록 하고, 거기에 공동으로 하는 건 택견 하나 하구요. (참여자 E)

참여자

아이가 학교가 끝나고 7시까지입니다. 왜냐면 맞벌이들이 많습니다. 맞벌이들이 계속해서 아이들을 뺑뺑이 돌릴 수도 없구요. 특히 초등학교 1학년에서 3학년 때는… 지금은 4학년까지 있습니다. 그래서 유지하려면 조금 더 아이들을 피곤하거나 피폐하게 만들지 않기 위해서 노력합니다. (참여자 E)

참여자

한마디로 자기가 살 수 있는 방법을 스스로 터득할 수 있게 그런 걸 익히길 원하는 사람들이 있는 거죠. 그리고 초등학교 때 공부를 많이 할 필요 없다라고 인식을 한 사람들이 모여 있으니까요. (참여자 E)

참여자

저희가 텃밭을 하는 것은 아이들이 조금 더 생태에 가까워지기 위한 거구요. 수확된 게 나오면 이제 어린이집에서 저희들이… (참여자 F)

참여자

저는 여기서 모임은 하지 않지만 그런 강연과 이론 속에서 고민을 가지고 다른 네트워크에서 또 이런 육아모임이나 그런 걸 진행하고 있거든요. 좋은 기회였지 않나… 교육관을 기르는데 있어서 제일 좋은 건 부모가 생각하는 교육관대로 가는 거죠. 이 사회에서 교육을 시키는 건 쉽지 않은 사회이다 보니까 생각이 비슷하고, 고민이 같은 사람들을 모아내는 과정이 좋은 기회였고, 그런데 화두를 뒀지만 강의 내용이 정말 좋았어요. (참여자 F)

공동체 내부에서 의미 있고 편안한 감정적 교류가 있어야 하며, 이어 성공의 단맛을 느낄 수 있어야 한다. 특히 공동체에서 봉사하는 여성들의 경우 전업주부로서 오랫동안 사적인 영역에 머물면서 공적인 활동에서의 자신감을 잃어버린 경우가 많음으로 여성들에게 활동을 통한 성공의 기쁨과 이를 통한 자신감을 회복해주는 것이 매우 소중하다. 자녀 교육의 새로운 방향을 제시하는 것은 시대와 지역 환경에 따라서 새로운 선택이나 방향을 달리할 수 있다. 교육 정책이나 교육환경의 변화에 구성원들이 주체적으로 공동 대처하여 변화에 따른 민감한 반응으로 교육환경의 질을 개선할 수 있다.

참여자

정기적인 회의 같은 형태로 모이는 모임이구요. 그 모임에서 전체적인 사업을 얘기하고 같이 결정하구요. 일상적으로는 아이를 키우는 엄마들이다 보니까 같이 교류나 왕래가 활발하죠. (참여자 F)

마을만들기란 주민이 주체가 되는 것이 우선되어야 비로소 창조적인 사고 전개과정을 거쳐서 발전하는 마을로의 변화를 꾀할 수 있을 것이다. 주체성이 없는 공동체라고 한다면 하향식 구조로 의존성이 부각되어 지역의 절실한 현안문제에 가장 민감한 지역주민의 의견 반영이 미흡할 수가 있다. 따라서 주체적인 공동체가 형성되려면 지역주민이 주인의식을 가질 수 있도록 주체적인 현안문제에 대한 반영과 결정이 필요한 것이다. C공동체는 정기회의를 통하여 사업에 대한 통합적인 방안을 결정하고 이러한 과정들을 통하여 조직원 간의 교류나 왕래를 하면서 공동체를 견고하게 만들어가고 있다.

참여자

초창기 막할 때는 아무것도 없이 출발을 하죠. 그러고 있다가 성장을 하고 수확을 하고나서 커집니다. 조합도 막 30가구 이상씩 커지기도 해요. 그러면 거의 100명 정도 있는 거죠. 그 안에서 100명 정도가 공동체를 이루고 살아갑니다. 그러다가 갑자기 또 싸웁니다. 사람 많은 곳이니까 바람 잘날 없겠죠. 빠지고 싸우고 해서 또 여덟 가구까지 떨어지기도 합니다. 그러면 이제 왜 안되느냐 선순환 구조가 안되느냐 문제점을 이야기하는데 그게 겨울인거죠 뭐. 그러고 나서 다시 봄이 오겠죠. 그리고 여름이 가고 가을이 가는데 그러면서 계속 흘러가는 거지 이게 1년차 2년차 3년차 가서 어그러졌다고 해서 그 사업이 실패다라고 얘기할 수는 없다고 생각합니다. 그동안 했던 자양분이 다른 사업으로 나타날 수 있고, 다른 모양으로 나타날 수 있습니다. (참여자 E)

참여자

갈등이 있으면 뭐 갈등을 해결하려고 노력을 많이 하는데요, 이제 그 갈등을 해결해 나가는 협의체가 있죠. 그래서 여기도 어떠냐 하면은 인사위원회도 있고요, 그러니까 인사위원회를 꾸립니다. 그리고 거기서 교사의 잘못이 있던가 하면 거기에 대한 건 인사위원을 통해서 교사를 처리를 하고요. 그 다음 부모들도 계속해서 매달 회의를 하면서 잘못된 점을 계속해서 파악해 나가죠. 그러면서도 사실 조합이 되게 힘들 때도 있었어요. 저희도 그래서 뭐 나가니 마니 해가면서 반쪽 난적도 있고요. (참여자 E)

참여자

이 사업을 하면서 친구들하고 싸우고 나가고 이랬다고 하는데 저희는 다행히 그런 건 없었어요. 오히려 이 사업을 통해서 오히려 결속도 되고 효과적이었어요. (참여자 F)

김기홍(2014)은 “마을의 갈등은 일상적으로 발생한다. 그 이유는, 자원은 한정되어 있는데 소요는 많기 때문이다. 그런데도 마을이 오랫동안 지속할 수 있었던 까닭은 무엇인가? 마을은 오랜 역사를 통해 연대감과 자기희생 정신을 바탕으로 발전되어 왔다. 갈등이 생겨도 상부상조의 가치관과 생활의 원리가 작용하고 있기 때문이다. 뿐만 아니라 마을은 불문법 또는 성문법으로 자체 규약을 갖고 있어 갈등을 줄이고 개인의 이기심을 억제할 수 있다. 그리고 마을 지도자나 원로들이 조정하고 중재함으로써 마을의 질서와 평화를 유지할 수 있다. 마을의 문제를 주도적으로 해결할 수 있는 능력을 갖추고 있다면, 어떤 갈등도 극복해 나갈 수 있다”라고 주장하였다. 복지요결(2015)에서 문제에 대한 인식과 태도는 “문제는 나쁘기만 한 것은 아니다. 자신이나 타인에 대한 이해가 깊어지기도 한다. 삶의 태도가 달라지기도 한다. 관계가 회복되기도 하고 공동체 결속이 강해지기도 하다고 한다.”라고 지적하고 있다. 갈등이 생기는 문제를 지혜롭게 해결하면 비 온 뒤에 땅이 굳어지듯이 구성원 간의 관계회복이나 공동체 결속의 강해지는 순기능이 가능해질 수 있다. 공동체는 인간이 모인 곳으로 여러 사람이 함께 참여하다 보면 여러 문제가 발생된다. 이것으로 인하여 상처도 받고 공동체 운영이 어려움을 겪을 수도 있으나 이를 소통과 기다림 그리고 공동체의 소중한 가치를 깨달아 가면서 치유하고 봉합하면 된다.

부모커뮤니티 활동의 성공과 실패의 관건이 되는 요소로 주민의 자발성, 재미있는 공동체, 협동의 감동과 양질의 교육, 갈등의 극복과 협동, 결과보다는 과정중심의 중요성 인식, 구성원 간의 사업 목적과 방향성의 일치, 고유한 정체성 등을 들 수 있을 것이다. 그러나 가장 우선되어야 하는 것은 주민이 주인이라는 주체성을 갖고 업무를 진행하는 능력이다. 이러한 주체성을 중심으로 진행되는 공동체 활동은 이후 또 다른 커뮤니티의 조직으로 확산되기도 한다.

참여자

조금 더 이런 커뮤니티가 많이 생겼으면 좋겠고요. 또 하나는 자금 지원이 방과 후 학교라는 게 지금은 거의 사라지고 있는데, 이런 생활교육을 위주로 한 방과 후 학교, 방과 후 교실도 한번 좀 적극적으로 지원해주고 싶은 게 있고요. (참여자 F)

공동체가 지역사회 개발 및 지역발전에 기여하고, 공동체 구성원의 행복한 삶의 유일한 방법과 통로임을 인식하는 것이 우선되어야 한다. 지역에 이미 착근한 공동체는 지역이 갖고 있는 잠재력을 발굴하고 지속가능하고 경쟁력 있는 지역으로 만들어 갈 수 있도록 공동체의 주체성을 복돋워야 하고 이를 조직화시켜야 하는 것이다.

이러한 주체성을 환경적으로 만들기 위해서는 지역주민에게 공동체의 필요성과 의미에 관하여 교육이나 홍보를 하는 등의 공동체에 관한 적극적인 관심과 노력이 필요한 것이다.

참여자

변한 점은 자꾸 자생을 할 수 있도록 많이 바뀌는 것 같아요. 자생을 하는 사람은 누구나 그렇게 변하고 있는데 거기서 자생할 수 있는 사람도 보니까 그런 거에 빠른 사람들이 자생을 하더라고요. 어떻게 보면 욕망이 있는 사람도 많고 하고 싶은 건 있는 사람들이 있거든요. (참여자 E)

참여자

저희 이 단체도 사실은 지역의 여성들이 관심을 많이 가지고 있어요. 그리고 계속 사회가 어렵다 보니까 낮은 곳에 위치한 여성들에 대한 관심으로 많이 주목을 최근에 하고 있고, 그리고 개인적으로는 도서관도 지역에 열악한 계층이어서… 그러니까 엄마들이 맞벌이 하면 아이들을 많이 학원이나 그런 곳으로 돌리면서 퇴근시간에 맞추잖아요? (참여자 F)

주체성은 지역 커뮤니티를 작동하게 하는 가장 기본적인 동력이다. 주민들이 소속감과 참여의식에 강화되는 주체성은 다른 구성원들에 대한 관심으로 이어져 관계를 촉진할 뿐 아니라 커뮤니티의 현안에 대해서도 적극 대응하도록 한다. 이러한 주체성이 기초가 되어 커뮤니티가 정상적으로 작동되는 것이다.

참여자

술도 자주 마시고, 서로 이야기도 많이 하고 김치도 나눠먹고 정감이 있었다면, 그 사람이 하자고 그랬을 때 어찌되었거나 도와줘야지 그런 느낌이 드는거죠. 그래서 같이 도와주면서 참여하다보면 좋고, 그 결과라는 게 좋게 나오면 좋은 거 같아요. 그리고 과정에 대해서 조금 더 중심을 두는 것 같습니다. (참여자 E)

참여자

저희가 제일 중요시하는 건 과정이거든요. 그래서 아이들에게 어떤 공연 같은 걸 할 때 절대 목표를 정하고, 거기에 다가가게 하진 않습니다. 중요한 과정이 잘 됐으면, 나중에 좀 안 좋더라도, 이 과정이 좋았다. 근데 그게 저도 사실 이해가

안 갔는데, 아이가 하는걸 보니까 그렇게 했을 때 만족도가 높더라구요. 못해도 만족도가 높더라구요. 그런데 그 목표를 두고 할 경우에는 잘되면 만족도가 높을 수 있는데, 잘못될 경우는 다시는 그 일을 안 한다고 그러더라구요. (참여자 E)

B공동체는 과정을 중요시하므로 어떤 사업에 무리를 하지 않으려는 방안을 채택하고 있다. 공동체가 지속적으로 유지하기 위해서는 시간이 걸리고 늦어져서 조바심이 나는 경우도 있지만 모든 조직원을 이해하도록 설득하는 과정이 반드시 필요하다. 이러한 목적 달성은 결과에 중심을 두어서는 안 된다. 조직원 모두가 주체성을 가지고 협력하는 과정이 필요한 것이다.

참여자

그래서 의무나 권리가 있습니다. 의무라는 건 1년에 5번 정도 아마 활동이라고 해서 일일선생님을 하셔야 되요. 그게 의무이자 권리죠. 왜냐면은 와서 아이들이 움직이는 것을 볼 수 있고, 그 사이에 선생님들의 휴가가 있지 않습니까, 월차 휴가 같은 거… 그런 걸 부모들이 채워나가는 것입니다. 왜냐면은 저희들이 거기다가 돈을 또 투자할 수 없으니까 일단 그렇게 하고요, 그 다음에 각 조합원마다 일주일에 한 번씩 청소를 해요. 청소를 그 부모조합원이 가서 합니다. 그 다음에 또 의무가 대청소 1년에 두 번씩 하구요. 그 다음에 또 총회가 2번이 있습니다. 저희 조합에서는 총회 두 번을 꼭 참석해야 되고, 그리고 한 달에 한 번씩 방모임이라고 있습니다. 부모들이 다 모여서 앞으로 어떻게 나아가야 할 사안을 회의하고, 어떻게 움직일 것인가 하는 의무가 있고요, 권리는 거기에 따른 조합을 어떻게 운영할 것인가에 대한 권리를 주장할 수 있는 거고요. (참여자 E)

전라북도 마을만들기 지원조례(2009.12.28.)를 살펴보면, "전라북도 마을만들기란 마을주민이 주체가 되어 마을의 특성을 살리면서 지역자원 등을 활용하여 주민 스스로 창조하고 발전하는 마을을 만들어 지속가능한 삶을 영위하는 것을 말한다."고 규정되어 있다. 즉, 마을 공동체는 주민 스스로가 주체가 되어야 마을 특성을 살릴 수 있고 지역자원 동원도 가능하게 된다. 주체성으로 창조하고 발전할 수 있기 때문이다. B공동체는 정관 시스템에 의한 운영을 통하여 공동체가 지향성을 가지고 업무를 진행하고 있다. 조합원은 권리에 따른 주체성을 갖고 참여할 수 있어 만족한 운영으로 사업을 진행할 수 있게 되는 것이다. 이러한 과정을 통하여 지역잠재력을 발굴할 수 있고 투명한 협의과정으로 공동체의 목적을 달성할 수 있게 된다.

참여자

지속가능함은 유지되는데 그때 제일 중요한 것은 부모커뮤니티는 사업을 잘하는 것보다 친해져야한다. 왜냐하면 친하지 않으면 말하고 들을 때 기분이 확 나빠질 때가 있습니다. 비판할 때는 적극 참여하지만 같이 할 일은 안하네? 이런 생각이 듭니다. 그런데 서로서로 만약에 친하다면 "쟤가 오늘은 부모님이 아파서 못하였겠거니." 생각을 하고 저 사람이 말하는 것은 그 뜻은 아니고 다른 뜻이 있겠거니 생각하고 또 친하니까 술자리에서 그 얘기 한번 할 수 있고, 다른 개인적인 자리에서 얘기했을 때 나는 그런 뜻은 아니었고 이렇게 오해를 풀 수 있는데, 친하지 않다면 그때의 공식석상이 끝이거든요. 공식석상에서 끝이면 한마디 자기가 내뱉은 말은 주워 담을 수 있는 기회가 서로서로에게 없는 거에요. 들을 기회도 없고, 사실 말은 주워 담을 기회가 있어야 되거든요. 말하다보면 감정이 격해져서 자기가 생각해도 맞지 않은 것 같은데 괜히 자존심 때문에 주장할 수 있는데 그 주장한 것을 주워 담을 수 있는 기회를 만드는게 그게 바로 커뮤니티의 지속가능함을 유지할 수 있는 근본이라 생각합니다. (참여자 E)

주체적인 공동체가 형성되려면, 지역 내 공동체의 현안문제를 위한 커뮤니티는 삶의 터전으로 지역공간으로 인식하게 되고 이러한 인식이 지역주민을 주체화되어 가도록 한다. 즉, 지역주민들이 부모커뮤니티를 통하여 서로 소통하고 교류함으로써 지역변화를 만들어가는 것이다. 이러한 변화 속에서 주민들은 마을을 가꾸면서 삶의 만족도가 높아지는 것으로 주민자치운영이나 공동체 운동의 역할이 점차 커지게 된다. 공동체가 주도적으로 사업을 진행하기 위해서는 지역의 매력성과 주체성이 중요하게 간주되고 있으며, 지역주민이 중심이 되어야 할 것이다.

참여자

우리가 하고 싶었던 마을사업 있지 않습니까, 마을축제라든지 그런 것을 할 때는 저희가 돈을 다 부담할 수 없으니까 그런 것에 대해서 많이 지원해주시고요, 그 다음에 또 한 가지는 그런 거에 대한 컨설팅을 많이 해주시고, 저희가 이번에 마을축제를 하면서 한 가지 한 것은 이제는 마을 축제 모임을 정례화 하자는 것이었습니다. 이렇게 시간이 있을 때 모이는 게 아니라 매달 한 번씩이나 두 번씩 모여서 정례화 해서 마을 축제를 어떻게 이끌어 갈지 그리고 그것에 대해서 우리 조합원뿐만 아니라 다른 여러 개의 마을 주민들을 모아서 같이 의견을 모아서 만들어 보자. (참여자 E)

김재경(2010)은 공동체 내의 다양한 소모임의 활성화를 통해 지역주민의 일상적인 욕구를 포함하여 문화적이고 생산적인 요구와 욕구가 충족되면서 지역사회의 역동성에 활력을 불러일으킬 수 있다고 한다. 지역사회 공동의 비전을 토론과 대화, 그리고 체험활동을 통해 역량을 만들어 갈 수 있다는 것이다. 지역공동체는 지역을 '삶터'로서의 거주공간으로 인식하게 하며, 그러한 인식이 지역주민을 주체화되어 가도록 할 수 있으며, 지역주민들이 서로 소통하고 교류함으로써 지역변화의 동력을 만들어갈 수 있다. 부모커뮤니티 장점으로는 주민들 스스로가 욕구를 드러내고 실현해 가기 위한 노력들을 하기 때문에 주민들 스스로가 자기의 일이라고 생각하게 되는 것이다. 즉, 다른 사람이 주민의 일을 해 줄 수 있는 것이 아니라 우리가 고민하고 해결해야 한다고 인식하기 때문에 주민 전체가 진정한 마음의 주체가 될 수 있는 것이다.

지역커뮤니티 활성화를 위한 주체성이란 그저 말로만 이루어지는 것이 아니라, 각 개인의 문제와 제안이 공동체의 목표가 되고 공동체가 함께 문제를 해결함으로써 그 주체성이 확립될 수 있다. 따라서 부모커뮤니티의 특성은 지역을 거주공간으로 인식하게 하며, 지역주민을 주체화하여, 지역주민들에게 '비빌 언덕'이 되어주며, 공동체를 통해 자신의 존재성 확인과 성장이 가능한 것이다. 이러한 노력이 커뮤니티를 활성화시키는 촉매제 역할을 하게 된다.

지역주민은 지역의 주체이면서 지역 환경에 대해 잘 알고 있으며, 공동체의 현황 및 문제점에 대해 일상생활 속에서 체험하는 담당자이다. 무엇보다 주민들의 주체적인 마인드를 가지고 사업을 진행할 때 독창적인 운영이 가능하므로 지역주민은 가장 중요한 주체가 된다. 특히 중요한 것은 주민들이 자신의 공동체 문제를 스스로 결정하고 타결하는 참여민주주의의 훈련과 주민자치 능력이 뒷받침되어야 한다. 공동체를 만든다는 것은 구성원 내부의 합의가 전제가 되어야 할 것이다. 지역사회에서의 일상적 문제를 함께 고민하고 해결해 나가기 위해서는 자발적인 공동체 내의 다양한 개별적인 모임이나 소모임의 활성화가 필요하다. 이를 통해 문화적이고 생산적인 욕구가 충족되고 지역사회의 공동의 희망 이야기가 시작되면서 자발적인 모임이 형성된다. 그리고 점차 이웃을 찾고 교류를 늘려가는 사회적 주민으로 바뀌게 된다. 이러한 공동체 생활을 통하여 보람과 삶의 의미를 찾는 주민이 많아지게 된다.

참여자 E의 이야기처럼 마을축제를 시작한 후 이들은 보다 발전된 새로운 목표가 생긴 것으로 이제 내가 마을 주민임을 자각하면서 축제도 나의 일이 되어 마을축제도 정례화된 회의를 통해 의견을 조율하고 발전하게 되는 분위기 조성이 될 수 있게 된다. 그리고 다른 조직과 연계되어 관계망 형성이 넓어지고 촘촘해지는 계기가 마련될 수 있게 되어 주체적으로 구심점을 만들어 나갈 수 있게 되었고 주민의 '비빌 언덕'으로 자리매김이 가능하게 되었다.

B공동체는 마을 축제를 통하여 주체성의 공고화는 물론 지역사회를 잇는 연결고리 역할까지를 담당하는 성공의 단맛을 보았고 나아가 지역사회에 확장해 나

가는 계기를 만들어가고 있다.

참여자

애들은 빨리 뛰고 있는데, 우리 아이는 뛰지 않으면, 가만히 있는 게 아니라 뒤로 쳐지고 있는 거고, 뒤로 가고 있는 거라고 생각을 하더라구요. 애들은 계속 가고 있는데, 여기 서있으면 뒤로 물러가는 거지 이건 가만히 있는 게 아니다. 가만히 있으려면 저 사람만큼 해야지 가만히 있는 거라는 인식이 있더라구요. 그런데 그게 싫기는 한데, 적어도 뒤처지면 안되니까 가만히 있기 위해서 그 사람들과 같이 한다고 하더라구요. 그게 경쟁인 거죠. 왜냐면은 불안감에 의한 경쟁이죠. 잘하고 싶어서 하는 게 아니에요. 보통 부모들이 다 물어 보면 잘하고 싶어서 하는 게 아니래요. 왜냐면은 그 외 사람만큼 하기 위해서. 그러니까 가만히 있기 위해서 한다는 거죠. 근데 우리가 그걸 버릴 수 있는 것을 찾아보는 게 있고, 그 용기가 조금 필요하고, 그런 사람들이 많이 모이면 걔내들은 그렇게 되면 이쪽 가만히 있는 사람들이 많아지면, 걔내들만 혼자 튀는 거죠. 그러니까 그 튀었던 사람들이 돌아오지 않을까. 그래서 다시 돌아올 수 있는 곳을 우리가 지켜가고 있다고 저는 생각합니다. 가만히 있는 곳에 가만히 서서 지켜가고 있고, 그곳에 사람들이 많이 모여서, 그런 마음을 연대할 수 있는 장소가 됐으면 좋겠어요. 그래서 방과 후를 저도 꾸준히 계속하고 있는 것 같습니다. (참여자 E)

참여자

사업을 기획하고 제안한 한 주체이긴 한데 제가 실제 강연들을 들으면서 그런 교육관을 넘어서서 교육관에 대한 나름의 가치가 확립이 됐던 것과 그런 이야기들이 사실 공동육아로 모여 있어도 모든 엄마들이 같은 가치를 가지고 있는 것은 사실 아니거든요. (참여자 F)

하태욱(2014a)은 "부모가 자기 삶의 만족도가 높고 행복감을 느끼며 마음에 여유가 있을 때, 자신도 모르게 교육적인 행동들이 나타난다. 인류의 바람직한 인재를 통계화시키기 위한 수학자들의 연구 결과, 정상에 가장 먼저 도달한 사람은 인간성을 갖춘 사람이었다고 하면서... 내 아이를 무엇으로 만들겠다라고 생각하기보다 아이가 앞으로의 삶을 어떤 마음으로 어떻게 살아가면 좋을지를 생각해 보라"고 권장하고 있다. 아이를 잘 기르기 위해서는 부모가 행복하고 확고한 교육에 대한 주체성이 확보되어야 할 것이라고 지적하였다.

강수돌(2003)은 '나부터의 교육 혁명'에서, "옆집 아줌마를 조심하라고 충고하고 있다. 자녀교육에 관한 아무리 훌륭한 글이나 강연을 접하고, 참교육이나 인성교육론에 백번 공감하면서 그런 자녀교육을 다짐했던 엄마도, 옆집아줌마만 한번 만나고 나면 '말짱 도루묵'이 되어 버리고 만다는 것이다. 옆집아줌마는 참교육이니 인간교육이니 하는 막연하고 따분한 이야기보다 누구 아이가 어느 학원에 다니고 무슨 상을 타고 어느 학교로 진학했는가 하는 정보에 밝은 교육 소식통이자 재야 교육전문가라고 설명한다. 그 옆집아줌마의 귀띔 한마디가 훨씬 구체적이고 현실적이기 때문이다. 비교 대상도 곁에 있고, 방법이나 결과도 눈앞에 있으니 그야말로 생생한 현장교육인 것이다. 그 앞에선 웬만큼 배짱 두둑한 엄마들이 아니고서는 어지간한 엄마들의 귀는 여지없이 팔랑귀가 되어 버린다. 즉, 자발성에 의한 참여를 해도 주체성이 부족하면 일관된 생각이나 행동의 제한을 받게 되는 것이다. 부모들의 심정을 그대로 묘사하고 있다. 아이들 교육은 현실적으로 많은 주변으로 인한 고민과 염려가 발생하고 있다. 이러한 현실을 뛰어 넘는 그러한 가치관을 형성하고 실행한다는 것은 어려운 일이다. 즉, 비정상이 정상이 되어버린 현실을 뛰어 넘어 주체성을 유지할 수 있는 정상적인 것이 정상으로 반영되는 사회로의 복귀가 절실하다고 할 것이다.

참여자

그런데 저희는 공교롭게 세 엄마들이 다 활동하는 엄마들이에요. 지역은 좀 틀리긴 한데··· 커뮤니티가 많이 있고 늘 공유를 많이 하는 공간이구요. (참여자 F)

세계일보 컬럼(2014. 9. 24)에는 "과거에는 마을공동체의 여러 주제 중 지역이라는 주제에 기반한 비중이 컸다면 지금은 지역을 초월해 다양한 흥미를 중심으로 마을 공동체가 형성되고 있다. 과거에 비해 교통수단이 발달하고 인터넷까지 발달하면서 지역을 초월한 다양한 주제가 활성화되었다. 공동체의 형성이 점차 취미를 바탕으로 조직되고 지역성을 점차 뛰어 넘어가는 현상이 나타나고 있다."고 했다. 이렇게 지역을 뛰어 넘어 공동체가 흥미 위주로 형성된다는 것은 가입회원이나 공동체의 성격이 주체성이 없다면 불가능할 것이다.

(3) 유희성

한호림(2010)은 "커피를 자주 마시며 수다를 떨어라. 그러면 노벨상에 한걸음 더 나갈 것이다."라고 말하고 있다. 이 글은 2009년에 노벨상을 수상한 사람들의 비결을 AP통신에서 면밀하게 취재한 것으로 '커피를 마시며 수다를 떠는 것'에 비결이 있다는 결론을 내렸다. 과연 커피를 마시며 수다를 떨었던 것이 어떻게 노벨상 수상의 비결이 되었을까?

노벨화학상 수상자인 토머스 스타이츠는 "휴식시간에 커피를 마시며 동료들과 연구에 관해 토론했던 것이 큰 도움이 되었다"고 말했다. 그는 1967년 케임브리지 대학에 연구원으로 갔던 첫날 깜짝 놀랐다고 한다. "아침에 모여 커피를 마시고, 점심 때가 되면 밥 먹고, 저녁에 모여서 차까지 마셔요. 도대체 연구는 언제 하는지… 그러면서 성과를 내는 것이 신기했죠." 그러나 그는 곧 답을 알게 되었다고 한다. 커피를 마시며 이야기하는 동안 앞으로 어떤 실험을 해야 할지를 서로 배우고 있었던 것이다. 노벨물리학상 수상자인 조지 스미스는 "저자끼리 협력을 통해 의미 있는 결과를 만들 수 있었다."고 말했다. 그는 "미래에 대한 아이디어를 의논하고 최신 연구결과와 난제를 정리할 수 있는 환경이 조성되어야 한다."며 "나는 그런 환경의 덕을 많이 봤다."고 말했다. 창의성도 협력에서 일어나는 것이다. 협력이야말로 어떤 틀 안에 사고를 묶어 두는 타성을 벗어날 수 있게 하고 사고를 자극시켜 주기 때문이다. 스스로 즐거운 일에 임하며 조직에 활력을 불어 넣고 창조적인 업무를 창출할 수 있게 된다. 개인이나 단체나 연합체도 휴식하고 즐거운 환경 속에서 협력하는 환경이 만들어져야 창의적인 발상이 가능하고 자발적이고 주체적일 수 있으며, 나아가 협력하는 환경으로 상호부조하는 기풍이 조성되고 선순환할 수 있는 것이다.

도시에서의 지역민은 개체의 집합체로서 삶을 영위하고 있다. 지역민으로서의 정체성이나 애착을 갖는 공동체로서의 의미는 거의 보이지 않는 실정이다. 이러한 현실에서 지역민으로서 도시에서도 행복하게 삶을 영위할 수 있는 방안은 커뮤니티를 통한 지역의 활력을 불러일으키는 동시에 지역민들이 지역에서 소외되지 않은 주체적이고 능동적인 삶을 사는 것이다. 마을마다 고유의 문화를 창조하기 위한 주민의 네트워크를 형성하고 교육프로그램을 통해 지역민의 정서적 감수성을 강화시켜 주민의 생활문화예술 향유 기회를 상승시켜 나가야 한다. 이러한 것을 가능하게 하는 것은 유희성이며, 이를 바탕으로 하여 창조적 문화커뮤니티를 만들 수 있을 것이다.

참여자

우리 공동체는 격주로 진행을 하면서 한번은 강좌를 듣고요, 한번은 모여서 수다를 떨고 그런 품앗이 모임으로 되고, 보통 참여하는 대상은 아이가 0세부터 만2세 정도 그러니까 어린이집을 보내지 않고 24시간 아이와 붙어있는 엄마들을 우선대상으로 해서 모여서 육아정보도 나누고 공부도 하고 그런 품앗이 수다를 갖기도 하고, 그렇게 진행을 하고 있습니다. (참여자 D)

공동체가 유지되려면 자발성이나 주체성이 중요하다. 그러나 이러한 것이 유지되기 위해서는 조직 자체의 문화가 재미있어 유희성이 유지되는 것이 기본이다. 모임이 재미가 있고, 사업의 진행이 재미있어야 한다는 것이다. 문화복지가 갖고 있는 여러 특성 중에서 유희성을 특질로 하고 있다는 데서 사회복지와 차별성이 있다. 유희성은 공동체를 형성하도록 분위기를 만들고 공동체가 지속성을 유지하기 위하여 필요한 공동체 조직원들의 친숙함을 도와 소통할 수 있는 윤활유 역할을 해줌으로써 어려움을 극복할 수 있도록 마음의 문을 열어주는 열쇠의 역할을 한다. A공동체가 강좌를 듣는 것은 이 강좌가 주는 교육에서 의미를 찾는 보람이라는 유희성이 존재하기 때문이다. 그리고 육아정보를 나누고 품앗이와 수다는 모두 유희성을 본질로 하는 것이며, 이것이 공동체를 지속가능하게 하는 촉매제 역할을 하는 것이다.

참여자

보통 저희 선생님께서는 애들 맞이하고 준비하시고 해야 되니까 10시쯤 오시고요. 그 다음에 아이들이 오고, 오후에는 저희 회의도 하고, 교육도 하고 등등 저희 조합원이 할 수 있는 일을 하며 쓰고 있습니다. 월요일 날은 저희가 서로서로 의견을 내고 모을 수 있고, 그 다음 일주일 생활을 계획할 수 있도록 한 명이 모둠장이 돼서요, 한 명이 쓰고 일주일 동안 무엇을 할 것인가 회의를 합니다. 거기에서 아이들과 일주일 계획을 짜요. 물론 큰 틀은 선생님과 다른 분들이 정해주지만, 어떤 것을 할 것인가는 정해서 하는거죠. (참여자 E)

육아공동체에서 교육계획을 선생님과 아이들이 주체적으로 만들기 때문에 전원이 의견을 제시하여 결정하는 민주적 방식에 의한 운영이다.

교육 내용이 대안적인 것으로, 유희성이 있어 조합원들도 즐거운 마음으로 아이들과 함께 어울리면서 지속가능한 공동체가 만들어지고 있다. 이 공동체는 주기적인 회의를 통하여 조합원 모두가 자기 의견을 이야기하고 조율해 가는 민주적 공동체의 운영으로 모두가 주인이며 스스로가 운영을 결정해 나가고 있다. 아이들에게도 그들이 일주간의 교육프로그램에 관한 의견을 제시토록 하여 스스로 교육내용을 결정할 수 있도록 하여 모두가 공동체를 이끌어가는 자부심을 가지도록 하고 있어 아이들이나 부모들이 유희성을 가지고 공동체에 참여하고 있는 것이다. 자체적인 교육프로그램을 만든다면 당연히 유희성을 우선에 두고 계획을 할 것이다. 유희성은 공동체를 조직하거나 운용하고 지속하는 데 있어 중요한 동기로 작동되기 때문이다.

참여자

이 교육에 놀이교육을 들으면서는 정말 아이들이 그 놀이를 통해서 세상을 배운다는 것, 그 관계에서 사회관계를 배우고 그것에서 세상을 보고 이런 것들에 대한 확신도 많이 생겼던 것 같고요. 그게 조금 흔들리지 않을 것 같다는 생각을 했어요. 향후에 이 세상에서 아이들을 꼭 제도권 교육에 서열화시킬 필요 없다는 생각까지도 확신을 갖게 되는 계기가 조금 됐던 것 같아요. (참여자 F)

참여자

교육혁신에 있어서 자연스럽게 그런 고민을 하는 엄마들도 생기더라고요. 그런데 있어서 저는 개인적으로 뿌듯한 게 있었던 것 같아요. (참여자 F)

참여자

교육이나 어떤 것들을 지향해야 하고 아이들을 키우는데 어떤 것들을 우선적으로 해야 되는지에 대해서 확고해진 것과, 그렇게 생각한 엄마들이 주변에도 많이 있구나 해서 뭔가 더 안심이 되고 좋았던 것 같아요. (참여자 F)

참여자들은 정기적인 교육을 통한 새로운 정보를 획득하고 교육에 대한 의구심이나 몰랐던 부분에 대한 인식을 새로운 시각에서 볼 수 있는 안목을 기르게 되었다. 이는 공동체뿐만 아니라 다른 조직에도 교육을 개방하여 지역에 새로운 지평을 여는 역할을 하였다. 이렇듯 공동체에서의 교육은 주체성 확립에도 구심점 역할을 가능하게 하고 있다. 자녀 교육에 관한 가치관 형성은 곧 실천으로 이어져 공동체를 강화하는 역할을 하고 있다. 그러나 교육도 공동체의 강화도 유희성이 촉매가 되어 가능하게 하여 주는 것이다.

참여자

누군가가 희생하지 않으면 중간에 끊어지게 되는 거잖아요. (참여자 D)

누구의 희생이 있어야만 공동체가 지속한다면 이는 공동체 조직원들이 참여에 대한 재미나 필요를 느끼지 않는 것으로 풀이된다. 유희성이 있어 재미가 있었다면 스스로 즐겁게 자원하게 되고 상호부조하게 되면서 친밀한 관계망을 형성할 수 있기 때문이다. A공동체의 공동체 형성이 자발성과 주체성에서 실패한 이유는 즐거운 마음으로 동참하는 조직원으로 구성되지 못하였기 때문이다. 커뮤니케이션이 원활할수록 관계는 가까워지고, 믿음에 기반을 둔 의사소통은 신뢰감을 빠르게 축적시킨다. 하지만 효과적인 조직화를 이루려면 단순한 대화나 양을 넘어선 실질적인 내용이 뒷받침되어야 한다. 이를 위해서는 무엇보다는 정보의 공유가 필수적이다. 그러나 이러한 정보의 공유를 위한 분위기를 만들기 위해서는 무엇보다도 유희성이 전제되어야 한다.

참여자

다른 사업들 같은 경우는 꼭 자녀에 대한 게 아니라 주민들을 대상으로 하는 거라던가, 기존에 자기들의 어떤 커뮤니티를 돈독히 하는 그런 경우로도 이 사업이 활용되고 있는 여러 가지 제안되는 것들을 보면 충분히 그럴 수 있겠구나라고 생각이 들었는데, 왜 그러면 나는 그런 것을 이렇게 들어나지 않을까를 생각을 해봤어요. 오면서 짧은 시간 동안… 전혀 일로 다가가는 게 아니라 사업으로 다가가게 되는 거잖아요. 정책의 일환으로 이런 사업이 있는데 그런 비용을 충당하기 위해서 다가가는 거고, 그야말로 사업진행자와 사업수혜자 측면으로 바라보는 측면이 더 크지 않았나라는 생각이 들고… 그야말로 사업으로밖에 받아들일 수 없겠구나라는 측면이 크지 않나라는 생각이 들었어요. (참여자 D)

창의성도 즐거움과 협력에서 일어나는 것이다. 이것이야말로 어떤 틀 안에 사고를 묶어 두는 타성을 벗어날 수 있게 하고 사고를 자극시켜 주기 때문이다. 커뮤니케이션이 원활할수록 관계는 가까워지고, 믿음에 기반을 둔 의사소통은 신뢰감을 빠르게 축적시킨다. 하지만 효과적인 조직화를 이루려면 단순한 대화나 양을 넘어선 실질적인 내용이 뒷받침되어야 한다. 이를 위해서는 무엇보다는 정보의 공유가 필수적이다. 그러나 이러한 정보의 공유를 위한 분위기를 만들기 위해서는 무엇보다도 유희성이 전제되어야 한다.

A공동체는 최초에 기존 조합원들이 모여서 공동체를 만들었고, 조합원들이나 리더는 사업적 마인드로 공동체를 생각하고 활동하였기 때문에 생산자가 곧 참여자가 되는 즐거움은 경험할 수 없었다.

참여자

근데 그거 가지고는 못하고, 그냥 저희와 축제를 담당하는 여러 조합과 단체가 함께하죠. 음향장비 빌리는 것에서부터 몸으로 다 처리를 합니다. 그런데 조합원들이 보면은 다 직장을 가지고 있거든요. 거기서 따로 돈을 받고 그런 것도 아닌데 굉장히 열심히 하세요. 서로 마음을 내고 몸을 내는 거죠. (참여자 E)

지역에 기여하는 공동체가 되기 위해서는 공동체 리더 양성, 활동가 네트워킹, 외부협력체제 구축 등의 인적자본의 구축이 진행되어야 하며, 필요한 조례 제정 등의 지역 내 공동체 지원 민·관거버넌스 시스템을 구축하고, 공동체 활동을 적절하게 지원할 수 있는 물적 기반의 마련을 위해 노력함은 물론, 공동체 조직을 통한 지역주민들의 사회적 역량을 개발하고, 지역의 혁신역량을 강화하기 위한 공동체 모범사례를 발굴하여 적극적으로 홍보하고, 공동체를 통한 문제 해결방법을 제시하는 등의 활동이 필요하다. 이러한 자발성, 주체성으로 상호부조할 수 있도록 하는 것은 유희성으로 즐거운 마음으로 활동하지 않는다면 다른 준거에도 영향을 끼치게 되는 것이다.

오늘날 지역사회가 도시화가 됨으로써 자원동원 가능성이 높아져 인적·물적 동원이 풍부하므로 어떤 것이 필요한 자원이고 어떻게 활용할 것인가에 대한 고민이 필요하다. 재정지원에 대해서도 가능한 공동체가 자립적으로 활동하는 지역에서 십시일반 원칙에 의거하여 해결하는 것이 바람직하다. 아는 자는 좋아하는 자만 못 하고, 좋아하는 자는 즐기는 자만 못하다(知之者不如好之者, 好之者不如樂之者)는 것은 만고불변의 진리인 것이다.

참여자

뭔가 너무 익숙해지는 것 같아요. 엄마들에게 편하게 발을 놓았다가 편하게 뺄 수 있는 그런 어떤 책임과 엮이는 것에 대해서 조금 부담스러워 하지 않나 생각이 들어요. (참여자 D)

개인적인 삶을 영위하기 위해 개인적인 문제에 집착해 이웃의 문제에 무심해지며, 공동체가 생협의 "회원제"로 운영됨에 따라서 자신들의 욕구와 다른 공적인 문제에는 관심을 기울이지 않게 된다. 또한 이웃과의 만남도 좋기는 하지만 시간을 내는 것이 귀찮은 이웃과의 관계를 위해 투자하는 것에 대한 '피로도'를 느낀다는 것이다. 이러한 사실은 공동체 내에 신뢰를 구축하는 것이 매우 어려운 과제임을 확인시켜준다. 그러나 이에 대한 해답 역시 '계몽이 아닌 편안하고 즐거운 마음으로 지속적인 만남'과 대화 밖에 없다. 최근의 사회 현상은 서비스를 구매하는 것에 익숙해 있다. 결국 이는 전형적인 소비자 마인드를 가지고 있다는 것이다. 차라리 서비스를 구매하고 말지 쓸데없이 사람들과 엮이고 관계를 맺고 책임을 지는 것을 싫어한다. 따라서 이는 당장에는 개인에게 편한 것으로 이해할 수 있을지 몰라도, 거시적으로 본다면 결국은 각 개인의 파편화를 통한 내 삶을 황폐하게 만들어 사회적 독으로 나타나게 된다. 따라서 교육과 계몽 실천을 통한 주민들의 역량강화를 위한 공공성, 투자성 그리고 지속성에 대한 인식전환이 요구된다. 이는 자발성과 주체성과도 연관이 있지만 유희성이 있다면 스스로 자원하고 주도적 참여가 가능하게 될 것이다.

참여자

따로 돈을 받고 그런 것도 아닌데 굉장히 열심히 하세요. 서로 마음을 내고 몸을 내는 거죠. 왜 열심히 하게 되는가, 왜냐면은 열심히 청소하면은 비용이 아껴집니다. 옥상 방수도 저희가 했거든요. 옥상 방수가 300만원을 달라고 하더라구요. 와서 이거 어떻게 하냐 그러고 있다가 이제 아빠들이 해보자 그래서 올라가서 하게 되었고 잘 되었는지 어떤지는 모르겠는데 옥상방수를 100만원에 끝냈습니다. 그러면 200만원 아꼈네. 그렇게 비용이 아껴집니다. 그럼 우리 비용이 아껴지는 거구요. 그런 것도 열심히 하는 이유 중 하나입니다. (참여자 E)

노동에 있어 무보수로 자발적으로 일에 매진하는 것은 기쁜 마음이 아니면 할 수 없고, 한편으로는 환산할 수 없는 보람이 없이는 불가능한 일이다. 유희성을 통한 여가를 즐김으로 인한 효과로 여가는 구성원들로 하여금 사회적 역할을 습득하게 하고 사회집단 목표수행과 결속을 도와주는 기능적 역할을 도와준다. 인간은 일만 하면서 살 수 없고, 여가만 즐기면서 살 수도 없는 존재다.

우리 사회는 놀이문화가 허약한 것이 사실이다. 즐거움이 없이 오직 생존에 매달리고 국가의 지상목표였던 경제개발에 집중하여 온 결과이다. 그러나 진정한 생산성을 높이고 삶의 질의 향상을 가져오기 위하여 유희성을 통한 여가의 증진으로 새로운 문화가 창출되고 확산이 필요하다. 이 과정에서 생산성 향상을 통한 비용절감도 중요하지만, 함께 마음은 나누고 협동하는 가운데 얻어진 보람과 일의 과정에 대한 성취감은 그 무엇보다 소중한 가치로 평가되어야 한다.

참여자

오늘 한잔 하실 분 그러면 한 네다섯 명이 모여서 당구도 치고, 술도 한잔 하면서 주말에 그렇게 보냅니다. 그런데 그게 어떻게 보면 별거 아닐 수 있는데 저한테는 도움이 많이 되는 것 같아요. 그때 내가 하고 싶을 때 그것을 같이 하고 싶은 사람이 주변에 있다면, 그건 굉장히 큰 도움이죠. 그게 없으면 어떻게 혼자 당구칠 수도 없는 거고… 그거를 느낄 수 있는 게 저는 도움이 많이 되었다고 생각합니다. (참여자 E)

최근에 일하지 않으면 불안해하고 여가도 일로 생각하는 우리 사회의 고정관념을 다시 생각하고 반성하는 분위기가 확산되고 있다. 놀이나 여가로 인한 유희성은 인간을 재충전시키고 창조적인 사고를 갖게 하는 지식정보사회에서 필수적인 요소이다. 참여자들의 이야기처럼 함께 재미있는 시간을 즐기면서 정보를 교환함으로써 자신을 재충전하는 기회를 얻게 되는 것이다. 유희성을 즐길 수 있어야 비로소 갇힌 나에게서 공동체를 통하여 사회적 역할의 습득과 지역의 기능적 역할을 할 수 있게 된다. 부모커뮤니티는 자발적인 자조집단으로 스스로의 문제를 주체적으로 해결해 나가는 주체성을 가진 조직이며 유희성을 통해 문화를 창출해 나가는 공동체이다. 부모커뮤니티가 조직화하고 활성화되기 위한 선결 조건으로는 유희성이 긍정적으로 작동하고 있어야 가능하다. 공동체 모임 자체에 재미를 느끼고 이를 통해 삶의 활력을 갖게 될 때 비로소 선순환 구조를 가질 수 있다. 이렇듯 유희성이란 공동체가 만들어질 수 있는 추동력이 되는 것이다.

참여자

커뮤니티라고 얘기하니까 사람들이 어려워합니다. 내가 가서 무슨 일해야 되고 뭘 해야 되는가? 이런 게 아니라 친해질 수 있다는 것을 느낄 수 있고, 친하면 좋다라는 것을 알게 되면 마을사람들이 서로 인사하며 지내겠죠. (참여자 E)

공동체가 구성되는 조건은 우선 구성원 가입이 되어야 하고 가입된 구성원이 지속적으로 활동한다는 전제가 이루어져야 한다. 아무리 목적이 좋고, 시간이 많다고 하더라도 즐거움이 없다면 이러한 공동체가 지속적으로 유지될 수 없다. 부모커뮤니티는 같은 목적을 가진 사람들이 자발적으로 모여서 주체성을 가지고 교류하고 소통하는 것은 유희성이 있기 때문이다. 부모커뮤니티가 교류나 교환활동이 증가되었고, 구성원이 늘어나고, 새로운 사안에 대한 논의도 되고, 사업의 확장을 시도함으로써 새로운 방향을 제시할 수 있는 것이다. 이런 결과로 주민의 여가선용 및 문화생활에 도움이 되었다고 하는 것이다.

참여자

저희가 강조하는 건 부지런함보다는 서로 공감하는 걸 계속해서 가르칩니다. 공감할 수 있을 때 즐거운 것이다.라고 이제 그것을 많이 익히고, 그리고 서로 공감할 때 기분이 좋아요. 왜냐면은 서로 열심히 했을 때 좋은 결과가 나오면 거기에 대해서 같이 기뻐할 수 있는 기회가 우리 시대에 많지 않더라구요. 그런데 거기서는 서로 공감하고, 서로 연대해 나가면서 좋은걸 만들어 냈을 때, 즐겁다는 걸 느끼고, 거기에 또 아이들이 즐거워하는 게 있는 거죠. 중요한 것은 아이들이 거기서 굉장히 즐거워하고, 나 재밌었어. 그게 어떻게 보면 부모로서는 큰 보람이 되는 거죠. 거기에 대해서 감사하는 사람이 점점 더 생겨요. 고맙다 이렇게 해줘서, 열심히 하니까 서로 서로 또 고맙다.라는 얘기가 함께 움직이니까, 거기서 조금 더 자극이 돼서 발전하는 것 같습니다. (참여자 E)

B공동체는 공동의 작업을 통해 즐거움을 찾고 보람을 느끼고 있다고 한다. 이는 어떤 결실보다는 그 과정에서 서로 소통하고 공감하는 것이 중요한 것이다. 이를 통하여 서로 연대감을 갖고 친밀한 관계를 유지할 수 있게 되는 것이다. 이것은 곧 아이들이 즐거워하면서 배우는 생활교육으로 이어지는 것이다. 감사의 마음을 함께 나누는 이러한 과정의 즐거움을 통하여 지속 가능한 공동체 유지가 가능할 것이다.

참여자

이 사업에서도 재미와 관심이 많을 수밖에 없는 건 우리가 고민했던 부분들을 모아서 이 강연내용을 짜고 했기 때문에 다들 관심이 있는 부분이라 생각해요. (참여자 F)

참여자

이런데서 뭔가 이루어지고 신뢰도 쌓이고 이런 게 보람이 되는 것 같아요. 만약에 개별화되고 그러다 보니까 활동적인 면에서 교류하기가 쉽지 않은데, 여기에 묶여있다 보니까 공통된 곳에 묶여서 교류하고 이런데서 정보를 많이 얻고 하는 게 좋은 것 같아요. (참여자 F)

C공동체는 활동의 경험이 부재한 상황에서 활동가들의 '입장'에서 '일을 꾸미는' 것을 통해 공동체로의 변화를 목적하였으나 사업이 진행되면서 활동가들이 계획한 일보다 주민들의 욕구 중심으로 추진된다. 이러한 경우 유희성이 일을 지속하게 만드는 것이며, 이를 추진하는 리더는 모임 구성원들에게 유희성을 줄 수 있는 방안을 모색해야 한다.

참여자

저희가 사실 공부는··· 다들 동아리들은 대학 때 열심히 했던 사람들이에요. 대학교 학생회나 이런 거 열심히 했었어요. 대학문화 이런 거에 관심들도 다 있었을 거고··· (참여자 F)

참여자

일반 엄마들 같은 경우는 마을이 시끄럽다는 것은 나쁜 의미가 아니라 활기를 찾고, 마을에서 활동을 하는 사람들 혹은 마을에 관심이 있는 사람들이 알고 체감하는 정도지 일반 주민들은 잘 모를 거에요. (참여자 F)

오마이뉴스 특별취재팀(2013)에 의하면, 서울 인구 중 아파트 주민이 58%가 넘어섰다고 한다. 이러한 아파트 단지에서 마을을 이루려면 이웃들과 빗장을 풀고 마음을 내어놓고 나누는 관계를 선택해야 한다. 그리고 그 관계를 쌓기 위해 조직원 사이의 갈등을 참고 견디는 과정이 필요하다. 공동체 조직원이란 가계로 이어진 관계도 아니고 감정적으로 합의된 관계도 아니다. 스스로 선택하고 함께 견뎌내며 만들어가는 관계, 그것이 바로 우리가 사는 마을이다. 그러니 마을 내에서 발생하는 갈등과 잡음 역시 공동체를 만들어가는 과정으로 여기는 지혜가 필요하다.

(4) 상호부조성

P. A. 크로포트킨(2005)은 상호부조를 "최소한의 에너지를 소비하면서도 최대한 행복하고 즐겁게 사는 방법"이라고 말한다. 살아남으려고 사력을 다해 경쟁하는 것보다 서로 같이 살아남는 것이 필요하다는 것이다. 긍정적으로 나타난

자녀 돌봄이 질적으로 나아지고 있다는 것은 구성원들 간에 시간이나 재능기부 그리고 재정문제 등의 분야에서의 실질적 협력이 있었기 때문에 가능한 것이다. 이러한 상호부조와 협력을 통하여 보다 촘촘한 그물망의 공동체가 달성될 수 있어, 구성원 간의 상호부조 활동이 점차 공동체와 구성원으로 나아가 공동체와 공동체의 상호부조로 발전되어 갈 수 있게 된다.

부모커뮤니티는 상호부조를 통하여 발전해 나가는 공동체이다. 서로를 이해하고 공감하며 가지고 있는 재능이나 소유한 자원을 나눔으로써 상호부조의 형태를 갖게 된다.

연세대학원 저널(2013, 201호)에 게재된 '마을공동체에 대한 철학적 성찰'에서 "상호부조와 연대적 삶의 공동체를 구성하려는 마을공동체 운동의 의미는 우리 사회에서 권리 중심의 사유방식에 대한 성찰이라는 맥락에서도 중요하다. 태어나서 죽음에 이르기까지 인간은 보살핌을 받아야 할 운명이다. 보살핌 없이 삶을 영위할 수 있는 인간은 없다. 그런 점에서 보살핌은 인간 삶의 보편적 형식이라 할 수 있다. 상호부조와 연대의 원리에 입각한 사회적 삶의 형식을 재건하려는 마을공동체는 보살핌과 연대의 결합 가능성을 보여준다. 타고나면서부터 자율적인 행위 능력을 지니고 있는 인간이란 없기에 이들을 자유로운 행위자이자 시민으로 육성하는 과제는 성인인 시민들, 동료 이웃이나 가족들의 보살핌에 전적으로 맡겨져 있다."고 한다. 즉 상호부조는 인간의 상호 보살핌을 인간 삶의 보편적 형식이라고 하며 인간은 자유로운 행위자로 시민으로 육성하는 과제는 보살핌이 이루어진다는 것이다. 오늘날 한국사회가 모든 사람에게 존엄한 삶을 살아갈 최소한의 사회보장제도를 마련하고 있지 않은 상황에서 사회구성원들은 자연스럽게 육아, 출산, 실직, 노후 등의 문제를 스스로 해결할 방안을 모색하게 된다. 특히 마을공동체 운동은 개인적 자율성의 존중에 대한 모든 사람들의 요구와 보살핌에 대한 윤리적 강조 사이의 연계 가능성을 보여주고 있다는 점에서 매우 중요하다. 마을공동체는 상처받기 쉬운 인간의 삶에서 발생하는 문제들을 가족에게 전담하지도 않으며 국가의 시혜적 조치에 전적으로 떠넘기기를 바라지도 않는다. 마을공동체의 구성원들은 공동으로 육아를 하고 노인이나 사회적 약자들을 돌보는 행위를 조직할 뿐 아니라, 다양한 협동조합의 형태로 직업을 창출하여 마을을 자립적이고 재생산 가능한 삶의 공동체로 형성해가려고 노력한다. 그래서 마을공동체에서 이웃들과 친밀하게 살아가면서 다양한 돌봄의 실천들을 바라보고 협동적 삶 속에서 그런 경험의 소중함을 체험하는 사람들은 보살핌이 필요한 사람들에 대한 도덕적 감수성을 키울 수 있는 보다 많은 기회를 지닌다. 그러므로 마을공동체는 인간의 동등한 권리에 대한 존중의 마음가짐을 배양하는 실천의 장이자 교육의 현장으로 기능할 수 있다. 이런 점에서 마을공동체는 보살핌과 자율성의 조화 및 균형의 터전이라고 한다.

이호(2013)는 공동체에서 상호부조의 중요에 대해 다음과 같이 설명한다. "공동체로서의 마을을 만드는 것은 무엇보다도 마을 사람들을 만드는 것이다. 이는 주민들 간의 공동체적 관계망을 형성하는 것임을 의미한다. 그리고 그 관계망을 더욱 깊게 하고 그 관계망을 우리 사회의 더욱 중요한 작동원리로서 실현해 내고자 하는 개방성을 보다 확대해 가는 과정을 만들어가는 것이다. 상호부조적 관계망을 통한 더불어 살아가는 사회, 그러한 원리가 우리 삶의 질을 발전시킬 수 있음을 서로 확인하고 이를 우리 사회에 확산시키는 것이 진정한 마을을 만드는 과정"이라고 하면서… 다양하고 창의적인 공동체 운동에서도 절대로 놓쳐서는 안 될 핵심적 가치가 있다. 그것은 상호 긴밀한 상호부조적 관계망을 형성하는 것과 그것이 개방성 즉 일부 구성원만의 욕구 충족이 아니라 더욱 많은 이들의 공통된 욕구가 충족되는 방향성을 지닐 필요가 있다. 공동체는 현실에서 완성된 그 무엇이 아니라 지향이라는 점을 고려할 필요가 있다. 이는 공동체가 구성원 간의 관계에 있어 그 긴밀한 상호부조적 관계망을 더욱 깊게 하고, 많은 사람들이 그러한 관계망을 형성하도록 하는 끊임없는 과정임을 의미한다고 상호부조의 중요성을 역설하였다.

참여자

생협에서 지원해 주는거죠. 생협의 먹을거리로, 생협의 음료라든가 과자라든가 떡이라든가 죽이라던가. (참여자 D)

지역에서 다른 단체나 기관에서의 물질 또는 재정적 지원은 공동체의 초기단계에서의 촉매 역할로서 대단히 유익하고 바람직한 것으로 판단된다. 그러나 이러한 것들은 지원으로 한정하여야 공동체의 자생력에 도움을 줄 수 있을 것이다. 이렇게 할 때 비로소 상호부조하는 것이다.

참여자

자생단이라고 마을 자생단 그쪽에서 많이 지원해주시죠. 여러 가지 물어보는 것에 대해서 답변해주시고, 회계방식, 어떻게 하면 좋을지, 필요한 교육이 있으면 그 교육을 지원해줍니다. 그래서 이번에는 공동체를 위한 교육을 저희가 지원받았어요. 돈으로 지원 받는 게 아니라 거기에 대한 강사분들이 오셔서 1주일에 한 번씩 계속해서 운영하는 그런 방식으로 지원 받습니다. 그런 걸 통해서 조합원뿐만 아니라 마을 사람들에게도 오픈된 형식으로 교육을 받고, 그런데 교육에서 그게 또 의무가 아니고 원하는 사람들을 통해서 받게 하는 식으로 움직이고 있습니다. (참여자 E)

공동체가 자생단에게 상호부조 형식으로 교육지원을 받고 있다. 이처럼 상호부조는 물질적인 도움뿐만 아니라 교육도 좋은 지원 대상으로 이러한 활동을 통하여 공동체의 효율적인 운영방식은 물론 개개인이 자질 향상을 통하여 공동체를 강화시키는 촉매작용을 할 수 있게 된다.

참여자

저희는 따로 가입비는 받지 않아요. 그냥 같이 되는 부분은 공동으로 같이 내고, 그리고 이 사업이 좀 되면서는 저희가 자부담 측정을 했었거든요. 그런 자부담이 있을 때 조합원들이 만원씩 이렇게 회비를 냈죠. 그리고 만원씩 낸 회보로 교육강사 초빙 시 강사료에 보태었습니다. (참여자 F)

C공동체는 공동육아 강사 초빙 시 주변 공동체에 홍보하여 많은 교육 참여를 유도하였고, 양질의 교육을 위하여 제한된 강사료는 부족하여 자부담으로 공동 회비를 갹출하여 사용하였다. 이러한 자부담은 공동체의 자주성 능력을 배양하고 상호부조하는 기풍을 진작시키는 기능적인 역할을 담당할 수 있을 것이다. 원만한 사회생활을 하기 위해서는 개인의 자유와 개성을 보장함과 더불어 적절한 교육을 받는 것이 필요하며 이는 개인과 사회의 상호부조의 협동정신을 길러주게 된다.

참여자

이 사업을 잘 모르신다는 말씀만 계속하시고, ㅇㅇ구 같은 경우는 마을공동체 사업을 하시는 분이 새로 하신 분이 아니라 2~3년간 계속 하셨던 분이라고 하시더라고요. (참여자 D)

행정기관 주도하에 하는 일방적인 정보의 전달로는 부모로서 반드시 필요하고 본인에게 긴급한 정보를 얻기는 어려운 일이다. 그러나 이러한 것들은 공동체 조직원들이 상호부조 활동으로 어려운 문제들을 극복할 수 있다. 이러한 정보획득은 구성원 모두를 단결하게 하고 단체 활동의 중요성도 부각할 수 있게 된다.

참여자

소소한 재미가 있는데, 그걸 통해서 얻는 것은 우리 옆집에 부모님이 아프신지 안 아프신지 잘 모르잖아요. 그런데 아프시고서 어디 내려가시면 괜찮으시냐고도 물어보고, 거기 상가집에도 갑니다. 거기에 되면 상가집 대구도 갔다가 전주도 갔다가 이렇게 움직이면서 조금 더 끈끈해지는 것 같아요. (참여자 E)

참여자

그 사람과 술도 자주 마시고, 서로 이야기도 많이 하고 김치도 나눠먹고 정감이 있었다면, 그 사람이 하자고 그랬을 때 어찌되었거나 도와줘야지 그런 느낌이 드는거죠. 그래서 같이 도와주면서 참여하다보면 좋고, 그 결과라는 게 좋게 나오면 좋은 거 같아요. 그리고 과정에 대해서 조금 더 중심을 두는 것 같습니다. (참여자 E)

마을살이는 시간을 내는 것, 재능을 나누는 것에서부터 시작한다. 어떤 사람이 살다가 힘든 문제에 빠졌다면, 마을살이를 하는 사람들은 마을 안에서 고민을 이야기하고 다양한 해결책을 찾게 된다. 공동체의 핵심은 소통에 따른 관계맺기로 옆집에 무슨 일이 일어났는지 궁금해 하는 관심과 돌봄이 마을을 이루는 토대가 되는 것이다. 공동체의 사회적 의미를 보면 주민들이 자발적 결사체를 통해 소중한 인간의 삶을 기본으로 지역에 모여 사는 사람들이 공통적 관심을 위하여 서로 협력하고 상호작용하는 생활단위에서 벌어지는 상호부조의 협동을 추구한다는 것이다(오마이뉴스 특별취재팀, 2014). 부모커뮤니티는 자발적인 자조집단으로 스스로의 문제를 주체적으로 해결해 나가는 주체성을 가진 조직으로 유희성을 통한 문화 창출을 해 나가는 공동체이다. 이러한 것들을 가능하게 하는 것은 상호부조를 통하여 서로를 신뢰하고 촘촘한 그물망을 형성하는 것이다.

참여자

청소는 다 같이 나옵니다. 다 같이하죠. 엄마는 안하고 아빠만 하고 그런 것은 없습니다. 다 같이 모여서 하고 거기에 따라 움직이고 하고 있죠. (참여자 E)

참여자

저희 홍보물은 뛰어난 재능이 있는 엄마가 있어 가지고… 이 엄마가 포스터 만든 거 찍고 붙이는 것만 했죠. (참여자 F)

이재준(2007)에 따르면, 공동체는 삶의 터전을 만들고 가꾸어 나가는 구체적이고 실질적인 실천행위이다. 이 공동체에서는 상호의견의 존중, 관련자들의 자발적인 최대 참여, 참여한 구성원들의 주체적인 활동, 투명한 협의과정, 합의에 대한 신뢰와 책임감 있는 실천 등이 필요하다.

이러한 실천을 가능하게 하는 것은 전원이 자신의 재능을 한데 모으는 것이 필요하며, 이러한 전원 참여 의식은 상호부조 형태로 나타나 공동체의 발전을 가져와 최선의 가치를 창출해 나가는 것이 가능할 것이다.

참여자

저희는 사실은 이 사업을 교육팀을 꾸려가지고 했어요. 그 회에서 저희가 세 사람이 그렇고, 홍보를 담당하기로 했던 팀이 있었거든요. 그래서 그 팀이 또 이제 할 일이 많은 팀이긴 한데 그 팀이 같이 움직여지지 못한 부분이 있기는 하죠. 그런데 그게 큰 불만이거나 그런 건 아니고, 아쉽긴 하죠. 같이 움직였으면 조금 더 풍성해지지 않았을까 싶은 게 있어요. (참여자 F)

김재경(2010)에 의하면 공동체가 유지하려면, 동기화가 전제된다고 해도 지속적인 홍보(소식지, 포스터, 사업안내서, 만나기)와 참여통로가 만들어지지 않으면 활동의 연계를 확보하기가 어렵다. 따라서 계속 이슈화할 수 있는 사업이 계획에 따라 추진되어야 할 것이다. 이 단계에서 홍보와 적절한 역할이 부여되고 행위 및 결정과정을 통해 '참여의 경험'을 만들어야 한다.

김기홍(2014)은 "마을의 구성원 한 사람 한 사람이 갖는 소질이나 특성도 마을에서는 매우 소중한 자원이 될 수 있다. 구성원들은 모두가 각각의 위치에서 주어진 역할을 자발적으로 수행하며 마을의 대소사에 적극 참여함으로써 마을의 정체성을 이루는 핵심적 자원들이다. 혹자는 마을에서 노인 한 사람이 죽는 것은 하나의 도서관이 사라지는 것과 같다고 말하기도 한다."라고 이야기하고 있다.

모든 사람이 다 중요하다는 것은 모든 사람을 끌어안고 한 방향으로 나가는 것이 어렵다고 하는 것으로 풀이될 수 있겠다. 상호부조란 가장 절실하면서도 이것을 끌어내기가 그리 녹록하지 않은 것이 현실인 것이다. 그래서 상호부조를 통하여 성공하는 사례가 계속 제시되어야 한다.

참여자

우리가 보통 마을 활동에서 한참 몇 해 전부터 했었던 얘기들이 있거든요. 한 아이를 키우기 위해서 우리 마을이 필요하다. 이 격언이 마치 무슨 구호처럼 말하는 평가들을 보면서는 정말 이렇게 뭔가의 공감대들이 형성될 수 있겠구나 이런 모습을 보면서 조금 뿌듯했죠. (참여자 F)

로빈 삭스(2014)는 아이를 키우는데 마을 전체가 필요하다고 하면서, 공동체가 아이들을 돌보는 데 있어 상호부조가 가장 효과적이라고 역설하였다.

긍정적으로 나타난 자녀 돌봄이 질적으로 나아지고 있다는 것은 조직원들 간에 시간이나 재능기부 그리고 재정문제 등에서 실질적인 협력이 있었기 때문에 가능한 것이다. 조직원 간의 상호부조 활동이 점차 공동체와 구성원만이 아닌 공동체와 공동체의 상호부조로 발전되어갈 수 있게 된다. 이는 재능 기부나 나눔으로 보다 공동체를 풍성하게 하는 역할을 하며 강제적인 사회부조의 형태인 사회보험과는 다른 것으로 모두가 경쟁하는 것보다는 서로 격려하고 돕는 것이 필요하다. 상호부조는 관계망 형성이 촘촘하고 넓을수록 그 시너지 효과를 극대화할 수 있다. 서로를 이해하고 공감하면서 재능을 나누거나 소유한 자원을 나눔으로써 신뢰와 친밀도를 더해 갈 수 있으며, 이해의 폭도 넓혀 나가게 되는 것이다.

문화복지는 상호부조성을 특질로 하고 있다는 데서 사회복지와 차별성을 가진다. 사회복지가 일방적인 시혜성이라면 문화복지는 모든 공동체 구성원이 재능기부를 통한 상호부조로 공동체의 지속성을 유지하는 기능을 하고 있다. 따라서 상호부조를 어떻게 끌어내느냐가 공동체 성공의 관건이 된다고 할 수 있다.

(5) 선순환성

김재경(2010)은 지역커뮤니티가 활성화되고 공동체가 지속적으로 유지하고 발전되기 위해서는 무엇보다도 공동체에 참여한 조직원이 공동체가 반드시 필요하다는 인식이 각인되어야 하며, 공동체 안에서 성장하고 발전한다는 것을 인식할 수 있어야 한다. 이러한 인식에는 사회적 성취감의 획득과 사적인 문제와 공적인 문제를 연결해 구조적으로 사고하는 의식의 변화가 있어야 한다. 이런 조건을 만들기 위해서는 양질의 교육이 절대적으로 필요하며, 공동체 내의 사람들과 지속적인 교류의 장이 마련되어야 한다. 그리고 주축으로 일하는 활동가에 대한 인간적인 신뢰도가 매우 중요한 것이다. 이들이 행복한 가운데 즐겁게 일을 하면 그 자체가 공동체에 머무르게 하며 나아가 선순환 구조를 만들어 나갈 수 있게 된다. 공동체가 지역사회에 기여한다는 것은 지속 가능한 상태로, 지역의 발전과 공동체 구성원의 삶의 질 향상에 기여한다는 의미가 있을 것이다. 살고 싶은 지역은 전문가나 행정가에 의해서 만들어지는 것이 아니라 주민 스스로가 생활공간을 결정하고 조성하는 것이다. 즉, 공동체가 지속되고 발전되기 위해서는 조직원의 마음가짐이 중요하며, 이에 따르는 교육이 함께 한다는 것이다. 그리고 살고 싶은 지역은 주민이 조성한다고 하였다.

선순환 구조를 갖는 공동체가 되기 위해서는 몇 가지 중요한 기본조건을 도출할 수 있다. 첫째, 의사결정을 위한 원칙과 기준을 만들어 주민과 공동체 구성원과 공유하는 절차를 가져야 한다. 둘째, 초기단계에 있어 행정기관과 유기적인 연대를 통해서 구성원들의 제안사업에 대한 실행수단을 확보해야 한다. 셋째, 구성원들에게 실천할 사업에 대한 이해를 높여 자신들이 참여한 공동체에 관심을 갖고 문제점을 찾아내어 스스로 공동체 발전을 이끌어갈 수 있도록 교육과 연구·홍보 사업을 지속적으로 추진해야 한다. 이렇듯 선순환 구조를 갖기 위해서는 기본적인 조건이 충족되어야 하는 것으로 교육과 연구 및 지속적인 홍보가 필요한 것이다. 즉, 선순환하는 공동체가 되기 위해서는 기본적으로 원칙과 기준이 필요하며 그리고 행정기관과의 연대가 중요하며, 교육과 연구 그리고 홍보가 지속되어야 한다는 주장을 펴고 있다.

참여자

공동육아를 하려는 부모들이 모여서 거기에서 아이들 급식이나 먹을거리 생각을 하다가, 그러면서 이렇게 뻗어 나온, 그렇게 하면서 시작된 생협이에요. (참여자 D)

최초에, 공동육아를 하려는 부모들이 모여 소통하던 중 이들이 필요로 하는 아이들의 먹을거리를 고민하면서 모임이 보다 효율성을 갖기 위해서 생협으로 발전되었고, 생협을 통하여 다른 지역으로 확대되어 공동체가 발전해 나가는 그러한 선순환을 이루고 있다. 구성원 및 지역주민의 여가선용 및 문화생활에 도움이 될 수 있었는데, 이 공동체 활동을 통하여 즐거움을 얻고 유익한 교류를 가진다는 것은 긍정적이고 발전적인 내용이다. 구성원이 늘어난다거나 다른 분야로 확장된다는 것은 공동체의 활동이 안정적으로 운영되고 있는 것으로, 선순환 구조를 가질 수 있는 조건이 형성되었다고 풀이할 수 있을 것이다. 그러나 이것이 지속될 수 있고 선순환 구조를 이어가기 위해서는 새로운 활동영역을 확장해 나가면서 주요현안을 해결해 나가려는 공동체 활동이 교육과 함께 전개되어야 한다. 이렇게 함으로써 공동체는 점차 확장되고 변화되어 선순환으로 이어져 사업이 지속된다.

참여자

아이들이 동네에 돌아다니면서 가고 싶은데 가고, 놀고 싶을 때 놀면서 정말 많은 아이들이 즐겁게 지낼 수 있는 게 목표지 이렇게 조그마하게 해서는 사실 여력이 안 됩니다. 설령 많이 들어온다고 해도 저희가 할 수 있는 여력이 안 되고 한계가 있습니다. 이게 여러 개 생겼다가 나중에 조합으로 만들어져서 마을이 아이를 키우는… (참여자 E)

마을이 다양한 주민들이 살아가는 삶터라면, 바로 이곳이 우리 아이들이 살아가기를 맛보고 미래를 꿈꾸는 교육의 터전이 되는 것이 당연하다. 마을이 학교가 되고, 학교 안에 갇힌 학생이 아니라 학교 담을 넘어 마을을 누비며 공부하는 학생, 교사도 학교에서 상근하는 사람만이 아니라 마을의 주민이, 학부모가 교사가 되는 그런 생활교육이 필요하다. 이런 모습일 때 비로소 선순환성이 될 수 있게 된다고 하였다(유창복, 2014).

참여자

부모커뮤니티를 만든 것도 어떻게 보면 여유 있는 사람들이 하는 것일 수 있습니다. 그래서 정말 어렵게 살고 하는 사람들에 대한 커뮤니티가 형성되기 위해서는 복지정책이 조금 더 발전해야 된다고 생각합니다. 거기에 맞춰서 복지에 들어갈 비용이나, 노력이 문화복지라고 얘기하긴 그렇지만, 이런 커뮤니티 사업으로 넘어와서는 안 된다고 저는 생각하거든요. 복지는 복지대로 더 키워나가서 이 사람들이 저녁이 있는 시간이라든지, 아니면 서로 옆을 돌아볼 수 있는 기회를 만들어 줄 수 있도록 복지정책은 더 많이 이루어져야 하고요, 그 복지 정책이 이루어진 상태에서 그 사람들이 옆으로 돌아보고 뭔가 나에게 도움을 줄 사람이 있을까? 아니면 내가 도움을 줄 수 있을까? 라는 생각을 할 때 그때 이 마을커뮤니티나 이런 게 준비되어 있다면 정말 시너지 효과가 날 수 있을 것 같습니다. (참여자 E)

참여자

네, 그렇게 해서 그걸 통해서 부모커뮤니티 사업에서 또 나뉘어져서 거기에 저희 말고도 공동육아 조합이 두 개 있고요, 그 다음에 또 놀자라고 해서 도서관을 저희가 또 십시일반해서 마을도서관을 만들었습니다. 그 다음에 또 하나가 누나꽃이라고, 누나 꽃이라고 조금 더 고학년의 방과 후를 만들고, 그게 부모커뮤니티로 바뀌었구요. 그래서 이제 활동을 이렇게 하고 있습니다. (참여자 E)

서울시(2013)의 마을기업백서에 의하면, 지역사회에서 가장 큰 욕구는 아이들을 키우는 과정이고 아이들이 성장하는 단계에서 부모들의 욕구가 변한다고 말하고 있다. 아이들이 어릴 때는 돌봄 공동체에 맡기면 되지만, 초등학교에 보내고 나면 방과 후가 걱정이다. 그래서 작은 단위의 부모커뮤니티를 토대로 마을을 형성해 나갈 수 있다. 공동체 안에서 참가자 스스로가 성장하고 있다는 믿음이 있으면, 또 다른 공간에서 주체로 활동할 수 있는 기반이 된다. 욕심을 내지 않고 공동체 안에서 사람들이 조금씩 성장할 수 있도록 서로 돕는 분위기를 만드는 것이 중요하다. 결국은 이러한 의식의 변화가 있어야 지역의 변화를 유도할 수 있기 때문이다. 이를 위해서는 이러한 믿음을 만들어가는 소모임 활동이나 문화예술을 매개로 자신의 변화를 체험하는 등의 지속적인 참여방법이 모색되어야 한다. 공동체의 발전은 사회적 자본의 축적으로 이어지는 것으로 퍼트남의 주장처럼 민주주의의 선순환 효과에 기여할 것으로 기대된다고 하겠다. 여러 가지의 기본 원칙이 지켜질 때 신뢰와 친밀감이 구축되어 공동체가 지속가능한 선순환 구조를 이룰 수 있을 것이다. 이러한 선순환 구조가 만들어지면 공동체의 저변 확대를 통하여 지역사회에 기여할 것이다.

참여자

신규 회원이라고 하기에는 조금 그런데 왜냐면 저희 모임 자체가 같은 곳의 어린이집에 보내는 엄마들의 모임이잖아요. 그러니까 사실은 이 사업을 통해 신규 회원이 들어왔다 해도 약간 사실 좀 그런 게 있을 수밖에 없다보니까 이 사업을 통해서는 어린이집에 관심들이 많이 생기면서 문의도 오고 그러기는 했었어요. (참여자 F)

조합형태와 연계한 곳에 활동하다가 공동체를 만들어 활동하고 있는 사례는 이번 면담한 3곳이 모두 같은 경우이다. 부모커뮤니티는 서울시에서 풀푸리 공동체를 배양하려는 취지를 가지고 시행하여 시민의 역량을 키워서 지역사회에서의 역할을 목적으로 한 것이다. 그러나 지역에 이러한 토양이 너무 부족하다 보니 기존에 구성되어 있는 생협, 어린이집, 공동육아협동조합 등을 활용한 방법으로 대부분의 공동체가 조직되었다. 물론 협동조합을 튼튼히 짓는 것은 상호부조성에 있어서 의미가 있으며 필요한 일이다. 그러나 기관 자체사업에 국고가 들어와 지원이 이루어지면, 지원기관의 풀뿌리 조직망은 만들어지지 않고 일회성으로 흩어지는 문제가 발생되기 쉽다. 풀뿌리 조직을 만들어 내고 네트워크를 만들어 내는데 어려운 문제를 발견하게 된다. 따라서 선순환되기 위해서는 공동체 자체의 독립채산을 유지하는 방향으로 발전되어 가도록 노력이 필요하다.

참여자

그건 어린이집에서 같이 김장도 하고 그래요. 수확하면… (참여자 F)

이는 선순환의 모델로 도봉산 자락의 텃밭에서 공동체가 수확한 배추를 가지고 어린이집에서 김장을 함께 담근다. 이러한 활동은 공동체와 어린이 집의 두 구조가 만들어진다. 어린이집이 부모모임인 공동체를 만들었고, 부모모임인 공동체가 배추를 길러서 이를 어린이집에 김장으로 돕는 구조가 만들어지게 된다. 이러한 활동이 공동체의 확산을 가져오고 지역의 변화를 가져오게 되는 것이다.

참여자

그런데 안타깝게 저희가 다 끝나서… (참여자 F)

C공동체의 활동가인 참여자 F가 자녀가 나이가 들어 공동육아를 함께 할 수 없게 된 사례이다. 순수한 자발적 공동체로 자체적인 주체성과 지속가능한 선순환성을 유지하였다면, B공동체처럼 어린이들이 초등학교를 입학하면서 방과 후 교육 공동체로 발전할 수 있을 것이다. 이런 경우는 선순환의 한계성을 드러내고 있다고 하겠다.

참여자

후속모임으로 자발적으로 하면 더 좋죠. 작년에 이런 사례들이 있고, 다른 지역에는 이런 사례들이 있다라고 꾸준히 말씀드리는데 역시나 딱 서지는 않더라고요. (참여자 D)

공동체가 설립되고 선순환 구조로 지속성을 갖는다는 것은 계속적인 관계를 만들어나가는 일로 쉬운 일이 아니다. 무엇보다도 기존 시스템으로 주민들을 충족시켜주지 못하는 것에서 탈피하여 주민들이 원하는 프로그램을 만듦으로써 잠재된 욕구를 충족시켜 나가야 한다. 이러한 만남을 매개로 신뢰를 형성하는 계기를 연속적으로 만들어나갈 수 있다. 지역 커뮤니티가 활성화되기 위해서는 주민의 자발적인 참여와 주체적인 인식을 통하여 즐거워야 한다는 것은 위에서 설명되었다. 이들 활성화 주민들이 공동체 활동에 참여하기 위해서는 실보다 득이 많다는 것을 피부로 느끼게 해야 한다. 공동체 내에서 주고받기가 가능해야 하며, 사업에 대한 성공의 가쁨도 느끼게 하며, 지속적인 공통의 관심사를 발굴하여 지원해야 한다. 우수한 프로그램도 지속적으로 제공함으로써 상호부조의 정신을 갖도록 하는 것이 중요하다. A공동체의 경우 초기 공동체 설립 단계부터 생협에서 만든 프로그램을 적용하였고, 리더를 세우는 것도 생협의 요구로 세워진 것이다. 이후 재정적 지원을 받으면서 조직원들이 생협의 소비자 역할에만 한정되며 자발성에서 성공하지 못하고 주체성을 갖지 못해 공동체로서 선순환 구조 역시 획득하지 못했다.

참여자

다른 지역으로도 육아사랑방을 확대… 1년 단위로 저희는 이렇게 끊어지는 거거든요. (참여자 D)

사업을 1년 단위로 확정지어 운영한다는 것은 공동체 운영을 사업적 마인드로 바라보고 있다는 것을 말하는 것이다. 사업이 지속되고 선순환되는 것이라면 후속하여 운영될 사업이 준비되어야 하고 이를 위한 계획이나 관리하는 방안들이 강구되어야 할 것이다.

참여자

후속모임이나 소모임을 갈 때에는 자비를 들여서 하고, 별다른 회비를 내고 관리가 되거나 관리를 하거나 누군가 진행하거나 그러지는 않거든요. 4~5명의 엄마들끼리 자체적인 후속모임으로 쭉 연결이 되요. 그쪽도 어떤 회비를 내서 참여한다기보다는 그냥 필요할 때 사비를 낸다거나, 다른 어떤 서울시가 아니더라도 다른 기관에서 하는 어떤 그런 공모전이랄까 그런 것들을 활용해서… (참여자 D)

공동체를 시행하는 목적은 마을사람 키우기라는 비전을 두고 있다. 마을은 돈이 아니라 사람을 만드는 곳이고, 사람이 커야 마을이 클 수 있기 때문이다. 마을의 숨은 고수를 발굴하고 역량 있는 마을 리더를 키워야 하는 것이다. 이들이 자발적으로 네트워크를 이루어 나간다면 외부의 변화에도 흔들림 없는 지속 가능한 동력이 자연스럽게 확보될 수 있을 것이다. 즉, 공동체를 만드는 과정에서 가장 중요한 부분은 활동가(리더)의 사람됨이다. 지역에 오래 거주하고, 지역에 뿌리박고 살고 있는 사람들이 철학적인 신념을 갖고 추진할 때 지역사회에서 인정받으면서 활동을 이끌어낼 수 있다. 물론 초기 참여 시 개인적인 이슈만을 중심으로 생각하거나 혹은 자신의 지역만을 생각하는 지역이기주의가 있기 마련이지만 참여와 토론의 과정이 이어지다보면, 자신만, 우리 동네만 생각해선 안 된다는 의견이 자연스럽게 발생 된다. 그러므로 공동체 운동이 선순환이 될 수 있는 것이다.

참여자

제가 잘 살기 위해서 내가 살고 있는 이 지역을 더 좋게 만들어가는… (참여자 D)

지역주민을 비참여에서 참여로 유도하여 사람을 변화시킬 수 있는 요인은 자신들이 한 성과가 사회에서 인정을 받고 자신의 문제를 공동체가 공유할 수 있은 인간관계를 구축하여 개인적인 이해를 지역수준으로 확대시키는 것이 필요하다. 즉, 자신의 사적인 문제를 공적인 공동체의 문제로 인식하고 함께 노력하는 사이에 지역주민들 사이에 존재하는 많은 차이를 극복하여 신뢰감을 얻게 된다. 따라서 이러한 결과는 새로운 문제들을 공동체가 함께 해결해 나가는 선순환 구조를 갖추게 된다. 참여자 D가 이 지역을 더 좋게 만들어 가겠다고 하는 것은 사람들의 변화를 가져오겠다는 의지인 것이다. 공동체의 활동은 결국 사람들의 변화를 목표로 하고 있으며, 마지막 남은 것은 역시 사람이다. 사람의 성장이나 변화 없이는 활동이 불가능한 것이기 때문이다.

참여자

사실 저도 서울을 벗어나야겠다고 생각하다가 이런 활동을 하면서 지역에서 관계를 맺고 살고 주민으로 살기 시작했거든요. 그런 게 좋은 거 같아요. 내가 살고 있는 이 동네에서 이런 개념으로 접근을 해서 살 수 있구나, 이런 걸 느끼는 거죠. 그런 것들이 좋고 엄마들도 엄마들끼리 이런 대안적인 공간이라든가 대안적인 주민들 활동이라던가. 이런 것들이 “당신들은 혼자가 아니에요, 우리가 같이 있어요. 이런 것들도 우리가 할 수 있어요.”라는 것을 알려줘서 엄마들이 이런 것들도 있구나 알게 될 때 그럴 때 정말 좋은 것 같아요. (참여자 D)

김재경(2010)에 의하면 지역공동체를 만들어 나가는데 있어서는 우선적으로 이러한 공동체 활동의 의미에 대한 구성원 내부의 합의가 전제되어야 한다. 공동체는 단절되는 도시문화 속에서 정서적 지지와 안정을 가져다줄 수 있으며, 지역사회의 일상적 문제를 함께 고민하고 해결해 나가는 계기가 가능하다. 공동체 내의 다양한 소모임의 활성화를 통해 지역주민의 일상적인 욕구를 포함하여 문화적이고 생산적인 요구와 욕구가 충족되면서 지역사회의 역동성에 활력을 줄 수 있으며, 지역사회 공동의 비전을 토론과 대화, 그리고 체험활동을 통해 역량을 만들어 갈 수 있다.

시간이 지날수록 이웃을 찾고 교류를 꾀하는 사회적 주민들로 바뀌면서, 더욱 공동체 활동을 통해 보람과 의미를 찾는 주민들이 많아질 것이라고 낙관하고 있었다. 지역공동체는 지역을 ‘삶터’로서의 거주공간으로 인식하게 하며, 그러한 인식이 지역주민을 주체화되어가도록 할 수 있으며, 지역주민들이 서로 소통하고 교류함으로써 지역변화의 동력을 만들어갈 수 있다고 한다. 참여자 D는 지금의 생활공간을 늘 떠나고 싶은 곳, 언제든 떠날 수 있는 곳으로 생각하였으나 공동체 생활을 통하여 주민들이 지역을 단순히 사람들의 ‘집합체’가 아닌 거주공간으로 인식할 수 있는 변화의 계기를 만들어 준 좋은 사례이다.

참여자

우선은 제가 사는 지역에서 관계가 형성이 된다는 것, 제가 얻는 정보들도 있고, 정보를 얻을 수도 있는 거고 그런 부분들이 가장 큰 부분인거 같고요, 사실 제가 만약에 저도 이 활동을 하면서 그냥 ○○구 ○○동에서 잠만 자고 다른 곳에서 활동하던 생활이 아니라 지역 안에서 주민으로 살아가게 되고, 관심을 갖고 "○○에도 이런 곳이 있네" 하고 가보게 되고 이런 식으로 알게 되가는 과정이 나름 재밌고 신기했다라고 봐야하나 그렇게 진행되는 과정이 있는데 그 지역의 관심을 받는 거죠 이제. 그래서 다른 지역으로 쉽게 이사결정을 하는 게 아니라 집 계약이 전세가 만료되어서 집을 찾아야 되는데, 이 사람들과 가까운 곳에서 살고 싶다. 그래서 그 지역 안에서 찾게 되는 것이지요. 그래서 제가 살 기반을 만들어가게 되는 것입니다. (참여자 D)

선순환 구조란 중요한 기본 원칙이 지켜질 때 신뢰와 친밀감이 구축되어 공동체가 지속가능한 선순환 구조가 가능할 것이다. 이러한 선순환 구조가 만들어 지면 공동체의 저변 확대를 통하여 지역사회에 기여할 수 있게 된다. A공동체의 참여자 D의 이야기처럼 많은 고민 속에서 공동체의 발전과 새로운 대안을 찾아서 선순환하기 위한 노력을 하고 있음을 감지할 수 있었다. 따라서 점차 공동체원간에 친밀감이 구축되어 저변을 확대하여 지역사회에 기여할 것으로 판단된다.

참여자

우리 세금을 가지고 운영하는 부분에서 정부에서도 어쩔 수 없이 하는 부분들이 있다고는 하나… 시청이나 구청 같은 경우는 담당자들이 정말 취지나 그런 걸 소화가 잘 안되서 이런 사업의 취지나 이런 것들이 전달이 안 되는… (참여자 D)

지역공동체는 하향식이 아닌 마을 주민이 의견을 내고 시행하는 주인이 되는 상향식 구조를 가져야 한다. 오마이뉴스 특별취재팀(2014)은 그동안 정부 주도의 마을만들기 정책이 낳은 부작용을 마을주민들이 충분히 경험했기에 우려는 당연하다고 분석하였다. 그리고 관이 주도하는 마을만들기 정책의 문제점 3가지를 제시하였다.

첫째는 '칸막이 행정'으로 복지부서는 복지마을을, 문화부서는 문화마을을 만든다. 그러나 마을은 문화, 교육, 복지, 경제가 따로 돌아가는 것이 아니라 엉켜 돌아가는 종합판이 마을 현장이다.

둘째는 '형식적 거버넌스'다. 이는 민과 관이 대등하게 협력하여 행정 목적을 달성한다는 것인데, 현실은 관주도의 변형이고 민간은 말단에서 공무원의 업무를 대행하는 정도에 머물고 마는 경우가 허다하다. 마을만큼은 실제 살고 있는 주민들이 자신들의 필요를 잘 알고, 해결 방향 역시 잘 안다. 주민들 스스로 필요를 인식하고 해결 방향을 모색해야 그 과정에서 스스로 주체가 되고, 그 일에 책임과 열의를 가질 수 있다. 그래야 진정한 의미의 거버넌스가 실현될 것이다.

셋째는 '조급한 성과주의'이다. 행정은 대개 과시적인 성과에 골몰하는데 이유는 시민의 세금을 헛되이 쓰는 일이 없도록 해야 하는 공복으로서는 당연한 책무다. 하지만 성과를 보여주기 위해 계량이 용이한 가시적인 양적지표에 매달리는 것이 문제다. 마을은 길게 보면 10년 정도의 주기로 성과가 드러난다. 그러니 일이 성과를 그르치게 된다. 따라서 이를 조화시키는 방법은 '주민 주도형' 마을만들기이다. 주민 주도형 마을만들기는 민관의 대등한 거버넌스를 넘어 민이 주도하는 협치를 전제로 해야 한다. 이를 위해서는 필요한 행정상의 개선도 필요하다고 주장하고 있다. 즉, 마을만들기란 관이 주도해서는 안 되는 것이라는 것이다. 반드시 하향식으로 주민 주도형으로 전개되어야 하며 충분한 성과가 나올 때까지 조급함을 버려야 한다고 경고하고 있다. 그 이유는 공동체가 지속가능성을 유지하여 선순환하도록 하기 위해서 반드시 필요하기 때문이다.

참여자

서류작업이 안되니까 이게 하면서도 내가 돈을 잘 쓰기는 썼는데 양심적으로 쓴 것을 증빙할 만한 게 없어서 난감에 처하는 사람들이 있더라고요. 그래서 이걸 어떻게 해야 할까 그러면서 또 처리할 방법은 있는데 원래는 그걸 말을 안 해주고 그러면 밤잠도 못자고 고민을 하시더라고요. (참여자 E)

지역 공동체가 가지는 문제를 어떻게 협동하여 해결할 것인가의 실천적 문제이다. 현대 도시지역에서의 공동체 실천은 개인의 특성을 고려하여, 어떻게 이들을 공동체의 한 구성원으로 이끌어 낼 것인가의 문제에서 출발하여야 한다. 각 사람은 능력과 소질, 자라온 환경이 다르며 사고방식과 가치관이 다를 수 있다. 따라서 원만한 사회생활을 위해서는 개인의 자유와 개성을 보장함과 더불어 적절한 교육을 받는 것이 필요하며 이는 개인과 사회의 선순환에도 크게 기여한다.

참여자

마을 사업을 굉장히 많이 하잖아요? 거의 더 할게 있나 싶을 정도로 굉장히 활성화되어 있는데, 이것이 행정적으로 뒷받침되어지는 과정인 것 같아요. (참여자 F)

마을이 등장하는 이유는 옛 향수로 인한 것은 아닐 것이다. 그렇다고 어떤 굳은 신념 때문에 공동체를 만들자는 것도 실상은 아니다. 살아가기가 버겁고 불안하기 때문에 등을 맞대고 마음을 나누면서 정겹게 사는 관계를 만들어 보자는 것이다. 살고 있는 장소에서 서로 하소연도 하고 소외된 이웃도 돌보고 외로운 이웃과 십시일반이나 품앗이로 자원과 재능을 함께 합치자는 것이다. 이렇게 된다면 시민이 국가에게 요구할 것은 무엇이고 정치인이 무엇을 해야 하는지가 드러나게 될 것이다. 그러나 우린 어느새 함께 보다는 따로, 협동보다는 경쟁이 익숙한 사회로 진입되었다. 그러므로 우리는 연습이 필요하다. 이웃과 함께하는 즐거움을 알아가야 하고 협동과 호혜의 연습을 몸에 익히는 과정이 필요하다. 이제 이런 것들이 선순환으로 발전되어가는 과정인 것이다.

참여자

마을이야기 만들면서 아이들이 동네 이야기와 지도 만들기를 했어요. 그래서 같이 모여서 하는데 동네 가게들을 돌아다니면서 인터뷰를 한거죠. 얘네들이 지도 만들고, 이번에는 이야기 만들기 2년차 진행하고 있는 겁니다. 그 물어보신 게 이걸 겁니다. 맨 처음에 지도를 만들었어요. 지도를 만들고 돌아다니면서 가게는 무엇이 있는지 알았구요, 그리고 아이들이 이야기를 만들었습니다. 주제를 정해서 이야기를 만들구요. 그리고 3년차 갈 때는 지금 추진은 안했는데, 고학년으로 해서 아이들이 제안서를 내보자. 그리고 제안서를 낸 것을 부모들이 뒤에서 서포트만 해주자. 그래서 그걸 통해서 영화를 만들든, 연극을 만들어서 보통 이게 3년차 사업이면 같은 틀을 가지고 계속 3년을 가지고 가는 게 대부분이지 않습니까, 그런데 보통 그렇게 돌아가고 그게 멤버가 바뀐다던지 아니면 년도가 바뀐다던지 그렇게 지속사업이 되도록 하는데 저희는 아예 3년 계획을 짜놨죠. 그래서 맨 처음에는 물리적인걸 알고 다음에는 이야기를 하고, 다음엔 그것을 통해서 창조물을 만들어보는 그런 걸 해보자 해서 3단계에 걸쳐서 3년이 지속사업이지만 계속 커 갈수 있고, 테마는 같지만 성장할 수 있는 그런 걸 만들어보자 해서 그래서 아이들한테도 많은 도움이 될 것 같고, 부모들도 거기서 느낀 점이 많이 있을 수 있지 않을까 생각을 합니다. (참여자 E)

참여자

모든 게 이렇게 영화하는 게 있고, 뜨개질하는 게 있으면, 하나의 거점으로 계속 마을에 돌아다니는 그런 사업이 진행되는 거죠. (참여자 E)

김재경(2010)은 프로그램을 만들면서 중요한 부분은 이것을 만들 때 활동가나 단체가 하고 싶은 것이 아닌, 주민들의 욕구를 우선적으로 고려하는 것이 중요하다고 했다. 만약 주요대상을 초등학교 학생으로 한다면, 학교 등에서 의견수렴을 한 뒤에 프로그램화시키는 것이다. 특히 프로그램을 시행할 때는 기존의 교육프로그램과는 분명한 차별성이 있는 것을 해야 한다. 일상적으로 초등학교 학생들이 가장 많이 고민하는 교육적인 부분을 나눌 수 있는 강좌 등을 개설하는 것이 좋다. 문화복지는 자체가 교육으로 교육 없이는 인식의 전환이 불가능한 것이다. 교육을 통하여 가치관을 공유하고 각 개인의 재능을 어떻게 활용할 것인가도 터득할 수 있도록 도와주는 것이 교육이기 때문이다. 참여자들도 교육의 중요성을 인식하고 있으며, 교육을 통한 그들의 정체성을 확립하고 이것을 공동체에 적용하였을 때 선순환 구조로 틀을 유지할 수 있다. 공동체의 영향으로 해당 지역뿐만 아니라 주변 인근 지역의 커뮤니티들과 교류 및 사업을 공동으로 진행하고 있다는 것은 긍정적인 것이다. 커뮤니티에서 우리라는 가치는 나의 참여 없이는 불가능한 것이다. 즉, 참여에서 중요한 것은 우리가 되기 위해서는 나 말고 너가 있음을 인정하는 일이다. 너를 인정한다는 것은 다른 사람의 삶, 즉 다른 이의 생각과 사는 방식을 인정하는 일로서, 개개인의 다양한 생각과 사는 방식을 결합하여 공동체의 가치를 공유하는 사회적 삶으로 마을만들기가 가능해질 것이다. 이러한 내면의 바탕에는 자신이 가지고 있는 재능과 재화 등을 상호부조하는 것에서 선순환이 달성될 수 있다.

참여자

1년차에서 사실 조금 맞지 않게 크게 주민들 사업을 하긴 했는데, 아마 2년차에 들어가서는 구체적으로 그 사람들하고 모임을 형성해서 뭔가 사업들을 할 고민을 하고 있는 것 같아요. (참여자 F)

김재경(2013)은 공동체 활동을 통한 소통은 개인 혹은 집단의 '문제'를 인식하면서 열리기 시작한다고 말하고 있다. 예를 들어, 도서관을 만들면서 교육문제에 접근하기 시작하고 아이들 문제를 고민하면서 선생님들과 소통하는 고리를 만들고 교육 강좌를 열게 된다고 한다. 문화복지에서 가장 필수적인 요소는 선순환성에서 찾을 수 있을 것이다. 사업이 일회성이나 단기간의 성과로 끝난다면 이는 선순환이라고 할 수 없는 것으로 여겨지고 지속가능한 공동체에게 유익을 주고 활동이 안정적이라면 선순환 구조를 가졌다는 진단이 가능할 것이다.

참여자

그때 내가 하고 싶을 때 그것을 같이 하고 싶은 사람이 주변에 있다면, 그건 굉장히 큰 도움이죠. 그게 없으면 어떻게 혼자서 당구칠 수도 없고… 그걸 느낄 수 있는 게 저는 도움이 많이 됐다고 생각합니다. (참여자 E)

지역 내에는 여러 문제가 산적되어 있을 수 있다. 이러한 현안들을 공동체가 해결해 나가는 과정에서 결실에 대한 자랑과 보람을 느낄 수 있고 나아가 지지하는 세력을 얻게 되기도 하는 것이다. 그러다 보면 자연스럽게 새로운 구성원이 늘어나고 지속가능한 활동영역이 만들어지고 지역에 도움을 주는 공동체로 발전된다. 공동체는 외롭지 않으려는 의도도 충분히 고려될 수 있는 것으로 교제를 통한 친숙함을 더할 때 선순환이 달성될 수 있게 된다.

참여자

홍보방식은 주로 아름아름 알아서 오는 형식이구요, 특별히 크게 홍보는 하지 않습니다. 그리고 저희가 한 가지 하는 게 인근의 몇 개의 조합의 부모들과 같이 일 년에 한 번씩 큰 단오축제나 마을축제를 해요. 그때 많이 홍보가 되는거죠. 그때 많은 분들이 ○○초등학교 학생들이 많아 3년째 되어가고 있습니다. 그때도 많이 해왔는데, ○○구에서 돈을 조금 지원받아서 한 게 3년째 되고 있는데, 그러면서 점점 더 커지고 있고, 이제는 어떤 하나의 축제로 잡아가고 있는 것 같습니다. (참여자 E)

축제는 마을 관계망을 확장하는 촉진제 역할을 한다. 동네 이곳저곳에 활동 상황을 공개하며 홍보하는 효과를 통하여, 비로소 마을살이 한해의 시간성을 공유하는 것이다. 마을은 이렇게 축제에서 살아온 1년을 내놓고 알리고 공유하며 서로 섞인다. 이런 행위들을 통하여 마을의 관계망이 새로워진다. 그리고 마을이 건실해 지는 것이다.

참여자

이렇게 좋은 강연인데 사람들이 많이 참여하지 못한다는 것이, 이런 강연들을 많은 부모들이 알 수 있지 못하니까 이런 게 아쉬웠지 안 좋은 것은… 사실 저는 이 사업하면서 제일 힘들었던 것은 개인적으로가 아니라 이 사업이 저희는 다른 엄마들하고 다르게 지역에 있는 주민들 사업이잖아요. 그래서 사실 이 사업을 알려야지 올 수 있단 말이죠. 그런데 알릴 수 있는 공간이 생각보다 많지 않더라고요. 이런 프로젝트들이 있다는 것 자체를 알리는 것이 저는 가장 선차적이어야 되지 않을까 싶고, 그 다음으로는 올해 사실 그렇게 많이 하려고 한 것 같아요. (참여자 F)

미디어는 주민 모임의 유력한 수단이다. 미디어 기술과 장비의 대중화, SNS의 획기적인 발전으로 전문가들만의 영역으로 여겨졌던 장벽이 허물어졌다. 시민 접근성이 대폭 높아졌다. 무엇보다 자신의 이야기를 드러내고 나누고 싶어하는 주민의 스토리텔링 욕구가 넘친다. 최근에는 마을 미디어 모임이 곳곳에서 생겨났고 이러한 일들은 동네 주민들을 쉽고 재미있게 해주는 계기가 되고 있다. 또한 이들은 다른 주민 모임을 연결하는 데 탁월한 효능을 발휘한다. 그런데 A공동체는 좋은 강사를 모셔와 강연의 기회를 만들고서도 참석자가 모이지 못한 것에 대한 아쉬움을 말하고 있다. 이러한 것은 공동체 간의 연결이 주도적이지 못한 결과로 이해된다.

참여자

선배 조합원들이 계속해서 그 돈을 낮췄어요. 낮추고 낮추고 낮춰서 지금 조금 부담이 되긴 하지만, 학원 열심히 돌리는 것보다는 쌉니다. 그래서 그렇게 해서 지금 계속 운영하고 있습니다. (참여자 E)

참여자

수익 낸다는 게 아껴쓰면은 남으니까… 그게 저희가 계속 더 매달 교육비를 내지 않습니까? 그걸 아껴서 내구요. 그 다음 하나는 졸업하면서 기부를 합니다.

돈을…

그러니까 자기가 400만원을 냈더라도, 100만원은 내가 여기에 쓰고 싶다고 기부를 하고 가요. 대부분 그게 좀 어떤 관례처럼 남아 있습니다. 그래서 돈을 자기가 기부하고 가는 거죠. 400만원 다 찾아가지 않고, 기부를 얼마씩 하고 가게 되는거죠. 그래서 뭐 기부를 하면 그 돈이 쌓이고 쌓이고…

그리고 또 한 가지가 기부하는 문화도 있고, 또 선배들은 내가 바로 졸업하자마자 안받아가도 된다며 유예를 하는 거죠. 그래서 원래는 바로 줘야 되잖아요? 조합 탈퇴를 하게 되면 바로 줘야 되는데, 졸업한 사람들은 내가 2~3년 있다 받아가도 되니까, 사람들이 오면 천천히 갚아나가자. 그리고 내가 얼마 기부하고, 다른 사람도 계속해서 기부해 나가다 보면, 언젠가는 이게 다시 제로로 돌아가지 않겠냐, 그걸 반복해서 한번 해보자. 그래서 그걸 통해서 이게 점점 줄어드는 거죠. 1000만원에서 400만원으로. (참여자 E)

B공동체는 최초에 공동육아조합을 만들 때 당사자주의로 조합원 가입 출자금을 1천만 원으로 시작하였다. 지속할 수 있는 공동체를 위해서 선택한 방법은 가입 분담금을 낮춘 것이었다. 매년 운용의 묘를 살려 현재 가입하는 조합원의 분담금은 4백만 원으로 낮추어졌다. 이러한 발전은 자발적으로 마련한 정관을 기준으로 투명한 협의 과정을 거쳐 주체적으로 운영하며 절약한 결과였다. 신규 조합원의 가입비를 낮춤으로써 자발성을 높였고 상호부조 협동정신으로 내적 동력을 확보하였다. 이러한 결과로 선순환 구조를 달성하는 계기를 마련하게 되었다. 먼저 출자금을 냈던 선배 조합원들이 운영자금을 아껴서 목돈을 만들고 이를 공동체 재정으로 기부하였기 때문이다. 이러한 조합원들의 노력이 선순환하는 공동체로 이어져 오고 있다.

반면에, A공동체는 출자금 3만원을 내며 시작하였고, 생협에서 여러 재정적 지원을 받았지만, 선순환에 실패하였다. 비록 3년차이지만 이는 무늬일 뿐 실제는 매번 새롭게 공동체가 시작한 것이다. 이러한 실패 원인은 생협에서 공동체에 대하여 자발성이나 주체성을 갖도록 노력을 별로 기울이지 않은 탓이다. 위

설명처럼 선순환을 지속 가능케 하는 것은 출자금의 부담으로 설명되는 것이 아니다. 1천만 원을 내고도 지속가능했고 3만원을 내고 지속 가능성에 실패한 것이다. 더 많은 계층이 가입할 수 있는 것도 필요하지만, 주체성 확보에 따라 실패하면 공동체는 성공할 수 없다. 자발성이나 선순환성이 성공의 필수요소기 때문이다. 공동체의 활동은 결국 사람들의 변화를 목표로 하고 있으며, 마지막 남은 것은 역시 사람이다. 사람의 성장이나 변화 없이는 성공적인 공동체 활동이란 불가능한 것이기 때문이다.

참여자

제37조 (저소득 가정 지원) 운영규정에 마련된 기준에 따라 보육료 및 출자금을 지원한다. (참여자 E)

사회복지에 있어서 사각지대에 대한 지원은 철저한 시혜에 의한 것으로 이는 대상자를 중심으로 볼 때에 자발성과는 거리가 먼 것이다. 즉, 복지는 대상화 사업으로 공급자와 수혜자가 구분이 되는 것으로, 자발성이란 생각하기 어려운 것이다. 그러나 문화복지는 그 대상이 정해지거나 시혜적인 사업이 아니라 모든 시민이 스스로가 자발적인 모임과 주체적으로 사업을 진행하는 것이다. 모든 구성원이 출자금을 갹출한다면 선순환 구조가 가능한 것이다.

참여자

이제 매년 단오잔치나 그런 거 하지 않습니까? 그러니까 당연히 그쪽에 도움을 많이 받고, 운동장도 빌려주고 하면서 도움을 받고요, 그 다음에 교육도 그쪽에서 멀티미디어실을 저희가 대관을 해서 씁니다. 그런 것도 대관을 해줘요. 뭐 돈을 내기도 하지만 대관을 해준다는 게… 또 한 가지는 거기서 이제 요즘에 서울시에서 추진하는 '마을에서 학교로, 학교에서 마을로'라는 사업이 있습니다. 그게 뭐냐면은 방과 후 학교를 꼭 학교에서만 하지 말고, 마을에 있는 재원을 이용해서 방과 후 학교를 해보자. 그걸 학교와 협의해서 만들어 내는 거에요. (참여자 E)

김기홍(2014)은 마을의 구성원들 한 사람 한사람이 갖는 소질이나 특성도 마을에서는 소중한 자원이 될 수 있다고 말한다. 구성원들은 모두가 각각의 위치에서 주어진 역할을 자발적으로 수행하며 마을의 대소사에 적극 참여함으로써 마을이 정체성을 이루는 핵심적인 자원들이다. 혹자는 마을에서 노인 한 사람이 죽는 것은 하나의 도서관이 사라지는 것과 같다고 말하기도 한다.

공동체와 아이들이 다니는 초등학교와 여러 부문의 업무에 관하여 상호지원하고 있으며 시설 및 장비를 대여하는 관계를 갖고 있어, 마을학교에 관한 일도 마을에서 시행할 것을 구상하고 협의하는 중이다. 이러한 활동은 학교와 공동체가 어우러져 새로운 사업을 만들고 또 상호부조하여 지속성을 유지하는 선순환성을 가져오는 대표적인 사례라고 할 수 있겠다.

참여자

서울시 부모커뮤니티가 막 신생사업으로 있었고, 그걸 했던 경험이 있어서 올해 어린이집에서 이 사업에 참가하게 되었죠. 그런데 다행스럽게 공모에 돼서 사업을 6달 정도 진행했었고… (참여자 F)

참여자 F는 과거에 지역 활동가 경험이 있다. C공동체는 아파트 텃밭 가꾸기 모임에서 공동육아로 발전된 사례이다. 이렇듯 경험을 바탕으로 서울시 부모커뮤니티 사업에 자발적으로 참가하여 민과 관이 협력하여 사업을 확장한 사례인 것이다.

참여자

이런 좋은 취지의 어린이집이 지역에 많이 알려졌으면 좋겠다는 그런 니즈들도 있어서 뭘 어떻게 사업을 해보자 하면서 제가 이 사업이 딱 그 성격에 맞는 적합한 사업이라 생각했고, 그래서 서울시에 프로젝트를 낸 거였어요. (참여자 F)

서울시의 홍보를 보면서 이러한 공동체가 조직된다면 육아에 많은 도움이 되고 어린 자녀들을 둔 사람들에게 꼭 필요한 것으로 판단하여 제안서를 만들어 자발적으로 참여한 것이다. 이러한 자발성은 곧 사업진행 간 주체성이 발휘될 것이고 나아가 선순환 구조를 갈게 되는 것이다.

참여자

프로포잘을 쓰는 방법이나 결과보고서를 어떻게 쓰는지 사업을 어떻게 진행하는지는 지원센터에서도 컨설턴트들을 두고 많이 하더라고요. 그건 그대로 될 것 같고... 일단 알리는 것이 중요할 것 같고요. 저도 일단은 한 해에 프로젝트를 몇 개씩 쓰거든요. (참여자 F)

참여자

이 사업에 참여했지만 제가 쓴 게 아니다 보니까 제가 다른 사업을 내보려고 하니까 정말 어렵더라고요. 그리고 지원이라는 것 또한 정말 초급모임에 맞는 지원이 아니라 사실 기본적으로 세팅되어 있지 않으면 지원 자체가 어려운… (참여자 G)

참여자

그런데 이 교육을 하면서는 자연스럽게 그런 것이 화두가 돼서 얘기들을 할 수 있고, 표면화되면서 차이는 있지만 같이 이야기를 나눈 것 자체가 성과더라고요. (참여자 H)

공동체는 일상 생활환경 문제를 해결하고 개선해 나가는 주민참여 활동을 의미한다. 그리고 과정마다 지속적인 상호학습과 의사소통 과정을 통해 사람과 사람, 사람과 장소, 삶과 사회와의 풍부한 관계만들기를 목표로 한다. 이 속에서 주민자치와 민주주의가 발현되기 때문이다. 이러한 목표는 교육을 통하여 달성할 수 있다.

전자에서 부모커뮤니티의 최종 목적이 자녀의 교육은 아니며, 부모커뮤니티란 마을 공동체 조성을 위한 수단과 관심사일 뿐이다. 문화복지가 그러하듯이 이것도 친구, 동료의 관계 나아가 공동체 그리고 지역시민들이 함께 문제를 해결하여 최고의 결과물을 얻어 내는 관계의 형성을 목적으로 하는 것이다. 그래야 더 어려운 문제를 해결할 수 있고 공동체가 탈바꿈하여 지역 현안을 해결할 수 있는 것이다. 그러므로 공동체의 활동은 5가지 기본 틀이 상호 관련을 갖고 원인과 결과를 순환적으로 발생하는 연관성이 있는 것이다.

지금까지 질적연구방법론에 관한 분석을 해왔고 보조연구 수단인 양적연구방법은 서수경 외(2012)의 서울시 '부모커뮤니티 실태조사 및 발전방안 수립' (2012) 설문조사 자료를 활용하여 연구된 '단체자료 지역주민 참여도'를 통한 재분석을 하였다. 지역주민 참여도는 아래 <그림 11>과 같다.

공동체 활동을 통한 단체의 영향에 따른 지역주민의 참여도를 보면 참여하는 인원이 남, 여, 가족단위 모두가 증가추세이고, 교류가 활발해지고 있다는 것과 자발적 커뮤니티가 만들어지고 있다는 것은 자발성과 주체성에 있어 청신호이다. 이들이 이러한 활동은 커뮤니티에 대한 호기심과 이것을 통한 삶의 질 향상에 기대하는 것이 있기 때문인 것이다. 재정과 물품기부 그리고 인력과 재능기부를 한다는 것은 상호부조성을 통한 협동정신이 발휘되고 있다는 것이다. 이러한 결과로 지속 가능한 선순환 구조를 가져오는 것이다. 질적조사나 양적조사를 통한 양상의 결과가 부모커뮤니티의 면접조사나 설문조사가 실제로 비슷하게 나타나고 있음을 알 수 있다.

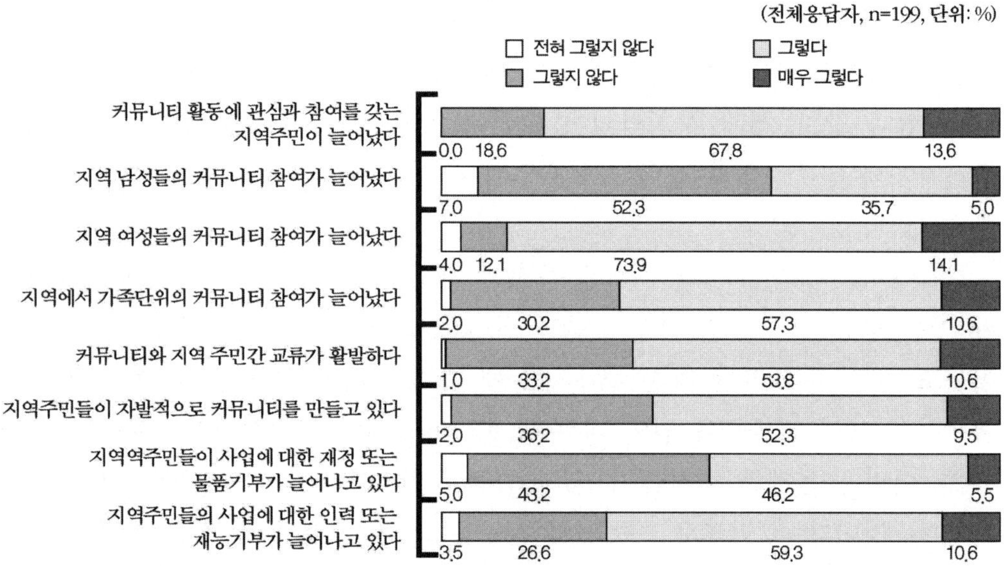

〈그림 11〉 단체의 영향-지역주민 참여

다음은 '단체의 영향- 지역사회 기여도'의 설문조사에 대한 분석 결과를 제시하면 아래 <그림 12>와 같다.

주민들의 친목활성화 지역사회 문제해결, 돌봄체계 구축, 범죄예방 및 안전 그리고 일자리 창출, 주거환경 개선 등 모든 분야에서 대폭 개선 내지는 개선 가능성을 보이고 있다. 특히 어려운 문제인 주거환경 개선 및 정치 · 경제 · 문화에 대한 지역문제 해결에 긴요한 공동체로의 역할을 하고 있음을 보여주고 있다. 이러한 것들은 주민의 자발적 참여가 전제되지 않고는 수행될 수 없으며, 사업을 공동체 스스로 주체적으로 이끌어가지 않고는 지속되거나 확산이 불가능한 것이다. 물론 이들의 활동이 재미가 없다면 결코 이 일은 계속될 수 없을 것이다. 참여한 조직원들은 일방적인 도움이나 시혜를 받는 것이 아니라 모두가 그들이 갖고 있는 재능을 기부하여 지속 가능한 선순환을 이룰 수 있는 것이다.

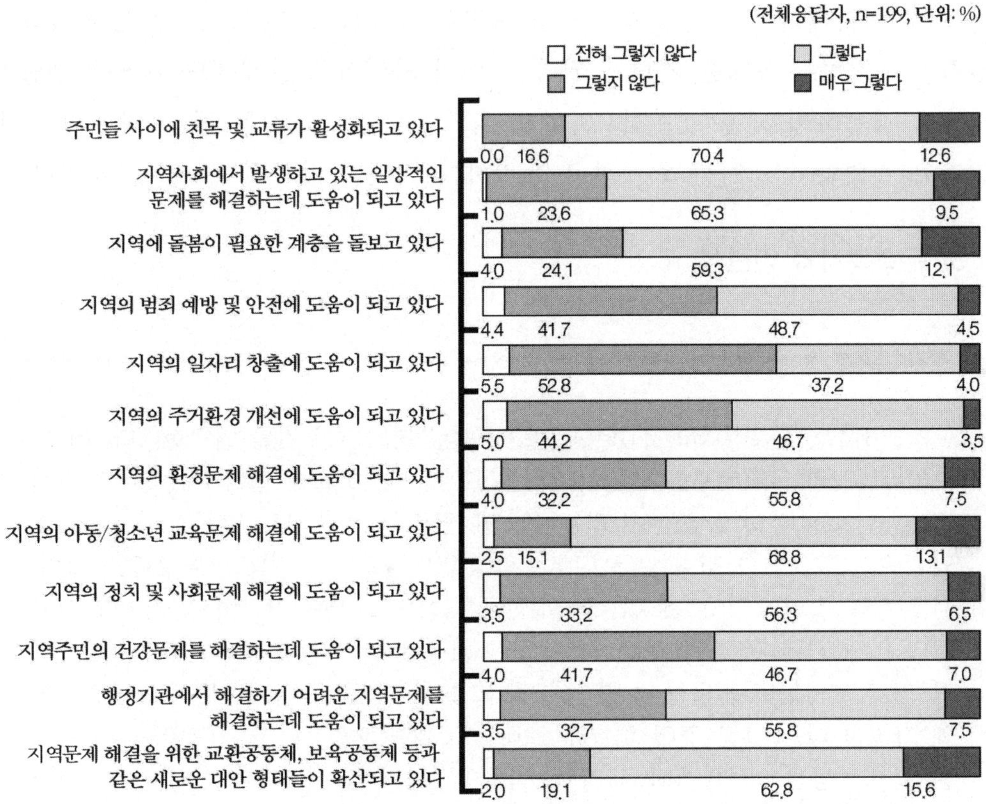

〈그림 12〉 단체의 영향 – 지역사회 기여도

결론적으로, 본 저자의 지역공동체 참여자에 대한 면접 분석 결과를 최종 정리하면, '孟子'의 공손추(公孫丑) 하편의 "天時不如地利천시불여지리, 地利不如人和지리불여인화"라는 것이다. 이는 지역공동체 삶의 터전에 잘 적용될 수 있는 것이라고 생각된다. 그 이유는 대부분 마을은 좋은 시기에 최상이 지리적 환경조건을 갖춘 곳에서 만들어지는 것이 아니다. 자원도 부족하고 지원도 없이 온갖 역경을 극복하면서 존립을 모색하는 곳도 많기 때문이다. 이러한 어려움 가운데에서도 지역공동체가 존속하고 발전할 수 있었던 이유는 바로 조직원들 간의 인화가 결정적인 역할을 하였기에 가능하였다. 인화는 상생을 기초로 하여 공동체 내부에서 조직원들 사이에 작용하는 원리로 내적인 공고화를 이루고, 이를 외부로 확대하여 다른 공동체들의 독립된 실체를 인정하고 그들과 협력하고 평화를 지향하는 태도를 지니게 된다. 나아가 자연과의 관계에도 이러한 상생의 사상이 작용하게 되는 것이다. 이렇게 지역공동체는 자체는 물론 외부 공동체 그리고 자연과의 조화를 회복하고 유지하여 미래를 담보할 수 있는 것이다.

3) 문화복지와 연관성

참여자

정리해주신 문화복지에 관한 개요와 가치를 뽑아주신 것을 읽었습니다. 이 부모커뮤니티와 문화복지를 연관시키지 않고 있다가 이렇게 뽑아주신 5가지 가치를 보면 그럴 수도 있겠구나! 라는 생각을 들었어요. 충분히 활용을 하면 할 수 있겠구나. 그러니까 저희 같은 경우는 아이엄마들의 모임인데 다른 사업들 같은 경우는 꼭 자녀에 대한 게 아니라 주민들 대상으로 하는 거라던가, 기존에 자기들의 어떤 커뮤니티를 돈독히 하는 그런 경우로도 이 사업이 활용되고 있는 여러 가지 제안되는 것들을 보면 충분히 그럴 수 있겠구나라고 생각이 들었는데 왜 그러면 나는 그런 것이 이렇게 드러나지 않을까를 생각을 해봤어요. 오면서 짧은 시간 동안… 전혀 일로 다가가는 게 아니라 사업으로 다가가게 되는 거잖아요. 정책의 일환으로 이런 사업이 있는데 그런 비용을 충당하기 위해서 다가가는 거고, 그야말로 사업진행자와 사업수혜자 측면으로 바라보는 측면이 더 크지 않았나! 라는 생각이 들고 실제로 그렇게 느껴지게 하는… 왜냐면 설명이나 이런 거를 봐도 물론 다른 사례 같은 게 발표되기는 하지만 비중으로 따지자면 얘기할 수 없지만, 서류 정리를 해서 내야 된다거나 회계정리 자료라든가 그 문서 작업들이 굉장히 많고 형식적인 부분이 많기 때문에 그걸 해보지 않은 주민들 -저는 시민단체에서 경험이 있었지만- 그렇지 않던 주민들이 그것을 접할 때 느낌들은 사업이지만 어떤 문화복지 라는 그런 측면보다는 그야말로 사업으로밖에 받아들일 수 없겠구나라는 측면이 크지 않나라는 생각이 들었어요. (참여자 D)

참여자

네, 굉장히 문화복지와 부모커뮤니티가 연관성이 많을 것 같고요. 마을이라는 자체를 볼 때 문화복지가 잘 이루어지면 괜찮을 것 같습니다. (참여자 E)

참여자들에게 문화복지에 관한 설명을 들려준 후 문화복지와의 연계성을 질문한 결과, 이들은 서울시 부모커뮤니티와 많은 것이 같다는 생각을 하였다. 특히, 이들에게 문화복지의 특징을 설명한 후의 질문에 대한 답은 위의 답변 내용처럼 확고한 것으로 이해할 수 있었다. 문화복지가 5가지 기본 틀이 네트워킹되어 서로에게 원인과 결과가 되어 주어 선순환 구조가 되도록 하는 것처럼, 우선적으로 공동체 조직들 간의 네트워크 형성이 필요하다. 공동체 조직들 간의 활동의 가능성과 한계에 대한 공통된 인식과 역할의 분담을 통해 지역사회에 필요한 사업을 효과적으로 수행할 수 있다. 공동체 내부의 소통문제와 운영문제에 대한 해결책을 모색할 수 있으며 네트워킹을 통해 공동체 활동의 확산계기를 마련할 수 있다는 것이다. 따라서 문화복지와 서울시 부모커뮤니티는 성격상 유사점이 많은 것으로 향후 문화복지 연구에 많을 도움이 될 것으로 판단된다.

4. 실효성 확대방안

문화복지는 한국산으로 약 30여 년 이상의 연구로 이론적으로 발전하며 정책적으로 운용되어온 것이지만 정권의 교체에 따라서 편의적으로 운용되는 부침을 겪어왔다. 그러나 전자에서 밝혔듯이 「문화기본법」의 제정과 더불어 그 위상이 높아졌고 추후 정향성을 가지고 정책에 도입될 수 있는 근간이 만들어지기를 기대하고 있다.

그러나 문화복지가 무엇인지에 대한 사례를 적용한 기본 틀이 없었기 때문에 아직은 '문화복지는 이것이다'라고 정의할 수 있는 고정관념화된 개념이 명확하지 않은 상태에 머물러 있다. 따라서 본 연구에서 문화복지의 개념 정립에 필요한 기본 틀을 만들었다. 문화복지가 무엇인지를 밝히기 위한 사례연구로는 서울시 부모커뮤니티를 선정하였다. 적용할 수 있는 사례는 많겠지만 이는 문화복지와 많은 성격이 유사하다고 판단하였다. 정부에서도 살기 좋은 지역 마을만들기라는 공동체 지향적 정책이 시도되고 있어 공식적인 지역공동체의 필요성이 주목받고 있는 실정이다. 그러므로 본 연구의 결과를 전국의 공동체 사업에 적용될 수 있는 장점을 갖고 있다.

본 연구는 문화복지를 기본 5가지 기본 틀에 맞춘 사례연구로 이를 증빙한 시도는 처음이어서 향후 많은 추가 연구가 필요할 것이다. 이본 저자가 이것을 연구한 이유는, 이제는 문화복지가 정책적인 사안이 아니라 전 국민의 삶의 질 향상에 기여하도록 개념의 정립이 절실하다고 여겨졌기 때문이다. 물론, 정갑영(2005, 159)은 문화복지의 분석틀을 제시하였다. 정신적·도덕적 차원의 삶의 질 측면에서 문화에 대한 복지적 접근의 필요성과 의의에 대한 인식을 기초로 '문화복지'를 분석한 것이다. 이 분석은 문화복지가 무엇인가를 제시하는 것이라기보다는 문화복지가 시행된 결과의 유능성을 분석하는 것이다. 분석틀로는 Parsons가 사회체계유지를 위한 네 가지 필수기능으로 제시했던 AGIL, 즉 적응(Adaptance), 목표달성(Goal Attainment), 통합(Integration), 유형유지(Latency)가 이용되었다. A는 '문화복지를 위한 자원', G는 '문화복지를 향한 목표설정', I는 '문화복지를 위한 동원체계', L은 '문화복지를 위한 실천'의 영역으로 설정하고, 이와 함께 공공부문과 민간부문으로 구성된 '문화복지의 주체'를 분석영역의 하나로 설정하였다. 그러나 이는 문화복지에 관한 성격규명과는 거리가 있는 것으로 문화복지를 실시한 결과를 평가하는 분석틀인 것이다.

복지분야에서의 분석 틀로 알려진 Gilbert와 Specht의 정책분석 틀은 누구에게 급여할 것인가?(할당체계 또는 대상체계), 무엇을 급여할 것인가?(급여체계), 어떻게 급여할 것인가?(전달체계), 어떻게 재원 조달을 할 것인가?(재원체계)에 대한 4가지 질문으로 사회복지정책 분석의 기본 틀을 제시하고 있다(남기민, 2015). 이는 차후 문화복지의 발전에 기대되는 바가 큰 것이나, 문화복지 개념 정립이 우선되어야 한다는 점에서 추가 연구와 이론이 확장되어야 할 것이다. 문화복지의 성격을 자발성, 주체성, 유희성, 상호부조성, 선순환성 5가지를 제시하여 기본 틀로 조작하였고, 이 틀을 가지고 서울시 부모커뮤니티 참여 공동체를 심층 면접하여 질적 분석을 하였다. 나아가 지역 공동체를 분석한 자료를 통한 지속가능한 지역사회발전에 관한 정책 방향을 제안하고자 한다.

지금까지 문화복지는 정부정책 차원으로 다루어져 현재 진행되는 추진사업은 소외계층을 대상으로 한 문화이용권 사업이 대표적이다. 그러나 사례를 통하여 보았듯이 문화복지는 어느 대상을 특정 한다거나 특별한 계층에 집중하는 것이 아니라 경제적·문화적 소외 계층을 포함하여 우리가 주변에서 가까이 만나는 평범한 이웃이 주체가 된다. 추진 사업도 국가나 지방자치단체 규모의 사업이 아니라 주변에서 언제라도 접할 수 있는 평범한 자녀 교육 문제, 마을살이 문제, 소소한 소통을 위한 모임 등이 공동체에서 함께 어우러져 고민하고 해결해 가는 그러한 과정이다. 따라서 문화복지는 이제 사업추진 방향에 대규모 정책사업에서 공동체, 마을, 협동조합, 동아리 등을 대상으로 지역사회 곳곳에서 활성화되도록 방향 전환이 요구된다. 그러한 방향전환이 있어야 문화복지가 고유의 영역을 가지고 시민의 삶의 질 향상이 되는 자리매김이 가능할 것이다. 따라서 본 연구의 실효성도 이러한 전제에서 확대 방안을 제시하고자 한다.

1) 행정기관, 단체의 공동체에 관한 지원 방안

한국문화복지교육협회 대표로 배재대학원 교수인 선우숙(2016)은“현재 우리나라와 세계적인 흐름을 볼 때 문화를 삶의 한가운데 놓고 경제와 정치가 이루어지고 있다. 문화를 통해 자아실현과 창의성으로 새로운 신지식이 문화로 나타내고 각종 생산성의 지표가 되고 있다. 문화가 삶이 되어버린 현실에서 다양한 문화를 누릴 수 있도록 정부는 정책으로 돕고 국민은 다양한 문화를 체험하는 것이다. 문화 접근의 기회를 확대해 나가는 국민 행복, 국민 복지를 하려고 노력하고 있다. 그뿐만 아니라 통일 후 북한에도 이러한 문화복지를 정책으로 하여 북한의 고유한 전통문화를 복원, 보존하면서 관광을 유치하여 경제를 만들어낼 수 있다. 또한 전 세계에 분포된 우리나라 교포들을 포용하고 민족정신을 고취하여서 한 민족으로 묶을 수 있는 것도 문화복지 이다. 따라서 문화복지에 대한 정책은 더욱 적극적으로 지원방안이 모색하여야 한다.”라고 강조하면서 문화복지는 현실 정책은 물론 통일된 한국과 전 세계의 우리나라 교포에게도 적용되어야 한다고 전망하고 있다.

지역발전을 위해서는 지역주민이 중심이 되는 정책이 실현되어야 하며, 이는 일상의 문제들을 공동체를 통해 주민들이 협력해서 구조적으로 해결하여야 한다. 지속가능한 지역발전은 삶의 문제를 주민들이 주체적으로 해결할 수 있는 전제가 있을 때 가능하다. 즉, 지역에 공동체의 본질인 주민주도, 주민참여, 아래로부터, 지역성 등의 고유한 가치들을 중심으로 운영되어야 공동체가 존재할 수 있다.

공동체는 같은 지역이나 마을에 살며 같은 성격을 가진 사람들이 같은 목적을 가지고 모인 구성체이다. 그러나 공동체를 만들고 유지하기에는 재정, 공간, 협의과정, 리더 등의 여러 문제가 발생되어 많은 시행착오가 예상된다. 그러므로 행정기관, 단체, 전문가 등의 지도나 개입이 요구되고 때론 재정적인 지원도 요구된다. 이러한 지원 경우는, 지원하는 곳에서는 역할을 고민해야 한다. 즉, 누가 어떤 과정을 거치면서 주도적으로 참여할 것인가의 문제이다. 지역공동체는 원칙적으로 행정기관에서 하향적으로 만드는 제도가 아니라 주민들이 자발적으로 참여하고 신뢰 및 협력 속에서 행동할 때만 그 기능을 다하는 태생적 특성을 갖고 있기 때문이다. 본 연구는 주민들이 지역문제 해결에 실질적인 권한을 행사하고 행정은 주민들이 자신들의 문제에 보다 많은 관심을 갖도록 유도하는 촉매자 역할을 수행하는 경우를 전제로 한다. 이는 행정기관이나 단체가 전혀 개입을 하지 않는다는 것이 아니다. 어떻게 관련 공동체에게 자발성과 주체성을 길러줄 것인가 하는 것으로 촉매 역할을 해야 한다는 것을 의미하는 것이다.

행정기관이나 단체가 필요에 의하여 지역 공동체에 개입할 때 공동체가 그들이 만든 프로그램이나 사업에 동참시켜 소비자의 역할을 하게 해서는 안 된다. 공동체의 구성원들이 참여자가 되게 하여 그들 스스로가 사업을 구상하고 프로그램을 만드는 생산자 역할을 하도록 하여야 한다. 이렇게 하여 공동체의 조직은 다시 참여자 혹은 소비자가 되고 다시 새로운 생산자로서의 역할을 수행하면서 동시에 참여자나 소비자가 되는 선순환 구조를 만들도록 기관이나 단체는 촉매자 역할만을 하여야 하는 것이다. 그러므로 공동체를 지원하는 행정기관이나 단체 등은 감사와 보고를 받는 상위기관이 아닌, 협력과 보조의 역할이 되어주어야 한다. 이것이 공동체에게 자발성과 주체성을 길러 주는 것이고 지속 가능한 선순환적 공동체를 만드는 길이다.

2) 풀뿌리 공동체 지속성 유지

유창복(2014)은 “지속성의 과제는 공동체가 당면한 지역사회의 문제를 해결해 낸다는 사실이 증명되고, 또한 지속적으로 문제를 해결할 수 있다는 장치를 갖추었을 때 해결될 것이다. 따라서 지난 활동을 검토하고 시도된 의제에 대한 성공 문제해결 사례를 만들어 사회적으로 인정을 받아야 한다. 동시에, 지속가능한 실행 모델 매뉴얼을 만들어 작동하는 능력을 구비해야 하는 것이다”라고 말한다. 본 연구의 참여자인 3개 부모커뮤니티 공동체는 조합형태와 연계하여 활동하다가 공동체를 만들어 운영하고 있었다. 부모커뮤니티는 서울시에서 풀푸리 공동체를 배양하려는 취지를 가지고 시행하여 이들에게 시민의 역량을 키워서 자생하는 공동체로 육성하여 지역사회에서 역할을 목적으로 한 것이다. 그러나 지역에 이러한 토양이 너무 부족하다보니 기존에 구성되어 있는 생협, 어린이집, 공동육아협동조합 등을 활용한 방법으로 공동체가 조직되어 실질적인 사업에 대한 인적 구성의 확장에는 기대에 미치는 못하는 것으로 보여진다. 협동조합이 튼튼해지는 것은 상호부조의 의미가 있으며 지역사회에 있어 필요한 일이다. 그러나 지원기관의 자체 사업에 국고가 들어와 이를 풀뿌리 공동체에 지원이 이루어지면, 지원기관의 풀뿌리 조직망은 더 이상 확장되지 않고 무늬만 바뀌는 형태가 만들어지는 경우가 발생한다. 따라서 지원기관으로부터 재정지원이 끊어지면 공동체도 해체되거나 축소되는 등의 일회성 공동체로 전락하게 된다. 이러한 현실은 풀뿌리 공동체 조직을 만들어 내고 네트워크를 만들어 내는데 어려운 한계를 발견하게 된다.

이런 이유로, 서울시 부모커뮤니티 사업이 서울시에서 재정적인 지원을 통해 활성화하는 것이므로 이에 대한 근본적인 질문이 생긴다. 즉, 서울시가 지원을 중단해도 공동체가 지속적으로 이루어져 주민의 자발적인 힘으로 이어지느냐 하는 지속가능성에 대한 문제인 것이다. 그러므로 행정기관이나 생협 등의 단체에서 지원은 지속가능성을 염두에 두고 점검하는 것이 필요하다. 그리고 지속가능한 방안을 공동체와 함께 고민하고 협력하는 노력이 필요하다.

지속가능성의 관건을 제시하면 먼저 마을살이의 주체는 주민이고 활성화 주체도 주민이다. 따라서 주민의 성장에 초점을 맞추어야 한다. 물론, 마을살이도 경제를 토대로 해갈 때 자립의 근거가 생기고 자립이 물질적으로 가능해야 비로소 지속성이 확보되는 것이다.

풀뿌리 공동체는 교육과 컨설팅을 통해 공동체 역량을 키우고 지속가능한 건강한 공동체를 만들어야 마을과 지역이 활성화되고, 경제가 되살아나는 지렛대가 되어 지속 가능한 발전이 가능하게 된다.

3) 지역 리더, 문화복지 전문인력 양성

박관후・선우숙(2014)은 문화복지 전문인력의 주된 활동은 문화 활동을 통한 인간의 복지 수준을 향상시키며 궁극적으로는 삶의 질을 높이기 위한 역할 수행자로 규정하고 있다. 문화복지 전문인력 제도를 위한 교과과정을 구성하는 것은 전문성을 영역화함으로써 가능할 것이다. 기본적으로 문화복지 전문성의 영역은 인간과 지역사회, 문화에 대한 이해를 바탕으로 사회적, 문화적, 정신적인 영역을 통한 삶의 질의 향상이다. 인간의 존재와 본성에 대한 이해와 함께 사회적, 문화적 취약계층에 대한 이해 및 지식, 지역사회의 자원을 파악하고 동원하는 능력, 문화와 예술에 대한 이해와 문화활동의 기획력을 갖추는 것이라고 강조하고 있다.

지역공동체란 지역이나 국가가 잘 살 수 있는 근본적인 대안이라고 평가될 때가 많다. 이는 지역공동체의 중요성을 이야기하는 것이다. 위 분석을 통하여 나타난 것은, 모든 공동체를 만들고 유지해 나가기 위해서는 이를 담당할 리더가 중요한 핵심이다. 이 리더는 지역에서 활동하면서 지역을 잘 이해하고 존경과 신뢰를 받는 인물이어야 할 것이다. 이러한 지역 리더는 문화복지 전문인력 또는 활동가를 의미하는 것이다. 그러나 리더가 자체의 인성과 품성으로 공동체를 잘 이끌어갈 수는 없을 것이다. 아무리 우수한 인적자원도 사업적 마인드를 가지고 공동체에 이끌어가려는 마음을 가졌거나 행정적인 처리에 미숙하다면 이를 담당할 필요한 교육을 받고 실력을 배양해야 한다.

문화복지 전문인력으로 지역사회의 리더가 되려면 먼저 지역 리더로 의제를 발굴하고 공동체에 대한 지역주민의 이해 및 사회적 인식이 제고되어야 한다. 즉, 어떻게 지역의 인적자원 네트워크를 만드는가를 고민하여 시민들이 공감토록 하여 지역에 활력을 동기화하고 사업 추진에 가장 효율적인 인프라를 만들어야 한다. 실상 공동체를 만들 때 제도의 완비와 재정확보 이상으로 사업을 추진하여 추동력을 갖는 인재를 양성하는 시스템 구축이 중요하다. 이때 국가와 행정기관이 해야 할 일은 <그림 5>처럼 자원과 환경을 조성하고 문화복지 전문인력을 양성하는 일들을 해야 한다. 우수한 자질을 지닌 전문인력을 어떻게 양성할 것인가를 고민하고 필요 시 이들을 전문교육기관에서 학습하도록 지원하고 역량강화를 위한 지원프로그램을 지원해야 한다.

4) 사회문화적 장소로서의 교육공동체

지역공동체의 특성은 지역에 대한 밀착성, 역사성 그리고 사회문화적 장소성을 살리면서 지역민이 주체적인 활동으로 지역의 활력을 증진시키는 데 있다. 사회문화적 공간으로서 지역민이 사회문화적 활동이나 경쟁력 있는 문화와 교육 또는 교류공동체 조직으로 활성화될 수 있다. 이러한 활동들이 구체화되어 활력 있는 지역이 만들어지면 지역사회의 중심, 사회문화 공간으로서의 장소적 특성으로 기반을 갖게 되는 것이다. 이러한 장소적 특성에 가장 우선되고 중요한 핵심 요소로는 학습공동체로서의 역할이 중심이 되어야 한다는 것이다. 왜냐하면 공동체가 하는 기능의 역할 중 주민들의 역량강화를 위한 능력개발 기회를 마련해줄 수 있어야 하기 때문이다. 공동체 안에서 새로운 자치를 생활화할 수 있는 적극적 기회를 마련해줌으로써 지역사회의 자치역량을 강화할 수 있다. 문화복지에서 대두되는 주체성과 상호부조를 통한 선순환으로 일회적, 전시적, 시혜적인 것이 아닌 지속적인 경쟁력을 확보할 수 있게 된다. 교육공동체의 구축을 위하여 학교, 지역사회, 시민단체, 교육기관, 지자체 등과 같은 구성 요소들은 서로 분절적으로 역할을 해서는 안 된다. 교육이라는 공통의 비전과 목표를 가진 각각의 교육주체들이 서로 상호작용하여 상생하는 생태학적 환경을 조성해야 한다. 이러한 교육적 인프라와 주체들의 연합은 단순히 이들의 합산이 아니라 그 이상을 추구하는 시너지 효과를 만들어 내는 유기체적 연대를 기반으로 해야 한다. 이러한 기반의 중추적 역할을 하는 것이 바로 마을공동체가 되어야 한다. 그래야만 구성요소들 전체를 분절 없이 협력할 수 있는 생태를 만들어 나갈 수 있을 것이다.

5) 자생력 확보에 우선적인 역점

지금까지 서울시의 부모커뮤니티는 지원을 통한 경쟁력 강화를 목표로 하여 시행되었다. 이 지원의 일부는 관의 입장을 고려한 일방적인 지원과 시혜성의 지원으로 과시적인 지원으로 오인하는 문제점을 내포하고 있다고 지적되고 있다. 이제는 어느 정도 초보단계를 지난 시점으로 앞으로의 정책과 사업 구상에 대한 전환이 요구되고 있다. 이 전환은 생성된 공동체가 어떻게 자생적이고 독립적인 공동체로서 자생력을 어떻게 확보할 것인가에 근본적인 고민과 실천이 있어야 한다. 이를 위해서 역점을 두어야 할 지자체의 정책 및 사업지원 분야는 지역주민에 대한 공동체 감수성 제고를 위한 홍보가 필요하다. 이를 통해 지역민에게 공동체가 지역에 존재하는 구체적인 전망을 제시하고 공동체가 지속 가능하도록 필요한 행적 교육과 지역 리더에 대한 끊임없는 교육이 필요하다. 이렇게 함으로써 공동체 가치를 인식하고 실천하는 방안을 모색할 수 있게 된다. 문화복지란 지역주민에게 경쟁력을 강화하고 지역의 자생력 확보를 위한 방안으로 제시되는 새로운 문화와 복지를 융복합화한 것으로 고유영역을 갖는 것이다. 그러나 짚고 넘어갈 문제는 마을공동체 사업이 중요하다고 해서 국가 차원에서 제공되는 문화이용권 같은 큰 규모의 복지는 하지 않아야 한다는 것이 아니다. 2가지가 모두 중요하므로 병행하여야 한다. 왜냐하면 마을공동체 복지로 모든 필요가 충족하거나 만족할 만한 것이 아니기 때문이다. 마을이나 공동체의 복지가 활성화된다면 곧 국가의 부담이 줄어들게 된다. 거듭되는 이야기이나 국가나 지방자치단체 그리고도 반드시 고려할 것은 행정기관이나 단체가 공동체를 지원할 때는 자발성과 주체성을 침해하지 않도록 균형을 맞추는 것이다.

c·h·a·p·t·e·r 05

결 론

1. 요 약

문화복지가 우리나라에서 생성되고 정책적으로 시행된지 20여 년이 되었다. 그리고 2014년도 「문화기본법」이 제정되면서 문화복지가 시민사회와 국가의 정책으로 자리매김할 수 있는 법적 근거가 마련되었다. 그러나 문화복지는 학술적으로 정립되지 않았고 법적 근거의 미비 등 여러 여건으로 정권에 따라 행정 편의적으로 운용되어 왔다. 이제 법적인 뒷받침이 생겼고 학술적 개념 정립을 통하여 정책이 정향성이 있도록 하여야 할 것이다. 명실공히 문화복지가 시민 삶의 질의 향상을 가져오고 나아가 지역의 품격을 높이는 역할을 할 수 있도록 하는 것이 문화복지인들의 사명일 것이다.

본 저서는 이러한 시기에 문화복지의 개념이 무엇인가를 알아보기 위해서 서울시 부모커뮤니티의 실천을 추적한 집합적인 연구이다.

제1장에서는 연구의 필요성과 제한점을 설명하였다. 압축 성장을 추구해온 우리나라는 경제적 안정성은 확보되었다고 하나 삶의 질에 관한 만족도나 사회적 지지감이 낮은 상태이며 이런 현상을 극복하기 위해 새로이 촘촘한 복지 그물망을 조성할 필요를 제시하였다. 그러나 연구 범위가 문화와 복지 그리고 교육에 관한 것을 주제로 하여 시공간적으로 폭넓은 연구가 필요함에도 한시적이고 지역적인 한계가 있었다는 점도 밝혔다.

제2장은 선행연구의 검토로 문화복지에 어떤 연구들이 있었는지를 살펴보았다. 문화복지가 우리나라의 토종 용어로 시작되어 여러 학자에 의하여 개념이

발전되었으나, 실제 사례와 연계하여 문화복지에 대한 기본 틀을 제시한 예는 발견할 수 없었다. 이론적 고찰로 문화복지에 대하여 외국 사례와 우리나라 사례를 면밀히 살펴보았다. 그리고 문화와 복지의 발생 배경과 역사적 변천을 시대별 그리고 지역별로 살펴보았다. 이는 문화와 복지가 어떤 맥락에서 문화복지의 토대가 되었는지를 알아보기 위해 필수적인 것이다. 아울러 복지를 이해하는 관점이 어떻게 사회적 변천 과정을 거쳐 왔는지를 알아봄으로써 자본주의 사회에 관하여 고찰한 기회를 가졌다. 이어서 성장과 분배를 통한 복지의 정의를 살펴보았다. 문화복지를 연구하기 위한 기초자료가 될 문화와 복지의 각각의 성격을 규명하기 위하여 5가지 기본 틀인 자발성, 주체성, 유희성, 상호부조성, 선순환성으로 구분하여 성격을 규명하였다. 이후 빈곤 극복을 위해서 문화와 복지가 어떻게 접근 되는 것인지 알아 보았다. 이것은 문화복지가 무엇인지 알아보는 단초를 제공하는 것으로 사례분석의 길잡이가 되어 주었다.

제3장에서는 문화복지 개념에 관한 연구의 장으로 문화와 복지의 관계를 고찰하였다. 문화복지 영역이 무엇인지를 알아보고 과연 고유영역을 가지고 정향적인 정책으로 자리매김이 가능한지를 검토하였다. 복지 측면에서는 복지국가에서 복지사회로의 전환이 문화복지의 토양이 되었고, 문화 측면에서는 문화민주화에서 문화민주주의로의 전환이 문화의 다양성을 통해 문화복지로의 지평을 열게 되었다는 점을 밝히고 이어서 문화복지 개념에 관한 내용을 연구하였다. 이를 통해 신조어인 문화복지를 고유영역으로 자리매김하여 연구가 진행되고 독자적인 정책이 필요하다는 결론을 얻었다. 이어서 문화복지의 역사적 변천을 알아보고 문화복지 학자들의 개념에 관하여 알아보았으며 문화복지가 정권의 변동에 따라서 편의적으로 정권별로 활용해 왔음을 알아보았다. 그러나 2013년 「문화기본법」의 제정으로 법적 보장으로 보다 발전적인 문화복지의 학문적 개념이 완성되어야 할 이유를 설명하였다. 문화복지는 자체가 교육으로 교육에 관한 중요성은 아무리 강조해도 지나침이 없다. 이러한 맥락에서 문화복지와 교육과의 관계를 알아보고 교육이 문화복지에서 갖는 의미를 확인하였다. 이를 통해 교육의 중요한 이유를 연구결과 지역사회가 곧 학교이기 때문임을 확인하였다.

제4장은 사례연구의 장으로 연구 조사 방법은 질적연구방법론으로 연구 대상자를 면접하여 이를 심층 분석하여 문화복지에 관한 개념을 도출하였다. 부모커뮤니티와 문화복지와의 연관성을 확인하면서 문화복지의 성격규명을 하여 문화복지는 고유영역을 가지고 자리매김할 수 있음을 검증하였다, 먼저 부모커뮤니티의 문화복지적 성격을 고찰하기 위하여 문화복지 실천의 장으로서 문화적 인간, 공동체, 마을이란 장을 통하여 어떤 연관 속에서 문화복지로 연결되는 것인지를 설명하였다. 부모커뮤니티가 어떤 교육적 가치를 가졌는지를 알아보면서 마을공동체 교육과 문화복지의 교육적 가치를 분석하였다. 사례분석은 부모커뮤니티에 참여한 공동체의 참여자들과 개인 또는 표적집단면접법(FGI)으로 면접한 사례를 가지고 문화복지 5가지 기본 틀에 의한 질적연구분석을 하였다. 이를 통하여 과연 부모커뮤니티가 문화복지와 어떤 관련성이 있으며, 문화복지가 되기 위한 조건이 무엇인지를 확인하였다. 그리고 이와 관련된 문화복지의 실효성 확대방안을 제시하였다. 문화복지 대상자는 전 시민들로, 평범한 이웃주민들이 자발적으로 조직을 만들고, 스스로 공동체의 주인이 되어 주체적으로 일을 꾸려가며, 즐거운 마음으로 함께하여 서로의 재능을 상호부조로 상부상조하는 기풍 속에서 지속 가능한 선순환 구조를 갖게 하는 것이다. 이를 통하여 시민들에게 삶의 질을 향상하고 지역사회에 새로운 성장 동력을 제공하는 것이다. 따라서 전국이나 자치단체 등의 대규모 정책도 필요한 것이나 정부의 정책은 하향식 사업이 주를 이루고 있어 문화복지의 기본 틀과 또 다른 성향이 나타나게 된다. 따라서 어려움에 부닥칠 것이라고 판단된다. 그러므로 결국은 소규모 단위인 마을, 협동조합, 공동체, 동아리 등에서 반드시 실천되어야 할 과제이다.

제5장은 결론의 장으로 지금까지 고찰하였던 내용을 망라하는 장으로 요약과 함의 그리고 제언이 장이다.

2. 함의

본서는 다음의 세 가지 측면에서 함의를 지닌다.

첫째, 문화복지가 1980년대부터 정책적으로 사용된 용어이나 이론적 토대의 부족으로 인해 정책적으로 중심을 잡지 못하고 정권의 편의에 따라 정책이 추진되었으나 문화복지의 새로운 고유영역에 관한 개념을 정립하여 실효성 있는 정책의 근거를 만드는데 기여하는 시도라는 점에서 의의가 있다.

둘째, 문화복지는 개념에 대한 정의만 있을 뿐 보다 심층적인 기존틀이 없는 상태에서 유지되어 왔으나 본서에서 문화복지의 기존 틀을 하향식이 아닌 상향식인 자발성, 대상화 사업이 아닌 자립 공동체로 발전하는 주체성, 지역성이 아닌 흥미 중심의 유희성, 일방적인 시혜가 협동정신의 상호부조성, 목표를 새롭게 발굴하여 해결하는 과정의 연속인 지속가능한 선순환성으로 연구하였다. 그리고 서울시 부모커뮤니티 참석자를 대상으로 운영에 대하여 심층면접하여 질적연구방법론을 적용하여 분석하였다. 이는 문화복지를 적용 및 확산하는 계기로 문화적 안전망을 구축하는데 기여하여 차후 문화복지를 연구하고자 하는 학자들과 문화복지정책을 입안하는 정책담당관들에게 좋은 길라잡이가 될 수 있을 것으로 본다.

셋째, 본서는 문화복지의 교육적 의미를 살피고 그 가치를 높일 수 있는 방안을 모색한 연구서이다. 문화복지가 시민의 삶의 질의 향상이 목표라면 무엇보다도 우선되어야 할 것은 제대로 된 교육이다. 문화복지에서 교육의 중요성을 표현한다면 문화복지가 곧 교육이라고 하여도 지나침이 없다. 왜냐하면 문화복지가 사회복지와는 달리 취향의 형성이 전제되어야 하기 때문이다. 따라서 문화복지정책의 가치를 찾고 문화복지 자체가 곧 교육이라는 방향성을 제시하여 이를 통한 문화복지가 연속성과 정향성을 가질 수 있도록 하였다.

3. 제언

본서는 각각의 공동체가 가지고 있는 문화복지 개념을 정립하고 문화복지에 관한 인식을 알아보기 위해 사전 조작된 5가지 준거 틀에 부모커뮤니티의 사례를 적용하여 분석한 것이다. 그러나 앞으로 다음과 같은 연구들이 더 진전되어야 할 것으로 생각된다.

첫째, 문화복지가 무엇인지를 알기 위해 검증에 필요한 5가지 기본 틀을 만들어 활용하였으나 이것은 이제 첫 단추를 끼는 것에 불과한 것이다. 문화복지의 개념을 명확하고 구체화하기 위해서 이러한 기본 틀을 활용해 연구된 것은 찾아 볼 수 없었다. 기본 틀이 없다는 것은 본체가 없다는 것으로 문화복지에 관한 고정관념이 없다는 해석이 나온다. 그러므로 기본 틀을 제시하여 고정관념화하여 문화복지의 이론적 개념을 만들고 이를 발전시키는 여러 연구가 후속될 수 있도록 해야 하는 것이다. 따라서 문화복지는 이것이다! 라고 명확하게 제시할 수 있도록 보다 치밀하고 구체적인 연구가 계속되어야 할 것이다.

둘째, 문화복지가 사회복지와 확실히 구분되는 것은 대상화 사업이 아닌 것이 특징이다. 따라서 일방적인 시혜가 아닌 상호재능이 기부되는 상호부조 형태이고, 하향식이 아닌 상향식의 조직과 사업이므로 자발성이라는 특징이 있다. 그리고 유희성을 갖고 있다는 특징이 있다. 따라서 사회복지와는 완전히 다른 영역에서 위치하고 있고 문화와도 별개의 다른 영역인 것이다. 문화복지는 문화와 사회복지의 물리적 결합이 아니라 융복합하는 고유의 영역을 가지고 있다고 판단된다. 더구나 「문화기본법」 제정으로 법적인 제도화에 들어선 만큼 이를 잘 활용하고 뒷받침될 수 있는 계기로 삼아야 한다. 이에 관하여는 추후 더 많은 논의로 결론이 필요할 것이다. 이는 문화복지가 정책적으로 지향성을 갖는데 중요하다.

셋째, 부모커뮤니티와 문화복지와의 연관성에 있어서 그 기준을 5가지 기본 틀을 조작하여 서울시 부모커뮤니티를 실천하는 공동체를 대상으로 면접하여 분석하였다. 그러나 이는 시공간적으로 규모가 작아 어떤 결론을 내기에는 모호함이 없지 않을 것으로 판단된다. 왜냐하면 정성적 판단이 우려되고 있고 서울시의 허락 하에 사용한 현상학적 자료도 보완되어야 할 것으로 여겨지기 때문이다. 따라서 추후 더 많은 모집단을 대상으로 한 연구가 필요할 것이다.

❐ 참고문헌

강수돌.『나부터 교육혁명』. 서울: 그린비, 2003.

강창동. "한국 교육열의 사회학 특성에 관한 연구". 교육문제연구, 8, 209-227, 1996.

강혜규 외. "사회서비스 공급의 역할분담 모형개발과 정책과제—국가 · 시장비영리민간의 재정 분담 및 공급참여 방식", 한국보건사회연구원, 2007.

강호진. "문화복지서비스에 대한 주민만족도 결정요인",「한국행정학보」, 38(2), 23-40, 2004.

공병호.『한국 10년의 선택』. 서울: 21세기 북스, 2007.

곽재성 외.『문화와 발전: Post-MDGs 시대의 과제와 전망』. 한국문화관광연구원, 2012.

구범모.『세계화와 민족문화의 발전』. 한국문화정신연구원, 1996.

권석만.『긍정심리학 행복의 과학적 탐구』. 서울: 학지사, 2009.

김경욱. "'문화민주주의'와 문화정책에 대한 새로운 시각", 한국문화경제학회. 문화경제연구 6(2), 2003.

김경우 외.『지역사회복지론』. 서울: 나눔의 집, 2009.

김경집.『인문학은 밥이다』. 서울: RHK, 2014.

김교환.『현대복지국가론』. 서울: 교육과학사, 2002.

김기봉, "문화복지 개념과 정책방향", 문예총 정책토론회 발제문, 문화복지사 무엇을 할 것인가: -현단계 문화복지정책 추진 실태를 중심으로-, 2010.

김기홍.『마을의 재발견』. 서울: 올림, 2014.

김동성. "21세기에서의 국가의 역할- 한국적 상황을 위한 인식론적과제", 국방정책연구 1999년 겨울 기획논문, 1999.

김문환. "문화복지 이념과 실천방안", 21세기 문화복지 대토론회 발제문, 2006.

김민정, 송주미. "청소년문화복지 지역격차연구 — 충청지역을 중심으로"「대한가정학회지」, v.42, no.11, 2004년, pp.61-84.

김세훈. "문화복지이 개념과 전망." 「계간 사회복지」. 2010, 겨울호.

김세훈・조현성. "문화복지중기계획연구", 한국문화관광연구원, 2008.

김연진. 『문화기본법 제정안 연구』. 한국문화관광연구원, 2013.

김영정. "예술적 창의성과 과학적 창의성", 「대한토목학회지」, vol.53(8): 2005, pp.126-137.

______. "역사회 공동체의 재발견" 「한국사회학회 기획학술심포지움자료집」, 한국사회학회, 2006.

김원영. "자유롭고 주체적인 교육은 무엇인가?", 상담세미나 발제문, 2009.

김윤태. "행복지수와 사회 문화적 분석", 한국문화경제학회 문화경제연구 제13권 제1호 2009년 8월.

김재경. "문화창조공동체 만들기." 대구경북연구원, 2010.

김재경・김성애. "지역문화공동체 중장기 발전계획." 대구경북연구원, 2010.

김정운. 『노는 만큼 성공한다』. 경기 파주: 21세기 북스, 2011.

김찬호. 『사회를 보는 논리』. 서울: 문학과 지성사, 2003.

______. "일본의 도시화 과정에서 마을 만들기의 전개와 주민참여", 「도시행정학보」. 제13권 11호. 2010.

김창남. 『대중문화와 문화 실천』. 서울: 한울, 1995.

______. 『대중문화의 이해』. 서울: 한울아카데미, 2010.

김형준 외. 『문명과 수학』. 서울: 민음인, 2014.

남상문. 『문화예술 정책과 복지』. 서울: 선인, 2011.

남세진. 『인간과 복지』. 서울: 도서출한 한울, 1996.

다니엘 튜터. 노정태 역, 『기적을 이룬 나라 기쁨을 잃은 나라』, 서울: 문학동네, 2014.

데이비드 호킨스. 이종수 역, 『의식혁명』, 서울: 한문사, 2009.

도정일. 『쓰잘데없이 고귀한 것들의 목록』. 서울: 문학동네, 2014.

도정현. "문화융성의 조건", 한계레신문 칼럼 특별기고", 2013. 11. 21.

라도삼. "문화를 통한 작은 정책과 지역혁신", 「월간 창조산업과 콘텐츠」, 2013.

11, 12월호.
로빈 삭스. 김한균 역, 『아이 하나 키우는데 마을 전체가 필요하다』, 서울: W미디어, 2014.
리버 휴버번. 장상환 역, 『자본주의 역사바로 알기』, 서울: 책벌레, 2009.
리즈호가드. 이경아 역, 『영국 BBC다큐멘터리 행복』, 서울: 예담, 312-313, 2006.
리처드 세넷. 김병화 역, 『투게더』, 서울: 현암사, 2013.
마이클 토마셀로. 허진석 역, 『이기적 원숭이와 이타적 인간』, 서울: 이음, 2011.
마틴 셀리그만. 우문식, 윤상운 역, 『플로리시(마틴 셀리그만의)』, 서울: 물푸레, 2011.
문화융성위원회. “문화, 삶의 질을 바꾸다” 문화가치 확산을 위한 사례 공유 콘퍼런스, 2014.
문화체육관광부. 『국민여가활성화기본법』. 2015.
문화체육관광부・유네스코한국위원회. 『문화발전: Post-MDGs 시대의 과제와 전망』. 2012 문화와 발전연구보고서, 2012.
문화체육부. 『문화복지 중장기 실천계획(안)』. 서울: 문화체육부, 1996.
박관후. “문화복지 개념화를 통한 실천사례 연구 -서울시 부모커뮤니티 사업의 교육적 가치를 중심으로” 건신대학교대학원 박사학위 논문. 2015.
박관후・선우숙. 『문화복지사』. 대전: 한국문화복지교육협회, 2014.
박경일 외. 『사회복지학 강의』. 서울: 양서원, 2010.
박성호. “아리스토텔레스의 유다이모니아와 쾌락의 연관성” 철학논총 새한철학논문집 제41집 2005·제3권, 철학논총. 2005.
박완순・이정근. 『인성공부』. 서울: 벗나래, 2012.
박이문. 『나비의 꿈이 세계를 만든다』. 서울: 웅진씽크빅, 2007.
박종삼 외. 『교회사회복지와 사회혁신』. 서울: 해피월드복지재단, 2012.
베르너 사세. “낯설게 보기를 토안 지역문화의 재해석” 문화, 삶의 질을 바꾸다. 문화융성위원회, 2014.
변용찬 외. “장애인 문화복지 증진방안 연구.”, 한국보건사회연구원, 2002.

서보람 외. "문화복지정책 발달사 연구." 「한국행정사학지」. 제29호, 2011, 95~124.
서수경 외. "부모커뮤니티 실태조사 및 발정방안 수립." 서울시여성가족복지재단, 2012. 12-정책개발-27.
서순복. "문화의 민주화와 문화민주주의의 정책적 함의", 한국지방자치연구, 제8권 3호(통권 17호), 2007.
서우석 외. "문화적 박탈감을 통해 살펴본 문화복지 대상범위 연구." 「2013 문화정책논총」. 2013, 제27집 1호. 2013.
서울시. "다른 경제, 새로운 희망 마을기업", 서울시마을기업백서, 2013.
선우숙. "그리스도인의 행복 이야기에 대한 내러티브 탐구", 평택대학교 피어선신학전문대학원 박사학위 논문, 2012.
_______ 외. 『극동방송기획: 통일을 앞당겨 주소서』. 서울: 예영사. 2016.
시카베에구미 외. 이신철 역, 『칸트사전』. 서울: 도서출판 b, 2009.
신승환. 『철학, 인간을 답하다』. 경기 파주: 21세기 북스, 2014.
신효진. "웰빙의 진정한 의미", 매일신문 칼럼, 2011. 2. 1.
심창학. "문화복지 쟁점을 통해서 본 한국의 문화복지정책- 특징 및 한계 그리고 대안, 비판사회정책 제40호, 2013.
안점식. 『세계관을 분별하라』. 서울: 죠이선교출판부, 2015.
양광모. 『좋은 인맥을 넘어 위대한 인맥으로』. 서울: BOOKCUBE, 2011.
양혜원. "한국 문화복지의 현황과 과제". 한국문화관광연구원, 2013.
______. "문화복지사업 지속적으로 확대 개선해야 한다", 인천인터넷신문 대담, 2013. 9. 16.
양혜원 외. "문화복지 정책의 사회・경제적 가치 추정과 정책방향" 한국문화관광연구원. 2012. 현안보고서 Vol.175.
양효석. "문화정책의 패러다임 전환이 필요하다", 지역과 문화복지, 어떻게 만날까?, 인천문화재단, 문화복지포럼, 2013.
얼 쇼리스. 이병곤 외 역, 『희망의 인문학』. 서울: 이매진, 2006.
에리히 프롬. 김석희 역, 『자유로부터의 도피』. 서울: 휴머니스트 출판그룹,

2012.

오마이뉴스 특별취재팀. 『마을의 귀환』. 서울: 오마이북, 2014.

오순환. 『한국여가문화의 이해』. 서울: 일신사, 2010.

오혜경. "미래의 국민복지 정책으로서의 문화복지 - 문화소외계층의문화활동 확대방안" 「한국사회복지학」. 2010, vol.62, no.1, pp.291-316, 2006.

요한판오페르트벨트. 박수철 역, 『시카코학파』. 서울: 에버리치홀딩스, 2011.

우민정・주봉관. "영・유아기 자녀를 둔 어머니들이 품앗이육아공동체 참여과정에서 겪는 긍정적 경험과 어려움" 「한국유아교육-보육행정연구」, Vol.15 No.3, 2011.

원석조. 『사회복지 역사의 이해』. 파주: 양서원, 2002.

______. 『사회복지정책론』. 경기 고양: 공동체, 2014.

원승룡. 『문화이론과 문화철학』. 경기 파주: 서광사, 2008.

유네스코21세기세계교육위원회. 『21세기 교육을 위한 새로운 관점과 전망』. 서울: 오름, 1997.

유사아마코토. 김은진 역, 『덤벼라, 빈곤』. 서울: 찰리북, 2014.

유승호・정의준. "빈곤문제에서 문화의 역할" 2013문화정책논총 제27집1호, 한국문화관광연구원, 2013.

유영주. "문화복지서비스 성과에 관한 현상학적 연구." 「사회복지연구」. 2013. Vol. 44(3) 271~300.

유창복. 『도시에서 행복한 마을은 가능한가』. 서울: 휴머니스트, 2014.

유태용. 『문화란 무엇인가』. 서울: 학연문화사, 1999.

윤시향 외. "대중문화의 발달과 매체의 기능 전환 - 대중문화와 매체, 문화민주화를 위한 매체의 기능전환", 2003.

유영주. "문화복지사업 지속적으로 확대 개선해야 한다.", 인천인터넷신문 대담, 2013. 9. 16.

이반 일리치. 박홍규 역, 『학교 없는 사회』. 서울: 생각의나무, 2009.

이성록. 『사회적 인간의 본성』. 서울: 미디어숲, 2007.

이소영. "지역사회복지계획 수립을 위한 복지욕구조사", 한국보건사회연구원, 2014.

이재준. "시민참여 마을만들기와 지방의제 21의 역할"살고 싶은 도시만들기. 2007. 7월호, 2007.

이종인, "문화복지와 지방문화", 문화예술 112호(87. 7.8), 1987.

이찬훈. "현대 대중문화와 주체성", 대동철학회 저서집, 대동철학집, 2000.

이현서. "문화복지 개념 정의에 대한 내용 분석: 학술지를 중심으로", 「여가학연구」. 2014. Vol. 11 61~80

______. "문화가 삶의 중심인 행복한 사회가 문화복지사회"인천인터넷 신문 대담, 2013. 9. 16.

이 호. "주민공동체 형성을 위한 마을만들기", 전국 마을만들기 운동활동가 교육 자료집, 2008.

______. "도시(urban)와 공동체(community)의 불편한 동거", 지방행정연구소, 「자치행정」 9월, 2013.

임경수. "마을 만들기 운동과 사회적 기업—(주)이장", 「복지동향」, (2008. 10), p.19.

임원선 · 이현수. "지역사회네트웍을 통한 문화복지프로그램의 성장발달에 관한 사례연구", 한국사회복지학회, 「학술발표대회지」, 2006.

임학순. "지역문화복지 정책 평가지표 및 모델에 관한 조사연구에 관한 보고서", 한국문화정책개발원, 1997.

장세길 · 신진옥. "문화복지 기준설정에 관한 기초연구." 「전북발전연구원」. 2012.

장일 외. 『시네마 그라피티-대중문화와 영화 비평』. 서울: 지식의 날개, 2007.

정갑영. "우리나라 문화복지 정책의 흐름과 전망.", 「2005 문화정책논총」. 제17집 8호, 225-243, 2005.

정갑영 · 장현섭. "21세기 우리나라 문화복지 증진방안", 한국문화정책개발연구원, 1995.

정갑영 · 조현성 · 김영범. "문화와 사회발전의 관련성 연구", 한국문화관광연구원, 2005.

정원오. 『복지국가』. 서울: 책세상, 2012.

정순복. 『예술과 문화복지』. 서울: 예전사, 2007.
정정숙. 『문화분야 공적개발원조(ODA) 사업개발 연구』, 한국문화관광 연구원, 2010.
정철현. 『문화정책론』. 서울: 서울경제경영, 2008.
______. 『문화연구와 문화정책』. 서울: 서울경제경영, 2005.
정태인. "공공경제, 공공성과 정의의 경제학" 새사연, 2012.
정해식 외. "OECD BLI 지표를 통해 본 한국의 삶의 질." 「한국보건사회연구원-보건복지포럼」. 통권 제229호, 2015년 9월, 75~88.
제주카리스타복지관. "복지요결(사회사업원론)", 2015.
조용환 외. 『문화와 교육』. 서울: 한국통신대학교, 2006.
조한혜정. 『다시, 마을이다』. 서울: 또 하나의 문화, 2007.
존 홀트. 공영희 역, 『학교를 넘어서』. 서울: 아침이슬, 1972.
주은우. "대중문화와 민주주의", 서울대학교 한국정치연구소, 「韓國政治 硏究」, Vol.12 No.2, 2003, 69-101.
주형일. 『문화연구와 나』. 경북: 영남대학교 출판부, 2014.
채사장. 『지적대화를 위한 넓고 얕은 지식』. 서울: 한빛비즈, 2015.
최갑수. "문화사란 무엇인가." 국사편찬위원회, 「한국문화사의 이해와 편찬 방향 학술회의」, 2001.
최병두. "살기 좋은 도시를 위한 지역공동체 복원 방안", 「지리학연구」, 40(4), 2006.
최옥채. 『사회복지사를 위한 질적연구』. 서울: 신정, 2008.
______. "사회복지실천에서 문화복지의 개념화", 한국사회복지학회, 「국제학술발표대회지」, Vol.2007 No.1, 2007.
최옥채 외. 『인간행동과 사회환경』. 경기 파주: 양서원, 2015.
최재현. 『유럽의 봉건제도』. 서울: 한정원, 2011.
최종혁 외. "문화복지 개념 정립을 위한 질적연구," 「사회복지연구」, 2009.
코린 맥러플린 · 고든 데이비드슨. 황대권 역. 『더 나은 삶을 향한 여행, 공동체 대안적 생활을 고민하는 생태 공동체 만들기』, 서울: 생각비행, 2015.

크로포트킨, P.A. 김영범 역, 『만물은 서로 돕는다』, 서울: 르네상스, 2005. 2009, Vol.40(2), 여름 145-182.

탁석산. 『한국의 주체성』. 서울: 책세상, 2000.

토마 피케티. 『리바이어던 1』. 서울: 나남출판사, 2008.

토마스 홉스. 진석용 역, 『리바이어던 1』. 서울: 나남출판사, 2008.

풀라톤. 천병희 역, 『국가』, 서울: 도서출판 숲, 2013.

플래너리 · 조이스 마커스. 하윤숙 역, 『불평등의 창조』. 서울: 미지북스, 2015.

피에르 부르디외. 최종철 역, 『구별짓기 : 문화와 취향의 사회학 상, 하』, 서울: 새물결, 2006.

하인리히 리케르트. 이상엽 역, 『문화과학과 자연과학』, 서울: 책세상, 2007.

하태욱. "교육이란 불안을 넘어서 함께 가는 길", 한겨레 베이트 트리 팀 편, 고마워 내 아이가 되어줘서, 북하우스, 2014.

______. "우리 마을의 그물망을 촘촘히 하는 길", 중도일보 칼럼, 2014b. 3. 20.

______. "마을교육공동체: 마을로부터 교육혁명", 경기마을공동체, 2015.

한국문화관광연구원. "2009 여가정책포럼 제4회 결과", 2009. 10. 21.

한동우. "한국인의 상호부조 행동 분석 : 사회자본 관점", 아름다운재단 기부문화연구소 기획연구사업, 2014.

한성안. "교육감 선거 승리가 진보진영에 갖는 의미", 「시민정치시평」, 2014.

한호림. 『뉴욕에 헤르메스가 산다』. 서울: 웅진지식하우스, 2010.

함유근 · 김영수. 『커뮤니티 비즈니스』. 서울: 삼성경제연구소, 2010.

황의순. 『교회사회복지와 사회혁신 - 사회복지 사각지대와 실업문제대응전략』. 서울: 예영커뮤니케이션, 2012

허의도. 『뉴욕에 헤르메스가 산다』. 서울: 웅진지식하우스, 2010.

현외성. 『따뜻한 자본주의』. 서울: 프리스마, 2012.

현택수. "문화복지 전달체계의 개선방향" 한국문화관광연구원, 2006.

______. "문화복지와 문화복지정책의 개념에 관한 연구." 「사회복지책」, 2009.Vol. 26, 102.

______. "사회복지사의 문화복지 인식 유형에 관한 연구", 한국학연구, 고려대학교, vol.38, 고려대학교「한국학연구소」, pp.491-519, 2011.

Bakke Marit. "The Cultural Welfare: parliamentary Debates about Culture during the Crration of the Norwegian Welfare Society" University of Bergen, 2004.

Bourdieu. 최종철 역, 구별짓기: 문화와 취향의 사회학 [La distinction. Critique sociale du jugement]. 서울: 새물결, 2006. (원전은 1979에 출판)

Compton, W. C. 서은국, 성민선, 김진주 역, An introduction to positive psychology, Belmont, CA: Thomson Wadsworth. 『긍정 심리학 입문』. 서울: 박학사, 2007.

http://www.arte365.kr/?p=30648, 양혜원. '지역 문화예술교육과 문화복지 발전 방향' 포럼, 2014.7.7.

http://www.dwf.kr/newsletter/201504/sub24.php, 연규문. 대전복지재단, 사람에 의한, 사람을 위한 사회를 꿈꾸다, 2015, APRIL.

http://www.hbrkorea.com/blogs/blog/view/page/1/blog_no/14. 21세기 자본론(2014. 5. 8)

http://www.pressian.com/news/article.html?no=117905, 한성안. '호모쿨투랄리스, 승기 잡은 6.4 지방선거' 2014. 6. 11.

http://www.servant@welfare.or.kr. '복지요결 사화사업 원리', 2015.

http://www.snunews.com/news/articleView.html?idxno=13785. 정광호. 살아가는 데 필요한 것이 '빵'뿐이라고 생각하시나요? 2014. 4. 13.

Johan Huizinga. 김윤수 역, 『호모 루덴스』, 서울: 까치, 1981.

Johan Huizinga, 이종인 역, 『호모 루덴스: 놀이하는 인간』. 서울: 연암가, 2010.

Johan Huizinga. 김윤수 역, 『호모 루덴스』. 서울: 까치, 1981.

Kottak,K. Primetimesociety.Belmont:Wadsworth. 1990.

Neal, D. and W. Johnson. 1996. "The Role of Premarket Factors in Black-White Wage Differnce", Journal of Political Economy 104(5): 869-895.

P. A. 크로포트킨. 김영범 역, 『만물은 서로 돕는다』, 서울: 르네상스, 2005.

Romanyshyn, John M. "Social Welfare: Charity to Justice: Charity to Justice, Published by Random House", New York, 1971.

Wilensky, H. Lebeaux, C. N. “Industrial Society and Social Welfare”. New York: Free Press, 1958.

Williams. Culture and society 1780`1950, Columbia Univ. Press, 1983. “Introduction”, 1985.

〈부록〉 질문지

- **부모커뮤니티 활동가 인터뷰**

1. 참여하고 계시는 부모커뮤니티에 대해 소개해주세요.
2. 그 부모커뮤니티의 구성원에게는 어떤 의무와 권리가 있나요?
3. 그 부모커뮤니티는 직접 조직하셨나요? 그렇다면 어떤 계기로 만드셨는지요? 아니라면 어떤 계기로 참여하게 되셨나요?
4. 그 부모커뮤니티에 대한 홍보는 어떤 방식으로 하시나요? 무엇을 강조해서 홍보하시나요?
5. 부모커뮤니티를 하면서 다른 구성원들과 얼마나 가까워지셨나요?
6. 부모커뮤니티의 모임공간은 어디서 하시나요?
7. 부모커뮤니티의 재정은 어떻게 충당하시나요?
8. 부모커뮤니티를 계속하게 되는 원동력은 무엇일까요?
9. 부모커뮤니티에서 본인이 좋아하는/재미있는 요소는 어떤 것이 있나요?
10. 부모커뮤니티를 보다 더 활성화시키는데 어떤 어려움이 있으신가요?
11. 부모커뮤니티 운영은 어떻게 하시나요? 의사결정구조는 어떻게 되나요?
12. 지역에서 부모커뮤니티를 운영하는데 어떤 어려움이 있으신가요?
13. 지역에서 담당 공무원이나 지원활동가는 사업의 활성화에 도움이 많이 되었나요?
14. 부모커뮤니티를 해보니 본인에게 도움이 된 것은 어떤 것이 있을까요?
15. 부모커뮤니티를 해보니 지역에 도움이 되는 점은 어떤 것이 있을까요?
16. 부모커뮤니티가 발전하기 위해서는 어떤 것이 마련되었으면 좋겠나요?
17. 부모커뮤니티가 더 지속가능하기 위해서는 어떤 것들이 필요할까요?
18. 문화복지라는 용어를 들어보신 적이 있나요?
19. 〈문화복지란…〉을 읽어보신 후에 부모커뮤니티가 문화복지의 영역이라는 생각이 드시나요?
20. 부모커뮤니티 사업을 활성화하려면 어떤 교육이 필요할까요?

저자소개 **박관후**

- 現 U1대학교 사회복지학과 석좌교수
  배재대학교 한류문화산업대학원 외래교수
  한국문화복지교육협회장
- 육군3사관학교 졸업(행정학사)
- 공주대학교 행정대학원 졸업(행정학 석사)
- 건신대학원대학교 대안교육학과 졸업
  (철학박사: 대안교육학, 문화복지학 제1호 박사)
- 영남외국어대학교 사회복지학과 교수(4년)
- (재)한국통일진흥원 교육국장(현)
- (사)KNS뉴스통신 대전・충남・세종광역사장(현)
- 경기대 안보학회/보훈처 보훈학회/한국엔터테인먼트산업학회 이사(현)
- 육해공군해병대 대령연합회 대전・충남・세종지역 회장(현)
- 문화복지사, 평생교육사, 상담심리사

저 서

문화복지사, 상담심리사, 사회복지행정론
CEO를 위한 비전창출·비전공유 외 다수

주요 연구 및 수상

신세대 장병의 가치관과 초급간부의 리더십에 관한 연구
문화복지 개념화를 통한 실천사례 연구 외 다수

문화복지 개념화 및 실천사례 연구

2016년 7월 10일 초판 1쇄 인쇄
2016년 7월 20일 초판 1쇄 발행

지은이 박관후
펴낸이 진욱상
펴낸곳 백산출판사

등　록 1974년 1월 9일 제1-72호
주　소 경기도 파주시 회동길 370(백산빌딩 3층)
전　화 02-914-1621(代)
팩　스 031-955-9911
이메일 editbsp@naver.com
홈페이지 www.ibaeksan.kr

ISBN 979-11-5763-258-9
값 20,000원